UNDERSTANDING
WELFARE DECENTRALIZATION

복지분권의 이해

김이배

 박영story

머리말

이 책은 복지분권에 대한 기본적인 내용들을 정리한 책이다. 지난 몇 년간 복지분권 업무를 담당하는 동안에 복지 관련 관계자나 여타 분야 관계자들이 복지분권이 무엇인지 이해하기 어렵다는 의견을 주셨다. 보다 알기 쉽게 풀어 쓴 복지분권 관련 자료가 필요하다고 말씀해주셨다. 또한 복지분권에 대한 다양한 논문과 보고서가 출간되어 있으나 이를 총괄적으로 정리한 서적이 없다고 평가했다. 그렇기에 이에 대한 필요성 차원에서 이 책을 발간하게 되었다.

복지분권은 범위가 넓은 큰 이야기(Big story)이다. 복지, 행정, 재정, 정치, 자치 등 여러 영역이 혼재되어 있고 어려운 용어도 있어 관계자가 아니라면 이해하기가 쉽지 않다. 또한 어떤 부분에서는 논쟁적이어서 사람에 따라 다른 입장을 가질 수 있기에 단일한 결론을 내리기도 어렵다. 학자들 간에도 가치지향에 따라 이해도가 다르고 접근방법에서도 차이가 존재한다. 한마디로 복지분권은 쉽지 않은 영역인 것이다. 그렇기에 본 책에서는 이러한 측면을 고려하여 가능한 쉽게 쓰고, 다양한 측면을 다루고자 하였다.

본문의 내용은 기존 선행연구들을 적극 반영하는 방식으로 구성하였다. 다행히도 복지분권에 대한 기본적인 자료가 축적되어 있었고, 자치나 분권 영역에는 좋은 자료들이 많았다. 그렇기에 사회복지학분야뿐만 아니라 행정학, 지방자치학, 지방재정학 등 여러 분야의 논문과 보고서를 참고자료로 활용하였다. 여러 훌륭한 연구자들이 제시한 내용을 정리하여 전달하고자 하였으나, 보다 깊은 이해를 필요로 하는 독자들은 제시한 참고문헌을 찾아 원문을 살펴보길 권한다.

이 책은 복지분권을 하면 무엇이 좋아질 수 있는지를 염두해 두고 글을 썼다. 좋은 복지국가, 좋은 지역사회가 되기 위해서는 내실 있는 복지분권이 실행될 필요가 있기 때문이다. 복지분권은 이론적으로는 일정 정도 정립이 된 영역이지만 실행의 차원에서는 아직 초기단계이기에 갈 길이 멀다. 복지분권은 복지영역의 분권을 의미하는 것이지만 결국 어떤 복지국가를 지향할 것인가 그리고 그러한 복지국가를 어떻게 구조화할 것인가란 큰 질문과 연결되어 있다.

이 책은 개별 영역의 전문가가 보기에는 부족한 점이 많을 것으로 생각된다. 그럼에도 불구하고 누군가에게는 조금이나마 도움이 될 수 있을 것이라는 기대감으로 출간하고자 한다. 분권에 대한 다양한 논의들이 있었기에 기존 논의들을 적극 참고하여 반영하였고 저자의 생각은 일부에 불과하며, 업무를 수행하면서 작성하였기에 허점이 많다. 그럼에도 본 책자에 있는 오류는 전적으로 저자의 책임이다.

이 책을 쓰는 데 열거하기 어려울 정도로 많은 분들의 도움이 있었다. 훌륭하신 연구자분들, 직장 동료들, 현장 전문가들, 출판을 맡아주신 박영스토리 출판사 관계자 분들께 깊은 감사의 인사를 드린다. 이 책을 통해 지금까지 빚진 부분을 조금이나마 갚을 수 있어서 다행이다. 또한 나의 가족들에게도 일을 핑계로 많은 시간을 같이 있지 못한 것에 미안함을 전하며 이 책으로 고마움을 전한다.

2024년 8월
저자

차례

PART 01
복지분권의 거시적 이해

CHAPTER 01 복지분권의 기본적 이해

CHAPTER 02 지방자치의 발달과 복지분권의 전개

CHAPTER 03 지방자치와 지방분권의 체계

CHAPTER 04 지방재정과 복지재정의 이해

CHAPTER 05 자치분권의 현황과 쟁점

PART 02
복지분권의 현실과 과제

CHAPTER 06   복지분권의 현황과 쟁점

CHAPTER 07   복지분권의 개선방향

CHAPTER 08   복지분권과 사회서비스

CHAPTER 09 복지분권 실행을 위한 중장기 과제

PART

01

복지분권의 거시적 이해

01

복지분권의 기본적 이해

CHAPTER 01에서는 본격적인 복지분권 논의에 들어가기 전에 알아야 할 기본적인 개념들을 살펴본다.

1 지방자치의 개념

1) 지방자치의 개념

복지분권 논의에 앞서 관련 개념으로 지방자치(地方自治)와 지방분권(地方分權)을 먼저 이해할 필요가 있다. 우선 지방자치는 '일정한 지역의 주민들이 그들의 복리증진을 위하여 지방자치단체를 구성해서, 국가의 일정한 감독 아래 그 지역 안의 공동문제를 스스로 또는 대표자를 통하여 자기 부담으로 처리하는 과정'으로 정의된다. 즉 ① 일정한 지역 내 주민들이 자치권을 국가로부터 부여받아 ② 주민의 복리증진을 꾀하기 위하여 ③ 필요한 지방자치단체의 사무에 대하여 ④ 스스로 의사를 결정하고 ⑤ 스스로 경제적 부담하에 집행함으로써 ⑥ 결과에 대하여 자기가 책임을 지는 정치체제인 것이다.

이러한 지방자치에는 '단체자치'와 '주민자치'를 포함한다. 단체자치는 중앙정부와의 관계에서 지방정부(지방자치단체)의 자치권을 행사하는 것이고, 주민자치는 지방자치단체와의 관계에서 주민이 참여하고 통제하는 자치를 의미한다. 또 다르게는 단체자치는 법인격을 가진 자치단체가 상대적으로 독립적 지위와 권한을 가지고 자주적으로 처리하는 것을 의미하고, 주민자치는 주민들이 일상생활에 관련된 사무를 스스로(또는 대표자 선출하여) 처리하는 것을 의미하기도 한다. 이는 후절에서 상술한다.

2) 지방자치의 기능과 필요성

학자들은 지방자치의 기능을 크게 2가지로 구분한다. 첫째, 정치적 기능이다. 지방자치를 통해 주민들이 민주주의를 체험하고 구현하는 것이다. 지방자치를 '풀뿌리 민주주의'라고 규정하는 것이 여기에 해당한다. 둘째, 경제적 기능이다. 지방자치가 공공서비스 제공의 효율성을 높인다는 것이다. 효율성을 높인다는 주장의 근거는 세 가지가 있다. 첫 번째는 선출직을 통해 주민들의 수요에 민감해진다는 점이다. 물론 임명직도 가능하기는 하지만 아마도 임명권자의 뜻을 더 많이 반영하게 될 확률이 높기 때문이다. 두 번째는 지방정부 간 경쟁이 존재한다. 중앙정부는 하나라 독점적이지만 지방정부는 여러 개이므로 일을 잘하는 지방정부가 있는 곳이면 주민들은 그 지역을 선호할 수 있다. 또한 지역 간 비교를 통해 일을 못하는 지역은 더욱 일을 잘하도록 독려할 수 있다. 세 번째로, 정책의 실험과 전파가 가능하다. 중앙정부 정책은 대한민국 전체에 영향을 미치므로 새로운 정책을 시도하는 데 신중하게 된다. 지방정부 정책은 파급 범위가 작고 혹 잘못되어도 부담이 적다. 그러므로 지방정부마다 다양한 정책을 시도할 수 있고(정책실험), 성공한 정책은 다른 지방정부가 배워갈 수도 있다(정책 전파). 이렇듯 지방자치는 여러 가지 장점이 있다(김태일 외, 2014).

지방자치의 필요성은 여러 선행연구에서 상세하게 언급하고 있다. 지방자치는 자유민주주의의 토대, 주민에 대한 민주정치의 교육 훈련, 주민의 정치 및 행정에의 참여 보장, 지역별 실정에 맞는 행정을 통한 행정 효율 증대, 주민 스스로의 행정에 의한 책임과 주인의식 함양 등 다양한 필요성에 기반한다. 이를 정치적, 행정적, 사회적, 경제적에서 살펴보면 다음과 같다.

우선 정치적 측면에서 지방자치는 민주주의를 전반적으로 고양하는 효과를 가진다. 지역주민과 그 대표자들이 공동문제를 처리하고 민주주의의 훈련장으로 기능한다. 국가기능에 확대에 따른 독점화를 방지하고 이를 견제한다. 그러므로 민주주의를 강화하기 위해 지방자치는 필요하다.

행정적 측면에서는 행정의 효율성과 다양성을 확보하는 장치로 작동한다. 지방자치는 각 지역의 여건과 주민들의 요구를 잘 파악할 수 있으므로 지역실정에 맞는 행정을 펼칠 수 있다. 또한 전국적이고 국가적인 사무는 국가가, 주민생활과 밀접한 사무는 지방정부가 서로 분담하여 분업을 통한 효율성을 높일 수 있다. 지역맞춤형 행정을 위해서 지방자치가 필요하다.

사회적 측면에서는 중앙 중심의 단원적 사회에서 지방이 포함된 다원적 사회로의 발전을 촉진한다. 지방자치는 각 지역의 역사적 배경과 지리적 조건 등 지역만의 고유한 특수성을 발전시켜 다원적 사회를 형성하는 데 기여한다. 시대가 빠르게 발전하면서 다양성과 관용성이 사회의 중요한 키워드가 되고 있는데 이런 차원에서 지방자치의 가치는 의미가 있다.

경제적 측면에서는 지리적으로 특화된 지역발전과 공급의 다양성을 발전시킨다. 또한 각 지역의 발전을 위한 상호간 경쟁을 촉발시켜 지역의 상향화를 야기한다.

그러나 무엇보다 지방자치는 주민 스스로 행정에 의한 책임과 주인의식 함양에 필수적인 요소이다. 지역 내 개인이나 주민이 행복하려면 내가 속한 지역사회에 내가 가진 생각과 의견이 전달되어야 하고, 그 지역의 정부는 그 과제를 해결할 권한과 책임을 가지고 있어야 한다. 지역의 일은 지역이 주도할 수 있도록 체계를 만드는 것이 지방자치의 필요성이 된다.

3) 지방자치의 두 형식: 주민자치와 단체자치

지방자치는 '단체자치'와 '주민자치'로 구성되어 있다. 이는 근대 서구에서 발달한 지방자치제도의 기본 이념 및 운영원리라고 할 수 있다. '단체자치'는 '국가로부터 인정받은 법인체인 시·도 혹은 시·군·구 등 지방자치단체가 일

표 1-1 주민자치와 단체자치 비교

구분	주민자치	단체자치
의미	정치적 의미의 자치	법률적 의미의 자치
이념	민주주의 사상	지방분권 사상
자치권	국가 이전의 고유권	국가로부터 받은 권리(전래권)
강조점	주민참여, 지방자치단체와 주민과의 관계	중앙정부로부터의 독립
자치의 범위	광범위함	협소함
사무구분	자치사무와 국가위임 사무 비구분	자치사무와 국가위임사무 구분
중앙정부 통제	입법적 사법적 통제, 약한 통제	주로 행정적 통제, 강한 통제
주요국가	영국, 미국 등	독일, 프랑스 등 대륙계 국가
조세제도	독립세주의	부가세주의
지방정부 형태	기관통합형(의회중심)	기관대립형(기관장↔의회)

출처: 저자 정리

정한 구역 안에서 국가로부터 부여받은 자치권에 근거를 두고 그 지역 내의 행정사무와 자치사무를 처리하는 것'이라고 정의된다. 지자체의 지위와 권한의 보장을 전제로 하기 때문에 무엇보다 지방분권이 강조된다.

반면에, '주민자치'는 '지역사회 발전을 위한 그 지역 안의 현안 과제를 자기부담에 의하여 주민들의 자발적이고 적극적인 참여를 통하여 주민들이 직접 처리하는 것'이다. 주민자치는 지역주민이 주체가 되는 공공사무 처리방식을 중요시하므로 지자체 공공사무와 관련된 의사결정과정에 대한 주민참여를 강조한다.

'단체자치'는 과거 중앙정부의 간섭에서 벗어나서 그 지방의 특성에 맞는 시책을 독자적으로 추진하기 위한 법률이나 제도를 중심으로 하는 '행정실시 권한의 행사'를 의미한다. 주민자치는 주체자인 '주민'에 초점을 맞춘 정치적 의미의 자치라고 할 수 있다.

지방자치가 실현되기 위해서는 중앙정부에 대해 독립된 사무, 재정, 조직 등을 갖춘 지자체가 존재해야 하기에 우선적으로 단체자치가 확보될 필요가 있다. 그러나 단체자치가 실행된다고 해도 자동적으로 지방자치가 이루어진다고

보기를 어렵다. 주민참여가 배제된 단체자치는 자치가 아닌 또 다른 관치(官治)에 불과하기 때문이다. 또한 단체자치 없이는 주민자치도 불가능하다. 지자체가 중앙정부에 종속된 단체라면 주민의 의사가 지자체 의사결정에 반영되기 어려워 주민자치가 이루어질 수 없기 때문이다.

현실적으로 주민자치는 단체자치에 의해 담보되는 측면이 있다. 이를 보면 둘 간의 관계는 주민자치가 지방자치의 본질적 요소라면, 단체자치는 그 목표에 이르기 위한 수단적 성격을 가진다. 그러므로 단체자치는 주민자치를 달성하기 위한 중요한 수단으로 이해할 필요가 있다. 지자체가 분권을 통해 권한을 증가시키는 것에 그치는 것이 아니라, 누구를 위한 분권이고 누구를 위한 자치인지 인식할 필요가 있다. 분권과정에 그 지역주민이 참여하는 것이 자치가 가진 본래의 취지에 부합하며, 분권의 궁극적 방향은 주민자치로 향해야 한다.

그러므로 향후 권력의 구조는 〈그림 1−1〉과 같이 변화되어야 한다.

〈그림 1−1〉에 제시된 것처럼, 현재는 국가(중앙정부)가 막강한 권력(권한)을 행사하고 그 다음으로 지방정부가 권력을 행사하고 있다. 물론 이 지방정부 내에서도 광역이 권한이 크고, 기초는 권한이 작다. 그리고 마지막으로 주민의 권력은 매우 왜소한 실정이다. 이러한 구조는 향후, 국가(중앙정부)의 권한은 대

그림 1-1 권력구조의 변화 방향

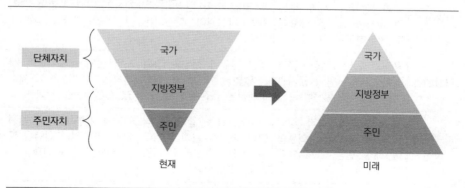

주: 삼각형의 크기는 권력(권한)의 크기를 의미한다.

폭 축소가 필요하고, 이에 대해 지방자치시대를 맞이하여 지방정부의 권한이 확대되어야 한다. 물론 여기서도 광역보다 기초의 권한이 보다 확대되어야 한다. 그리고 끝으로 주민의 권력을 대폭 확장하여야 한다. 이것이 헌법의 정신이고, 민주주의와 지방자치의 지향점이다.

4) 유사 개념간 차이

복지분권의 영역에서 개념 규정, 개념 간 유사점과 차이점을 명확히 하는 것이 매우 중요하다. 그 이유는 분권이나 자치란 개념이 거대개념이고, 사람마다 사용하는 개념과 의미 간에 차이가 있기 때문이다. 대표적인 사례가 지방자치, 지방분권, 지역균형발전의 개념이다.

〈표 1 - 2〉를 보면, 지방자치와 지방분권은 개념 간 유사성이 크지만 그 의미나 강조하는 문제가 상이하다. 이 두 개념은 주로 중앙정부와 지방정부 간의 관계를 고려한다. 특히 분권은 권한의 실질적인 이양을 강조한다.

이에 반해, 지역균형발전은 다소 상이한 개념이다. 기본적으로 중앙정부가

표 1-2 지방자치, 지방분권, 지역균형발전의 차이

개념	의미	주요 문제	기본 과제
지방자치	지방권력의 선출 및 입법·공공정책이 지역 주민의 의사와 요구를 대표하고 반영하도록 함	지방정치가 중앙정치에 의해 크게 영향 받거나, 주민의 자치권이 훼손되는 경우	지방정치의 지역 대표성 개선과 지역 주민의 참여권·직접민주주의 강화
지방분권	공공의 입법·재정·집행력이 지역 단위 공공기관으로 분산되도록 함	중앙 단위의 정부와 의회가 입법권, 재정자원, 행정지휘권을 독점하는 경우	지역 단위 공공기관의 자체적인 입법권과 조세수입, 집행역량을 강화
지역균형발전	정부역량, 경제력과 삶의 질의 지역격차가 사회통합을 해칠 만큼 크지 않게 함	일자리, 교육, 집값 등 국민의 중요한 삶의 영역에서 서울·수도권과 지방 간의 격차 심화	중앙의 지방 발전 촉진정책과 지역 간의 협력을 통한 수도권 집중 완화

출처: 윤홍식 외(2020b). 중앙-지방정부간 역할분담에 관한 연구

아닌 '지리적 개념'으로서 서울 등 수도권과 지방 혹은 지역간의 관계를 고려한 개념이다. 그렇기에 지역균형발전에 대한 강조는 '지역간 격차의 해소와 조정'이기에 분권보다 '집권'이 강조될 수 있다. 즉 지방분권과 지역균형발전은 상이한 배경을 둔 개념이 된다(김익식, 2008). 물론 지역균형발전이 되기 위해서는 지방자치나 지방분권이 중요한 기반이 된다. 그리고 때때로 지방분권보다 지역균형발전이 상위의 개념이 될 수 있다(김순은, 2018). 하지만 지역균형발전이 지방분권을 포괄한다고 하여 그 자체와 동일시되는 것은 아니다. 특히 분권 개념은 중앙정부와의 투쟁 혹은 대립 관계에서 발전되어 온 측면이 강하므로 이러한 정치경제학적 맥락에서 개념을 이해할 필요가 있다.

역대 정부(예, 노무현 정부)는 분권정책과 지역균형정책을 동시적으로 실시하거나 별도의 정책으로 실시하는 등 여러 방식으로 정책을 실시하였는데 결과적으로 이러한 정책 집행은 다른 지향성을 가지고 있었기에 두 정책 간 연계는 쉽지 않았다.[1]

2 지방분권의 개념

1) 분권의 개념

분권(分權, decentralization) 혹은 분권화(分權化)라는 용어는 복합적인 개념으로서 그 개념정립이 쉽지 않다. 또 다른 용어로 이양(移讓: 남에게 넘겨줌)이나 이관(移管: 관할을 옮김)이란 용어도 사용하는데, 이는 곧 지방이양(地方移讓)이 권한의 이양이자, 권한을 나누는 것이기 때문이다.

---

1) 현 윤석열 정부는 문재인 정부 시절의 '자치분권위원회'와 '국가균형발전위원회'를 합친 '지방시대위원회'를 운영하고 있는데 2024년까지의 평가는 후자(균형발전) 우위의 정책을 실행하고 있다고 평가된다.

한 국가의 체제는 정치·경제·행정적 측면에서 뿐만 아니라, 역사·문화·제도적 측면에서도 각기 다르기 때문에, 이러한 다원적 체제를 반영하는 분권의 정체성 역시 본질적으로 다양성과 불확실성을 내포한다(좌승희, 2008). 그럼에도 불구하고 일반적으로 분권은 중앙정부와 지방정부간의 권한배분관계로서 중앙정부의 권한이 지방정부로 이양되는 것을 의미한다. 동시에 분권은 지방분권을 의미하기도 하는데, 여기서 지방은 수도권에 대칭되는 지방이 아니라, 중앙정부에 대칭하는 지방정부를 의미한다. 즉 중앙정부의 권한이 지방정부로 이양되는 것이다. 또한 지방분권은 기본적으로 중앙정부와 지방정부 간의 합리적이고 규범적인 권한배분을 의미하지만, 이양된 권한에 대한 지방정부의 적절한 행사를 위한 자체적인 노력까지 포괄하는 것으로 의미가 확장되기도 한다(금창호 외, 2016).

지방분권(local decentralization)은 분권개념을 '지방'이라는 공간으로 확대·적용시킨 것으로 볼 수 있다. 집권개념의 공간적 위상이 '중앙'이라는 용어로 수렴된다고 볼 때, 지방분권은 중앙집권에 대응하는 개념으로 볼 수 있다.

지방분권은 '중앙과 지방간 관계에서 의사결정 권한의 소유여부와 관련된 것으로, 의사결정권한이 각 지방정부 단위에 적정하게 배분되어 있는 조직의 형태'(윤이화, 2017), '국가권력을 중앙정부에 집중시키지 않고 지방정부에 분산시키는 정치원리로서, 중앙정부와 지방정부 간 역할분담에 있어 지방정부에게 역할의 중점이 주어지도록 하는 정부 간 역할배분의 원리'(박응격 외, 2006), '지방에게 자치권을 이양해 중앙의 속박으로부터 벗어나 지방이 자율적으로 판단하고 행동할 수 있는 기회를 주는 정치적 구조개혁'(안성호, 2016) 등 여러 수준의 개념이 제시되고 있다. 이렇게 이양된 혹은 배분된 권한은 지방정부의 자치권이 된다.

2) 분권의 여러 개념

Litvak and Seddon(1999)은 분권과 관련된 용어를 정의하면서 행정분권을 분산, 위임, 이양으로 구분하여 설명한 바 있다.

분산(Deconcentration)은 중앙정부가 어떤 서비스를 제공할 책임을 하위 조직에 분산하는 것을 말한다. 독립적인 권한을 가진 지방정부가 존재하지 않고, 중앙정부가 지방에 기관을 설치하여 지역적으로 권한을 분산하는 형태이다. 1995년 이전의 한국의 지방정부가 한 예이며, 이는 분권이 아니라 권한의 분산이다. 중앙정부가 하위 조직에 권위를 넘겨주는 것은 아니다.

위임(Delegation)은 중앙정부가 결정과 공공 기능의 관리에 대한 책임을 하위 조직에 넘겨주는 것을 말한다. 하위 조직은 모든 것을 통제받는 것은 아니며 궁극적으로 중앙정부에 대해 책임을 진다. 지방정부가 자치권을 가지고 있는 경우, 필요에 따라 중앙정부가 지방정부에 권한을 위임하고 법령을 통해 중앙과 지방 간 계약관계를 형성하는 경우를 말한다.

이양(Devolution)은 이것은 가장 광범위한 지방분권으로서 중앙정부가 결정, 재정, 관리에 대한 권위를 하위 조직에 넘겨주는 것을 말한다. 중앙정부의 권한이 지방정부에 이양되어 지방정부가 독립적인 권한을 가지는 경우를 말한다. 이양은 위임에 비해 훨씬 더 강력한 자치권을 의미한다. 분권의 완성된 형태가 이양인 것이다.

3) 분권과 집권

분권(分權)에 대응하는 개념으로는 집권(集權)이 있다. (중앙)집권은 중앙정부의 역할이 증대되고 지방정부의 활동이 중앙정부에 의존하도록 하거나 통제가 강화되는 경향을 의미한다. (지방)분권은 이와 반대로 지방정부의 역할이 증대되고 지방정부의 활동이 중앙정부로부터 자유로운 경향을 의미하는 것이다.

이러한 중앙집권과 지방분권은 제각기 장단점이 있다. 중앙집권과 지방분권은 상대적이어서 중앙집권의 장점이 지방분권의 단점이 되고, 반대로 지방분권의 장점은 중앙집권의 단점이 된다.

일반적으로 중앙집권의 장점으로는 통일된 정책의 수행, 행정계획 수립과 추진의 일관성, 강력한 행정의 능률성, 효과적인 지역격차 시정, 통합적 조정, 행정기능의 중복과 혼란 회피, 국가 위기 시의 신속한 대처 등을 들 수 있다.

단점으로는 관료주의화 경향 및 권위주의적 성격 초래, 형식주의로 인한 창의성의 저해, 획일성으로 인해 지방의 특수성을 반영시킬 수 없다는 문제, 효율적인 업무수행의 어려움, 특히 풀뿌리민주주의(grass-roots democracy)를 약화시키는 결함 등을 언급할 수 있다.

반면, 지방분권의 장점으로는 최고집행자 및 관리층의 업무감소, 하부조직의 효율성 및 창의성 제고, 참여의식의 고취와 자발적 협조유도, 지역실정에 맞는 행정의 가능성(행정의 민주화), 지방정치와 행정에 대한 민중통제(popular control)의 강화 등을 들 수 있다.

역시 단점으로는 중앙의 지휘·감독 약화, 행정업무의 중복, 업무처리의 산만, 행정력의 분산 등을 들 수 있다(박명흠, 2002; 박호성 외, 2002). 이러한 중앙집권과 지방분권을 범주별로 비교하면 〈표 1-3〉과 같다.

표 1-3 중앙집권과 지방분권의 비교

구분	중앙집권	지방분권
목표	성장·평등	공정·경쟁
국가와 지방의 관계	국가(중앙정부)의 절대 우위	상대적 우위, 대응관계
정책체계	획일화	다양화
정책의 가치 기준	중앙정부의 지도감독(간섭주의)	지역주민의 선호도
정책형성과정	상의하달(Top Down)	하의상달(Bottom Up)
재원	보조금	지방의 자주재원

출처: 하세헌 외(2017). 지방차원의 실질적 지방분권 추진전략 연구

이러한 집권과 분권은 따로 따로 이해해서는 안 되며, 일종의 연속선 (continuum) 위에서 상대적인 위치 내지는 수준을 나타내는 것으로 이해해야 한다(김익식, 2006).

4) 분권의 필요성

분권이란 중앙정부가 가지고 있는 권한을 지역적, 지방적 단위로 나누어 권한을 분산시키는 것을 말한다. 분권의 필요성을 정리하면 다음과 같다.

첫째, 민주주의를 강화할 수 있다. 중앙집권적인 방식으로 운영되는 정부는 권력의 집중화와 불투명한 의사결정 구조를 유발할 수 있다. 그러나 분권을 통해 지역단위에서 의사결정과 실행을 함으로써 민주성을 강화할 수 있다.

둘째, 의사결정과 실행의 효율성이 향상된다. 중앙정부가 모든 권한을 가지고 있을 경우, 지방의 현장 상황을 충분히 파악하지 못하고 결정을 내릴 수 있다. 하지만 분권을 통해 지방에서 의사결정과 실행을 하게 되어 현장 상황을 적극 반영하여 보다 효율적으로 사회문제를 해결할 수 있다.

셋째, 지역적 다양성에 입각한 정책을 펼칠 수 있다. 지역별로 문화, 경제, 사회환경 등이 다르기 때문에 중앙집권적인 방식으로 모든 지역을 통일적으로 대응하는 것은 적절하지 않다. 분권을 통해 지방의 특성을 존중하고 지역사회 문제에 대해 유연하고 적절한 대응 방안을 마련할 수 있다.

넷째, 지방정부의 책임성 강화이다. 지방자치시대를 맞이하여 지방정부가 적절한 권한을 확보하고 이에 따라 책임성있는 행정을 집행할 수 있다. 책임성은 지역주민과 관련된 행정행위 결과에 대하여 명확한 의무나 부담을 지는 것이다. 결국 분권은 지방정부의 자율성을 확대하는 동시에 책임성을 강화하는 이중의 효과를 가진다.

다섯째, 적극적인 주민참여가 가능하다. 분권을 통해 주민들의 참여를 유도하여 지역의 '손님'이 아니라 '주인'으로 참여하게 함으로 지방의 발전과 진행을 촉진할 수 있다. 지역주민은 참여를 통해 자신이 살고 있는 지역에 대한 애착을 가지며 주체적인 참여를 통해 개선을 시도하고 더 나은 지역이 되도록 노력할 수 있다. 따라서 분권은 민주주의적인 권력 분산, 지방의 특성을 고려한 효과적인 정책 수립과 실행, 지방정부의 역할 강화, 주민참여의 활성화 등 다양한 이점을 가져올 수 있다.

소진광(2019)은 지방분권 혹은 지방자치의 필요성을 본질적인 측면에서 정리하고 있는데, 지방자치는 민주주의(民主主義) 근본원리에 충실한 공동체 관리 방식으로 본다. 민주주의가 작동하려면 개인의 자유와 책임이 대응하고 호응해야 한다. 민주주의 덕목은 구성원 각자의 책임과 권한을 연동시키고, 비용부담자와 수혜자를 일치시키며, 가해자와 피해자의 간격을 좁히는 데 있다. 예를 들어, 작게는 읍, 면, 동과 같은 풀뿌리 단위에서의 지방자치는 직접 참여에 기초하여 주민의 주도권과 주인의식을 증진함으로써 대의민주주의를 보완할 수 있고, 주민들의 필요성에 근거한 지역발전은 공공편익을 보다 정의롭게 분배할 수 있다고 본다. 결론적으로 작고, 분산되어 있으며 분권화된 조직형태가 주민들의 주도권과 주인의식을 높이고, 실질적인 공공수요를 보다 잘 충족시킨다고 본다. 이는 지방분권과 지방자치가 단순히 국가와 지방정부 간의 역할분담으로만 접근될 수 없는 이유이다.

5) 지방분권의 기능

우리나라는 전통적으로 중앙집권적 국가체계를 오랫동안 유지해 왔기에 분권이란 개념은 매우 생소한 개념이라고 할 수 있다. 분권을 기반으로 하는 지방자치제도가 운영된 지 얼마 되지 않았고, 분권은 기본적으로 '문화'적인 형태를 가지므로 형식적인 것이 아닌 실질적인 것으로서 분권을 체험한 기간이 매우 짧기 때문이다. 특히 많은 사람들이 분권이 가진 긍정적인 기능을 충분히 체험하지 않은 상황이기에 더더욱 그러하다.

또한 우리나라에서 분권이란 개념은 다소 혼란스러운 측면이 있다. 이런 배경에는 분권 개념의 다양성이란 문제가 있지만, 또 한 가지 지점은 분권은 좋은 정책이고, 집권은 나쁜 정책이라는 인식이 일부에 자리 잡고 있는 것도 한 가지 이유이다.

역사적으로 집권을 강조하였던 정부는 독재정권이나 군사정권 혹은 권위적인 정권에서 강조한 측면이 있고, 분권은 권한의 분산으로 민주화와 동일한 것으로 이해되어 온 측면이 있기 때문이다. 어떻게 보면 무조건적인 분권강조는 중앙(집권)적 폐해가 만들어낸 부산물인 것이다.

본 저서는 기본적으로 분권을 지향하지만, 무조건적인 분권을 지향하지는 않는다. 분권은 분명 충분히 긍정적인 측면이 있으나 한편으로 분권이 가진 부정적인 측면을 무시하지는 말아야 한다는 것을 지적하고 싶다. 지방분권은 동전의 양면처럼 순기능과 역기능이 동시에 존재한다. 이를 정리하면 〈표 1-4〉와 같다.

지방분권은 이상과 같은 순기능과 역기능이 존재하고 있다는 점에서 분권

표 1-4 지방분권의 순기능과 역기능

구분	순기능	역기능
정치적 가치	· 지방의 자기지배 · 민주주의의 방어 및 교육 · 주민참여와 통제의 용이 · 민의에 대한 반응성 증대	· 토호들의 지방지배 · 지방성의 강조에 따른 통합저해 · 지역주의·할거주의 팽배
경제적 가치	· 수요적합성을 띤 공공서비스 제공 · 자원 배분의 효율성 제고 · 지방간 경쟁을 통한 능력개발	· 규모의 경제 달성 문제 · 자원의 분산 · 비능률 양산 가능
사회적 가치	· 삶의 질 향상 · 자유·평등·복지 등 인간적 가치 보호의 강화	· 기존의 지배권 강화 · 공공재 배분의 문제 · 불평등 정책 심화
문화·환경적 가치	· 상향적 지역발전 추진으로 지역간 다양성 확보 · 지방 스스로의 내생적 발전 추진	· 주민 간의 갈등 조장 · 지역 간 불균형 가속화

출처: 하세헌 외(2017). 지방차원의 실질적 지방분권 추진전략 연구

이 모든 문제를 해결해주는 만능의 열쇠가 아니라는 점을 인식할 필요가 있다. 이 지점에서 지방분권정책의 효과는 그것이 과연 어떠한 조건에서 설계되고, 추진되는지에 달려있다고도 볼 수 있다. 지역사회와 그 구성원들의 성숙한 민주의식·문화와 결합하지 못한 지방분권은 의식과 제도의 차이에서 파생되는 분권의 역기능만 초래할 것이기 때문이다.

그렇기에 무조건적인 분권 지향, 이른바 분권지상주의(分權至上主義)가 지적되는데, 이러한 무조건적인 분권지상주의는 과도한 집권만큼 위험한 측면이 있다. 분권은 필요하지만 어떤 분권인지는 보다 심도있게 논의가 되어야 하는 주제이다. 그렇기에 형식적 분권과 실질적 분권을 구분할 필요가 있다. 극단적 사례로 중앙집권화된 국가의 대통령이 독재를 하거나, 지방분권화된 지역에서 시장이나 군수 혹은 구청장이 독재와 유사한 방식으로 행정을 하게 된다면 실질적 차원에서는 분권의 효용성이나 주민들의 정부만족도는 큰 차이가 없을 수 있다. 그럼으로 분권이 중요한 게 아니고, 구체적으로 어떤 분권이냐는 질문이 중요하다.

6) 분권의 내용과 범위

분권의 내용이 되는 권한이 중앙에서 지방으로 이전되었을 경우, 이는 지방이 가지는 권한이 되고 이를 자치권(自治權)이라고 한다(3장 '지방자치와 지방분권의 체계'에서 상세히 다룬다).

일반적으로 자치권은 자치입법권, 자치행정권, 자치조직권, 자치재정권 등으로 구분하는데, 학자에 따라서 구분하는 기준이나 내용에 다소 차이가 있다.

분권적 관점에서 접근하는 경우, 보다 다양하게 접근할 수 있다. 대표적으로 행정분권, 재정분권, 정치분권 등이 논의된다.

행정분권의 경우, 관장 사무의 자율적 처리 권한과 자치조직권 그리고 자치인사권을 포함하는 경우가 있다. 공공서비스에 대한 행정적 권한과 책임을 여러 정부에 배분하는 것이다. 즉 행정분권은 사무분권을 포함하고 있다.

재정분권은 재정적 권한과 책임을 여러 정부에 배분하는 것을 의미한다. 재정적 권한의 지방이양을 의미하며, 세입분권(조세권의 이양)과 세출분권(지출권의 이양)이 포함된다.

정치분권은 정치적 권한의 지방이양으로, 주민의 선출권, 법규제정권, 주민의 통제력, 주민대표의 자율성 등이 포함된다. 즉 정치적 이해관계를 여러 정부(중앙정부, 광역정부, 기초정부)에 따라 분배하는 것이다.

복지분권의 경우, 복지에 대한 여러 권한을 여러 정부에 배분하는 것으로 정부 간 역할 혹은 기능의 배분을 의미한다. 복지 영역의 특수성으로 인해 최근까지 논의는 주로 사무분권, 재정분권, 행정분권 중심으로 진행되어 왔다. 즉 행정분권 영역에서 사무분권이 별도로 구분되고, 정치분권이 주요한 주제로 등장하고 있다. 그렇기에 본 고에서는 복지분권 문제해결을 위한 접근으로 복지사무분권, 복지재정분권, 복지행정분권, 복지정치분권으로 구분하여 내용을 전개하고자 한다.

7) 분권의 정치성

분권은 본질적으로 정치적 과정임을 이해할 필요가 있다. 분권은 권력과 권한의 배분을 수반하기 때문에 정치적 동기와 이해관계가 작용하며, 권력 배분의 정치성을 가진다. 중앙정부 입장에서는 권력 유지를, 지방정부 입장에서는 자치권 확대를 추구하므로 중앙정부와 지방정부 간 권한과 자원 배분 문제는 정치적 의사결정의 대상이고, 중앙집권 혹은 분권에 대한 정치 세력들의 선호와 이해관계가 반영된다. 또한 정치과정을 통한 제도화 과정의 특성을 가진다. 분권화 수준과 방식은 정치과정을 통해 법제화되고 제도화되며, 의회, 정당, 이익집단 등 정치 행위자들 간 타협과 조정이 필요하게 된다. 분권은 정치인들의 지지기반 관리 및 정치적 실리추구와도 연관된다. 그 외에도 정치적 상황 변수가 있다. 분권화 수준은 정부 성향, 정당 구도, 여론, 사회운동 등 정치적 상황에 따라 달라진다. 따라서 분권은 단순한 행정효율성 문제 이상으로 권력구조 재편, 제도 설계, 정치세력 간 이해관계 조정 등 정치과정의 본질적 대상이 된다.

3 복지분권의 개념

1) 복지분권의 개념

복지분권은 복지(福祉)와 분권(分權)이 합쳐진 단어로 '사회복지 분야의 분권'을 의미한다. 분권이란 한자로는 나눌 분(分), 권세 권(權)으로 권한을 나눈다는 뜻이며, 일반적으로 분권은 중앙정부에 집중되어 있는 권한을 지방정부와 나누고, 그 권한을 지방정부 스스로 결정하고 행사하는 것을 의미한다.

다른 개념 정의에 따르면, 복지분권은 '국민들의 사회보장을 받을 권리를 실현하기 위해 정부 기관 간에 역할을 분담하는 것'으로 정의(참여연대, 2021)하기도 한다. 이 정의는 복지분권의 궁극적 목적이 국민들의 사회보장 권리를 실현하는 것에 강조점을 둔다.

또한 분권형 복지국가 논의의 관점에서는 단순히 중앙과 지방의 권한배분의 문제로 접근하는 것은 한계가 있고, 근본적으로는 한국의 복지체계에서 '각급 정부들이 시민이 직면한 사회적 위험에 누가, 어떻게 대응할 것인가의 문제로 접근할 필요'가 있다고 제언한다(윤홍식 외, 2020a). 그러므로 복지분권은 '시민들의 사회보장을 받을 권리에 대하여 정부 간 관계를 설정하고, 권한과 책임에 대한 역할을 분담하는 것'으로 정리할 수도 있다.

또 다른 접근으로는 '사회적 위험에 대한 보편적 보장과 더불어 지역사회가 지역자원의 분배방식을 자율적으로 결정하여 지역적 복지욕구를 충족시키는 것'이 복지분권의 핵심(신인철, 2018)이라고 보는 접근도 있다. 이에 따르면 사회

그림 1-2 복지분권의 영역

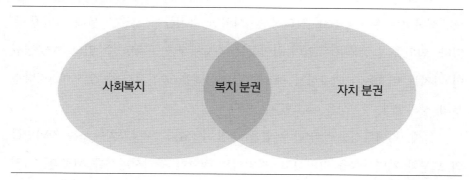

보장 권리보장과 더불어 지역의 자율성 확보가 필수적 요소로 이해된다.

또한 복지분권의 유동적 개념으로는 '지방정부가 지역주민의 대의기구로서 지역주민의 복지향상을 위해 필요한 권한을 가지고 또 그런 권한을 중앙정부로부터 일정한 자율성을 가지고 발휘하는 상태'를 의미하기도 한다(남찬섭, 2016).

이러한 복지분권은 사회복지 영역과 자치분권 영역의 공유지점에 놓여있기도 하다. 복지분권이 해당사회의 지방자치의 일부로서 존재하고 작동하기 때문이다. 복지분권은 해당 사회에서의 복지국가 구축을 둘러싼 중앙－지방간 갈등 속에 있으며 그 사회 지방분권의 제도적 타협구조라는 조건 내에 존재하고 작동하는 것이 현실이다.

어쩌면 복지영역에서 분권 분야는 다소 생소한 영역일 수 있다. 크게 고려되거나 인식된 영역이 아니었기 때문이다. 그럼에도 분권 영역은 복지영역의 많은 것들을 규정하고 이에 영향을 준다. 그러므로 분권 영역을 보다 주목할 필요가 있다.

2) 복지분권의 필요성

복지분권의 필요성을 정리하면 다음과 같다.

첫째, 지방분권의 한 영역으로서 지방분권 가치의 실현이다. 민주성(참여성), 생산성(능률성, 효과성), 창의성 등 다양한 가치들이 분권을 통해 실현될 수 있다. 민의를 반영하여 주민이 참여하는 복지체계를 구축할 수 있고, 중앙집권이 가지는 비효율과 과부하를 해소하여 생산성을 증진시킬 수 있으며, 지방정부의 창의성과 적극성을 제고할 수 있다.

둘째, 지역특성을 반영한 사업을 펼칠 수 있다. 지방자치단체는 지역민들의 요구와 지역특성을 파악하고, 지역별로 적합한 복지서비스를 제공할 수 있다. 중앙정부에서는 전국적인 범위로 복지정책을 수립하므로, 각 지역의 특성과 요구를 충분히 반영하지 못할 수 있다. 따라서 지방자치단체에서 복지분권을 통해 지역특성을 반영한 복지서비스를 제공함으로써 지역민들의 복지수준을 향상시킬 수 있다.

이는 다른 표현으로 복지서비스의 질을 향상시킬 수 있다. 복지분권을 통해 지방자치단체에서는 지역별로 적합한 복지서비스를 제공함으로써 복지서비스의 질을 향상시킬 수 있다. 지방자치단체는 지역민들의 요구와 특성에 맞게 복지서비스를 제공하고, 이를 통해 지역민들의 만족도를 높일 수 있게 된다.

즉 각 지역의 여건에 부합하는 복지체계 운영이 가능하다. 지방자치시대를 맞이하여 각 지역의 특수한 욕구나 문제를 고려하여 다양성에 근거한 복지체계를 운영해야 함에도 권한의 제한, 재량의 모호성 등으로 적극적인 노력에 한계가 있다. 지역에 근거한, 주민에 근거한 복지체계 운영을 위해 복지분권이 필요하다.

셋째, 지방정부의 역량이 강화된다. 지방정부의 복지책임성이 강화되므로 지방정부는 수동적 행정이 아니라 적극적 행정이 가능하다. 중앙정부와 합리적인 역할분담을 통해 사회서비스 강화에 따른 지역주도성을 강화할 수 있고, 그에 따라 역할과 기능 강화를 통해 책임성을 강화할 수 있다. 또한 지역특성에 부합하는 정책을 개발하기 위해 지방정부의 창의성에 제고될 수 있다.

그림 1-3 복지분권의 영역

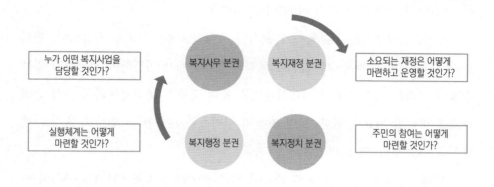

또한 돌봄과 보호 등 사회서비스 영역의 강화 요구에 따라 지역주도의 서비스 공급이 가능하다. 돌봄과 보호 등 사회서비스 영역은 지역단위 근거리 서비스체계가 핵심인바 이에 대한 책임성은 지방자치단체가 담당할 필요성이 있다. 특히 다양한 사회서비스를 통합적으로 조정하여 서비스를 제공하는 과정에서 지자체가 그에 대한 권한과 책임성을 적극 활용할 필요성이 있다. 이를 위해서는 지자체가 적극적으로 권한을 행사할 수 있도록 자율적 권한이 부여될 필요가 있다.

이를 복지분권 영역별로 내용을 살펴보면 다음과 같다.

첫째, 복지사무분권을 통해 주민의 사회보장권리에 대한 책임성이 강화될 수 있다. 현재 복지사무에 대한 기능배분에 대하여 명확한 기준이 결여되어 있고, 이에 대한 법령의 규정이 미비하여 정부 간 역할분담이 모호하다. 사무분권을 통해 정부 간 명확한 기능분담을 설정하고, 이를 통해 사회보장권리에 대한 책임성이 실행될 필요가 있다.

둘째, 복지재정분권을 통해 복지재정운영의 효율화와 안정성이 높아질 수 있다. 지방자치제도나 지역복지가 내실 있게 운영되기 위해서는 재정이 뒷받침되어야 한다. 그런데 일부 지방정부를 제외하고는 대부분의 지방자치단체는 재정적으로 취약한 상황이며, 복지재정의 경우 다양한 문제가 발생하고 있다. 이를 해결하기 위해서 복지재정분권이 필요하다.

셋째, 복지행정분권을 통해 효율적인 복지전달체계 구축이 가능하다. 현재는 복지업무를 수행하는 데 필요한 조직과 인력체계가 미흡하여 적극적인 업무수행이 어려운 실정이다. 복지행정분권을 통해 전문적 조직체계와 전문적 인력체계를 마련할 필요가 있다. 또한 전문적 서비스를 제공할 수 있도록 행정 수행방식을 변화시킬 필요가 있다.

넷째, 복지정치분권을 통해 주민이 적극 참여하는 지역복지체계 구축이 가능하다. 풀뿌리 민주주의 정신에 따라 주민이 복지정책에 직접 참여하고, 지방정부의 권한을 통제하며, 주민의 의사가 반영되는 정책집행이 가능하다. 지방자치시대와 지방분권시대에 부합한 주민참여를 통해 수혜자중심의 복지체계 구축이 가능하다.

4 지방분권과 복지분권의 관계

1) 지방분권과 복지분권의 관계

지방분권체제는 지역주민들의 다양한 생활요구의 질적 충족을 가능하게 하기에 민주성과 대응성을 높인다(Douglas, 1921; 임승빈, 2010). 지방자치단체장은 지방자치하에서 중앙정부의 상의하달식 요구보다 지역주민의 요구나 수요에 더 민감하게 반응하게 된다. 또한 지방공공서비스 제공과 지방사무 수행과정에서 비용감소 및 산출결과 개선을 통해 인적자원을 효과적으로 활용하고 효율성을 높일 수 있다(Oates, 1972; 정병걸, 2004).

또한 지방자치단체의 특성을 반영한 해당 지역의 복지운영체계는 일반적으로 '지역사회복지' 내지 '지역복지', '지역형 복지'라고 불린다. 지방분권의 토대하에서 복지분권 역시 이루어지는 것이기에 지방분권의 발전척도는 복지분권의 발전 과정과 같은 방향이라고 할 것이다.

복지분권의 상세 내용은 「지방자치법」의 구조 및 내용과도 직접적인 관련이 있다. 나아가 지방분권의 원칙은 「헌법」 및 「지방자치법」의 내용에서부터 원천적으로 유래하는데, 「지방자치법」이 정하고 있는 자치입법권과 자치재정권에 대한 개선 없이는 근본적으로 사회복지정책의 지역적 실현을 실질적으로 달성할 수 없게 된다.

한마디로 복지분권의 위상을 고려해보면 사실상 지방분권과 긴밀하게 연결되어 있음을 알 수 있다. 복지분야의 독자성도 있으나 분권의 특성상 지방정부가 어떠한 권한을 가지느냐에 따라 지역복지 부문에 영향을 주기 때문이다. 지방정부의 권한은 특정 분야에 한정되는 것이 아니라 포괄적인 권한 배분의 방식을 따르고 이에 따라 부문별로 영향을 받게 된다. 즉 복지분권을 강화하려면 지방분권이 강화되어야 하고, 지방분권이 강화되면 자연스럽게 복지분권이 강화되는 관계를 가지게 된다.

그러므로 지방분권과 복지분권의 관계는 복지분권 발전이 지방분권에 의존할 수밖에 없는 관계이면서 동시에 지방분권이 발전하면 복지분권이 발전하거나 혹은 역으로 복지분권이 발전하면서 지방분권을 발전시키는 상호 조응관계이기도 하다. 다만 이러한 관계에서도 복지부문이 가진 고유한 특성과 쟁점을 고려한 분권 운영방식이 병행되어야 할 것이다.

또한 최근에 와서 복지분권화의 추세가 계속 진화하면서 새로운 도전과 기회가 등장했다. 예를 들어, COVID-19 팬데믹은 지역 요구에 대응하고 지역사회 회복력을 구축하는 데 있어 분산된 복지시스템의 중요성을 강조하고 있다. 이러한 여건 변화는 분권화된 운영체계를 요구하고 있다.

2) 지방분권이 지역사회복지에 미치는 영향

지방분권 혹은 복지분권의 필요성은 앞에서 언급하였으나 이러한 것이 지역사회복지에 미치는 영향은 다양하다. 이를 긍정적인 측면과 부정적인 측면으로 구분하면 〈표 1−5〉와 같다.

표 1-5 지방분권이 지역사회복지에 미치는 영향

긍정적 영향	부정적 영향
- 지방분권은 지방정부의 자율성을 확대함 - 지역주민의 새로운 욕구나 변화된 욕구에 민감하게 반응할 수 있음 - 지역의 특성에 맞는 복지정책 수립이 가능함 - 지방정부의 권한과 책임성을 강화함 - 주민의 복지정책 참여기회가 확대됨	- 중앙정부의 사회복지 책임성이 약화됨 - 사회복지서비스 공급축소에 대한 우려 - 지역간 복지수준 격차와 불평등이 야기됨 - 지방정부 간 복지경쟁 및 지역이기주의가 발생할 수 있음 - 지방정부 단체장의 복지인식과 의지에 따라 정책변화가 영향을 받음

출처: 저자 정리

다수의 전문가들은 지방분권 혹은 복지분권은 바람직한 방향으로 이해한다. 그럼에도 불구하고 다양한 부정적 효과가 발생할 수 있다. 그러므로 지역사회에 미치는 부정적 영향을 최소화하면서 사업을 추진할 필요성이 있다. 그렇다고 해서 지역간 표준화된 급여나 서비스를 제공하는 것이 최종적인 목표가 아니며 분권은 기본적으로 지역적 다양성을 고려한 것이라는 측면이 보다 강조될 필요가 있다. 예를 들어, A지역에서 독자적인 복지사업을 실행하였을 경우, B지역에 그런 제도가 없다고 하여, 그것을 '격차(gap) 혹은 차이(disparity)'라고 이해할 것인지, 아니면 '지역 간 다양성(diversity)'의 관점에서 이해할 것인가에 따라 평가에 있어 엄청난 차이가 있다. 기본적이고 권리적인 복지서비스는 당연히 지역간 편차가 없어야 하지만, 그 이외의 영역에 있어서는 격차의 관점보다는 다양성의 관점에서 접근하는 것이 분권의 본래적 특성이 부합하는 관점일 것이다. 즉 분권은 지역의 다양성을 고려한 운영체계를 강조하는 체계인 것이다.

5 복지국가와 복지분권

1) 복지국가와 복지분권

복지국가(welfare state)는 국가가 국민의 복지와 안녕을 책임지고, 경제와 사회의 발전을 위해 다양한 복지제도와 정책을 시행하는 것을 말한다. 복지국가는 정부의 중앙집권적인 국가 개입을 필요로 하며, 국가가 제공하는 다양한 복지 제도와 서비스는 국민의 권리로 인식된다.

복지국가의 발전은 국가의 경제 발전과 함께 이루어져 왔으며, 국가의 경제력과 정치적 안정성에 의존한다. 또한 국민들의 세금을 모아 다양한 복지제도와 서비스를 제공하며, 재분배를 통해 국민의 권리와 사회적 평등을 보장하게 된다. 그렇게 보면 복지는 재분배 기제이며, 정치적인 과정의 결과물이다.

역사적으로 19세기 후반 사회보장제도를 시행한 이후, 20세기 초반 경제발전과 산업화에 따라 국가가 사회문제에 대한 개입을 더욱 강화하였고, 제2차 세계대전 이후인 1950년대에는 유럽에서 복지국가의 발전이 가속화되었다. 유럽 각국에서는 국가가 제공하는 사회보장제도를 통해 국민들의 복지를 책임지는 것이 일반적인 국가체계가 되었다. 이후 1960년대와 1970년대에는 복지국가의 발전이 더욱 확산되었다. 대부분의 선진국에서는 교육, 건강, 주거 등 다양한 분야에서 복지서비스를 제공하였다. 그러나 1980년대 이후에 경제적 위기 등 여러 원인에 따라 복지국가의 위기가 도래하였고, 이러한 상황에서 복지국가의 재조정과 발전이 동시에 진행되고 있다.

에스핑 안데르센(Esping-Andersen)은 이러한 복지국가를 탈상품화와 계층화[2]를 기준으로 세 가지 유형으로 분류하는 복지국가론을 제시하였다. 이른바

---

2) 탈상품화(decommodification), 즉 시민들이 자신이 필요하다고 생각할 때 자유롭게, 그리고 직업·수입·일반적 복지를 상실할 위험이 없는 상태에서 노동에서 손을 떼고도 사회적으로 용인될 만한 생활수준을 영위할 수 있는 정도와, 계층화(stratification), 즉 복지혜택 정도가 계층별로 나누어지는 정도를 말한다(Esping-Andersen 1990).

표 1-6 에스핑-안데르센의 세 개의 복지체제

복지체제	자유주의	보수주의	사민주의
탈상품화 수준	낮음	중간	높음
계층화	국가-시장의존 이중화	공적 복지 틀 내의 계층화	계층 간 연대
사회권의 기초	도움이 필요한 욕구(needs)	고용지위	시민 됨
주된 프로그램	전체적으로 저발전, 공공부조	현금급여	현금급여+사회서비스
급여	낮고 잔여적	기여에 비례	높고 재분배적
해당국	미국, 캐나다, 호주	오스트리아, 독일, 프랑스, 이탈리아	스웨덴, 노르웨이, 덴마크, 핀란드

출처: Esping—Andersen(1990)(여유진 외(2016)에서 인용)

자유주의, 보수주의, 사민주의 국가이다. 자유주의적 복지국가는 미국과 캐나다 등의 국가를 대표하는 유형으로, 개인의 책임과 시장의 역할을 강조하는 시스템이다. 이러한 체제에서는 국가의 개입이 적고, 대부분의 복지서비스는 시장경쟁에 의해 제공된다. 보수주의적 복지국가는 유럽 대륙 국가를 대표하는 유형으로, 국가가 국민의 복지를 보호하기 위한 제도가 강조된다. 국가가 제공하는 복지서비스가 많고, 소득분배도 보다 평등하게 이루어진다. 사회민주주의적 복지국가는 북유럽 스칸디나비아 국가들을 대표하는 유형으로, 국민의 자치와 민주주의를 강조하면서도 국가의 개입을 확대한다. 국가가 제공하는 복지서비스가 많고, 보다 평등한 소득분배와 고용안정을 추구한다.

한마디로 복지국가의 성장은 중앙정부의 역할이 핵심이었다. 이후 복지국가의 위기는 복지의 지방분권을 야기하였고, 이러한 흐름은 상당한 쟁점을 가지고 있다. 지방분권이란 이름으로 중앙의 재정 책임성을 지방에 전가하는 효과가 있었기 때문이다.

복지분권 논의에서 복지국가와의 관련성은 해당 국가의 지방자치제도를 매개로 관련성을 가지고 있다. 지방자치 혹은 지방분권의 확대가 복지국가에 어떤 영향을 미칠지는 매우 논쟁적인 주제이며, 합의된 결론 또한 존재하지 않는다. 분권과 복지국가의 관계는 다면적 맥락에 따라 관계가 만들어지기 때문에 분권이 복지국가를 약화시켰다는 것도, 분권이 복지국가를 강화한다는 것도 실체에 부합하는 것은 아니라고 할 수 있다(윤홍식 외, 2020).

또한 지방자치와 사회복지의 관계에 관해서는 초기부터도 견해가 통일되지 않아 지방자치가 사회복지의 발전에 도움이 될 것이라는 입장과 그에 반대하는 입장이 대립하였다. 이는 지방자치가 그 자체로 사회복지의 발전을 가져오는 것은 아니라는 점을 반영하는 것이다. 즉 지방자치가 비록 민주주의와 연관성을 갖는다고는 하지만 지방자치가 그 자체로 민주주의의 실현을 보장한다고 보기는 어렵다는 것이다. 결국 복지분권은 해당사회에서의 복지국가 구축을 둘러싼 중앙−지방간 갈등을 내포하고 있고 그 갈등이 그 사회의 지방분권의 제도적 타협구조라는 제약 내에 존재하고 작동하게 되는 특성이 있다. 따라서 복지분권은 해당 사회의 지방자치의 제도적 특성과 연관되며 동시에 지방자치의 제도적 특성은 복지국가의 제도적 특성과 연결된다고 볼 수 있다(남찬섭, 2016).

그렇기에 셀러스와 리드스트룀(Sellers and Lidström, 2007)은 중앙정부(또는 연방정부)의 지방정부에 대한 통제 수준과 지방정부의 역량에 기초해 분권체제를 유형화했는데, 지방분권체제의 특성을 결정하는 가장 중요한 요인은 중앙정부의 통제수준과 지방정부의 역량이 아니라, 그 사회에서 지방분권이 갖는 역사성이 가장 중요하다고 제언한다.

2) 한국의 복지분권 모델 논의

이렇게 본다면 한국의 경우, 복지분권 모델(모형)은 한국의 복지체제와 지방분권의 역사성에 기초한 모델을 고려하는 것이 현실적이게 된다. 즉 한국의 복지분권은 적어도 100년 이상 지속된 강력한 중앙집권적 유산을 전제로 진행되는 과제라는 점을 인식해야만 한다는 것이다. 한국의 복지분권 모델과 관련

그림 1-4 복지분권 3층 모형에 따른 분석틀

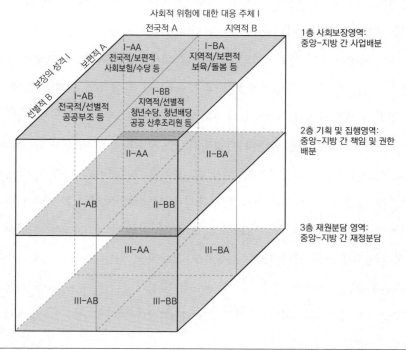

출처: 윤홍식 외(2020a). '민주적 분권'을 위한 복지분권의 3층 모형: 사회복지 지방분권에 대한 비판적 검토

된 대표적인 연구는 윤홍식 외(2020b)의 보고서와 참여연대 사회복지위원회의 '복지분권의 원칙과 방향'(21.10.28) 논의가 대표적이다.

전자의 경우, 윤홍식 외(2020a)가 제안한 분권모형을 비판적으로 재구조화 하였는데, 연구에서는 다음과 같은 분석틀에 입각하여 논의를 전개하였다. 기존 민주적 복지분권 모형에서는 사회적 위험의 성격과 보장의 성격을 기준으로 분 권의 차원을 3층위로 구분하고, 1층위는 복지사무 구분을, 2층위는 기획과 집 행측면을, 3층위는 재정분담을 구분하여 제시하였다. 이에 대해 이후 대안적 복 지분권 논의에서는 강한 중앙정부와 역량이 강한 지방정부가 공존하는 모형을 제안하였다(윤홍식 외, 2020b).

이를 통해, 한국 복지국가의 분권모형으로 복지분권에서는 결과에 대한 책임을 관리하는 중앙정부의 역할 정립, 지방의 역량을 고려한 포괄적 권한의 위임, 분권화에서 정치-행정-재정분권 수준의 균형적 접근을 제시하였으며, 재정분권에서는 지자체의 실질적인 과세자주권 확대가 필요하고 중앙정부가 지자체에 재정적 권한(자율성)과 기능(책임성)을 이양하도록 하며, 정치분권에서는 지방자치, 지방분권, 지역균형발전을 수행하는 역량있는 지방정부 구축을 제안하였다.

후자인 참여연대(2021)의 경우, 지자체 책임에 대한 중앙정부의 관리역할 정립, 지방정부에 포괄적 권한위임, 정치-행정-재정 사이에 균형있는 권한과 책임을 부여하는 분권인 이른바 '관리되는 그러나 지방화된 복지국가'라는 복지국가 분권모형을 제안한다. 이를 보면, 전자와 후자 공통적으로 유사한 복지분권 모형을 제시한 것이다.

제시한 모형을 상세히 보면, 복지분권은 문제는 단순히 '효율성 높은 역할분담'의 문제가 아니라, 한국 사회가 어떤 복지국가를 만들어 갈지를 둘러싼 '국가의 재구조화 문제'라고 정리할 수 있다.

CHAPTER

02

지방자치의 발달과 복지분권의 전개

CHAPTER 02에서는 지방자치 역사와 복지분권의 역사를 정리한다. 과거는 현재를 비추어주는 거울이다. 과거를 통해 현재를 보다 명확하게 이해할 수 있다.

1 우리나라 지방자치의 역사

1) 지방자치 역사의 개요

우리나라는 1948년 대한민국 「헌법」에서 지방자치를 명시하고, 이듬해인 1949년 최초의 「지방자치법」이 제정되면서 대한민국 지방자치의 역사가 시작되었다. 이 당시의 지방자치단체는 광역자치단체로서 특별시(서울특별시)와 도, 기초자치단체로서 시·읍·면을 두었다. 현재와는 달리 구나 군은 기초자치단체가 아니었다는 것과 지방자치단체장 선거는 실시하지 않고 지방의회 선거만 실시하였다는 것에서 차이점이 있다. 그러나 한국 전쟁이 발발하면서, 최초의 지방선거는 1952년에 실시되었다.

이후 1960년 4.19 혁명이 일어나고 개헌을 통해 제2공화국이 수립되면서, 지방선거 대상이 지방자치단체장까지 확대되었다. 그러나 바로 이듬해인 1961년 5.16 군사정변이 일어나고 「지방자치에 관한 임시조치법」을 만들어, 지방의회를 해산하고 지방자치단체를 명목상으로만 유지하고 실질적으로는 폐지하며, 지방자치의 부활을 남북통일 이후로 유보한다고 결정함으로서 지방자치제도가 명목상으로만 유지하고 실질적으로는 폐지되었다. 이때부터 특별·직할시장, 도지사, 시장, 군수 등 각급 행정구역의 장을 모두 중앙정부(내무부)에서 직접 임

표 2-1 지방자치제도 발전 과정

연 도	1991.4	1993	1995.7	1997	1998.7	2002.7	2003	2006.7	2008	2010.7	2013	2014.7
지방자치제 부활	부분적 도입기		민선1기		민선2기		민선3기	민선4기		민선5기		민선6기
정권변화	노태우정부		김영삼정부		김대중정부			노무현정부		이명박정부		박근혜정부
지방자치제도 관련법변화	지방의회 구성, 운영		민선지방자치실시(단체장, 지방의원선거)		지방이양촉진법시행 주민조례제정권, 개폐청구권			3대특별법, 주민투표법, 제주특별법		지역균형발전특별법 3개분야 특행관련법		지방분권및지방행정체제개편에 관한특별법
자율과책임 확보 및 지방민주주의 발전을 위한 제도개선	• 지방자치법 개정시 '국가의지도감독' 조항유지 • 직무이행명령제 규정 ('94자치법개정시)		• 2001년 주민감사청구제 도입 • 2005년 8월 지방의회유급제 도입 50% 여성할당제 도입 • 2006년 4월 지방의회 회기일수 자율 운영 • 2006년 7월 제주특별자치도 시행 • 2006년 지방의회의 윤리위원회 설치 • 2006년 주민소송제와 주민감사청구제 실시					• 2007년 5월 지방자치법 전면개정 (내용보다 조문 재편에 그침) • 2007년 이후 총액인건비제 시행 등자치단체조직·인사에 관한 부분적인 자율권 확대시행 • 2008년 2월 지방분권에관한특별법 제정 • 2009년 4월 지방의원 겸직금지범위 확대 • 2013년 5월 지방행정체제개편위원회와 과거의 지방분권촉진위원회가 통합되어 지방자치발전위원회 출범 • 2014년 6월 4일 제6기 민선지방자치선거 출범 • 2015년 단체장에 대한 후원회제도 시행				

출처: 행정자치부·한국지방행정연구원(2015). 지방자치 20년 평가

명하는 임명제(관선제)가 실시되었다. 또한 본래는 읍과 면이 기초자치단체였는데 이를 임시조치에서 군이 기초자치단체격을 갖는 것으로 바꾸었다.

그러다가 1987년 6월 항쟁으로 인해 개헌이 이루어지면서 임시조치법은 폐지되고, 개정 「헌법」에 따라 1987년 「지방자치법」이 부활하여 1991년부터 지방선거가 다시 치러지기 시작하여 지방의회가 구성되었다. 1987년 「지방자치법」의 부활과 함께 특별시와 자치구도 법률상 지방자치단체로 인정되었다. 현행 지방자치제의 본격적인 시작은 지방자치단체장 선거를 실시한 1995년 7월 1일로 보고 있다.

2) 지방자치 역사의 결정적 순간[1]

한국의 지방자치는 1949년 「지방자치법」 제정 이후 1952년 첫 선거가 실시된 이래 여러 시행착오 과정과 제도개편을 거쳐 1960년 4.19혁명 이후 온전한 모습의 지방자치를 실현했다. 당시에는 자치단체가 특별시·도와 시·읍·면으로 구성되었고, 단체장과 지방의원을 모두 주민이 직접 선출했다. 그런데 5.16군사정변으로 지방의회가 해산되고 단체장은 임명제로 전환하면서 1991년 지방의회가 복원될 때까지 풀뿌리민주주의는 30년간 긴 암흑기를 보냈다. 군사정부는 지방의회만 해산한 것이 아니라 기초단체를 시·읍·면에서 시·군으로 개편하며 지역공동체를 해체시켰다. 주민의 가장 가까운 곳에 존재해야 하는 기초자치단체가 광역화되면서 행정구역은 너무 넓고, 생활밀착형 공공서비스를 효율적으로 제공하기에는 주민들에서 너무 먼 존재로 바뀌었다. 이것이 오늘날까지 시민참여를 바탕으로 하는 공동체적 주민자치의 발전을 제약하는 족쇄로 작용하고 있다.

그래도 역사의 수레바퀴는 급속한 경제성장과 함께 군사독재를 타파하고 민주화를 실현하였다. 1987년 6월 민주화운동의 결과 대통령직선제를 실현했고, 지방자치 실시를 지연시켜온 「헌법」 부칙조항[2]도 삭제되었다. 대통령 직선제가 복원되었으나 노태우 정권으로 이어지면서 지방자치의 복원은 지연되었다. 야당대표(김대중·김영삼)의 투쟁과 학계·시민사회의 강한 요구가 이어지면서 1991년 지방의회가 먼저 복원되고, 1995년에 단체장과 지방의원의 동시선거가 실시되며, 주민직선에 의한 지방자치가 온전하게 복원되었다.

---

1) 이 파트는 이재은(2018)의 글을 참고하였다.
2) 「유신헌법」에서는 부칙에 통일 이후에 실시하는 것으로 미루었고, 제5공화국 「헌법」에서는 부칙에 재정자립도를 고려하여 순차적으로 실시한다고 규정하며 지방자치의 부활을 회피하고 있었다.

안타깝게도 지방자치의 복원과정에서 대통령직선제에 급급했던 민주화세력은 지방자치에 관한 헌법조항을 충실하게 규정하지 못하고 예전의 조항을 답습하면서, 지방자치의 범주와 권한, 재원이 모두 중앙정부의 시혜(법령)에 의해 결정되도록 만들었다. 당시 중앙관료로 구성된 지방자치실시 기획단에서 마련된 지방자치제도는 지방자치단체에게 형식적인 행·재정 집행권만 부여하고, 실질적인 결정권은 중앙정부가 갖는 중앙집권구조를 온존시키는 것이었다. 즉 정부 간 관계가 사무사업 등 주요 정책결정권은 중앙정부가 장악하고 집행권만 지방자치단체로 분산시키는 체제로 제도화되었다. 특히 지방정부의 자율성을 결정하는 핵심기제인 재원조달방안을 지방세와 같은 자주재원이 아니라 지방교부세와 지방양여금과 같은 이전재원으로 편제하였다. 이후 한국의 지방자치는 자율-참여-책임이 구현되지 못하는 중앙의존적인 모습으로 오늘에 이르고 있다.

2 중앙정부의 자치분권 정책

1) 역대 정부의 자치분권 정책[3]

지방분권에 대한 정부 차원에서의 논의는 1991년 '지방이양합동심의회' 출범 때로 거슬러 올라간다. '지방이양합동심의회'는 1991년부터 1998년까지 모두 3,701건을 심의하고, 2,008건을 지방으로 이양, 확정했다. 김대중정부(국민의정부)는 1999년 1월 29일 「중앙행정권한의 지방이양 촉진 등에 관한 법률」을 제정하여 지방분권을 위한 법적 근거를 확보하였다. 이 법에 근거하여 1999년 8월 30일 '대통령 소속 지방이양추진위원회'가 공식 출범하였고, 국무총리와 민

---

3) 이 파트는 자치분권대학출판부(2020)의 글을 참고하였다.

간위원이 공동위원장을 맡았다.

　　2003년 시작된 노무현정부(참여정부)도 '정부혁신지방분권위원회'를 발족하고, 지방분권에 관한 다양한 논의를 정리한 바 있다. 참여정부는 4대 국정원리 중 하나로 '분권'과 '자율'을 선정하여 지방분권을 추진할 강력한 의지를 보였다. 참여정부가 설정한 구체적인 지방분권 과제는 중앙권한의 지방이양 및 사무구분체계 개선, 교육자치제도 개선 및 자치경찰제도 도입, 특별지방행정기관 정비, 지방의정활동 기반 정비 및 강화, 국세 – 방세 구조 개혁 등 이었다. 특히 2006년 1월 1일 출범한 제주특별자치도는 특별지방행정기관 상당 부분을 넘겨받아 시범운영하였고, 자치경찰제를 시범적으로 도입하였으며 중앙행정권한의 상당 부분을 특별히 이양받아 자체 처리하는 지방자치의 실험장이 되었다.

　　2008년 2월 출범한 이명박정부는 '지방분권촉진위원회'와 '지방행정체제 개편추진위원회'로 나누어 지방행정체제 개편 특히 지방자치단체 구역의 광역화 추진 의지를 보였다. '지방분권촉진위원회'는 4개 분야 20개 분권과제를 다루도록 구성되었다. 여기서 4개 분야란 권한 및 기능 재배분, 지방재정 확충, 자치역량 강화, 협력 및 공감대 확산을 포함한다. 권한 및 기능 재배분은 사무구분체계 개선, 중앙행정 권한의 지방 이양, 특별지방행정기관 기능 조정, 교육자치제도 개선, 자치경찰제 도입 등 5개 과제로 이루어졌다. 지방재정 확충은 국세와 지방세의 합리적 조정 등 3개 과제, 자치역량 강화 분야는 자치입법권 확대, 지방자치행정 체제 정비 등 6개 과제, 협력 및 공감대 확산 분야는 정부 및 지방자치단체 간 협력 체제 강화, 분쟁조정기능 강화, 특별지방자치단체제도 도입 및 활용 등 6개 과제로 구성되었다.

　　박근혜정부는 2008년 5년 한시법으로 제정된 「지방분권 촉진에 관한 특별법」과 「지방행정체제 개편에 관한 특별법」을 통합하여 2013년 5월 「지방분권 및 지방행정 체제 개편에 관한 특별법」을 제정하고, 이명박정부 때 분리되어 있던 '지방분권촉진위원회'와 '지방행정체제 개편추진위원회'를 통합하여 '대통

표 2-2 역대 정부의 지방분권 추진 체제

구분	근거법령	추진기구
김영삼정부	정부조직관리지침(국무총리훈령)	지방이양합동심의회
김대중정부	중앙행정권한의 이양촉진 등에 관한 법률	지방이양추진위원회
노무현정부	지방분권특별법	정부혁신·지방분권위원회 지방이양추진위원회
이명박정부	지방분권촉진에 관한 특별법지방행정체제개편에 관한 특별법	지방분권촉진위원회 지방행정체제개편추진 위원회
박근혜정부	지방분권 및 지방행정체제개편에 관한 특별법	지방자치발전위원회
문재인정부	지방자치분권 및 지방행정체제개편에 관한 특별법	자치분권위원회
윤석열정부	지방자치분권 및 균형발전 특별법안	지방시대위원회

출처: 한국지방자치학회(2018). 기능중심의 중앙권한 지방이양 추진방안 연구 보완

령 소속 지방자치발전위원회'를 설치하였다. '지방자치발전위원회'가 추진했던 과제는 핵심과제 8개, 일반과제 10개, 그리고 미래 발전과제 2개로 이루어져 있다. 핵심과제는 자치사무와 국가사무의 구분체계 정비, 중앙권한 및 사무의 지방이양, 지방재정 확충 및 건전성 강화, 교육자치와 지방자치 연계 및 통합 노력, 자치경찰제도 도입, 대도시 특례제도 개선, 특별·광역시 자치구, 군의 지위 및 기능 개편, 읍·광면·광동 주민자치회 도입 등 이었다. 일반과제는 지방의회 활성화 및 책임성 제고, 지방선거제도 개선, 국가와 지방자치단체 간 협력체제 정립, 특별지방행정기관 정비, 시·광군·광구 통합 및 통합지자체 특례 발굴 등 이었다. 미래 발전과제는 지방자치단체 기관 구성의 다양화, 도의 지위 및 기능 재정립 등이었다.

2) 문재인정부의 자치분권 정책

문재인정부에서는 '연방제 수준의 분권국가'를 핵심 국정과제로 설정하였다. 이를 위해 '자치분권위원회'를 설치하였고, '자치분권 종합계획'을 수립하였다.

표 2-3 자치분권 종합계획(6대 전략, 33개 과제)

추진전략	과 제 명
1. 주민주권 구현	1-1. 주민 참여권 보장
	1-2. 숙의 기반의 주민참여 방식 도입
	1-3. 주민자치회 대표성 제고 및 활성화
	1-4. 조례 제·개정의 주민직접발안제도 도입
	1-5. 주민소환 및 주민감사청구 요건의 합리적 완화
	1-6. 주민투표 청구대상 확대
	1-7. 주민참여예산제도 확대
2. 중앙권한의 획기적인 지방이양	2-1. 중앙-자치단체 간 사무 재배분
	2-2. 중앙권한의 기능 중심 포괄 이양
	2-3. 자치분권 법령 사전협의제 도입
	2-4. 특별지방행정기관 정비
	2-5. 대도시 특례 확대
	2-6. 광역단위 자치경찰제 도입
	2-7. 교육자치 강화 및 지방자치와의 연계·협력 활성화
3. 재정분권의 강력한 추진	3-1. 국세·지방세 구조 개선
	3-2. 지방세입 확충 기반 강화
	3-3. 고향사랑 기부제 도입
	3-4. 국고보조사업 개편
	3-5. 지방교부세 형평 기능 강화
	3-6. 지역상생발전기금 확대 및 합리적 개편
4. 중앙-지방 및 자치단체 간의 협력 강화	4-1. 중앙-지방 협력기구 설치·운영
	4-2. 자치단체 간 협력 활성화 지원
	4-3. 제주·세종형 자치분권 모델 구현
5. 자치단체의 자율성과 책임성 확대	5-1. 지방의회 인사권 독립 및 의정활동정보 공개
	5-2. 자치조직권 강화 및 책임성 확보
	5-3. 지방인사제도 자율성 및 투명성 확보
	5-4. 지방공무원 전문성 강화
	5-5. 지방재정 운영의 자율성 제고
	5-6. 지방재정정보 공개 및 접근성 확대
	5-7. 자치분권형 평가체계 구축
	5-8. 자치단체 형태 다양화
6. 지방행정체제 개편과 지방선거제도 개선	6-1. 지방행정체제 개편방안 모색
	6-2. 지방선거제도 개선방안 모색

출처: 자치분권위원회(2018). 자치분권 종합계획

자치분권 종합계획은 「지방자치분권 및 지방행정체제개편에 관한 특별법」 (약칭: 지방분권법) 제5조[4])에 근거하고 있다. 자치분권위원회는 2018년 9월 11일 '자치분권 종합계획'을 확정하고, 이어서 '재정분권 추진방안'(18.10.30) 그리고 '자치분권 시행계획'(19.3)을 발표하는 등 자치분권의 제반계획을 마련하였다. 자치분권 계획은 역대정부의 분권계획을 승계하면서도 현행 정부의 지방자치에 대한 기조를 담고 있다. 분권정책의 비전체계는 "우리 삶을 바꾸는 자치분권"을 비전으로 3대 핵심목표 및 6대 전략 등으로 구성되어 있다. 비전실현을 위한 목표로는 ① 주민과 함께하는 정부, ② 다양성이 꽃피는 지역, ③ 새로움이 넘치는 사회로 구성하였고, 이를 달성하기 위한 6대 전략은 ① 주민주권 구현, ② 중앙권한의 획기적인 지방이양, ③ 재정분권의 강력한 추진, ④ 중앙-지방 및 자치단체 간의 협력 강화, ⑤ 자치단체의 자율성과 책임성 확대, ⑥ 지방행정체제 개편과 지방선거제도 개선 등이다.

또한 문재인정부에서는 촛불민주주의에 입각하여 자치분권 과제를 주요과제로 설정하였고, 이를 위해 자치분권형 「헌법」개정안 논의(2018. 2), 대통령 소속 자치분권위원회의 자치분권 종합계획 발표(2018. 9), 「지방일괄이양법」 통과 (2020. 1), 「지방자치법」 전부개정안 통과(2020. 12), 재정분권 추진(2019~2021) 등 자치분권 논의가 진행되었다. 전체적으로 기대보다 미흡한 부분이 많았으나 일정 정도 개선이 있었다는 평가가 있다(유태현, 2021; 김순은, 2021; 주인석, 2022; 최근열, 2022 등).

---

4) ① 제44조에 따른 자치분권위원회(이하 "위원회"라 한다)는 자치분권 및 지방행정체제 개편을 효과적으로 추진하기 위하여 관계 중앙행정기관의 장과 협의하고 지방자치단체의 의견을 수렴하여 자치분권 종합계획을 수립하여야 한다. ② 자치분권 종합계획은 다음 각 호의 사항을 포함하여야 한다. 1. 자치분권 및 지방행정체제 개편에 관한 기본방향과 추진목표, 2. 주요 추진과제 및 추진방법, 3. 재원조달방안, 4. 그 밖에 자치분권 및 지방행정체제 개편을 위하여 필요한 사항. ③ 자치분권 종합계획은 국무회의의 심의를 거쳐 대통령에게 보고하여야 한다. 이미 수립된 자치분권 종합계획을 변경할 때에도 또한 같다. ④ 위원회는 수립된 자치분권 종합계획을 국회에 보고하여야 한다.

3) 윤석열정부의 자치분권 정책

윤석열정부에서는 우선 국정과제에 자치분권을 주요 과제로 제시하였다. 또한 근거법령으로 「지방자치분권 및 지역균형발전에 관한 특별법」을 제정(2023.5)하였다. 이 법은 기존 「지방자치분권 및 지방행정체제개편에 관한 특별법」과 「국가균형발전 특별법」을 통합한 것이다. 주요 내용은 지방자치분권 및 지역균형발전을 효과적으로 추진할 수 있도록 '지방시대위원회'를 설치하고, 5년 단위의 지방시대 종합계획을 수립하며, 기회발전특구, 지역균형발전특별회계의 설치 등을 포함하였다.

표 2-4 윤석열정부 국정과제 중 자치분권 과제

	국정과제	실천과제	
111	지방시대 실현을 위한 지방분권 강화	• 국가-지방 기능조정 • 지방자치단체 기관구성 다양화 • 자치경찰권 강화 • 특별자치시·도 위상 제고	• 자치권 강화 • 주민자치회 개선 • 지방자치-교육자치 연계·협력 강화
112	지방자치단체 재정력 강화	• 재정자주도 기반 목표 설정 • 지방의 자주재원 확충 • 지방보조금 통합관리시스템 구축 및 재정분석	• 현금성 복지사업 관리 • 균특회계 및 국고보조금 개선 • 지방 재정위기 관리제도 개선
113	지역인재 육성을 위한 교육혁신	• 학교 교육 다양화 • 지자체-교육청-대학 간 협력	• 지자체 책임 강화 • 공공기관 지역인재 의무채용 확대
114	지방자치단체의 자치역량·소통·협력 강화	• 인적역량·경쟁력 제고 • 주민참여 활성화 • 지방의회 자율·투명 강화 • 이장·통장 처우 개선	• 초광역지역연합 구축지원 • 지자체 간 협력·조정 강화 • 중앙-지방 간 소통·협력 강화

출처: 대한민국정부(2022). 윤석열정부 120대 국정과제

3 복지분권의 전개

본 절에서는 복지분권 전개과정에서 있었던 중요 사건과 내용을 정리하였다.

1) 시기별 복지분권 주요 사건 개요

시기별 복지분권 주요내용을 살펴보면, 지방자치시대가 다시 본격적으로 시행되면서 2005년 즈음의 「사회복지사업법」 개정과 복지사업 지방이양이 복지분권의 본격적인 시작 시기로 간주할 수 있다. 이후 「사회보장기본법」 전면 개정에 따라 사회보장 신설변경 협의제도가 실시되었고 이후 2015년 유사중복 사회보장사업 정비조치가 실시되면서 복지분권에 대한 인식이 강화되었다. 또

표 2-5 시기별 복지분권 주요내용

시기	주요정책 및 내용
2003년	• 사회복지사업법 개정: 지자체 중심의 복지사업 수행기반 마련
2005년	• (개정)사회복지사업법시행: 지역사회복지계획 수립 및 지역사회복지협의체 운영 • 복지사업이양 등 지방화 본격 추진: 분권교부세 제도 운영
2007년	• 2007년 노인장기요양보험 관리 운영 주체 결정
2009년	• 분권교부세제도 연장 결정(2014년까지)
2012년	• 사회보장기본법 전면개정: 신설변경협의제도 운영, 사회보장위원회 운영
2013년	• (개정)사회보장기본법 시행
2014년	• 기초자치단체 과중한 복지비 부담 완화를 위한 공동호소문 발표(14.9.3)
2015년	• 유사·중복 사회보장사업 정비조치 • 읍면동지역사회보장협의체 운영
2016년	• 무상보육(누리과정) 사태 발생
2018년	• 지역사회통합돌봄 발표
2019년	• 기초자치단체 복지분권 운동 조직화: 복지대타협특별위원회 운영
2020년	• 문재인정부 2단계 재정분권 과정에서의 국고보조 개편 논의
2021년	• 시민단체 복지분권 방향 발표: 복지분권의 원칙과 방향
2023년	• 윤석열정부 지자체 현금성복지 포괄적 규제 실시
2024년	• 돌봄통합지원법 제정

출처: 저자 정리

한 읍면동 단위까지 지역사회보장협의체가 구성·운영되면서 복지영역의 참여기제가 확대되었다. 문재인정부에서는 재정분권 과정에서 국고보조사업의 개편 논의가 있었으나 성과는 없었고, 윤석열정부에 와서는 현금성 복지사업에 대한 포괄적 규제로 인해 중앙정부의 지자체 복지사업에 대한 자치권 개입이라는 문제를 야기하였다. 거시적 관점에서 본다면 현재의 체제는 여전히 2005년 복지사업 지방이양의 틀이 유지되고 있는 것으로 볼 수 있고, 중앙정부와 지방정부 단위에서 복지영역은 날로 확장되고 있으나 복지분권체계의 관점에서는 큰 변화가 없었다고 정리할 수 있겠다.

2) 지역복지 강화 실행

지역복지 혹은 지역사회복지는 지역내에서 혹은 지역을 대상으로 하는 다양한 사회복지 활동을 말한다. 지방자치시대 이전에도 지역복지는 존재했으며 자치분권이 강화되면서 지역복지는 더욱더 활발하게 발전하게 되는데 그 이유는 기본적으로 분권이 지역을 강화시키는 방식으로 작동하기 때문이다.

1995년 지방자지체도의 완전 실시를 앞두고 관련 주무부서인 내무부와 복지 주무부서인 보사부 그리고 각 지자체 및 사회복지 관련 부서는 사회복지의 정부간 기능배분에 대한 큰 관심을 가지고 있었다. 기능배분과 관련하여 일반적인 합의점은 사회보험은 중앙정부의 책임하에 두고, 사회복지서비스는 지역의 특성과 지역복지 수준의 향상을 위하여 지방정부로 이관하자는 것이며, 공공부조에 대해서는 견해가 엇갈렸다(정경배 외, 1993).

이후 1997년 외환위기로 인해 대량의 실직자가 양산되고 빈곤문제가 심화되던 상황중에 기존「생활보호법」을 대체하여「국민기초생활보장법」이 입법화되고 2000년 10월부터 시행되었다. 이후 정부 발의에 의해「사회복지사업법」개정법률안이 제안(2001.1)되었는데 주 내용은 지역사회중심의 사회복지사업을 효율적으로 추진하기 위한 기반을 마련하는 내용이었다. 한정된 요보호계층을 대상으로 하거나 시설수용 중심의 복지사업은 더 이상 복지수요를 충족시킬 수 없으며, 시설복지에 대한 대안과 사회통합의 목적으로 지역사회를 중심으로 하여 지역주민 모두를 대상으로 하는 지역복지의 중요성이 대두되었다. 공공뿐만 아니라 지역 내 민간 등 다양한 전달체계의 서비스 연계와 조정을 통해 주민들의 복지욕구에 대응하는 전달체계를 구성하고, 복지서비스 공급의 효율성을 기하고자 한 것이다.

(1) 지역사회보장협의체

지역사회보장협의체는 지역사회의 민관협력의 구심점으로 지역사회 보호체계를 구축하는 것을 목적으로 한다. 주요 기능으로는 시군구의 경우, 시군구 사회보장 증진을 위한 주요 사항을 심의·자문하고, 대표협의체, 실무협의체, 실무분과를 운영하고 있다. 읍면동의 경우, 대상자를 발굴하고 지원하며 지역내 사회보장 증진 업무를 지원하는 것이다. 주요 경과를 보면 '03년「사회복지사업법」개정에 따라 지역사회복지협의체 설치 근거를 마련하였고, '15년에는 읍면동 단위까지 지역사회보장협의체를 구성하여 운영하고 있다. 협의체는 지역사회보장 증진을 목적으로 하기 때문에 기초자치단체 내 사회보장 사업의 핵심기관이라고 할 수 있으며, 분권을 실질적으로 실행하는 성격을 가진다.

(2) 지역사회보장계획

지역사회보장계획은「사회보장급여법」에 따른 지역 내 사회보장계획으로 시도와 시군구 단위로 지역주민의 사회보장 욕구와 지역 자원 등을 고려하여 매 4년마다 수립한다. 매년 연차별 시행계획을 수립·평가하고 있으며 종합적인 중장기계획이라고 할 수 있다. 제1기(2007~2010)에 이어 현재 제5기(2023~2026)가 수립되어 진행되고 있다. 계획수립의 주체는 시도와 시군구 이고, 지역사회보장협의체가 계획의 주요 사항을 심의·자문한다.

3) 2005년 복지사업 지방이양[5]

(1) 배경

우리나라의 복지분권의 시발점은 2005년 복지사업 지방이양을 기점으로
한다. 앞에서 정리하였다시피 우리나라에서 지방이양에 대한 논의는 1991년 지
방의회의 구성, 1995년 지방자치단체장 선거 실시라는 지방자치의 흐름과 함께
시작되었다. 김영삼 정부와 김대중 정부에서는 각각 '지방이양합동심의회', '지
방이양추진위원회' 등을 구성하여 지방분권 정책 추진의 발판을 마련하였으나,
본격적인 지방분권에 관한 정책 설계는 노무현 정부에 들어서면서부터 시작되
었다.

노무현 정부에서는 국가균형발전의 일환으로 '지방의 활력을 통한 분권형
선진국가 건설'이라는 정책목표를 수립, 지방분권을 국정과제로 선정하고 「지
방분권특별법」을 제정하는 등 본격적인 지방분권의 시대를 열게 된 것이다. 이
러한 분권화의 흐름에 따라 그동안 중앙정부의 역할로 간주되었던 사회복지 분
야에서도 지방자치단체의 역할을 강조하기 시작했다.

무엇보다 2003년 「사회복지사업법」이 개정되면서 사회복지서비스 제공 책
임의 주체로 지방자치단체가 부각되었으며, 지역사회복지계획의 수립, 지역사
회복지협의체의 구성 및 운영 지원 등이 개정 「사회복지사업법」에 명시되면서
지방자치단체의 책임성이 강화되었다.

2004년에는 지방자치단체의 실질적 자치 권한을 확대하기 위해 '국고보조
금 정비 방안'이 확정되어 기존에 국고보조금으로 제공되었던 사회복지사업의
예산 편성 권한이 지방자치단체로 대거 이양됨에 따라 사회복지 분야의 본격적
인 지방이양이 가속화되었다.

---

5) 이 파트는 정홍원 외(2019)의 자료를 적극 참고하였다.

2000년대 전후로 국고보조금이 지속적으로 증가하였고, 그 결과 지방재정의 이전재원에서 국고보조금이 차지하는 비율이 20%를 넘어섰다. 국고보조금은 중앙부처가 지방자치단체를 통제하는 수단으로 활용되었으며, 일부 지방자치단체는 국고 지원으로 자치사무를 추진하려는 경향성이 결합되면서 지방재정의 자율성을 저해하는 결과를 초래하였다(정부혁신지방분권위원회, 2004). 정부는 국고보조금제도의 비효율성을 축소하고, 분권과 책임의 원칙을 토대로 지방재정의 자율성을 확대하기 위하여 중앙정부의 국고보조금제도를 정비하여 보조금사업의 일부를 지방으로 이양하는 방안을 추진하였다.

[2] 추진내용

2004년 '국고보조금 정비 방안'은 국고보조금 정비 기준을 정리하여, 당시 국고보조로 지원되었던 522개 사업(12조 7,000억원) 중 233개 사업(7조 9,000억원)을 국고보조사업으로 유지하고, 163개 사업(1조 1,000억원)은 지방이양사업으로, 126개 사업(3조 6,000억원)은 국가균형발전특별회계사업6)으로 정비한 것을 주요 골자로 한다. 이러한 내용은 국고보조사업 중 상당한 비율을 지방자치단체로 이양하는 것으로 평가할 수 있다. 다만, 사업 수를 기준으로 하는 경우에 지방이양사업은 31.2%인 반면에 사업예산을 기준으로 하면 8.7%에 불과하다. 따라서 국고보조사업 중 상대적으로 소규모 사업을 지방이양사업으로 선정한 것으로 해석할 수 있다.

국고보조사업 정비의 기본 방향으로 보충성의 원칙, 포괄적 지원 원칙, 성과 지향적 자기 책임 원칙을 제시하였는데, 명백히 국가사무가 아닌 경우 지자체가 우선 추진하며, 중앙정부의 역할을 지자체의 기능 보완에 한정하는 등 지

---

6) 국가균형발전특별회계사업(균특사업)이란 국가균형발전특별회계를 재원으로 하는 사업을 지칭하며, 특별회계는 중앙부처 및 지방자치단체가 개별적으로 추진하고 있는 다양한 지역사업을 하나의 특별회계로 통합하여 지원함으로써 지역 간 불균형을 완화하기 위한 목적으로 편성하는 별도의 특별회계예산이다(국가균형발전특별법 제30조~제48조).

표 2-6 지방이양 대상 사업 선정 기준

국가보조사업 대상 사업	• 사무 성격상 명백하게 국가사무인 경우 (여권 발급 업무, 국가안전관리 시스템 등) • 국가적으로 꼭 필요한 사업이나 지방이양 시 축소가 예상되는 사업 (환경, 산림, 보건의료 분야 보조사업 등) • 중앙정부의 정책 수립과 밀접히 연계되어 있고 대내외 환경 변화에 국가적으로 대처해야 하는 경우 (농업 구조조정 지원, 국민기초생활보장, 교육과정 개정 등)
지방이양사업 대상 사업	• 명백한 지방 사무에 대한 국고보조사업 (시도 수리계 수리시설 관리, 지방문화재 보수 정비, 지역특화사업 등) • 반복적 집행 성격의 시설물 경상운영비 지원 사업 (지역평생교육센터, 장애인체육관, 여성농업인센터 운영 등) • 단순한 지방재원 보전 성격의 보조사업 (공자기금 등의 이차보전사업 등) • 국고보조의 실익이 낮은 소액 보조사업 (지역 단위 소규모 문화관광축제, 수산물 위생안전, 친환경 화장실 등)
국가균형발전특별회계 대상 사업	• 낙후지역, 농산어촌 및 지역 SOC 개발 관련 사업 (도서종합개발, 농촌종합개발, 산촌개발, 국가지원지방도 등) • 지역의 문화·예술·관광자원개발 관련 사업 (공공도서관 건립, 지역문화회관 건립, 남해안관광벨트 등) • 지역 전략 산업, 문화관광클러스터 등 지역 혁신 관련 사업 (지역산업 진흥, 지역문화산업 기반 조성, 지방과학 기술혁신 등) • 기타 국가균형발전특별법상 규정된 사업 등 (농공단지, 개발제한구역 관리 등)

출처: 정부혁신지방분권위원회(2004). 국고보조금정비방안

방재정의 자율성과 책임성을 확대하려는 방향성을 가지고 있었다(정부혁신지방분권위원회, 2004). 지방이양 대상 사업은 명백한 지방사무로 판단되며, 반복적 집행 성격의 시설물 경상운영비 지원 사업, 단순한 지방재원 보전 성격의 보조사업, 소액 보조사업 등이 해당되었다. 구체적인 선정 기준은 〈표 2-6〉과 같다.

이러한 선정 기준을 바탕으로 부처별 정비 방안을 마련하였으며 그 결과, 사회복지사업의 주관 부처인 보건복지부에서는 총예산 4조 9,368억원(138개) 중 5,959억원(12.1%, 67개)이 지방이양사업으로, 4조 3,409억원(87.9%, 71개)이 보조사업으로 정비되었다. 보건복지부의 이양 규모는 타 부처 대비 높은 수준이었다(감사원, 2008). 이러한 맥락에서 2005년 국고보조사업의 지방이양은 내용적으로 '복지사업 지방이양'이라고 할 수 있다. 당시 보건복지부 소관 지방이양사

표 2-7 2005년 보건복지부 지방이양사업 목록(단위: 백만 원)

대상사업	2004 예산	대상사업	2004 예산
1. 정신요양시설운영	30,186	35. 노인일거리마련사업	759
2. 사회복귀시설운영	6,189	36. 지역사회시니어클럽운영	3,060
3. 공공보건인력개발	663	37. 재가노인복지시설운영	11,735
4. 공공보건사업	800	38. 노인시설운영	100,614
5. 대도시방문보건사업	1,000	39. 노인복지회관신축	3,687
6. 지역봉사사업	1,167	40. 아동시설운영	65,291
7. 장애인복지관운영	31,041	41. 결연기관운영	1,448
8. 장애인재가복지센터운영	2,089	42. 입양기관운영	143
9. 장애인주간보호시설운영	1,901	43. 아동보호전문기관운영	1,682
10. 장애인단기보호시설운영	759	44. 가정위탁지원센터운영	717
11. 공동생활가정운영	1,405	45. 소년소녀가장지원	3,952
12. 의료재활시설운영	1,829	46. 가정위탁양육지원	5,376
13. 장애인체육관운영	365	47. 퇴소아동자립정착금	600
14. 시각장애인심부름센터운영	2,035	48. 결식아동급식	10,935
15. 시각장애인재활지원센터운영	569	49. 아동보호전문기관설치	100
16. 청각장애인(수화통역센터운영)	954	50. 모자복지시설운영	6,004
17. 정신지체인(자립지원센터운영)	378	51. 모자복지시설퇴소자자립정착	335
18. 장애인해피콜봉사센터운영	130	52. 미혼모중간의집운영	279
19. 장애인특별운송사업	374	53. 사회복지관운영	14,886
20. 편의시설설치시민촉진단	354	54. 재가복지봉사센터운영	3,596
21. 청각장애아동달팽이관수술	750	55. 사회복지전담공무원인건비	80,937
22. 여성장애인가사도우미	224	56. 공익근무요원인건비	1,756
23. 장애인생활시설운영	107,204	57. 업무보조공익요원인건비	2,609
24. 장애인직업재활시설운영	14,786	58. 푸드뱅크운영장비지원	357
25. 장애인복지관기능보강	5,171	59. 노숙자보호	9,276
26. 장애인체육관기능보강	2,500	60. 쪽방생활자지원	388
27. 장애인지역사회재활시설차량	328	61. 중소도시보건소신축	2,000
28. 장애인생활시설치과유니트	240	62. 지체장애인편의시설센터운영	360
29. 경로당운영	23,597	63. 장애인정보화지원센터운영	304
30. 경로당활성화	440	64. 노인복지회관운영	3,709
31. 경로식당무료급식	7,672	65. 재가노인복지시설개보수	189
32. 저소득재가노인식사배달	5,854	66. 결연기관PC구입비	10
33. 노인건강진단	514	67. 사회복지관기능보강	5,000
34. 치매상담센터운영	292		

출처: 정부혁신지방분권위원회(2004). 국고보조금정비방안

업은 〈표 2-7〉과 같다.

이러한 지방이양사업은 기간이 지나면서 사업이 변경·폐지되거나 축소되었는데, 이를 정리하면 〈표 2-8〉과 같다.

표 2-8 2023년 기준 지방이양사업 분류 및 변경사항

▸ 2011년 구조조정, 67개→52개(15개 폐지 또는 축소)

- 경상적수요(46개)

산정항목		대상사업
사회복지	노인복지비 (10개)	경로당 운영, 재가노인 복지시설 운영, 경로식당 무료급식 저소득 재가노인 식사배달, 노인건강진단, 노인복지회관 운영 치매상담센터 운영, 노인일거리 마련 사업, 지역사회 시니어클럽 운영 경로당 활성화
	장애인복지비 (17개)	장애인 복지관 운영, 청각장애인(수어통역센터 운영) 장애인 직업재활시설 운영, 장애인 단기보호시설 운영 장애인 재가복지센터 운영, 정신지체인(자립지원센터 운영) 시각장애인 심부름센터 운영, 장애인 특별운송 사업(국토부) 장애인 주간보호시설 운영, 장애인 체육관 운영, 의료재활시설 운영 편의시설설치 시민촉진단, 공동생활가정 운영, 여성장애인 가사도우미 지체장애인 편의시설센터 운영, 장애인 정보화지원센터 운영 청각장애인아동달팽이관수술
	아동복지비 (9개)	아동시설 운영, 퇴소아동 자립정착금, 결식 아동급식(시군구) 결연기관 운영, 가정위탁양육 지원, 가정위탁지원센터 운영 소년소녀가장 지원, 입양기관 운영, 아동보호전문기관 운영
	그 외 복지비 (10개)	사회복지 전담공무원 인건비, 한부모가족 복지시설 퇴소자 자립정착금 노숙자보호, 사회복귀시설 운영, 쪽방생활자 지원, 사회복지관 운영 한부모가족 복지시설 운영, 미혼모 중간의 집 운영(시도) 푸드뱅크 운영장비 지원, 중소도시 보건소 신축

- 비경상적수요(6개)

구분	대 상 사 업
특정수요(6개)	노인시설 운영, 노인복지회관 신축, 장애인 생활시설 운영 장애인복지관 기능보강, 정신요양시설 운영, 장애인체육관 기능보강

- '13. 5월 분권교부세 3개(정신요양·장애인생활·양로시설)는 국고환원
- '14년 12월에 아동보호전문기관 운영사업이 추가로 국고보조사업으로 환원되어 총 4개의 사업이 환원됨
- '21년 8월, 2단계 재정분권 결과, 9개 세부·내역사업 추가 지방 이양 결정. 결정(49→58개)
* (9개 추가 지방이양사업) 육아종합지원센터 지원, 공공형 어린이집, 지역자율형 사회서비스 투자사업(산모·신생아 건강관리 지원), 노인건강관리(치매치료관리비 지원), 암환자 지원사업, 양로시설 운영지원, 사회복무제도 지원(지자체 사회복무요원 보수 등), 모자보건사업(난임부부 시술비 지원), 노숙인 등 복지지원(노숙인시설 운영)

출처: 보건복지부(2023). 주요업무 참고자료

[3] 지방이양 보전 재원

중앙이 가지고 있던 사업을 지방으로 이양하게 되므로 지방사업(자체사업)이 되었고, 이를 지방에서 추진하기 위해서는 재원이 필요하였다. 국고보조사업의 지방이양에 대한 대체 보전재원 수단으로 2004년 12월 「지방교부세법」을 개정하여 '분권교부세'를 신설했다. 한시적 조치로 2005년부터 2009년까지 지방교부세 내에 분권교부세를 도입하도록 하였다. 분권교부세는 당초 5년간 한시적으로 운영될 예정이었으나, 2009년 말에 5년 더 연장되어 2014년까지 존속하였으며, 2015년에 보통교부세로 통합되었다.

2006년도 분권교부세 규모는 2004년 기준 이양 대상 사업의 국고보조금 합계액(9,581억 원)으로 결정하였으나, 실제로는 8,454억 원만 교부하고 부족한 1,127억 원은 증가될 것이라고 추정한 담배소비세 수입으로 충당하도록 하였다. 그러나 담배소비세수 감소로 이양 첫해부터 이양 자원이 부족함에 따라 지방비 부담이 급증하여, 2006년부터 분권교부세의 법정교부율을 내국세 대비 0.83%에서 0.11%포인트 높인 0.94%로 조정하였다. 결과적으로 지방이양에 따른 중앙의 보전은 불충분하게 진행되어 지방의 재정부담이 확대되었다.

[4] 이양 결과

2005년에 지방으로 이양된 복지사업의 변화를 토대로 복지사업 지방이양

의 결과를 정리하면 다음과 같다(정홍원 외, 2019).

첫째, 지방이양사업을 선정하는 기준과 원칙이 명료하지 않았으며 일관성이 미흡했다. 지방으로 이양한 67개 복지사업은 사회복지일반, 장애인, 노인, 아동 등의 4개 부문으로 구분할 수 있으며, 사업 목적과 내용을 기준으로 사회복지시설 운영 지원, 복지서비스의 2개 영역으로 나눌 수 있다. 지방이양사업 중 상당한 비중을 차지하는 사업은 복지일반·장애인·노인·아동복지 부문의 사회복지시설 운영 지원이다. 사회복지시설 운영 지원은 대부분 지방이양사업으로 하고, 반면에 사회복지시설의 기능보강사업은 지방이양사업이 아닌 국고보조사업을 유지하였다. 그런데 사회복지시설 기능보강사업 중 사회복지관기능보강은 지방이양사업에 포함되었다. 또한 아동복지 부문의 사회복지시설 운영지원 사업 중 아동시설 운영, 입양기관 운영, 가정위탁지원센터 운영 등은 지방이양사업에 포함된 반면에, 아동복지시설과 그룹홈형태 아동시설은 국고보조사업을 유지하였다. 사회복지시설 운영 지원 및 관련 복지사업을 지방이양사업 또는 국고보조사업으로 구분한 기준이 다소 모호하고, 이는 중앙과 지방의 기능·역할을 체계화하는 방식으로 지방이양이 결정된 것이 아님을 의미하는 것이다. 지방이양사업의 규모를 먼저 결정하고, 결정된 규모에 맞춰 복지사업 예산을 산정하여 지방이양사업을 선정한 결과로 해석이 가능하다.

둘째, 복지사업 지방이양 원칙과 대상 사업 선정 기준의 문제점은 지방이양사업의 일부가 다시 국고보조사업으로 환원된 것에서도 알 수 있다. 지방이양사업의 재원 확보를 위해 시행되었던 분권교부세가 폐지되는 시점에서 지방이양사업이었던 장애인생활시설 운영 지원, 아동보호전문기관 운영 지원 등이 국고보조사업으로 전환되었다. 아동보호전문기관 운영 지원의 국고보조사업 전환은 아동학대 대응과 아동보호에 대한 중앙정부의 책임성을 제고한다는 점에서 긍정적인 조치일 수 있다. 그러나 아동보호전문기관 운영을 지자체 자체사업으로 하는 것과 국고보조사업으로 하는 것이 아동보호의 책임성에 차이가 있는 것인지 의문이다. 또한 장애인생활시설 운영 지원이 국고보조사업으로 환원된 것은 명확하게 지자체 복지재정의 어려움으로 인한 추가 재원의 필요성 때문이다.

셋째, 국고보조금 정비를 통한 복지사업 지방이양은 지방재정의 자율성을 확대하고, 중앙정부의 기능 조정과 중앙 기능의 지방이양을 촉진하기 위한 목적에서 시행되었다. 그러나 복지사업 지방이양이 당초 의도대로 복지분권에 긍정적인 효과를 창출한 것인지 의문이다. 지방이양사업으로 선정된 복지사업을 살펴보면 지역봉사, 재가복지봉사센터와 같이 폐지하거나 다른 사업과 통합해야 할 사업도 있다. 노인건강진단, 소년소녀가정 지원 등과 같이 지속적으로 수요 감소가 예상되는 사업들이 지방이양사업에 포함된 경우도 있다. 이러한 사업들은 지방으로 이양하지 않고 중앙정부 차원에서 정비해야 하는 사업에 해당한다. 더 심각한 문제는 복지사업을 지방으로 이양한 이후에 동일한 혹은 유사한 내용의 국고보조사업을 신설·확대함으로써 복지분권을 약화시켰다는 점이다. 예를 들어 시니어클럽 운영 지원과 노인 일거리 사업을 지방으로 이양한 이후에 노인 일자리 사업을 확대하였고, 그 결과 많은 지자체에서 노인 일거리사업을 국고보조사업인 노인 일자리 사업으로 흡수하는 방식으로 정리하였다. 여성 장애인 가사도우미 사업의 경우에도 지방으로 이양한 이후에 장애인 활동 지원, 출산모 지원 등의 사업을 확대하였다.

넷째, 국고보조사업이 지방으로 이양된 이후 중앙정부의 국비 부담비율은 지속적으로 감소한 모습을 보인 반면 지방자치단체의 지방 부담비율은 급증하였다. 분권교부세로 전환하기 전인 2004년에 사업비의 47.2%(6,107억 원)를 중앙정부가 부담하였는데, 지방이양 이후에는 그 비중이 꾸준히 감소하여 2011년에 31.6%(10,582억 원)까지 감소하였다. 반면 지방비는 지방이양 전 6,844억 원으로 약 52.8%를 부담하였는데, 2011년에는 68.4%(22,871억 원)까지 증가하여 지방정부의 재정 부담이 가중되었다(김승연, 2014).

그림 2-1 사회복지분야 분권교부세 사업의 예산 추이(단위: 억원)

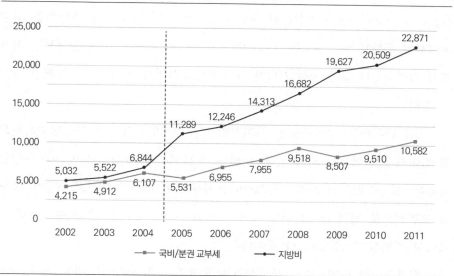

출처: 김승연(2014). 지방복지재정 위기, 분석과 해법

복지사업 지방이양은 단기적으로 지방재정의 자율성 제고와 복지분권에 긍정적인 역할을 하였다. 그러나 지방이양 복지사업은 지속적인 수요감소로 사업의 폐지, 유사 또는 동일한 내용의 국고보조사업 확대로 사업의 실효성을 상실함으로써 장기적으로 지방재정 자율성 제고, 복지분권 촉진 등에 역행하는 결과를 낳게 되었다(곽채기 외, 2008a; 2008b; 박병현, 2006; 박병현 외, 2015; 이재원 외, 2018; 김은정, 2020. 외).

4) 지역자율형 사회서비스 투자사업 실시

2007년부터 이용자 선택과 공급자 경쟁을 표방하는 사회서비스바우처 제도가 도입되면서 보건복지가족부의 사회서비스 확대가 가속화되었다.

지역자율성 사회서비스 투자사업은 지자체가 프로그램을 직접 기획·운영하고 중앙정부는 재정지원·평가를 통해 창의적 사회서비스를 인큐베이팅하는 사업이다. 의의로는 '07년부터 지자체가 중심이 되어 사회서비스 사업을 운영한다는 것이다. 주요 사업으로는 지역사회서비스 투자사업(2022년 현재 약 380여개 사업 추진), 산모신생아 건강관리 지원사업, 가사간병 방문지원, 청년마음 건강 지원사업 등으로 예산규모는 약 2,100억원 수준이다. 분권적 관점에서는 지자체가 지역특성에 맞게 직접 기획한 사회서비스 사업을 실시한다는 것에서 의미가 있다.

2013년부터는 지역자율형 사회서비스 투자사업이라는 1개의 단위사업으로 묶여서 예산이 배정되고 있다. 이렇듯 '포괄보조제' 방식으로 예산을 편성한 이유는, 시·도별로 요구되는 사회서비스 수요량이 다를 것이므로 재원의 용도를 포괄적으로 정한 후 그 한도 내에서 사회서비스 세부내역을 자율적으로 설계하고 집행할 수 있도록 한 것이다.

지역자율형 사회서비스 투자사업은 국민의 사회서비스에 대한 요구(need)를 충족시키는 것과 아울러 이용자의 선택권 강화, 공급자에게 경쟁적인 환경 조성으로 사회서비스의 질 향상, 지역 내 일자리 창출 및 사회서비스 산업 육성 등을 정책 목표로 표방하고 있다(김주경, 2015).

5) 2007년 노인장기요양보험 관리 운영 주체 결정[7]

정부는 급속한 인구 고령화, 노인의료비 증가, 가족요양의 한계 등의 문제를 해소하기 위하여 2007년 「노인장기요양보험법」을 도입하였다. 특히 법 도입 과정에서 노인장기요양보험 관리 운영 주체 문제는 복지분권과 연계된 중요한 문제였으나 최종적으로 건강보험공단이 수행하는 것으로 결정이 났으며, 이는 지역사회통합돌봄을 지향하는 과정에서 지속적인 문제로 남고 있다.

여기서 '관리운영주체 문제'란 요양서비스 이용자의 욕구를 사정하고 욕구 충족에 필요한 여러 종류의 서비스를 이용자의 상황에 적합하도록 선별하고 조

---

7) 이 파트는 김영순(2021)의 글을 적극 참고하였다.

직화하는 기능을 어떤 기관에서 담당할 것인가 하는 문제를 말한다.

사회보험 방식으로 운영할 경우, 이런 역할은 건강보험공단과 시군구 지자체에 의해 수행될 수 있다. 공단이 관리 운영을 담당할 경우, 자격 관리, 보험료 부과·징수, 급여비 심사지급 업무를 한꺼번에 관리해서 효율적인 재정운영을 할 수 있었다. 그러나 이렇게 보험자가 급여비 심사, 지급까지 하면 재정 절감을 위해 과소판정을 할 우려가 있었다.

반면, 시군구가 담당할 경우, 지역주민이 접근하기 쉽고, 기존 노인복지서비스와 연계된 서비스를 제공할 수 있으나 관리비용이 많아지고, 지역간 재정 불균형을 초래하며, 공무원을 증원해야 하는 등의 문제가 있었다.

당시 학계, 의료계, 대부분의 시민단체는 노인장기요양 서비스의 관리 운영에서 지자체가 많은 역할을 담당할 것으로 주장했고, 노동단체와 건보공단은 공단이 관리운영 주무기관이 될 것을 주장했다.

시민운동이나 의료계 그리고 사회복지 전문가들은 기초 지자체 산하에 요양전문센터를 신설하고 이 센터를 전문케어매니저들을 소속시켜 사례관리를 해야 한다고 주장했다. 사례관리 전문가들이 욕구사정, 등급판정 그리고 케어플랜 작성 등의 역할을 맡아야 한다고 주장했다.

반면 건보공단은 본인들이 사례관리까지 포함한 관리운영의 주무기관이 되어야 한다고 강하게 주장했다. 이 주장에는 공단 측의 절박한 조직적 이해관계가 자리잡고 있었다. 2000년 직장의료보험과 지역의료보험을 통합하면서 만들어진 국민건강보험공단은 불가피하게 과잉인력 문제를 안게 되었고, 지속적으로 인력을 감축해야 했다. 이런 상황에서 공단이 관리 운영 업무를 맡게 된다면 인력감축 압력에서 벗어날 수 있었기 때문이었다(허윤정, 2010).

이후 복지부는 최종 결정 과정에서 케어매니저 제도를 도입하지 않기로 결정했는데, 이것은 사례관리업무를 지자체에 주지 않고 자신이 직접 통제하려는 복지부 나름의 조직적 이해관계를 반영한 것이었다. 또한 행정부는 제도설계 과정에서 돌봄이 필요한 욕구의 해결보다는 재정문제에 보다 관심을 가졌는데, 예산부처나 경제부처는 사회서비스 제도들을 도입할 때마다 정부가 충분한 준비기간을 갖고 재정을 투입하여 공적 전달체계와 인프라를 갖춘 후 서비스를 시작하기보다는, 일단 최소의 비용으로 민간시설을 이용해 시작하고 추후 보완하겠다는 방식으로 사업을 추진하는 경우가 많았는데 노인장기요양서비스의 경우도 마찬가지였다.

결과적으로 이러한 결정은 사회서비스 전달체계의 분절화를 심화시켰다(남찬섭, 2009; 남찬섭, 2019). 한국의 사회서비스 전달체계는 ① 지방이양된 부문 ② 국고보조방식으로 운영되는 부문 ③ 사회보험공단이 운영하는 부문 그리고 ④ 바우처 부문으로 분절화되어 있는데, 이러한 분절구조 가운데 가장 중요한 분절구조는 사회보험공단이 관여하는 부문인 ③과 나머지 부문(①+②+④으로 이들은 지방정부가 어떤 형태로든 참여하는 부문)으로 이원화한 것이라고 할 수 있다. 왜냐하면 국고보조방식에 의해 운영되는 사회서비스나 바우처 방식의 사회서비스는 비록 재원과 수급자격요건이 중앙정부에 의해 결정된다 해도 실제 운영은 지방정부가 담당하는 것이지만, 사회보험공단이 관여하는 노인요양보험(건보공단)이나 장애인활동지원제도(국민연금공단)의 경우는 지방정부가 관여할 여지도 별로 없고, 사회보험공단도 지방정부에 협조할 의무도 없기 때문이었다. 결과적으로 이러한 결정은 이후 노인돌봄을 중심으로 한 사회서비스 전달체계 운영과 관련해 통합적인 서비스를 곤란하게 만든 결정이 되었고, 분권지향과 상충되는 결정이었다고 정리할 수 있다. 즉 공단과 지자체가 분리된 방식으로 사업추진을 하게 된 것이다.

6) 2015년 유사·중복 사회보장사업 정비조치

박근혜정부 시절 있었던 '유사·중복 사회보장사업 정비조치' 사례는 복지분권에 대한 중앙집권적 사고를 나타낸 대표적인 사례라고 할 수 있다.

이러한 사례를 이해하기 위해서는 우선 사회보장위원회의 '사회보장 신설변경 협의제도'를 이해할 필요가 있다.

[1] 사회보장 신설변경 협의제도

사회보장 신설변경 협의제도는 「사회보장기본법」 제26조에 따라 중앙행정기관의 장과 지방자치단체의 장이 사회보장제도를 신설하거나 변경하는 경우 신설 또는 변경의 타당성, 기존 제도와의 관계, 사회보장 전달체계에 미치는 영향 및 운영방안 등에 대하여 보건복지부 장관과 협의하는 것을 의미한다.

2012년 「사회보장기본법」 전부개정으로 제26조에 사회보장사업의 신설·변경에 대한 사회보장위원회의 사전협의제를 도입하면서부터는 중앙정부의 지자체 사회복지사업에 대한 보다 직접적인 개입과 통제가 이루어지기 시작하였다. 이는 사업목적, 정부정책과의 정합성, 근거 규정 등을 바탕으로 취약계층의 욕구에 대응하기 위한 서비스, 저출산 극복 및 고령화 대응 등 국가사업에 대한 지자체의 추가사업인 경우, 관련 법령에 지자체 재량지원에 대한 근거가 있는 경우 동의하고, 기존 중앙부처 사업과 유사·중복에 해당되거나 사업목적이 불분명한 경우 부동의를 한다고 명시하고 있었다(사회보장위원회 사무국, 2015).

이와 같은 협의제도를 도입한 것은 사회복지에 대한 사회적 필요와 정치적 관심이 높아지면서 중앙부처들과 지자체에서 다양한 사회복지사업을 추진하면서 발생될 수 있는 비효율이나 혼란을 방지하기 위한 취지가 있다. 지자체에서 부적절하거나 체계적이지 못한 정책 추진에 대해서 사회보장위원회가 협의·조정 과정을 거침으로 인해 보다 합리적이고, 효과적인 정책으로 개선시킬 수 있는 효과기 있기 때문이다.

하지만 지방자치단체의 개별적인 사업에 대한 심의 기제로 작동하면서 「헌법」과 「지방자치법」상 자치권을 훼손하는 문제가 지속적으로 제기되었다(이찬진, 2017).

헌법재판소의 판례에서도 자치권을 법령에 의해서 제한할 수는 있어도 자치권의 본질은 훼손할 수는 없다고 판시하고 있으며 「지방자치법」에서도 중앙정부의 지도·감독 권한은 위임사무로 제한하고 있기 때문이다. 「헌법」과 「지방자치법」에서 자치사무로서 '주민의 복리에 관한 사무'를 포함하고 있는 점을 고려하면, 이를 위한 지자체의 자체사업조차 중앙정부의 심의절차의 대상으로 삼고 있는 「사회보장기본법」은 근본적으로 「헌법」과 「지방자치법」에 충돌하는 문제를 가지고 있는 것이다(이찬진, 2017).

지방자치단체의 고유한 자치사무에 대해서는 국가와 지방자치단체가 동등하게 국민의 일정한 위임을 받은 주체라고 할 때 국가가 자치단체의 행정에 대해서 합법성을 감사할 수는 있어도 합목적성에 대한 감사는 자치권 침해가 된다는 것이다. 결국 지자체가 자체적으로 시행하는 주민복지를 위한 사업을 합목적성을 기준으로 교부세 감액과 같은 제재를 가하는 것은 「헌법」과 「지방자치법」이 충돌하는 문제를 가지고 있다(임현종 외, 2021). 이러한 중앙정부의 자치권 침해 문제가 보다 첨예하게 드러난 것은 2015년에 추진되었던 지자체 자체 사회보장사업에 대한 유사·중복사업 정비였다.

〔2〕 복지사업 협의·조정 현황

2013년 복지사업 협의·조정제도 시행 이후 중앙부처와 지자체의 협의 요청 사업 수는 〈표 2−9〉와 같이 증가하여 최근에는 연간 1천여 개를 상회하고 있다. 복지부는 2017년까지 협의 결과를 '동의', '부동의' 및 '대안 권고'의 유형

표 2-9 협의 요청 사업 수(2013년~2020년 11월)(단위: 개)

연도	2013년	2014년	2015년	2016년	2017년	2018년	2019년	2020년 (1~11월)
계	61	81	361	1,071	1,230	1,161	1,318	1,020
중앙부처	30	14	13	31	39	52	63	54
지자체	31	67	348	1,040	1,191	1,109	1,255	966

출처: 감사원(2021). 복지사업 협의·조정제도 운영실태 감사보고서(2021.5)

으로 통보하였다가, 2018년부터는 지자체의 자율성 및 복지사업 협의·조정제도의 컨설팅 기능을 강화할 목적으로 통보 유형을 '협의 완료' 및 '재협의'로 변경하였다.

2021년 기준 협의요청건의 정부 간 비율을 보면, 중앙 4.1%, 광역 20.4%, 기초 75.5% 수준으로 지자체가 압도적으로 많고, 특히 지자체 중 기초가 압도적으로 많은 것으로 제시된다.

(3) 2015년 유사·중복 사회보장사업 정비조치

2015년에 시도된 유사·중복 사회보장사업 정비조치는 전체 지방자치단체의 사업의 25%, 예산의 15% 규모(약 1조 원)의 사업이 정비 대상이 되었다(사회보장위원회 사무국, 2015). 사업목적이나 기능이 동일하거나 유사하면서 사업의 대상이 전부 또는 일부가 일치하는 경우 등을 유사성이 있다고 보았고, 또 동일 대상자에 대한 동일한 목적 및 급여유형의 사업이 존재하는 경우 중복성이 있다고 본 것이다. 또한 이행력을 확보하기 위하여 기초연금 부담액이나 지방교부세감액, 지자체 합동평가 반영 등의 수단을 동원하였다.

이러한 중앙정부의 조치는 사회보장사업 협의·조정제도가 신설·변경되는 경우에만 적용이 가능하므로 이 제도가 도입된 2013년 이전 제도까지 모두 정비를 시도한 것으로 보이지만 결국 논란이 불거지자 끝까지 추진되지는 못하였다(남찬섭, 2016). 2015년 「지방교부세법 시행령」 개정을 통해 신설·변경 사업뿐만 아니라 유사·중복사업에 대해서도 지방교부세를 감액할 수 있도록 하는 방안을 추진하였으나 이에 대한 규정은 결국 삭제되었고, 그해 연말에는 지방자치단체가 정비의 필요성을 인정하는 경우에만 정리하는 것으로 지침이 소극적으로 변경되었다. 하지만 이러한 유사·중복사업에 대한 정비는 그 취지대로 불필요한 낭비를 줄이고 복지사업의 효율성을 높인다는 긍정적 측면보다는 지자체의 복지정책을 축소시키는 부정적 효과가 더욱 두드러졌다.

이러한 유사·중복 사업에 대한 정비는 지자체 사회복지예산의 급격한 증가를 배경으로 하고 있었다. 하지만 예산 총액 두 배 이상의 비율로 증가한 지자체 복지예산 급증의 기본적인 원인은 무상보육과 기초연금과 같은 국가보조사업에 대한 매칭 예산에 기인하였기 때문에 이에 대한 해결책으로는 잘못된 접근이었다(이찬진, 2017). 이러한 측면에서 제대로 된 실증적 근거 없이 정비가 추진이 된다면 정책에 대한 불신과 복지축소로 오도될 수 있다는 우려가 당시에도 제기되었는데(강혜규 외, 2015), 이러한 우려가 현실로 나타났던 것이다.

결과적으로 사회보장사업 신설·변경에 대한 협의·조정 제도나 유사·중복 사업에 대한 정비사업은 급증하는 지방자치단체의 자체 복지사업을 보다 합리화하고, 효율화하기 위한 명분으로 추진이 되었지만 결과적으로는 지자체의 주체적인 복지정책의 발전을 억제하기 위한 기제로 작용하였다고 평가할 수 있다. 이러한 중앙정부의 개입은 지자체 중심의 복지정책의 발전이 활성화되는 시점에서 권위적인 방식으로 통제적으로 이루어졌다는 측면에서 발전을 억제하였을 뿐만 아니라 매우 부정적인 선례를 남겼다고 할 수 있다(김보영, 2021).

복지사업 협의·조정제도가 국가와 지자체 간 정책갈등을 최소화하고 복지사업의 효율성을 높이려는 취지와는 달리, 지자체의 자율성과 자치권을 침해한다는 등의 비판이 제기되며 이후 국가와 지자체 간 분쟁이 있었는데, 이에 대한 소송이 제기되었고 그 결과는 다음과 같다.

① 이행력 확보를 위한 '지방교부세 삭감' 규정 관련

정부는 2015. 12. 10. 「지방교부세법 시행령」 제12조를 개정하여 지자체가 협의를 거치지 않거나, 협의 결과와 달리 예산을 집행한 경우 그 금액 이내에서 지방교부세를 감액할 수 있도록 규정하였다. 이에 서울특별시는 2016. 1. 27. 위 규정을 개정한 행위가 자치권을 침해했다며 권한쟁의심판을 청구하였고, 이에 대하여 헌법재판소는 실제로 서울특별시의 지방교부세가 감액된 적이 없어

자치권 침해가 현실화되지 않았다는 사유로 청구를 각하하였다(2016헌라3).[8]

② 기존 복지사업의 유사·중복 정비 관련

사보위는 2015. 8. 11. 복지재정 효율화 등을 위해 국가사업과 유사·중복성이 있는 지자체 사업 1,496개를 정비하기로 의결한 후 지자체에 정비대상, 추진계획 등을 통보하였다. 그러나 이에 대하여 성남시 등 26개 지자체가 2015. 10. 16. 자치권을 침해했다며 권한쟁의심판을 청구하였고, 헌법재판소는 이에 대하여 강제성 있는 후속 조치 등이 예정되지 않았다는 사유로 청구를 각하하였다(2015헌라4).

7) 무상보육(누리과정) 사태

무상보육정책은 양육수당과 보육료 지원을 전 계층으로 확대하는 보편적 복지정책으로 2013년부터 시행되었다. 특히 보육료 지원사업 중 3~5세에 대한 지원인 '누리과정' 지원이 쟁점이 되었다. 누리과정은 3~5세 모든 어린이가 유치원이나 어린이집을 다니며 평등하게 교육을 받을 수 있도록 국가가 지원하는 교육과정이다. 그런데 기존에는 보건복지부 소관이었던 어린이집 보육비가 지방교육청으로 넘어가면서 재정책임 주체가 모호해지고 보육료 지원대상이 확대됨에 따라 갈등이 심화되었다. 2015년 예산편성과정에서는 지방교육청의 부담에 따른 시도교육감들의 거부권 행사에 따라 시도교육감과 중앙정부간 갈등이

---

8) 추가적으로, 서울특별시와 보건복지부 사이의 분쟁과 관련하여, 보건복지부의 서울특별시 청년수당에 대한 직권취소처분(2016.8.4)은 서울특별시의 청년수당 정책이 기관위임사무라는 이유에서가 아니라, 서울특별시가 법령상 요구되는 조정 절차를 거치지 않았다는 이유로 이루어졌다. 만약 시행령에 의하여 규정된 사회보장기본법 제26조 소정의 절차를 다 거친 후에도 양측이 합의에 이르지 못하였다면 어찌 되었을까. 제26조 제2항에 따른 사회보장위원회의 조정이 가지는 법적 구속력에 대하여 이를 권고적인 효력만 가지는 것으로 파악한다면, 보건복지부의 부동의 입장은 결국 해당 정책의 합목적성에 기초한 주장일 수밖에 없게 된다. 그러나 그러한 경우 지방자치단체의 자체 재원으로 그 해당 지역 주민의 복지를 도모한다는 사업의 특성상, 법원은 이를 합법성 여부의 통제만이 가능한 자치사무로 보아 서울특별시의 손을 들어주었을 가능성이 높다(고제이 외, 2022).

심화되었다. 지방교육청은 누리과정 예산이 정부의 공약인 만큼 지방교육재정이 아닌 국고로 집행되어야 한다는 주장이었고, 중앙정부는 지방재정으로 충당하는 것이 바람직하다는 것이었다. 이후 2016년 말 여야 합의로 「유아교육지원특별회계법」이 제정되어 유치원은 교육세, 어린이집은 국고부담으로 정리되어 지금까지 이어오고 있다.

누리과정은 이명박 정부 누리과정 도입(2011년 5월) 및 확대(2012년 1월) 계획 발표 이후 그리고 2012년 12월 대선 과정에서 박근혜 후보는 공약집과 TV 토론 과정에서 '국가책임보육'을 핵심공약으로 앞세워 강조했으며, 대선 직후에도(2013년 1월) 보육사업처럼 전국단위로 이루어지는 사업은 중앙정부가 책임지는 게 맞다고 다시 발표하였다. 그러나 선거 이후 정부는 지방교육재정교부금에 국가가 예산을 내려보낸 것처럼 교육청에 누리과정 예산 편성을 강요하며 부담을 전가하였다. 교육부는 교육청에 누리과정 예산을 다 내려줬기 때문에 편성하지 않는 것은 교육감들의 문제라고 압박하였다. 그런데 지방교육재정교부금은 법률로 정해 조성하고 교육부는 기준재정수요액과 기준재정수입액을 산정하여 시·도에 배분하는 역할을 하는 것일 뿐, 실제 교육청 예산을 편성하는 것은 교육감의 권한이며, 이를 심의·의결하는 것은 시·도의회 권한인데 이를 무시한 것이었다.

결국 누리과정 사태는 중앙정부가 사업을 추진하면서 재정투자 계획도 없이 지방교육재정에 의존하여 사업을 추진한 것으로 정리할 수 있다. 누리과정 예산 갈등은 정부가 세입 예측을 제대로 하지 못하여 재정 적자가 누적되자 그 책임을 시·도교육청에 떠넘기는 데서 비롯된 것이다. 교육감들이 반발하자 정부는 국고 편성 등의 해결책을 강구하기보다는 '비난의 정치'로 대응함으로써 갈등이 심화되는 한편, '보육대란'과 초·중등교육 동반 부실의 위기 상황을 가져왔다(김용일, 2016). 누리과정 사태는 중앙의 무책임성이 만들어낸 결과였고, 중앙－지방간 권한을 무시한 사례로 요약할 수 있다.

8) 문재인정부의 복지분권 논의

문재인 정부는 재정수입－지출 간 불일치 문제를 개선하고 지방의 자율성·책임성을 확보한다는 목적하에 '재정분권 추진방안'(2018.10.30)을 수립하였으며, 이에 따라 제1단계('19~'20년) 및 제2단계('22~'23년)로 재정분권을 추진하였다. 특히 2단계 재정분권에서는 전국단위 복지사업의 국가사무화와 지역밀착형 사회서비스의 지방이양을 검토한 바 있다.

재정분권은 1차와 2차에 걸쳐 진행되었고, 1단계에서는 지방소비세율 10%p인상으로 8.5조원 확충, 2단계에서는 지방소비세율 4.3%p인상으로 4.1조원(지방소멸대응기금 연1조 별도)이 확충되었다. 재정연구자들은 기대보다 미흡하였으나 현실적인 악조건을 고려하면 일정 정도 개선이 있었다는 평가이다(유태현, 2021; 주인석, 2022 등).

복지분권의 경우, 사회복지분야 일부 국고보조사업 조정논의가 있었으나 결과적으로 지방정부 대응지방비에 대한 기초연금 등 국고보조율 인상(연 0.2조원)에 그쳐 사실상 개선이 거의 없었다.

표 2-10 문재인 정부 재정분권의 단계별 시행 계획

정책 방향		주요 내용	법개정
단계별 계획	1단계 재정분권 계획 (2019~2020)	- 지방소비세율 증가 - 중앙정부 기능 이양, 지방재정확충 - 소방안전교부세율 증가 - 지역상생기금 출연(균형발전)	- 지방세법 - 보조금법 - 지방교부세법 등
	2단계 재정분권 계획 (2021~2022)	- 지방세 추가확충 - 중앙정부 기능 추가이양 - 지방교육재정 개혁 - 복지사업 제도 개선	
국고보조사업 전면 개편		- 전국단위 복지사업 국가사무화 - 지역밀착형 복지사업 전면 이양 - 기준보조율 체계 정비	
지방교부세 역할 강화		- 지방교부세 법정세율 상향	

출처: 박세경 외(2020). 생애주기별 사회서비스 확충 전략

표 2-11 문재인정부 재정분권 이행결과

구분	이전	1단계		2단계
	'18년	'19년	'20년	'22년~'23년
지방소비세율	11%	15%(+4%p)	21%(+6%p)	25.3%(+4.3%p)
소방안전 교부세율	20%	35%(+15%p)	45%(+10%p)	-
기능이양	-	3.5조원		2.3조원
국세:지방세('16년 76:24)	77.7:22.3	76.4:23.6	73.7:26.3	72.6:27.4

출처: 국회예산정책처(2022.8). 2022 대한민국 재정

복지분권을 포함한 재정분권 논의에서 가장 큰 문제는 기재부의 적극적 반대를 포함한 소극적 태도였다(이재원, 2020).[9] 특히 논의과정에서 복지사무나 복지분권에 대한 이해가 반영되지 않고 지방재정 확충규모에 초점을 두고 논의가 진행되었다. 사회서비스 지방이양과 관련해서도 복지부는 소극적이었다. 이는 연방제 수준의 분권국가를 지향했던 문재인정부에서도 변함없이 유지되고 있는, 이른바 기득권 카르텔(하혜수, 2020; 이재원, 2021)이 존속하고 있음을 보여준다고 할 수 있다.

9) 지역사회통합돌봄(커뮤니티케어) 실시

지역사회통합돌봄은 노령, 장애 등으로 자립생활에 어려움을 겪는 사람이 '평소 살던 곳'에서 살아갈 수 있도록(Aging in Place), 보건의료·요양·주거·일상생활 지원 등 다양한 지원을 통합적으로 연계·제공하는 것을 말한다. 또한 초고령사회 진입에 따라 돌봄 불안을 해소하기 위하여 돌봄 패러다임을 시설중심에서 지역사회와 재가 중심으로 전환하는 것과 관련된다. 이를 위해 16개 시군

---

9) 1단계에서 기획재정부는 지방분권주의 입장에서 주창했던 주장들을 대부분 수용하지 않았다. 기재부의 예산실은 국고보조사업의 지방이양에 적극적이지 않았고, 국고보조사업을 담당하는 중앙정부 소관부처들은 부정적 입장이 강했다. 2단계에서는 기획재정부의 비판적인 입장은 1단계보다 강했다. 2단계에서는 지방세입의 순증 조치는 불가능하며 재원중립을 전제한다고 선언하였다. 국고보조사업의 지방이양의 경우, 기획재정부는 중앙 각 부처와 협의를 진행할 의사가 없다고 했다. 자치분권위원회와 행정안전부가 대안을 마련하면 기획재정부가 논의에 참여하겠다는 소극적 입장을 제시하였다.

구에서 선도사업을 실시('19~'22)하였다. 커뮤니티케어는 기본적으로 지역사회 중심체계를 강조하기 때문에 분권적 성격을 가진다. 또한 중앙정부의 지침에 의하지 않고 지역 스스로 만들어서 시행하도록 한 최초의 사회서비스 정책이라고 할 수 있다(김보영, 2023). (추가적인 이야기는 8장 '복지분권과 사회서비스'에서 다룬다) 이 정책은 이후 윤석열 정부에 와서는 대폭 사업을 축소한 '노인 의료·돌봄 통합지원 시범사업'(23.7~25.12)으로 조정된다.

10) 기초자치단체 복지분권 운동

기초자치단체장 조직체인 '대한민국시장군수구청장협의회'는 2019년부터 복지분권 운동을 실행하였다. 초기 시작은 지자체 현금성 급여에 대한 자율적 대응을 논의하기 위해 추진하였으나, 이후 전략을 변경하여 중앙-광역-기초 간 합리적인 복지역할 분담 전략으로 수정하였다(복지대타협특별위원회, 2020a). 이 활동이 복지분권 역사에 있어 의미가 있는 것은 복지업무가 핵심적인 업무가 된 기초자치단체가 복지분권에 대해 체계적인 대응을 처음으로 시도하였다는 것이다. 과거에도 복지분권에 대한 논의가 없었던 것은 아니지만, 복지분권에 대한 이론화, 공식화 등을 시행하는 등 문재인 정부 동안의 자치분권 기조에

표 2-12 복지대타협 주요과제

영역	주요 문제	주요 과제
중앙-지방 역할분담	중앙-지방 사무배분 불합리	『중앙-지방 복지사업 조정위원회』 설치 및 운영
	중앙-지방 재정분담 불합리	전국적·보편적 급여는 중앙 부담(책임) 원칙 준수
	국고보조사업 운영 불합리	국고보조사업 전면적 재검토
광역-기초 역할분담	광역-기초 사무배분 불합리	『광역-기초 복지사업 조정위원회』 설치 및 운영
	광역-기초 재정분담 불합리	『광역-기초 지방재정부담심의회』 설치 및 운영
	광역-기초의 역할 불분명	광역정부 복지행정 기능 강화
기초정부 역할분담	기초정부 복지자율성 한계	기초정부 복지자치권 강화
	기초정부 공적책임성 모호	기초정부 공적 책임성 강화
	현금성복지의 무분별한 증가	현금성 복지제도 등 신설·운영시 가이드라인 준수

출처: 복지대타협 특별위원회(2020a). 복지대타협 정책제안문

표 2-13 사회서비스분야 기초정부 분담방안

구분	주요 내용
방향성	지역주민이 체감하는 사회서비스 공급은 기초정부의 고유사무(자치사무)로 정립함
역할	기초정부는 사회서비스를 전담하여 총괄 조정 기능을 강화함. 이용자 중심의 사회서비스 이용체계 완성
재정	기초정부의 책임성 강화와 사회서비스 권한이양을 위한 복지재원을 확보하고 재정독립이 가능하도록 재정분권 추진
조직과 인력	사회서비스 권한이양을 위한 조직과 적정 인력 확충 마련
운영방식	책임성 기반 서비스제공, 질 관리 강화 및 성과기반 복지행정 수행

출처: 복지대타협 특별위원회(2020b). 사회서비스 분담방안 제안

맞추어 여러 가지 활동을 전개하였다. 기초자치단체가 인식한 복지분권 주요 과제는 〈표 2-12〉와 같다.

또한 다양한 연구용역 등을 추진하고 그에 입각해 향후 기초자치단체가 사회서비스 분야에서 어떻게 업무를 수행하는 것이 바람직한지에 대해서도 제안을 하였다. 특위의 방향성을 요약하면 중앙정부는 전국적 보편적 급여를 담당하고, 지방정부는 사회서비스분야를 담당하는 역할분담론을 제안한 것이다.

11) 윤석열 정부의 현금성 복지 통제 시도

윤석열 정부는 서민과 사회적 약자를 집중적으로 지원하는 '약자복지'를 강조하였다. 또한 중산층까지 수혜를 보는 현금성 복지를 '정치복지'로 비판하였다. 또한 복지누수를 막기 위해 각종 복지제도의 통폐합을 추진하겠다고 밝혔다(사회보장전략회의, 23.5.31).

이러한 흐름에서 지자체의 현금성 복지를 통제하고자 하였고, 행정안전부는 「지방교부세법 시행규칙」 별표6을 개정(22.12.30)하였다.

주된 내용은 현금성 복지 지출이 전체 지출액에서 차지하는 비중을 지자체별로 산정하고, 동종 지자체 중에 해당 비중이 중간 수준보다 높은 지자체에는 높은 비율만큼 보통교부세 배분에서 불이익을 준다는 것이다. 현금성 복지

「지방교부세법 시행규칙」 개정 내용

사. 현금성 복지경비 지출운영	(동종 지방자치단체 중 세출결산액 대비 현금성복지 지출결산액 비중 상위 누적 50% 지방자치단체의 세출결산액 대비 현금성복지 지출결산액 비중 – 해당 지방자치단체의 세출결산액 대비 현금성복지* 지출결산액 비중) × 해당 지방자치단체 현금성 복지 지출결산액 * 행정안전부장관이 정하는 사회보장적 현금성 수혜금 및 물품 지원비 예산의 일반재원 총액 ※ 2025년 산정분부터 기준재정수요액에 반영한다.

지출 비중이 높은 지자체는 교부세가 삭감된다는 의미이다. 또한 지방자치단체 예산편성운영기준(행정안전부 훈령) 개정을 통해 현금성 복지사업은 명칭에 관계없이 '사회보장적 수혜금'에 편성하고, 국고보조, 자체재원(취약계층지원), 자체재원(전 주민 지원) 등으로 구분하였다.

법개정 내용은 지자체도 알지 못하다가 이후 난방비 등 공공요금 인상에 따라 주민들에게 보편적으로 현금이나 지역화폐를 지급한 지자체 대해 보통교부세 패널티를 주겠다는 정부의 발표(23.3.8)를 한 이후 본격적인 논쟁이 발생했다. 특히 정부는 난방비 지원이 보편지원은 불가하지만 선별지원은 가능하다는 입장을 내세우면서 논란이 확대되었다.

이러한 조치는 분권관점에서 여러 가지 쟁점을 포함하고 있다.

첫째, 지자체의 현금성 복지사업에 평가이다. 지자체가 실시하는 현금성 복지사업에 대한 지속적인 논쟁이 있었다. 이른바 포플리즘에 대한 비판이었다. 또한 지자체 신설변경협의 사례를 보면 지난 몇 년간 현금성 복지사업이 급증한 것을 지적한다.

그러나 다른 한편에서 지자체 자체사업 중 현금성 복지사업의 비중은 매우 낮고, 현금성 급여와 현물성 급여는 각각 장단점이 있어 어느 것이 좋다, 나쁘다의 차원이 아니라 정책의 목표와 수단, 여러 환경의 고려 등에 따라 선택적으로 활용이 가능하다는 제언이 있었다(민효상 외, 2023).

둘째, 이러한 조치는 사실상 지자체 현금성 복지사업에 대한 중앙정부의

'포괄적' 통제의 성격을 가지는 것과 동시에 자체복지사업을 '총체적'으로 억제하는 효과를 가진다. 시행규칙 산식을 보면, 매우 정교하게 산식이 만들어진 것을 확인할 수 있다. 상대평가 방식으로 예산 집행 이후 결산을 기준으로 동종자치단체 가운데 상위 누적 50%를 대상으로 패널티가 부과되므로, 타지자체에 대한 정보를 알 수 없는 상황에서 정책의 기획이나 예산을 수립해야 하는 문제점이 있다. 이는 결국 사업추진 자체를 주저하게 만들고, 무엇보다 다른 지자체가 지출을 적게 할 경우, 상대적으로 높게 평가 받는 구조를 가진다는 점이다. 결국 어느 정도의 현금성 복지지출을 자체예산에서 사용해야 불이익이 있는지를 판단할 수 없으므로, 자체복지 사업을 총체적으로 억제하는 효과가 발생한다.

셋째, 이러한 조치들이 분권적 관점에서 적절한 조치인지 검토가 필요하다.

지방자치와 지방분권의 관점에서 본다면 이러한 조치는 지자체에 대한 심각한 침해로 이해될 수 있다. 지자체가 자율적인 판단하에 자체예산을 가지고 복지사업을 추진하는 것이 단순히 현금성 사업이라는 이유로 통제를 하는 것은 합리성을 가지기 힘들다. 주민의 복지증진을 위해서는 현금성 급여가 필요한 상황이 있을 수 있기 때문이다. 특히 지자체가 지역의 상황에 맞추어 선별과 보편에 대한 판단도 할 수 있는 것인데, 이 또한 선별은 가능하고 보편은 불가하다는 중앙정부의 주장은 타당성이 부족하다. 이러한 특성들을 고려하지 않고 무조건 보편적으로 현금을 지급하면 교부금에서 패널티를 주겠다는 것은 지방자치에 대해 기본적인 인식이 부족한 것으로 판단할 수 있다. 또한 행안부의 자치분권로드맵과도 상충되는 조치로 스스로 모순적인 정책을 제시한 것이다.

이러한 상황에 직접적인 당사자이자 226개 기초자치단체의 공통사무를 수행하는 대한민국시장군수구청장협의회는 행안부 조치에 대한 개별 지자체의 의견수렴을 실시(23. 3)하였는데, 총 50건의 의견 중 행안부 조치에 반대하는 의견이 47건(94%), 찬성하는 의견이 3건(6%) 제출되었다. 대부분 행안부 조치에 반대하는 의견을 제시한 것이다. 지자체의 주된 의견을 정리해보면 다음과 같다.

이번 조치는 지자체 자율성 및 단체장의 재량권을 침해하는 지나친 규제이며, 현금성 급여는 이미 신설변경협의제도를 통해 통제가 되고 있다. 또한 정책결정과정에서 불이익 대상 여부에 대한 예측이 불가능하고, 전임자의 결정에 후임자가 패널티를 받게 되는 반영시점의 차이가 있고, 다양하고 복잡한 지역문제에 적극적인 대응을 곤란하게 만들며, 무엇보다 자체복지사업을 총체적으로 억제하는 효과가 있어 문제가 있다고 보았다. 무엇보다 지자체 현금성 급여의 95% 이상은 국고보조사업에 지출되고 있으므로 이에 대한 정비가 우선적인 과제라고 의견을 제시하였다.

조치에 대한 찬성의견은 주로 현금성 급여가 선심성 도구로 활용되고 있으며, 효과성이 부족하고, 일정 정도 가이드라인이 필요하다는 의견도 있었다.

또한 대한민국시장군수구청장협의회는 복지분권포럼을 개최(23. 4)하여, 행안부 조치의 논리적 타당성을 논의하였는데, 행안부 조치의 이론적 근거를 제시하였던 보고서 책임자의 발제에 대하여 토론자 전원이 문제가 있는 조치라고 평가하였다(대한민국시장군수구청장협의회, 2023). 역시나 앞에서 언급한 바와 같이 자치분권과 자치재정 관점에서 지자체의 재량을 확대할 필요성이 있고, 현물과 현금의 혼용이 정책의 효과성을 높이며, 중앙정부 현금성 복지사업의 문제가 더욱더 심각한 문제이고, 지자체에 포괄적 권한을 위임하고 중앙정부는 결과에 대한 책임을 관리하는 방식으로 규제하는 것이 바람직한 방향이라고 제언하였다.

정리하면, 선별복지를 강조하는 약자복지적 관점과 지방자치에 대한 기본적 몰이해가 이런 정책변화를 야기했고, 지자체와 전문가들은 이러한 조치를 반대하고 있다고 요약할 수 있다. 또한 약자복지에 대한 강조는 복지국가의 관점에서 보자면 세금을 내는 중산층이 복지 혜택을 체감해야 복지국가를 위한 사회적 합의가 가능하다는 복지역사의 사실과도 배치되는 조치라고 볼 수 있다. 결국에는 복지축소를 지향하는 정책적 의도를 가진다고 볼 수 있다.

12) 돌봄통합지원법 제정

　의료·요양 등 지역 돌봄의 통합지원에 관한 법률(약칭: 돌봄통합지원법)이 24. 2. 29일 국회를 통과하였고, 2년 후 2026년 3월 27일 시행될 예정이다. 이 법은 지역돌봄에 대한 목적, 내용, 수단 등을 규정한 최초의 법으로, 고령화 등에 따른 문제들에 적극적으로 대응하고, 전국의 모든 지자체가 지역돌봄을 실시해야 할 의무가 부여하고 있다. 특히 기초자치단체가 이러한 대응의 핵심적인 역할을 수행하도록 제시하고 있다. 전체 구성은 7개 장 30개 조문으로 구성되었고, 주요 내용을 보면 다음과 같다.

　법은 노쇠, 장애, 질병, 사고 등으로 일상생활 수행에 어려움을 겪는 사람이 살던 곳에서 계속하여 건강한 생활을 영위할 수 있도록 의료·요양 등 돌봄 지원을 통합·연계하여 제공하는 데에 필요한 사항을 규정함으로써 국민의 건강하고 인간다운 생활을 유지하고 증진하는 데에 이바지함을 목적으로 하고 있다(제1조). '통합지원'이란 통합지원대상자에게 이 법에 따라 국가와 지방자치단체의 장이 보건의료, 건강관리, 장기요양, 일상생활돌봄, 주거, 그 밖에 대통령령으로 정하는 분야의 서비스 등을 직접 또는 연계하여 통합적으로 제공하는 것을 말한다(제2조). 또한 보건복지부장관은 5년마다 통합지원 기본계획을, 시·도지사 및 시장·군수·구청장은 매년 통합지원 지역계획을 수립하여 시행해야 한다. 시장·군수·구청장은 통합지원을 포괄적으로 수행해야 하며(제10조), 통합지원협의체(제20조), 전담조직(제21조) 등을 설치 운영해야 한다.

　24년 7월 현재, 법안 내용에 대한 평가는 지역돌봄에 대한 기본적인 안을 제시하는 수준으로 평가되며, 시행 전 기간 동안 시행령과 시행규칙 정비, 관련 법령의 정비, 돌봄구성의 방향 설정, 서비스와 인력구성, 인프라와 전달체계, 재정 등 여러 가지 영역의 과제를 해소해야 한다(김용익, 2024; 유욱 외. 2024; 장민선 외, 2024 등). 무엇보다 이 법은 대상자가 살던 곳에서 계속 건강한 생활을 영위할 수 있도록, 돌봄지원을 통합·연계하여 제공하기 위해서는 분권적 환경을 조성해야 함을 강조한다. 지자체가 자율성과 주도성을 가지고 사업수행이 가능한 여건을 조성할 필요가 있다.

13) 복지분권 전개 총괄 평가

지방자치제도 부활 이후 수십년이 흘렀지만, 이처럼 여전히 개별 복지사무에 대한 핵심적인 행정주체를 중앙정부로 규정하고 이에 맞추어 행정체계가 움직이는 관행은 변화되지 않고 있다(고경훈·이병기, 2017). 중앙-지방 정부 간, 광역과 기초자치단체 간 분권형 수평 행정체계 구축을 위한 상시적이고 제도적인 협의체가 구성되지도 못했으며, 실질적인 협력 관계 구축도 제대로 시도되지 못했다. 무엇보다도 정부 간 수직적 관리 감독 관행의 근간을 흔들 수 있는 자치분권적 행정혁신을 발견하기 쉽지 않다.

김은정(2020)은 2005~2017년간의 사회복지분권 과정평가를 시도하면서 사무분권, 재정분권, 행정분권 측면에서 한계가 많다고 정리했다.

앞에서 언급했듯이 2005년 복지사업 지방이양 체계가 여전히 유지되고 있고 이에 따라 복지분권의 필요성은 증가함에도 불구하고 현재까지 이렇다 할 정책적 변화가 보이지 않기 때문이다.

표 2-14 2005~2017년 사회복지분권 과정 평가

분권 영역	평가
사무분권	- 정부 간 복지 사무분담 원칙 미비 - 기능적 역할 분담이 아닌 개별사업 위주 지방이양
재정분권	- 부정확한 재정추계로 지방정부 복지재정 부담 가중 - 복지 분야 국고보조사업 다시 증가 - 지역 간 복지재정 격차 확대
행정분권	- 지방정부 행정자율과 책임성 증진 미비 - 중앙-지방 정부 수평적 분권행정 체계 미구축 - 관련법 제도 정비 미비로 이양사업 관리 권한 중앙정부 존치

출처: 김은정(2020). 문재인정부 사회복지분권의 방향과 과제

또한 지방공무원의 입장에서 살펴본 연구(이재원 외, 2018)에서는 지방이양 이후 복지분권의 혁신효과에 대한 체감은 미흡했고, 역시나 지방이양 이후 지자체의 자율성이 높아지지 않았다고 평가했다. 지방이양 이후 한 참이 지났지만 지자체 복지재정 변화에 대해서는 부정적인 인식이 높았다. 결과적으로 이양의 효과는 없었고 분권의 효과도 기대할 수 없었다. 한마디로 공공영역에서 2005년 지방이양은 실패한 것으로 평가할 수 있다. 이러한 현재까지의 복지분권의 전개는 최근에 와서 또 다른 상황을 맞이하고 있는데 이는 저출산과 고령화로 표현되는 돌봄의 문제이다. 돌봄은 분권의 속성을 가지고 있고 지자체의 조정이 중요과제가 되는데 2005년 체제의 극복이 향후 주요과제가 될 수밖에 없게 된 것이다.

4 사회복지학계 복지분권 논의 동향

사회복지학계에서의 복지분권 논의에 대해서는 이재완(2022)이 개괄적으로 정리한 바 있다. 시기별 복지분권 연구동향을 정리하면서 그에 따른 쟁점과 논의내용을 정리한 바 있다.

간략하게 정리하면, 시기적으로 1995~2002년 동안 지방자치실시에 따른 복지분권 논의가 이었다. 이후 노무현정부(2003~2008) 동안 국고보조사업 지방이양에 따른 실천적 방안 논의가 있었고, 이명박·박근혜정부(2008~2017) 동안 중앙정부의 집권적이고 퇴행적인 조치에 대한 개선방안 논의가 있었다. 이후 문재인정부(2017~2022) 동안은 새롭게 복지분권의 원칙과 추진방안에 대한 세부적인 연구가 진행되었다.

복지분야에서 시기별로 다양한 연구와 실천들이 진행되어 왔으나 그럼에도 불구하고 몇 가지 한계가 있다.

표 2-15 시기별 복지분권 연구 동향

시기	연구내용
지방자치실시와 복지분권화 논의 (1995-2002)	- 연구동향: 1991년 지방의회구성을 기점으로 지자체 사회복지예산 변화를 확인하거나 사회복지분야에서 지방분권의 원칙이나 필요성 그리고 분권화를 위한 조건과 과제를 제시하는 연구 - 대표연구: 이인재, 1996; 이정호, 1995; 최일섭, 1997; 이재완, 1998; 강혜규 외 2006; 송정부, 1997.
노무현정부 (2003-2008)	- 연구동향: 노무현정부에서 추진한 지방분권정책과 관련하여 사회복지분야에서 국고보조사업 지방이양사업에 대한 평가와 제도적 정비에 대한 실천적 방안을 제시 - 대표연구: 백종만, 2004; 박병현, 2006; 구인회 외, 2009; 이인재, 2006; 이재원, 2005; 이중섭, 2008, 김태일, 2013.
이명박· 박근혜정부 (2008-2017)	- 연구동향: 이명박정부의 감세정책과 박근혜정부의 지방자치단체의 유사·중복 사회보장사업 정비조치(사회보장위원회의 사전심의)에 의한 중앙집권적 조치에 대해 지방정부 복지재정의 위기와 지역간 복지불균형의 발생 등 복지분권의 약화에 대한 실증적 연구와 제도개선에 관한 연구 - 대표연구: 이재완, 2010; 정세은, 2008; 이재원, 2008; 백종만, 2008; 진재문, 2012; 안영진, 2014; 신진욱·서준상, 2016.
문재인정부 (2017-2022)	- 연구동향: 사회복지분권에 대한 원칙 제시, 중앙과 지방정부간 복지사무와 재정을 중심으로 역할분담, 문재인 정부의 사회복지분권의 방향과 과제 등의 연구가 진행 - 대표연구: 윤홍식 외, 2020; 김은정, 2020; 김승연, 2019; 정홍원 외, 2019; 김보영, 2021.

출처: 이재완(2022). 사회복지분권화의 논거와 연구동향에 관한 고찰

우선, 사회복지 분야 복지분권 관련 전문가의 폭이 제한적이다. 복지분권의 중요성에도 불구하고 전문가가 적고 특히 복지재정 분야의 경우는 매우 한정적이다. 관련 전공 교수들이 적고, 관련 분야로 학위취득시 진출 분야의 한계 때문으로 풀이된다.

관련 분야에 대한 심층적 논의도 제한적이다. 이를테면, 복지사무분권의 경우도 연구가 꾸준하지 않고, 복지행정분권의 경우 조직과 인력에 대한 연구도 부분적이다. 복지재정분권의 경우는 지방재정분야에서 집중적으로 논의가 되고 있지만 복지적 관점은 크게 반영하지 않고, 재정관리적 측면에서 논의되는 측면이 있다. 역시나 복지재정 전문가도 매우 부족한 실정이다.

이러한 문제들은 복지분권이 사회복지 영역에서 중요한 영역임에도 불구

표 2-16 시기별 복지분권 관련 연구 목록

지방자치실시와 복지분권화 논의 (1995-2002)	이인재(1996)	지방자치시대 중앙정부와 지방정부의 사회복지재정에 관한 연구
	이정호(1995)	지방자치의 의의와 사회복지에 미치는 영향
	최일섭(1997)	지방화시대 복지정책의 방향과 과제
	이재완(1998)	지방자치와 사회복지: 지방화, 분권화
	강혜규 외(2006)	지방화 시대의 중앙·지방간 사회복지 역할분담 방안
	송정부(1997)	지방자치와 지역복지의 불평등
노무현정부 (2003-2008)	백종만(2004)	사회복지재정분권의 과제와 대응
	박병현(2006)	사회복지의 지방분권화에 대한 비판적 고찰
	구인회 외(2009)	사회복지 지방분권 개선방안 연구
	이인재(2006)	사회복지재정분권정책의 평가와 개선과제
	이재원(2005)	참여정부의 재정분권 2년에 대한 평가와 과제: 지방세입 부문에서 제도 개편을 중심으로
	이중섭(2008)	'복지재정 분권화'에 따른 지방정부의 '사회복지예산' 변화에 관한 연구
	김태일(2013)	2005년 이후 복지제도 변화가 지방자치단체 복지재정에 미친 영향
이명박· 박근혜정부 (2008-2017)	이재완(2010)	사회복지 지방이양사업과 지방복지재정위기에 관한 연구
	정세은(2008)	이명박정부의 조세 및 재정정책평가
	이재원(2008)	중앙정부와 지방자치단체간 복지재정관계 구축 과제
	백종만(2008)	사회복지 재정분권의 쟁점과 정책과제
	진재문(2012)	시군구 지역의 사회복지예산 불평등에 관한 연구
	안영진(2014)	사회복지정책의 분권화에 따른 지방자치단체의 사회복지 재원 개선방안
	신진욱 외(2016)	복지국가, 지방분권, 지방정치 역사비교론적 관점에서 본 한국의 복지분권화의 특성
문재인정부 (2017-2022)	윤홍식 외(2020)	중앙-지방정부간 역할 분담에 관한 연구: 강한 중앙정부와 지방자치단체의 공존
	김은정(2020)	문재인 정부 사회복지분권의 방향과 과제
	김승연(2019)	지방분권시대 중앙·지방간 복지사업 역할 분담 재정립 방안
	정홍원 외(2019)	사회복지사업 지방이양추진의 쟁점과 제도적 보완
	김보영(2021)	복지분권을 위한 기초자치단체 역량의 과제: 인적자원관리를 중심으로

출처: 이재완(2022)의 자료에 기반하여 저자가 정리함

하고 실질적으로 일반행정적 관점이나 지방재정적 관점에서 다루어질 위험이 높다는 점이다. 실제 정부의 중요한 복지분권에 대한 의사결정 과정이나 전문 가풀에 복지 전공자들의 진출은 매우 더디다는 평가이다.

주기적으로 관심을 가진 연구가 있기는 하지만 복지분권 영역은 체계적으로 접근하지 않았고, 정부 간 관계이기 때문에 민간의 현장에서도 적극적인 움직임이 적었다. 특히 연구 생산물이 넉넉하지 않은 이유는 관계 기관들이 복지분권과 관련된 연구용역 발주를 확대하지 않고 있기 때문이라는 지적은 설득력이 있다. 미래 설계와 연결되어 있어 이에 대한 투자적 관점에서 연구가 실행되어야 하나 그것이 충분하지 못하기 때문이다. 향후 이러한 점은 개선이 요구된다.

5 자치분권이 지체된 이유와 해소방안

1) 분권 지체 이유와 해소방안

자치분권이 지체된 이유들은 여러 가지가 있다. 중앙집권적 행정체계의 오랜 전통, 중앙정부의 통제 경향, 제도적 미비점, 지방 역량의 부족 등 다양하다.

분권개혁이 갖는 정치 갈등적 측면에서 보면 분권개혁이 부진한 가장 커다란 이유는 분권을 원하는 세력보다 원하지 않는 세력 또는 집단이 더 강하기 때문이라고 할 수 있다(박진도, 2012).

지방분권의 저해요인에 관한 연구를 보면, 이기우(2007)는 참여정부의 지방분권 정책의 성과를 평가하고 문제점으로 개혁추진의 실기, 반분권적 인사등용, 지방분권에 대한 낮은 우선순위, 국가균형발전의 추진, 지방분권세력의 연대약화 등을 지적하였다. 이정만(2012)은 정책집행에 미치는 영향요인을 원용하여 지방분권개혁의 부진요인으로 정책내용적 요인, 정책주체적 요인, 정책과정적 요인, 그리고 국민공감대 형성 부진요인을 제시하였다. 특히 국민 공감대 형성의 부진요인으로 지방분권의 의미에 대한 낮은 인식, 지방분권에 대한 부정적 이미지, 지방정부에 대한 불신, 그리고 지방분권 추진과정에 대한 주민의 참여 부족 등을 제시하였다. 안성호(2014)는 참여정부의 지방분권정책을 평가하면서 지방분권의 저해요인으로 국회의 저항과 중앙집권화 반격을 들고, 그에 대한 근거로 여야의 중앙집권적 지방행정체제개편 합의, 기초의회의원 정당공천제 확대, 「지방이양일괄법」안의 접수 거부, 그리고 「자치경찰법」안의 심의거부를 제시하였다. 고광용(2015)은 김대중 정부부터 이명박 정부까지 사무분권, 인사분권, 재정분권의 성과를 진단하고 지방분권의 제약요인을 제시하였다. 그는 사무분권의 제약요인으로 지방자치법상의 사무배분원칙을, 인사분권의 제약요인으로 총액인건비제를, 그리고 재정분권의 제약요인으로 조세법률주의와 기재부의 비판적 자세 등을 지적하였다.

하혜수(2020)는 현재의 지방분권 수준이 낮은 이유를 신제도주의, 정책연합이론 그리고 집단행동이론에 기반하여 설명하고 있다. 신제도주의 관점에서는 우리나라의 경우 오랫동안 중앙집권제도의 관행과 그에 익숙한 행위자의 신념에 의해 지방분권이 제약되고 있다고 본다. 중앙관료의 권력유지성향, 중앙정부의 통제관성이 여러 측면에서 제도적으로 영향을 주고 있다고 본다. 정책연합이론 관점에서는 중앙집권연합인 중앙부처, 국회, 보수언론 등이 강력한 연합을 형성하여 지방분권연합의 지방분권 의제를 제한해 왔다는 것이다. 특히 기재부나 국회 등을 지방분권에 체계적인 저항을 해 온 집단으로 본다. 집단행동이론은 딜레마이론에서 주장하듯이 집단행동의 실패에 따른 것인데, 지방분권 세력이 결집력이 부족한 상태에 있기 때문에 중앙집권에 대항한 집단행동에 실패하고 있다고 본다. 지방정부(243개)인 광역지방정부(17개)와 기초지방정부(226개)는 이해관계가 상이한 상황에서 일관성 있고 적극적인 지방분권 추진이 어렵다고 본다.

그렇기에 이를 정리하면, 첫째, 낮은 지방분권 수준이 지방정부의 자치역량 저하를 초래하고, 이는 중앙집권연대를 강화하여 지방분권 의제 채택률을 낮춰 지방분권의 추진을 저해함으로써 낮은 지방분권으로 이어지는 악순환 구조를 만든다는 것이고, 둘째, 낮은 지방분권 수준은 지방정부의 자치역량 저하를 초래하고, 이는 지역맞춤형 정책추진을 저해하여 지방정부의 집단행동 실패를 포함한 지방분권연대의 응집력을 약화시켜 지방분권의 추진을 저해한다는 것이다.

이러한 문제를 해소하기 위한 전략으로 첫째, 지방분권연대의 응집력 약화 방지를 위해 획일적 지방분권 추진이 아닌 차등적 지방분권 추진, 둘째, 중앙집권연대를 약화시키고 지방분권연대의 응집력 강화, 셋째, 낮은 지방분권 수준의 근본적인 원인인 지방분권 추진 미흡의 극복 등을 제안하고 있다.

2) 분권에 대한 국민 공감대 형성 부진 요인과 해소방안[10]

지방분권은 국민의 이해와 공감대가 중요하다. 하지만 여러 가지 이유로 그렇지 못한 실정이다.

지방분권에 대한 국민 공감대 형성 부진 요인은 환경적 요인과 관련이 깊은데 우선 지적할 수 있는 것은 지방분권의 의미나 내용에 대한 일반 국민의 인지 정도가 낮은 점이다. 지방분권의 주요 의제는 사실 전문가나 관련 공무원들이 아니면 그 의미를 이해하기 어려운 전문성을 띤 내용들이 많아 일반 주민들이 쉽게 체감하기 어려운 측면이 있다. 특히 지방분권의 문제를 중앙정부와 지방정부 간의 이른바 '관과 관의 문제'로만 이해하는 경향이 강하다. 결국 지방분권에 대한 일반 주민(국민)들의 체감 정도가 매우 낮다고 할 수 있으며 공감대 형성을 위한 기본적인 조건이 성숙되지 못한 것이다.

둘째, 우리의 현실에서는 지방분권으로 얻을 수 있는 이점보다 부정적 효

---

10) 이 파트는 이정만(2012)의 글을 적극 참고하였다.

과가 더 클 수 있다는 분권개혁에 대한 소극적·회의적 입장이 일반 국민들의 정서에 강하게 남아 있는 점이다. 과거 제1공화국 시절의 지방자치에 대한 부정적 이미지와 그 이후의 권위주의 정치체제하의 지방자치에 대한 부정적 교육·홍보로 인해 지방분권·지방자치는 국가경쟁력이나 국정의 효율성과는 배치된다는 인식이 아직도 강하게 남아 있다. 또한 남북분단이라는 군사적 대치 상황에서 국가의 안위를 지키기 위해서는 집권적이고 안정적인 통치시스템이 필요하고 민주적 가치는 다소 희생되더라도 어쩔 수 없다는 인식이 여전히 남아 있다. 게다가 우리나라의 후진적 정당구조, 정치문화, 지역주의 및 시민의식 등에 비추어 지방자치가 지역 민주주의 발전에 기여하기보다는 파벌주의 및 토호 중심의 폐쇄적 권력구조를 고착화하는 병폐를 초래할 것이라는 비관적 견해도 팽배해 있다.

셋째, 지방정부의 역량 및 책임성 등에 대해 국민들로부터 신뢰를 받지 못하고 오히려 중앙정부보다 더 깊은 회의와 불신을 받고 있는 점이다. 지방분권에 소극적이거나 반대적인 입장을 가진 사람들은 현재 우리나라 지방정부의 윤리성 및 역량으로 보아서는 지방분권이 진전되면 지방정부 및 지방공무원들이 강화된 권력 및 재량권을 활용하여 주민 복지를 증진시키기보다는 예산을 낭비하고 권한을 오남용하여 더 안 좋은 결과를 초래할 것이라고 우려하고 있다.

넷째, 분권의 최종수혜자이며 자치의 주체인 주민들의 의견과 요구를 수렴하고 반영하는 절차가 미흡함으로써 주민들의 자발적 관심과 참여가 부족하고 국민 공감대 형성이 어려웠다고 할 수 있다(이용환, 2008).

이를 보면, 객관적 입장에서 본다면 지방분권의 문제는 외부적 요인이 되는 중앙정부의 태도 변화도 중요한 일이지만, 지방정부 스스로 혁신이 없다면 쉽지 않은 문제가 될 수 있음을 의미하기도 한다. 지방정부에 대한 국민의 신뢰 없이는 지방분권에 대한 국민적 공감대 형성은 요원한 일이고, 지방분권개혁이 추동력을 얻기는 어려울 것이기 때문이다.

그렇기에 분권과 관련한 불신의 대상이 되고 있는 자치 역량과 윤리성 및 책임성 제고를 위한 혁신적 개혁안을 지방정부 스스로가 제안하고 개혁과제에 반영하는 '수신제가(修身齊家)형' 혁신전략이 요구된다(김순은, 2004). 예컨대 지방 공무원의 능력발전을 위한 인사제도의 혁신, 지방정부의 책임성 및 효율성 제고를 위한 정책실명제 및 성과관리평가제도의 정비, 행정과정의 투명성 제고와 주민참여·통제체제 구축을 통한 윤리성 제고 방안 등이 주요 혁신 의제가 될 수 있다. 지방정부 스스로의 행정혁신은 지방정부에 대한 신뢰 회복을 통해 분권에 대한 국민적 공감대 형성에 기여할 뿐만 아니라 반분권 세력의 주장을 무력화하는 최선의 방안이 될 것이기 때문이다.

03

지방자치와 지방분권의 체계

CHAPTER 03은 지방자치와 지방분권의 기본적 체계를 살펴본다. 지방자치와 지방분권 논의는 중앙정부의 권한이 단순히 지방으로 이양되는 것이 아니라, 지방 스스로도 혁신을 하지 않는다면 도달하기 쉽지 않은 과제임을 살펴본다.

1 지방자치의 법적 체계

1) 헌법적 체계

우리나라에서 지방자치에 대한 최상위의 법률적 근거는 「헌법」에 제시되어 있다. 우리 「헌법」에는 지방자치 조항이 다음과 같이 단 2개 조항밖에 없다. 지금까지 중앙정부가 강력한 통제권을 행사할 수 있었던 배경에는 우리 「헌법」의 부실한 지방자치 조항이 자리잡고 있다.

대한민국헌법(1987. 10. 29 전부개정)

제8장 지방자치
제117조
① 지방자치단체는 주민의 복리에 관한 사무를 처리하고 재산을 관리하며, 법령의 범위 안에서 자치에 관한 규정을 제정할 수 있다.
② 지방자치단체의 종류는 법률로 정한다.
제118조
① 지방자치단체에 의회를 둔다.
② 지방의회의 조직·권한·의원선거와 지방자치단체의 장의 선임방법 기타 지방자치단체의 조직과 운영에 관한 사항은 법률로 정한다.

「헌법」에서 지방자치에 관한 가장 명확한 규정은 지방의회 의원 선출조항 뿐이다. 단체장은 주민이 직선하지 않아도 된다. 지방정부가 아니라 지방자치단체이다. 권한은 주민의 복리에 관한 사무라고 규정하여 매우 협소하고 추상적이다. 조례제정권을 허용했지만 '법령의 범위 안에서'라고 울타리를 쳐놓았다. 나머지는 모두 법률로 정하도록 했다. 즉 지방자치의 범주가 중앙정부의 허용과 시혜에 의해서 결정되도록 했다. 자치입법권·자치조직권·자치재정권이 모두 법률로 규정하도록 되어 있다.

「헌법」조항의 부실한 규정을 근거로 중앙정부는 이제까지 국회의 통제를 받는 법률보다도 행정부의 자의적 통제가 가능한 '시행령'에서 구체적 내용을 정해왔다. 「헌법」에서 포괄적 위임금지의 원칙을 설정하고 있지만, 「지방자치법」·「지방재정법」·「지방교부세법」 등 지방자치 관련 법률을 보면 주요한 조항들이 모두 시행령으로 위임되어 있다(이재은, 2018). 한마디로 국민주권의 법률보다 관료중심의 시행령(혹은 시행규칙)이 보다 우위였던 것이고, 그러한 제도적 기반하에 자치와 분권을 봉쇄시킬 수 있었다. 이처럼 법령에 의해 지방자치의 범주가 결정되다보니 중앙정부는 지방정부를 하급기관화하고, 지방정부의 자치조직권이나 자치재정권을 임의적으로 통제하여 지방정부의 손발을 묶어놓고 중앙정부만 쳐다보도록 만들어왔다. 게다가 자치사무는 총사무의 3할에 머물고 중앙정부의 국가사무를 위임사무형태로 지방에 강제하면서, 2할에 불과한 지방세 수입마저도 국가사무를 위한 재정지출에 동원하여 결과적으로 상당수의 지방정부를 재정위기로 몰아넣고 있다.

중앙정부가 전국적인 문제만이 아니라 지역문제까지도 모두 관여하다보니 중앙정부는 기능이 과부하 되어 있어 중요한 국가적 과제마저도 제대로 해결하지 못하는 지경에 놓여있다. 또한 전국을 획일적으로 규제하다보니 지방정부는 자율성과 혁신역량을 상실하고 피동적 역할에 머물러 있다. 그러므로 부실한 「헌법」의 지방자치 규정을 근본적으로 고쳐 획기적인 지방분권체제를 구축하는 것이 분권에서 핵심적인 과제이다.

그렇기에 문재인 정부에서 이러한 문제를 해소하기 위해 분권형 「헌법」개정안을 제출하고 논의하였으나 진척이 되지 못하였다. 온전한 지방자치가 실행되기 위해서는 「헌법」이 개정되어야 한다. 자치분권형 「헌법」개정안에 관한 내용은 9장에서 서술한다.

2) 지방자치법 체계

지방자치에 대한 총괄적인 법은 「지방자치법」이 있다. 이 법은 지방자치단체의 종류와 조직 및 운영, 주민의 지방자치행정 참여에 관한 사항과 국가와 지방자치단체 사이의 기본적인 관계를 정함으로써 지방자치행정을 민주적이고 능률적으로 수행하고, 지방을 균형 있게 발전시키며, 대한민국을 민주적으로 발전

표 3-1 지방자치법과 관련 법령 체계

총강	관할구역, 사무·기능	자치단체 설치 관련 법률 등
		지방분권 및 지방행정체제개편에 관한 특별법
주민	투표	주민투표법
	소환	주민소환에 관한 법률
선거	단체장·의원	공직선거법
집행 기관	기구·정원	(대통령령) 지방자치단체 행정기구와 정원기준 등에 관한 규정
		자치단체에 두는 국가공무원 정원에 관한 법률
	지방공무원	지방공무원법
		지방공무원 교육훈련법
	교육	지방교육자치에 관한 법률
재무	지방재정	지방재정법
		지방교부세법
	지방공기업	지방공기업법
	지방세	지방세법-지방세기본법, 지방세특례제한법
국가지도감독	감사	(대통령령) 지방자치단체에 대한 행정감사 규정
특례	서울	서울특별시 행정특례에 관한 법률
	제주	제주특별자치도 설치 및 국제자유도시 조성을 위한 특별법
	세종	세종특별자치시 설치 등에 관한 특별법

출처: 행정안전부(2021). 2021년도 지방공무원 인사실무

시키려는 것을 목적으로 하고 있다.

3) 한국의 지방자치와 사회복지 관련 법의 취약성

한국은 과도한 위임입법 현상 때문에 입법부(국회)보다 행정부(중앙정부)가 지방자치와 사회복지정책을 통제하는 권한을 행사하고 있다. 행정부가 입법부로부터 넘겨받은 광범위한 입법권한을 기반으로 법의 내용에 대한 실질적인 권한을 행사하고 있다. 2023년 현재 법령현황을 보면 국회에서 제정된 법률 수는 1,640개인 반면, 행정부에서 제정한 법규명령(대통령령과 총리·부령)은 3,366개나 되어서 행정부에서 제정된 법규명령의 비율이 전체 법령에서 68%나 차지하고 있다는 것을 알 수 있다.

표 3-2 법령 현황

연도	법률(a)	대통령령(b)	총리·부령(c)	계(d)	a/d(%)
2023	1,640	1,914	1,452	5,006	32%

출처: 법제처 홈페이지(https://www.moleg.go.kr/)

즉 법률에 관련 내용이 규정되어 있다고 하더라도 행정부의 법규명령에 의하여 규정하는 내용을 통해 실질적인 통제가 가능한 구조를 가진다. 이러한 상황은 매우 심각한 것으로 진단된다. 헌법과 법률에 지방자치에 대한 내용이 규정되어 있으나 법규명령이나 행정규칙 등의 개정을 통해 중앙정부는 언제든 실질적인 내용을 통제할 수 있기 때문이다. 대표적인 사례가 앞 2장에 제시된 지자체 현금성 복지급여에 대한 행안부 '지방교부세법 시행규칙' 개정을 통한 포괄적 규제가 있다. 또한 사회보장제도들의 핵심내용인 급여대상자 범위, 급여 범위와 수준, 급여 조건 등이 행정부의 시행령, 시행규칙 등의 법규명령이나 고시, 훈령 등의 행정규칙으로 통제될 수 있다.

사회복지정책의 경우, 이신용(2007)은 이러한 상황은 민주주의 원칙이 훼손당하는 것이며, 의회에서 중요사항이 쟁점화 될 기회가 없기에 정책경쟁이 되지 않아 사회복지의 성장이 제한되며, 행정부가 국민의 동의를 얻을 수 없기에 복지예산도 확대될 수 없다고 본다. 그러므로 행정부 중심이 아닌 국민의 대표인 국회에서 관련 정책의 중요하고 본질적인 사항이 법률로 제정되고, 유권자를 확보하기 위한 경쟁이 있어야 하고 입법부의 전문성이 강화되어야 한다.

2 지방자치단체 운영체계

1) 지방자치단체의 속성

지방자치단체는 「지방자치법」 제3조에 법인(法人)으로 규정하고 있다. 이론적으로 볼 때 지방자치단체는 '일정한 구역의 공간적 영역과 그 구성원으로 가입된 주민으로 형성된 지역적 공법상 법인으로서 지역법인'이다(송상훈 외, 2017). 이에 대해 중앙정부와 대등한 지방정부가 아닌, 법인으로서 '단체'에 불과하다는 지적이 있다(대한민국시도지사협의회 외, 2019). 헌법상 지방자치제도에 대한 규정이 모호하고, 이어 지방자치법도 시대적 흐름을 반영하지 못하고 있다는 평가이다. 심지어 중앙에 권한을 집중하려는 의도에 따라 '지방정부'라는 명칭사용을 금기시 하였다는 지적도 있다. 그러므로 시대적 변화를 고려하여 '단체'보다는 '정부'라는 명칭이 더 적합하며, '지방정부' 혹은 '지역정부'라는 명칭을 제안하고 있다(송상훈 외, 2017). 그러므로 일반적으로 광역자치단체 혹은 광역지방자치단체, 기초자치단체 혹은 기초지방자치단체라고 부르고 있으나 이는 법률상 용어가 아니라 편의적인 용어가 된다.

2) 지방자치단체 계층

우리나라의 자치단체 유형은 광역과 기초로 구분되는 2계층의 중층제를

그림 3-1 한국의 지방자치행정 계층구조

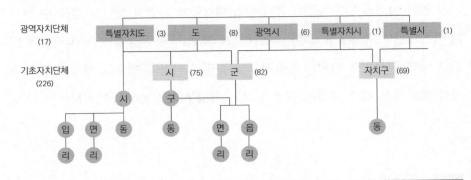

주: □는 지방자치단체, ○는 자치단체가 아닌 행정계층, ( )안의 숫자는 자치단체 수
출처: 신용한(2021). 지방자치론

채택하고 있다(지방자치법 제2조). 광역자치단체에는 특별시, 광역시, 특별자치시, 도, 특별자치도가 있고, 기초자치단체에는 시(특례시), 군, 자치구가 있다.

우리나라 지방자치단체간의 관계를 보면, 원칙적으로 대등관계이다. 광역자치단체와 기초자치단체는 법상으로 대등한 법인이고, 그 사이에는 원칙적으로 상하관계가 존재하지 않는다. 그러나 일부 규정에는 광역과 기초 간 상하관계를 규정하고 있는데, 예를 들면, 시군구의 자치입법은 시도의 자치입법을 위배하여서는 안 되고, 시군구의 조례제정, 예결산 확정 등을 시도에 보고해야 하며, 시도지사는 시군구에 지도, 시정명령, 재의요구를 할 수 있다.

이러한 계층구조는 분권 관점에서 몇 가지 문제점을 가지고 있다.

우선 계층간 기능중복으로 인한 비효율성이다. 다단계 계층으로 의사전달의 왜곡과 지연, 중첩업무의 수행 등으로 인한 행정 비효율성이 발생하고 있다. 둘째, 책임성 확보가 곤란하다. 계층 간 권한과 책임이 불명확하여 책임성 확보가 어렵다. 셋째, 광역과 기초 간 협력행정의 부족과 갈등이 있다. 동일 관할구역 내 유사 또는 동일 업무의 중첩적 수행이 발생하고, 하급기관에 대한 지시와 감독의 중복으로 갈등이 발생하고 있다. 넷째, 광역의 형식화 및 경유기관화의 문제가 발생하고 있다. 광역의 역할이 형식화되어 실제 사무는 시군구 단위에서 이루어지고, 광역은 중앙에서 내려오는 각종 사업과 예산이 광역을 경유하는 기관으로서만 존재하는 문제점이 있다. 특히 복지사업의 경우, 광역은 기초에 예산을 배분하는 기능이 상당수를 차지해 본질적인 기능이 취약하다(신용한, 2021).

3) 기관구성

지방자치정부는 지방자치단체가 지닌 자치권을 실제 행사하는 기관을 의미한다. 이러한 지방자치정부는 의사를 결정하는 '의결기관'과 이를 집행하는 '집행기관'으로 구분된다.

의결기관으로 지방의회가 있으며, 지방의회는 주민에 의하여 선출된 의원을 그 구성원으로 하여 성립하는 합의제 기관을 의미한다. 지방의회의 지위는 주민의 대표기관, 의결기관, 입법기관, 행정감시기관, 헌법상 기관의 성격을 가진다. 지방의회의 의원은 주민직선으로 선출되는 임기 4년의 정무직 지방공무원이다. 지방의회의 권한을 보면, 의결권, 행정감사권, 청원수리·처리권, 기관선출권, 자율운영권 등이 있다.

집행기관으로 지방자치단체의 장(長)이 있다. 지방자치단체장은 지자체의 목적을 적극적으로 실현하는 최고 집행기관으로 해당 지방자치단체를 대표하며, 교육·학예사무를 제외한 지방자치단체의 일반적인 집행업무를 총괄한다. 임기는 4년이며, 계속 재임(연임)은 3기(총12년)에 한한다. 자치단체장의 권한은 자치단체의 대표 및 사무총괄권, 사무의 관리·집행권, 소속행정청·관할자치단체에 대한 지도·감독권, 소속직원에 대한 임면 및 지휘 감독권, 지방의회에서의 발안권, 규칙제정권, 지방의회에 대한 견제권 등 광범위한 권한을 가진다.

보조기관으로는 부단체장, 행정기구, 지방공무원이 있다. 부단체장은 해당 지방자치단체장을 보좌하여 사무를 총괄하고, 소속직원을 지휘·감독한다. 행정기구의 설치는 자치단체의 조례로 정하되, '지방자치단체의 행정기구와 정원기준 등에 관한 규정'을 준수해야 한다. 지방공무원은 경력직공무원(일반직, 특정직)과 특수경력직공무원(정무직, 별정직)으로 구분된다.

4) 자치권

지방자치권은 지방자치단체가 그 존립목적을 실현하기 위하여 가지는 일정한 범위의 권리 또는 권한을 말한다.

지방자치권의 내용을 보면, 자치입법권, 자치행정권, 자치조직권, 자치재정권 등을 내용으로 한다. 이러한 지방자치권은 지방분권의 핵심적 내용이 된다.

표 3-3 자치권의 구조

영역	내용
자치입법권	자치법규의 자율적 제·개정 권한
자치행정권	관장사무의 자율적 처리권한
자치조직권	행정기구와 정원 등의 자율적 결정권한
자치재정권	필요재원의 자율적 조달·사용 권한

출처: 금창호 외(2021). 지방자치 30년 평가와 자치분권 미래비전 및 추진전략

(1) 자치입법권

자치입법권은 지방자치단체가 당해 문제를 해결하기 위하여 스스로 결정할 수 있는 입법적 권한을 의미한다.

지방자치단체의 자치입법권은 협의로 조례제정권을 의미하지만, 일반적으로 조례와 규칙을 포괄하는 것으로 간주한다(금창호 외, 2016).

자치입법권의 근간인 지방자치단체의 조례는 「지방자치법」 제22조에 따라서 '법령의 범위 안에서' 제정할 수 있고, '주민의 권리제한이나 의무부과 또는 벌칙을 정할 때에는 법률의 위임을 전제'하고 있다. 뿐만 아니라 규칙의 경우에는 '법령이나 조례가 위임한 범위 안에서' 제정할 수 있도록 하여 조례와 규칙

의 위계를 인정하고 있으며, 시·군 및 자치구의 조례는 시·도의 조례를 위반할 수 없도록 하여 계층 간 위계를 적용하고 있다. 결론적으로 한국의 자치입법권의 자율성은 상대적으로 매우 제한적인 수준이라고 할 수 있다.

지방자치단체의 조례제정 범위가 '법령의 범위 내에서'로 규정되어 있어서 자치입법권이 매우 제한받고 있다. 따라서 지방자치의 실질적 구현을 위해서는 자치입법권 확대가 필요하며, 특히 「지방자치법」 제28조의 단서 조항인 '법률위임 요구' 조항을 삭제할 필요성이 있다.

[2] 자치행정권

자치행정권은 지방자치단체가 자기의 사무를 국가의 간섭을 받지 않고 처리할 수 있는 권한을 의미한다.

자치행정권의 대상사무는 협의의 관점에서는 지방자치단체의 관할구역안의 자치사무를 의미하나, 광의의 관점에서는 법령에 의하여 지방자치단체에 속하는 사무로 간주되고 있다(금창호 외, 2016).

국가사무와 자치사무의 비율을 조사한 결과에 따르면, 자치사무의 비중은 1994년 13.4%에서 2002년 26.9%, 2009년 28.4%, 2013년 32.3%, 2019년 33.6%로 변화되어 왔다.[1]

표 3-4 국가사무와 자치사무의 비율

연도	총계	국가사무	자치사무
'94	15,774(100%)	13,664(86.62%)	2,110(13.38%)
'02	48,303(100%)	35,297(73.07%)	13,006(26.93%)
'09	47,119(100%)	33,741(71.61%)	13,378(28.39%)
'13	46,005(100%)	31,161(67.73%)	14,844(32.27%)
'19	76,053(100%)	50,497(66.40%)	25,556(33.60%)

출처: 금창호 외(2021). 지방자치 30년 평가와 자치분권 미래비전 및 추진전략

---

1) 연도별 사무추출기준과 사무유형기준이 상이하기 때문에 연도별 결과를 비교할 경우, 보수

이처럼 국가사무 대비 지방사무의 비중이 지방자치의 실시 이후 증감을 보이면서도 당초보다 확대된 것은 사실이나, 적정수준을 확보하고 있는 것으로 평가하기는 어렵다.

국가와 지방자치단체 간 기능 배분의 논의가 주로 국가와 광역자치단체 간 기능 배분에 국한된 측면이 있어 국가와 기초 또는 광역과 기초 간 기능 배분은 상대적으로 주목받지 못하고 있는 것도 주목할 필요가 있다.

국가사무의 지방이양을 위해 「지방이양일괄법」이 제정되어 국가사무의 지방이양이 가속화될 것으로 예상되지만, 중앙부처의 경우 단위사무 중심의 기능이양 보다는 기능중심의 기능이양을 추진할 필요성이 있다.

〔3〕 자치조직권

자치조직권은 지방자치단체가 행정기구와 정원 등을 자신의 조례와 규칙 등을 통하여 자주적으로 정하는 권리를 말하는 것이다.

자치조직권의 범위는 국가별로 달라서 영미계 국가는 광범위하고, 대륙계 국가는 제한적인 것이 특징이며, 한국은 대통령령 등을 통해서 특정의 조건을 부여하는 제한적 범위에서 인정하고 있다.

지방자치단체의 기구설치권에 관한 내용은 대통령령인 「지방자치단체의 행정기구와 정원기준 등에 관한 규정」에서 정하는 바에 따르도록 하고 있다. 지방자치단체의 소속행정기관인 직속기관, 사업소, 출장소, 합의제행정기관의 설치 역시 대통령령이 정하는 바에 따라야 하며, 부단체장의 정수, 직급 등도 대통령령으로 정하고 있으며, 또한 지방자치단체의 정원관리 역시 중앙정부에서 정한 기준인건비 범위 내에서 정원을 관리하도록 하고 있다.

정리하면, 지방자치단체의 조직관리를 자율성과 책임성의 관점에서 진단

적인 관점에서 해석되어야 한다.

한 연구에서는 우리나라의 경우, 자율성과 책임성이 모두 낮다고 진단하고 있다(주재복·고경훈, 2019).

〔4〕 자치재정권

자치재정권은 지방자치단체가 행정수행에 필요한 경비에 충당하기 위한 재원을 자주적으로 조달하고, 사용할 수 있는 권한을 말한다.

자치재정권은 지방자치단체가 재원을 취득하기 위하여 지역주민에게 명령하고 강제하는 권력작용과 동시에 그 재산을 관리하고 수입 및 지출을 실행하는 관리작용을 포함한다(금창호 외, 2016).

2022년 기준으로 국가 대비 지방의 세입 및 세출의 비중을 보면, 세입을 기준으로 국세가 75.2%임에 비하여 지방세는 24.8%이고, 세출을 기준으로 중앙정부가 40.8%임에 비하여 지방교육(14.3%)을 포함한 지방은 59.3%로 세입과 세출의 불균형 구조를 이루고 있다(고제이 외, 2022).

중앙정부와 지방자치단체 간 수직적 세입 불균형으로 인하여 지방의 자체 세입 기반이 취약하고, 지방의 과세자주권 및 조세행정권 제약으로 지방의 세입비율이 점진적으로 줄어들고 있으며, 따라서 자치행정과 책임행정에 한계가 있는 것으로 평가된다.

3 중앙과 지방정부 간 관계

중앙과 지방정부간 관계 혹은 중앙 지방 간 관계(IGR: Intergovernmental Relations:)는 '한 국가 내에서 중앙정부와 일정 수준의 자율성을 지닌 단일 또는 복수 계층의 지방정부들 간에 형성되어 있는 관계'를 말한다(김병준, 2012).

이러한 중앙정부와 지방정부의 관계를 '정부 간 관계 모형'으로 설명하기

표 3-5 정부 간 관계유형별 특성비교

구분	대등형	포괄형	중첩형
관계특징	상호 독립적 관계	일방적 의존관계	상호의존적 관계
행동유형	완전자치/자율적	중앙집권적/계층적	협상
사무	자치사무 중심	위임사무 중심	자치·위임사무 연계
인사	독립적 관계	종속적 관계	상호교류 관계
재정	독립적 관계	종속적 관계	상호의존 관계
분권수준	높은 분권화	낮은 분권화	중간 분권화

출처: 금창호 외(2021). 지방자치 30년 평가와 자치분권 미래비전 및 추진전략

도 한다. 대표적으로 Wright(2007)는 대등형, 포괄형, 중첩형 등 3가지 정부 간 관계 모형을 제시하였다.

대등형은 중앙정부와 지방정부가 동등한 기능과 권한을 가지면서 상호 독립적으로 기능하는 모델이다. 각 정부는 고유한 자치권을 가지고 있으며 중앙정부나 타 정부의 간섭과 통제도 원칙적으로 없을 뿐만 아니라 상호협력이나 상호의존의 공통분모도 존재하지 않는다.

포괄형은 지방정부가 중앙정부에 동심원처럼 포섭되어 있는 형태를 말한다. 중앙정부와 지방정부는 수직적 관계를 형성한다. 독점적 권한을 갖는 중앙정부의 지휘와 지시에 따라 지방정부가 대리인처럼 수동적으로 기능한다.

중첩형은 중앙정부와 지방정부의 상호협력 및 상호의존과 공동책임을 강조하는 형태이다. 각 정부는 분산적으로 고유권한을 가지면서도 협력과 경쟁의

그림 3-2 라이트의 정부간 관계 모형

대등형	포괄형	중첩형

출처: Deil Wright(2007)

체제를 형성한다. 중앙정부의 일방적인 간섭과 통제가 아니라 정부 간의 협상과 협의 과정이 중시된다.

우리나라의 중앙정부와 지방정부 간 관계는 상당한 변화가 있었지만 아직까지 비대칭적이다. 지방정부가 중앙정부에 상대적으로 강한 통제를 받고 있다는 뜻이다. 이렇게 국정운영에서 중앙집권적 경향성을 보이면서 지방정부가 종속적 위치를 면할 수 없게 된 것에는 나름의 역사적 이유가 존재한다.

해방 이후 현대사에서 한국 사회를 주도한 주체는 사실 중앙정부와 국가였다. 후진국을 탈피하고 중진국으로 진입하기 위하여 국가 주도의 경제개발전략을 가동한 것이다. 여기에 더하여 권위주의 정부가 집권을 반복하면서 국정운영의 일원성과 효율성, 상하관계의 국가체제가 굳어진 것이다. 민선체제가 들어서기 전까지 중앙정부는 인사, 행정, 재정 등에서 전방위적 지방통제를 실시하였다. 민선체제 이후로 지방정부는 어느 정도의 자율성과 독자성을 부여받고 있지만 아직까지 수평적이고 쌍방향적인 관계를 형성하고 있지는 않다.

그렇다면 자치분권시대에 중앙정부와 지방정부의 관계는 어떤 모델을 추구해야 할까? 변화된 세계 경제와 국제정치 환경 속에서 국가(중앙정부)라는 단일주체는 한국 사회의 발전을 견인할 유일한 주체가 될 수 없다는 평가가 지배적이다. 이미 세계적으로도 국가 단위가 아니라 도시와 지역 단위로 정치적·경제적 활동이 이루어지고 있다. 지방정부의 역량을 키우지 못하면 변화된 세계에도 적응하지 못한다.

따라서 중앙정부와 지방정부를 상하의 위계적 관계로 형성해야 한다고 주장하는 유형은 이제 한국 사회에 적합하지 않다. 마찬가지로 중앙정부와 지방정부를 상호협력과 의존관계를 부정하는 대등형도 그리 바람직한 모델은 아니다. 현 시기에서 현실적으로 추구할 수 있는 정부간 관계의 유형은 중첩형이다. 일방적 통제와 지시를 최소화하면서도 상호협력과 경쟁을 이끌어 낼 수 있는 모델이기 때문이다.

　현행의 지방분권은 기능배분 측면에서 3할 자치로 명명되듯이 집권적 구조를 형성하여 지방의 역할을 현저히 위축시키는 동시에 그에 따른 국가의 역할과중으로 전반적인 비효율성을 발생시키는 구조이다. 이러한 문제를 해결하기 위해서는 중앙정부와 지방정부 즉 광역과 기초의 역할을 획기적으로 재편할 필요성이 있다.

　고광용(2015)은 라이트의 정부 간 관계 모형을 적용한 한국정부의 정부간 관계에서, 당초 이명박 정부까지 중첩권위형으로 발전해가다, 이명박 정부 이후 현재 문재인 정부에서는 대등형으로 지방분권을 하되 광역정부에 기초정부를 종속시키는 방향을 지향하고 있다고 본다. 그러나 다시 중첩형 즉, 중앙−광역−기초가 대등한 양상으로 발전해 나가야 한다고 주장한다.

4 중앙정부의 지방정부 통제

　중앙통제는 국가의 지방자치단체에 대한 통제를 의미한다. 중앙통제의 필요성이 존재하지만 자치분권시대에는 그에 못지않게 여러 가지 부정적인 측면을 가진다. 중앙통제의 필요성과 한계점을 정리하면 〈표 3−6〉과 같다.

　우리나라 중앙통제의 방식을 보면, 행정관리적 통제로는 지도, 조언, 권고, 감독을 통해서, 그리고 조직과 인사적 측면에서 통제, 그리고 재정적 측면에서의 통제로 구분할 수 있다.

　이러한 한국의 강력한 중앙통제의 주요 요인을 보면, 오랜 중앙집권적 전통으로 인하여 국가의 강력한 통치권력을 당연한 것으로 인식하고, 강력한 중앙통제를 무비판적으로 받아드는 경향이 있다. 또한 지방정부는 자립적인 지역경제 환경이 마련되지 않아 중앙정부에 의존할 수밖에 없으며, 국가와 지방자

표 3-6 중앙통제의 필요성과 한계점

필요성	① 지방자치는 국가운영의 일부이며, 국가운영의 범위 안에서 인정되는 것 ② 지방자치단체의 모든 권한은 법령을 근거로 이루어지므로, 법령을 입법화하는 국가는 지방업무에 무관심할 수 없음 ③ 국가의 전체적인 통일성을 유지하여야 함(국민생활의 균형) ④ 국민적 최저수준(national minimum)을 확보하기 위한 통제가 필요함 ⑤ 국가위임사무나 재정지원 사무의 경우, 중앙통제를 필수적으로 수반하게 됨
한계점	① 지방의 자주적인 활동영역이 축소되지 않도록 해야 함 ② 국가 전체의 통일성 유지를 위하여 필요한 경우에 한하여야 함 ③ 명백한 법적 근거와 절차에 따라서 행해져야 함 ④ 지방의 개별성, 특수성을 해하지 않는 범위 내에서 이루어져야 함

출처: 신용한(2021). 지방자치론

치단체 간의 사무배분의 모호성과 포괄성, 국세의 편중성 등 법제적 요인이 지속되고 있기 때문이다.

이러한 우리나라의 중앙과 지방정부 간의 관계를 총체적으로 진단한 하혜수 외(2019)의 연구를 보면, '중앙우위의 상호의존관계'로 정리할 수 있다. 분권형 정부 간 관계로 나아가기 위해서는 이러한 여러 측면의 획일적 통제를 혁파할 필요가 있다.

표 3-7 우리나라 중앙-지방정부 관계 진단 결과

구분			중앙-지방관계의 현황	중앙-지방관계의 특징
권력측면: 제도 (구조)	행정 제도	사무	·기관위임사무 존재 ·자치사무 비중 개선	·중앙우위의 관계 : 기관 위임 사무, 특정 보조금, 권력적 통제 ·지방정부의 자율성 개선 : 자치사무 비중, 기구 정원, 협의 제도 등
		재정	·강한 재정통제 ·특정보조금의 비중	
		협의	·협의 및 조정 규정	
		기구정원	·기구정원 제약 여전 ·지방의 자율성 개선	
		감사통제	·중복적 종합감사 ·권력적 통제에 의존	
	정치 제도	자치입법	·법령에 의한 자치입법권 제약	·중앙우위의 관계
		정당	·기초단위까지 정당공천제 유지	
		선출직	·단체장과 의장협의회 제도화 ·의견 수용에 관한 규정 미흡	

구분		중앙-지방관계의 현황	중앙-지방관계의 특징
권력측면: 조정양식	계층제적	• 계층제적 조정에 의존: 지시, 명령, 취소 등	• 중앙우위의 관계 : 계층제적 조정양식
	협상적	• 협상적 조정 미활용 • 제도적 협의 조정에 취약	
	설득적	• 설득적 조정에 대한 인식 부족 • 사후 설득으로 실효성 미흡	
자원측면	정치적 자원	• 상호 대등 또는 지방 우위	• 중앙우위의 관계 : 재정자원, 정보자원 • 지방정부의 자원 증대 : 정치 자원, 인적자원
	인적 자원	• 중앙 우위, 점진적 개선	
	재정적 자원	• 중앙 우위, 개선 정도 미흡	
	정보적 자원	• 중앙우위: 통계자료, 전문정보 • 지방우위: 현지 집행정보	

출처: 하혜수 외(2019). 우리나라의 중앙―지방관계 분석― 제도·조정양식·자원의 관점에서

5 지방자치의 한계와 가능성

1) 지방자치의 한계

지난 30년간 실시된 한국의 자치는 제도적·운용적 한계로 인해 실질적 자치라기 보다는 형식적 자치에 해당되며, 집권적 운영방식으로 인해 지방자치가 활성화되지 못했다는 평가가 일반적이다. 동시에 지방자치단체 스스로도 지방자치를 활성화시키는데 한계를 보여왔다는 평가이다. 예를 들어, 지방자치가 단체자치와 주민자치로 이루어짐에도 과도하게 단체자치를 강조하고 주민자치는 소극적으로 다루어왔다는 특성을 가진다. 비판적인 관점에서는 중앙집권적 행정의 유지와 중앙정치의 영향으로 인해 파생적으로 지방분권적 혹은 지방자치적 운영은 왜곡되고, 이로 인해 지방자치단체의 문제가 심화되고 주민들이 참여하거나 통제하는 기제가 부실하여 지방자치 본래의 취지와 멀다는 평가이다.

이에 대해 전영평(2003, 2022)은 현 지방자치의 문제점을 다음과 같이 10가지 정도 이야기한다.

① 주민 참여가 부실한 주민소외자치

자치는 외관적 제도로 시행되고 있으나 지방정치인들의 마음속에는 '풀뿌리자치 마인드'가 기본적으로 형성되어 있지 않고, 자치이념에 대한 명확한 인식도 부족하다.

② 당리당략적 정당지배자치

지방자치제도는 정당공천제로 인한 정당지배자치로 변질되었다.

③ 단체장의 '제왕자치'와 공무원의 '충성자치'

많은 지방자치 단체장들이 인사권을 장악하여 공무원을 조정해 각종 부조리를 일삼고 있는 것이 사실이다. 공무원들은 인사상의 불이익을 받지 않기 위해 또는 이득을 얻기 위해 단체장의 부당한 요구에도 충성하지 않을 수 없다.

④ 주민통제가 결여된 '행정홀로자치'

행정에 대한 감시가 필요한 기초단체일수록 권력자를 통제할 수 있는 제대로 된 시민단체가 없다.

⑤ 무능과 부패의 자치

지방정치인의 부패와 무능이다. 지방자치 선거를 거듭할수록 과거보다 훌륭한 인물이 등장하는 것이 아니라 오히려 수준과 자질이 부족한 사람들이 선량으로 나서는 경향을 보이는 것도 한국 지방자치의 미래를 어둡게 하는 요인이 될 것이다.

⑥ 빈익빈 부익부 자치

지방자치단체 간의 격차가 더욱 심각해지고 있다.

⑦ 자원배분이 왜곡된 비효율 자치

지방정부의 자원 배분 과정의 부조리에 대한 의혹에 기인하는 바 크다.

⑧ 인력 개발 및 교류가 부실한 자치

지방정부의 '인력 무능' 문제이다. 공무원의 능력 개발을 위한 교육 프로그램도 실효성이 없는 것이 대부분이다.

⑨ 지방분권논의로 변질된 자치

지방자치의 본질적 의미는 주민들이 자기 지역의 일을 자치적으로 토론하고 결정할 수 있는 능력을 배양하는 데 있음에도 불구하고, 현재의 지방자치는 중앙정부의 일을 지방정부가 얼마나 더 가져오느냐 하는 식의 분권으로 인식되고 있는데 심각한 문제가 있다.

⑩ 협의 과정이 무시된 자치

지방자치가 되어도 단체장과 공무원들은 여전히 '밀실행정'의 습관에서 벗어나지 못하고 있다.

이런 상황에서는 성숙한 지방자치제도가 정착하기 어렵다.

전영평의 평가는 매우 단호한데, 일부 과한 표현이 분명 있으나 전체적인 논조를 완전히 부인하기는 어렵다. 분권을 적극적으로 이행하기 위한 전제조건은 올바른 자치의 운영이다. 그렇기에 '선(先)자치 후(後)분권'을 이야기 한다. '선분권 후자치'가 아닌 것이다. 물론 분권이 안 되어 자치가 안 되는 측면도 있을 것이다. 그러나 분권이 안 되어 있기에 자치가 안 된다는 이야기는 부분적으로만 맞다.

그러므로 '성찰적(省察的) 자치'가 요구된다. 성찰적 자치란 과거의 자치 경험에 대한 끊임없는 반성과 비판을 통하여 자치의 실패 요인을 수정하여 나아가는 형태의 자치를 의미한다. 또 다른 표현으로 '수신제가(修身齊家)형 자치'가 요구된다고도 할 수 있다. 이러한 측면이 부족하게 되면 분권이 진행된다고 하더라도 기형적 분권, 형식적 분권으로 귀착될 가능성이 높다.

바람직한 지방자치로 나아가기 위해서는, 중앙과 지방간 적절한 역할분담, 중앙정치 영향의 최소화, 지방정부 개혁, 적극적인 주민참여와 지방정부 통제 등 다양한 부문에서 개선이 요구된다.

2) 지방자치의 가능성

지방자치제가 30여 년이 지났음에도 불구하고 여전히 지체된 측면이 있는가 하면, 또 다른 측면에서는 분명 발전적인 측면이 있다. 지자체의 혁신사례가 다수 있으며, 지자체의 적극적인 활동으로 인해 지역주민의 삶의 질이 변화된 사례가 많다. 여기에서는 최근 발행된 책 중에서 지자체 우수사례 중 사회복지 관련 사례들의 목록을 정리하였다. 개별 사업에 관심있는 분들은 원문을 참고하기 바란다.

사회복지 사업 우수지자체 사례 리스트

도서명 : 지방자치가 우리 삶을 바꾼다(희망제작소, 2022)
- 자치분권이 가져온 지방정부 복지정책의 혁신과 도전
 1. 복지허브동(洞), 찾아가는 동주민센터: 서울 서대문구, 서울시
 2. 수요자 맞춤형 찾아가는 복지: 고흥군, 속초시, 서울 서대문구
 3. 민·관 협력 복지공동체: 광주 남구, 서울 동대문구
 4. 복지 사각지대 발굴 프로젝트: 인천 미추홀구, 정읍시, 광명시
 5. 코로나19 경제위기 백신: 순천시, 서울 영등포구, 부산 부산진구
 6. 따뜻한 약속이 모이는 '다온뱅크': 부산 사상구
 7. 따뜻한 밥상 나눔: 전주시, 서울 관악구, 부산 동구
 8. 주민의 건강을 책임지는 공공의료원: 성남시
 9. 복지와 나눔을 실천하는 공동체, 지역재단: 광주 광산구, 인천 미추홀구, 시흥시
 10. 아이들이 행복한, 아이 키우기 좋은 보육 도시: 서울 구로구·동작구·서초구, 거제시, 논산시, 오산시
 11. 1·3세대의 공유공간 '꿈미소': 서울 강동구
 12. 희망사다리 프로젝트: 서울 서초구
 13. 어르신 공동 주거공동체: 서울 금천구, 당진시, 논산시
 14. 어르신 맞춤형 놀이터: 공주시
 15. 치매안심 공동체 만들기: 서울 강서구, 부여군, 나주시
 16. 어르신 지역사회 통합돌봄: 부산 부산진구·북구
 17. 어르신 일자리 주식회사: 서울 동작구, 서울 성동구
 18. 시민의 발, 버스 완전공영제와 마중버스 마중택시: 신안군, 아산시, 완주군, 순천시, 화성시
 19. 주민과 함께하는 행복드림프로젝트: 서울 종로구

도서명 : 내 삶을 바꾸는 지방정부 좋은 정책 123(예림출판사, 2022)
- 주민자치의 결정판 '진구네 곳간'운영: 부산 부산진구(24)
- 삶의 가치를 더하는 결혼 친화 도시, 달서: 대구 달서구(30)
- 아동이 주인공인 필이 통하는(Feel 通) 행정 추진: 인천 동구(33)
- 전국 최초, '서구형 AI통합돌봄'모델의 전국화를 선도하다!: 광주 서구(39)
- 민·관·학이 함께하는 공영장례: 대전 서구(47)
- 놀이터 플러스 사업: 경기 의왕시(59)
- 노인 성인 보행기 지원사업: 강원 고성군(65)
- 이웃 돌봄 '단양 안심콜' 서비스: 충북 단양군(68)
- 집 앞까지 모셔다드리는 백신 접종 무료택시: 충남 금산군(73)
- 동두천 희망나눔 행복드림(착한일터): 경기 동두천시(130)
- 영동군, 지역자원을 활용한 맞춤형 일자리 창출: 충북 영동군(136)
- 주거 취약계층을 위한 기본생활 보장 '마포 하우징': 서울 마포구(163)
- 순천형 권분(勸分)운동 추진: 전남 순천시(220)
- '우리 동네 우리가 가꾸는' 주민주도형 지역공동체 활성화 사업: 전남 보성군(227)
- 유니세프 아동친화도시 인증: 울산 북구(249)

- 중구형 초등돌봄 방과후학교: 서울 중구(278)
- 임신부와 영·유아 가정을 위한 '아이맘택시': 서울 은평구(281)
- 365일 연중무휴 기장형 초등돌봄교실: 부산 기장군(295)
- 울주형 생애주기 맞춤형 인구정책: 울산 울주군(299)
- 온 가족-이음 프로젝트: 경기 안산시(303)
- 시청률 집계 프로그램 이용 고독사 ZERO 프로젝트: 경기 파주시(307)
- 결혼·임신·출산 맞춤형 지원정책 강화: 전남 영광군(325)
- 수영구가 아빠의 육아휴직을 응원합니다!: 부산 수영구(328)
- 행복한 복지 7979센터 운영: 광주 남구(334)
- 주민주도 외로움 극복 프로젝트! 외로움공감단 '베프'지역복지 활동: 강원 횡성군(341)
- 네 꿈을 응원해! '청소년 꿈키움 바우처'지원: 경남 고성군(344)

도서명: 다산에게 길을 묻다(내일신문 자치행정팀, 2023)
- 환경·복지가 도시 경쟁력
1. 전남 해남. 아이 기르기 좋은 도시(제12회 수상)
2. 경기 오산. 함께자람센터(제11회 수상)
3. 전북 완주. 교통복지(제8회 수상)
4. 경기 성남. 3대 무상복지(제10회 수상)
5. 서울 성동. 공보육 확대(제5회 수상)
6. 대구 달서. 자원봉사도시(제7회 수상)

참고: 행정안전부 주최 다산목민대상 수상지역

04

지방재정과 복지재정의 이해

CHAPTER 04에서는 지방재정 구조와 복지재정 현황을 정리한다. 지금까지 복지분야 관계자들은 복지지출에만 주로 관심이 있었지, 재정이 어떻게 마련되는지 큰 관심이 없는 경향이 있었다. 그러나 세상에 공짜 돈은 없으며, 한정된 재원을 어떻게 효율적으로 활용할 것인지는 지속적인 과제이다. 복지분권을 이해하기 위해서는 지방재정에 대한 이해가 필수다. 특히 지방재정과 관련된 자료들은 복잡한 내용이 많으므로 기본적인 이해가 없으면 자료를 읽기가 힘들다. 본 장에서는 복지분권과 관련하여 기본적이고 필수적인 내용을 중심으로 정리하고자 한다.

1 지방재정의 의의[1]

1) 지방재정의 개념

정부(政府, Government)는 중앙정부와 지방정부로 구분된다. 지방정부(地方政府, Local Government)는 중앙정부에 대하여 지방의 자치정부를 의미하는 것으로, 우리나라에서는 이를 지방자치단체(地方自治團體)라고 한다.

중앙정부와 지방자치단체는 가계와 기업으로부터 거두어들인 조세수입(국세와 지방세) 등을 기반으로 공공재 및 공공서비스의 제공을 위해 지출활동을 하게 되는데, 이러한 정부부문의 경제활동을 통칭하여 '재정'이라고 표현한다.

지방재정은 지방자치단체의 재정을 말하는 것으로, 지방자치단체의 수입·지출 활동과 지방자치단체의 자산 및 부채를 관리·처분하는 모든 활동을 의미한다.

지방재정은 운영주체에 따라 일반자치단체의 재정(일반재정)과 교육자치단체의 재정(교육재정)으로 구분된다. 일반자치단체는 시·도, 시·군·구를, 교육자치단체는 시·도교육청을 의미한다.

---

1) 이 파트는 국회예산정책처(2022)의 자료를 참고하였다.

2) 지방재정의 기능

재정은 여러 가지 기능이 있으나 주로 소득재분배, 경제안정화, 자원배분 기능을 수행한다.

소득재분배 기능으로는 지방자치단체가 주민의 최소한의 기본수요를 충족시키기 위하여 중앙정부의 국고보조금과 함께 지방자치단체의 부담으로 주민의 기초생활을 보장하는 역할을 수행하는 것이다.

경제안정화 기능으로는 지방물가 안정대책, 지역전략산업과 전통시장 기반확충사업, 재정지출 확대정책 등을 통해 지역경제의 안정화 기능 등을 수행하는 것이다.

자원배분 기능으로는 사회복지를 포함하여 소방, 교육, 의료, 보건위생, 상·하수도, 운수·교통, 치산·치수, 항만, 도로, 공원, 문화시설 등 국민생활의 기반을 이루는 모든 분야에 관한 공공재 및 공공서비스를 제공하는 것으로 지방자치단체의 가장 중요한 기능이라 할 수 있다.

3) 지방재정의 특징

지방재정은 우선, 재정구조가 다양하다. 지방재정은 17개 광역단체와 226개 기초단체의 재정을 총계한 것이다. 총 243개의 지방자치단체는 인구 규모, 경제적 조건, 자연·지리적 조건, 역사적 조건 등이 각기 다르기 때문에 재정 구조와 규모가 다르고 그 내용도 다양하다.

다음으로 재정흐름이 복잡하다. 우리나라는 광역단체와 기초단체의 구성이 다양한 2계층제(Two-Tiered System)를 채택하고 있다. 이에 따라 재정의 흐름이 중앙정부에서 광역단체로, 광역단체에서 다시 기초단체로 배분되고, 광역단체와 기초단체 간 재원배분 형태도 도와 시·군 간, 특별시·광역시와 자치구 간의 배분으로 다양하다.

또한 정부 간 상호 의존성이 있다. 지방재정의 세출 중 지방세 등 자체수입으로 조달하지 못하는 부분은 중앙정부나 상위 지방자치단체가 지원하는 의존재원이나 외부로부터 차입하는 지방채로 충당한다. 이러한 의존재원 및 지방채 조달에 관해 중앙정부가 관련 권한의 일부를 갖고 있기 때문에 지방재정은 중앙정부의 감독과 관여를 받는 측면이 있다.

2 정부 간 재정관계 이론

경제학적인 관점에서 보면 지방자치나 지방분권은 지방공공재의 공급에 대한 판단을 주민들 스스로 결정하게 함으로써 지방공공재를 효율적으로 운영하게 하는 장치로서 기능한다.

지방재정 운영과 관련된 이론적 기반으로 정부 간 재정관계 이론이 있다. 동시에 재정관계 이론은 단순히 이론에 불과할 뿐 현실에 적용하기 힘들다는 지적도 많다. 이 절의 이해가 어려우면 과감하게 다음 절로 넘어가도 좋다.

1) 재정관계에 관한 이론

중앙-지방(정부 간) 재정관계는 시간 및 공간적 상황에 따라 다양하게 정립되어 왔으며, 모든 시대와 국가에 보편적으로 적용될 수 있는 일반이론은 정립되어 있지 않은 실정이다(고제이 외, 2014).

재정분권의 이론적 배경에는 중앙(연방)정부 중심의 일반적이고 획일적인 공공재 공급이 지역주민의 선호를 정확히 반영하기 어렵기 때문에, 재정적 자율성을 전제로 지방자치단체 간 경쟁을 통해 최소비용으로 주민 선호를 만족할 수 있는 방향으로 재정이 효율적으로 운영되어야 한다는 논의에서 출발한다(Tiebout, 1956).

이른바 티부가설(Tiebout hypothesis)은 대표적인 재정분권 논리이다. 기본 가정은 다음과 같다. 개인들은 지리적 이주를 통해 자신들의 조세－서비스 묶음에 대한 선호를 표출할 수 있다. 개인들은 발에 의한 투표(voting by feet)를 통해 자신의 선호에 부합하는 지방정부를 선택해 이동할 수 있다. 지방정부의 수가 많을수록 선택의 폭이 확대된다. 이에 따라 사회적 후생을 증진시키기 위해서는 중앙집권보다는 지방분권이 바람직하다고 본다(Tiebout, 1956).[2]

정부 간 재정관계에 대한 논의에서 재정연방주의이론(fiscal federalism theory)이 정립되었다. 이 이론은 다계층 정부의 구조와 기능에 대한 연구로 정의할 수 있다. Oates(2005)는 재정연방주의 이론을 제1세대 이론과 제2세대 이론으로 구분하고 포괄적인 연구결과를 제시하였다.

2) 제1세대 이론

제1세대 재정연방주의이론의 사상적 기반은 자유시장주의 국가에서 최소한의 정부를 가정하고 있다. 작은정부가 최선이지만 시장실패를 극복하기 위해서 정부개입을 지지하고, 공공서비스 생산에 있어 파레토 최적을 달성하기 위해서 재정기능의 분담이 필요하다는 것이다.

제1세대 재정연방주의이론은 초기에 공공재의 성격을 규명한 Samuelson(1954, 1955), 민간경제와 공공경제의 역할을 개념화한 Arrow(1970), 정부의 기능(소득재분배, 시장실패 치유, 거시경제 안정화)을 제시한 Musgrave(1959), 오우츠의 분권이론(Oates, 1972), 그리고 뷰케넌의 공공선택이론(Brennan & Buchanan, 1980) 등 5개 이론에 기초하면서 정립되었다.

---

2) 물론 티부가설에 대한 비판도 존재한다. 외부효과가 발생하여 조세부담자와 편익수혜자 간의 불일치 현상이 발생하거나 대규모 투자가 필요한 공공서비스 제공시 규모의 경제를 확보해야 하는데 그렇지 않을 경우 효율성이 감소될 수 있다. 또한 현실적으로 개인들은 경제적 효율성만을 고려해 이주를 결정하지 않는다. 이러한 비판들은 현실의 구체적 상황에 대한 지적으로 이념형인 티부가설을 비판하는 것은 적절하지 않은 측면이 있다.

표 4-1 중앙·지방 간 재정관계이론에서 주요 논의 영역

	분야	세부내용	비고
세입	과세권한의 배분	국세-지방세 세목배분 과세표준과 세율 결정	국세 중심 중앙정부 집권 관리
	재정조정(이전재정)	재정형평화 외부성의 내부화	보통교부세 형평화 기능 적정보조율 쟁점
세출	정부간 재정기능 분담	자원배분, 소득분배, 경제안정	지방재정=자원배분
	재정 책임	건전성, 성과, 효율성	중앙정부의 재정 감독

출처: 이재원 외(2015). 사회복지분야 국고보조금제도 개편방안

이러한 재정관계이론의 주요 논의 영역은 세입부문은 과세권한의 배분과 재정조정을, 세출부문은 정부 간 재정기능 분담과 재정책임을 중심으로 한다.

대표적인 이론인 오우츠의 분권이론(Oates, 1972)은 지방공공서비스가 창출하는 지리적 외부성에 따라 지자체의 재정기능 계층을 광역과 기초로 구분하고, 서비스의 공간범위와 재정사업의 관리비용을 고려하여 중앙-광역-기초로 구분하였다.

오우츠는 이를 뒷받침하기 위해 대응원칙, 외부효과, 선호다양성, 의사결정과 군집화 등의 원칙을 설정하였다. 이론적으로 외부효과의 지리적 범위에

그림 4-1 오우츠의 분권정리에서 외부효과의 규모별 관할구역의 군집화 원리

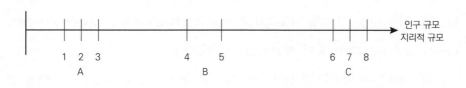

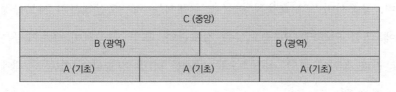

주: A - 1,2,3 공공재 공급; ② B - 4,5 공공재 공급; ③ C - 6,7,8 공공재 공급
출처: Oates(1972), 이재원(2015) 재인용

따라 최적 수준에서 지방공공재의 규모를 결정하고, 수혜자 원칙에 따라 비용을 부담하도록 하는 것이 국가 전체적으로 효율성을 극대화하는 방안이라고 주장하였다.

Tibout(1956)와 Oates(1972)의 내용을 요약하면, 중앙정부와 지방정부의 존립 목적은 오직 주민들의 후생을 극대화하는 것으로서 이러한 목적을 위하여 중앙정부와 지방정부는 각각에게 주어진 재정적 권한과 책임을 합리적으로 사용한다. 그리고 중앙정부와 지방정부의 합리적 의사결정은 결과적으로 효율적인 지방공공재 공급을 가능하게 한다. 따라서 재정분권은 공공부문 전반의 효율을 높일 수 있는 바람직한 재정제도라는 점이 전통적 재정연방주의 이론이 제시하는 중요한 시사점이 된다(김정훈, 2015).

3) 제2세대 이론

제1세대 이론이 재정기능의 분담 구조에 대한 것이라면, 제2세대 이론은 분담 구조 속에서 이루어지는 '행태'에 보다 초점을 맞추었다. 또한 제2세대 이론은 경제학뿐만 아니라 정치학 등 다른 사회과학까지 학문적 분야의 범위를 확대하였다. 제2세대 이론은 다양한 수준의 정부 사이에서 발생하는 기업이론, 정보경제학, 주인－대리인 문제, 계약이론, 정보비대칭문제, 도덕적 해이, 무임승차자 문제에 집중되어 있으며, Weingast(1995), Seabright(1996), Lockwood(2002), Besley & Coate(2003) 등이 대표적인 연구들이다.

제2세대 이론에서는 인센티브와 지식(incentives and knowledge)에 대한 연구가 많으며, 공공서비스의 효율적 공급을 위해서는 업무분장에서의 사무규정이나 관료에 대한 인센티브의 중요성을 강조한다. 또한 공공서비스의 제공은 형식적인 분권과 집권이 아닌, 실질적으로 성과를 더 잘 창출할 수 있는 주체에 의해 이루어져야 한다고 본다.

제2세대이론은 90년대부터 본격적으로 논의되었지만, 출발점은 Weingast

(1979)가 개발한 '집합적 행태에 대한 일반이론'인데(Borge & Ratts, 2012), 여기서의 핵심 주제는 두 가지로 정리된다(Vo, 2010). 하나는 1세대 이론의 가정은 관료를 선한 행위자로 보았으나 실제에서는 관료 역시 공공경제 체계 내에서 이익을 극대화하려는 이기적인 합리적 경제주체라는 것이고, 두 번째는 '정보비대칭과 정치 주체에 대한 것으로서 공공서비스 공급과정에서 특정 참여자들은 지방선호와 비용구조에 대해 다른 사람들보다 더 많은 지식을 가지게 된다는 것'(이재원 외, 2015)으로 재정분권을 선호했던 1세대 이론가와 달리, 2세대 이론가들은 이분법적인 집권과 분권보다, 공공서비스 생산과 공급에 있어 '균형'에 관심을 기울였다는 점이다.

또한 Weingast(1995)는 지자체들 간 경쟁을 통해 작고 효율적인 정부의 재정기능이 형성되면 중앙정부에 대한 자율성을 가지고 지역주민들에게 재정책임을 질 수 있다는 시장주의적 연방제 모델을 제시하였다.

이러한 1980년대 이후의 변화들은 미국 연방정부가 재정적자에 따른 재정부담을 주(州) 및 지방정부에 전가하거나, 1990년대는 신공공관리주의에 기반한 정부혁신을 통해 정부 간 재정관계를 개편하는 과정과 긴밀하게 연결된다. 즉 전통적인 재정연방주의가 전제했던 조건들이 변화되면서 효율성과 성과주의를 보다 강조하게 된 것이다.

4) 요약과 평가

전통적 견해인 제1세대 이론은 재정분권의 장점을 강조한 긍정적 관점을 견지하고 있는 반면, 새롭게 대두된 제2세대 재정분권이론은 재정분권이 이득보다 손실이 더 크게 작용할 수 있다는 부정적인 관점을 보이고 있다. 그 이유는 지방정부가 보이는 왜곡된 전략적 행위, 재정제도 내에 존재하는 유인체제 문제, 그리고 중앙정부와 지방정부 간 잘못된 관계 등이 존재하기 때문이다.

또한, 그동안 이루어진 과도한 재정분권은 지방정부의 재정책임성 결여와 왜곡된 행동을 유발시켰다는 것이다. 이러한 현상은 지방재정의 적자를 누적시켰고 국가재정의 위기에도 영향을 미쳤다는 것이다. 이러한 문제의 해결을 위해 다양한 개선대안을 마련할 필요가 있다는 문제의식하에 새로운 재정분권이론이 대두된 것이다(이현우 외, 2019).

3 지방재정의 구조

재정분야는 어려운 내용들이 많다. 세세한 부분까지 알 필요는 없으나 기본개념들을 숙지해야 관련 논쟁 지점을 이해할 수 있다. 지방재정을 총괄적으로 이해하기 위해 필수적으로 참고할 자료는 국회예산정책처에서 매년 발간하는 '대한민국 지방재정'과 행정안전부에서 매년 발간하는 '지방자치단체 통합재정개요' 그리고 지방재정 통계데이터가 있는 '지방재정365'[3]이다. 그 외 지방재정 개론서(이재원, 2019; 손희준, 2019; 라휘문, 2021 등)가 있다. 좀 더 관심이 있는 독자는 언급한 자료를 참고하기 바란다.

1) 지방재정의 이해

〔1〕 지방재정의 구조

지방정부의 세입과 세출 구조를 그림으로 도식화하면 〈그림 4−2〉와 같다. 지방정부는 자주재원인 지방세와 세외수입, 의존재원인 교부세와 보조금을 중앙정부로부터 지원받고, 그 외 지방채와 보전수입 등을 합하여 지방정부의 세입이 된다. 세출은 지방교육재정에 지원하는 전출금과 나머지 행정서비스 등에 지출하는 재정으로 구분된다.

---

3) 지방재정365. https://lofin.mois.go.kr/portal/main.do

그림 4-2 지방재정의 흐름

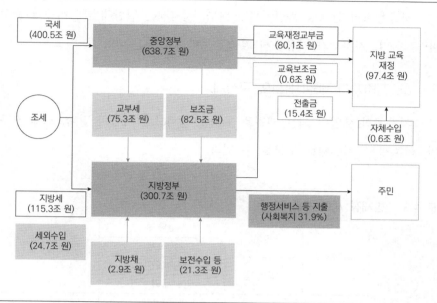

출처: 국회예산정책처(2023.9). 2023 대한민국 지방재정

〔2〕 지방자치 재원

가. 지방자치재원

지방자치재원이란 지방자치단체가 그 경비에 충당하기 위한 수입의 근원으로 조달하는 재화를 의미한다. 재원은 〈표 4-2〉와 같은 분류를 따른다.

수입결정의 주도성 측면에서 본다면, 지자체는 자주재원의 비중이 클수록

표 4-2 지방자치재원의 분류

수입결정의 주도성	자주재원	지자체가 자주적으로 결정·실현하는 재원 예) 지방세, 세외수입 등
	의존재원 (이전재원)	국가나 상급 단체에 의해 결정·실현되는 재원 예) 교부세, 국고보조금, 조정교부금 등
사용용도의 한정성	일반재원	지자체가 자유롭게 지출할 수 있는 재원 예) 지방세, 세외수입, 지방교부세 등
	특정재원	지출할 수 있는 용도가 한정되어 있는 재원 예) 국고보조금

바람직하다. 지자체가 자주적으로 재원을 확보하기 때문이다.

사용용도의 한정성 측면에서 본다면, 지자체는 일반재원의 비중이 클수록
바람직하다. 지자체가 자유롭게 지출할 수 있기 때문이다.

나. 지방자치 재원(세입)의 구성체계

지자체의 세입이 되는 재원을 구조를 살펴보면 다음과 같다. 크게 자주재
원, 의존재원, 지방채로 구분할 수 있다.

표 4-3 지방재정 세입 재원구조

지방재정	자주재원	지방세	보통세	
			목적세	
		세외수입	경상세외수입	
			임시세외수입	
	의존재원 (이전재원)	지방교부세	보통교부세	지방재정조정제도
			특별교부세	
			소방안전교부세	
			부동산교부세	
		국고보조금		
		조정교부금	시군 조정교부금	
			자치구 조정교부금	
	지방채			

- 자주재원에는 지방세와 세외수입이 있다. 이중 지방세[4]가 중요하다.
- 의존재원에는 지방교부세와 국고보조금 그리고 조정교부금이 있다. 의
  존재원을 통칭하여 '지방재정조정제도'라고도 한다.
- 지방채는 지자체의 재정수입 부족액을 충당하기 위해 지자체가 차용하
  는 자금을 의미한다.

---

4) 관련 개념으로 '지방세 제도'는 지방세의 제도적 측면을 의미하고, '지방세정'은 운영적 측
면을 의미한다. 지방세 전반을 전문적으로 연구하는 기관으로 한국지방세연구원이 있다.

표 4-4 일반회계 단체별·재원별 세입 총계예산 구성비교

구분	계	지방세	세외수입	지방교부세	조정교부금	보조금	지방채	보전수입등
계	3,444,139	1,103,258	124,874	578,629	135,290	1,353,555	18,973	129,560
특별시	313,425	230,956	18,023	2,048	-	58,283	-	4,114
광역시	431,783	185,095	12,203	62,021	-	141,296	9,125	22,043
특자시	15,801	8,251	686	965	-	3,492	502	1,905
도	860,483	338,517	10,308	75,859	-	407,579	3,627	24,594
특자도	53,527	16,661	1,636	17,494	-	13,044	2,400	2,293
시	890,275	207,051	41,222	212,214	60,733	329,884	3,122	36,048
군	426,820	35,668	13,976	191,863	14,295	152,620	62	18,337
구	452,026	81,060	26,820	16,165	60,262	247,358	136	20,225

출처: 행안전부(2022), 2022년도 지방자치단체 통합재정개요

〈표 4-4〉를 보면, 지방자치단체별 세입 현황을 알 수 있다. 예를 들어, (자치)구는 (국고)보조금이 핵심적인 재원임을 알 수 있고, 특별시는 지방세가 주된 재원임을 알 수 있다. 전체적으로 보면 지방세, 지방교부세, 보조금이 중요함을 알 수 있다.

가) 지방세[5]

지방세는 지자체가 업무를 수행하는데 소요되는 일반적 경비를 충당하기 위해 구성원인 주민 또는 그 구역안에서 일정한 행위를 하는 자로부터 징수하는 재화를 의미한다.

세목은 세금의 종류를 의미한다. 세목체계를 보면, 국세와 지방세로 구분되며, 지방세 중에서 광역자치단체가 걷는 세목과 기초자치단체가 걷는 세목이 구분되어 있다. 이를 보면, 기초자치단체 중 재정이 가장 취약한 자치구에는 세목이 '등록면허세와 재산세' 딱 2종류만 있는 것을 확인할 수 있다. 이에 비해

---

5) 지방세제에 대한 상세한 사항은 국회예산정책처(2018)의 '지방세제의 현황과 이해' 자료를 참고하기 바란다.

표 4-5 지방세 세목체계

구분		광역자치단체		기초자치단체	
		특별시·광역시세	도세	자치구세	시·군세
지방세	보통세(9)	취득세, 주민세, 자동차세, 레저세, 담배소비세, 지방소비세, 지방소득세	취득세, 레저세, 등록면허세, 지방소비세	등록면허세, 재산세	주민세, 재산세, 자동차세, 담배소비세, 지방소득세
	목적세(2)	지방교육세, 지역자원시설세	지방교육세, 지역자원시설세		
국세	내국세 직접세		소득세, 법인세, 상속·증여세, 종합부동산세		
	내국세 간접세		부가가치세, 개별소비세, 주세, 인지세, 증권거래세		
	목적세		교통·에너지·환경세, 교육세, 농어촌특별세		
	관세				

시군세는 상대적으로 세목이 다양하다.

여기서 우리나라 지방세의 문제점을 정리할 필요가 있다.

우리나라는 국세에 비해 지방세의 비율이 매우 낮다. 국세가 75%, 지방세가 25% 수준으로 국세가 압도적으로 높고, 지방세 비율은 낮다. 실제 세출은 국가가 40%, 지방이 60%를 차지하고 있는데, 모자라는 재원인 세출 60% − 세입 25%인 약 35%가 중앙정부로부터 지원받는 의존재원(이전재원)이 된다.

또한 지방세원(稅源)이 빈약하다. 지방사무에 소요되는 비용에 비해 세원 자체가 부족하여 재정확보가 힘들다. 지방재정 중 지방세의 비중은 대략 35%에 불과한 실정이다. 기초지자체의 자치구를 보면 세목이 불과 2개(등록면허세, 재산세)에 불과하여 지방재정자립도가 극히 낮다. 세목이 적고, 있는 세목도 세원의 폭이 좁다.

또한 지방세수는 낮은 신장성(확대)의 특징이 있다. 지방세는 자산에 부과하는 자산(資産)과세중심으로 이루어져 국세의 소비(消費)과세나 소득(所得)과세에 비해 경제성장이나 소득증가에 따른 세수의 신장성(伸長性)이 낮은 세목으로 구성되어 있다.

세원의 지역적 차이가 크다. 도시와 농촌 간 세원의 불균형과 세원의 상당 수가 수도권에 집중되어 있어 자치단체 간 재정력 격차가 심하다. 이 문제는 자 주재원 강화를 목적으로 한 재정분권의 핵심적인 문제가 된다.

그리고 세제(稅制)가 획일적으로 구성되어 있다. 지방세의 세목, 세율, 과세 방법 등이 법률로 획일적으로 규정되어 있어 지자체의 특수성에 입각한 과세가 어렵다. 헌법에 조세법률주의가 규정되어 있으며, 이 때문에 지자체가 조례와 규칙으로 조세를 부과하기 어렵다.

그러므로 앞에서 언급한 정부 간 재정관계 이론의 원리들이 작동하기 어 려운 구조이다.

나) 세외수입

세외수입은 지방자치단체의 자주재원 가운데 '지방세 이외의 수입'을 총칭 한다.

세외수입은 일반회계수입으로는 경상적수입인 사용료·수수료·재산임대 수입·징수교부금·이자수입 등과 임시적 수입인 재산매각수입, 부담금, 기타수 입, 지난년도 수입이 있고 특별회계수입으로는 상·하수도, 기타특별회계 등의 사업수입과 기타수입·지난연도 수입 등의 사업외 수입을 총칭한다.

(3) 지방재정조정제도

가. 지방재정조정제도

지방재정조정제도는 자치단체의 기능과 업무 수행에 필요한 재원의 부족 분을 보충해주고 지방자치단체간의 불균형 현상을 완화하기 위해 국가나 상급 지방자치단체가 재정력이 취약한 지방자치단체로 재원을 이전해주는 제도를 말 한다.

이러한 의존재원은 수직적 불균형과 수평적 불균형을 조정하는 것으로 목

수직적 불균형 조정	국가나 상급자치단체와 하급자치단체간의 재정력 격차의 불균형을 조정하는 목적. 예) 국고보조금, 지방교부세
수평적 불균형 조정	동일한 계층에 속하는 자치단체간에 재정력 격차의 불균형을 조정하는 목적. 예) 지방교부세, 조정교부금

적으로 한다.

나. 교부세

가) 교부세 체계

지방교부세는 중앙정부가 재정 결함이 있는 지방자치단체에 교부하는 금액으로 지방재정조정제도의 핵심이다. 이를 위해 「지방교부세법」이 있다.

지방교부세는 지방자치단체의 행정 운영에 필요한 재원을 교부하여 지방행정을 발전시키는 것을 목적으로 한다.

지방교부세의 종류는 보통교부세, 특별교부세, 부동산교부세, 소방안전교부세로 구분되며, 이중 보통·부동산교부세는 용도가 정해져있지 않은 일반재원이고, 특별·소방안전교부세는 용도가 지정되어 있다. 지방교부세의 대부분은 '보통교부세'로 교부세의 핵심이다.

지방교부세의 재원은 크게 3가지로 해당 연도 내국세 총액의 19.24%에 해당하는 금액 및 정산액+종합부동산세 총액 및 정산액+담배에 부과하는 개별소비세 총액의 45%에 해당하는 금액 및 정산액이다.

보통교부세 산정방식에 따라 보통교부세는 지자체의 기준재정수요액이 기준재정수입액을 초과하는 경우에 교부받게 되는데, 만일 수입이 초과될 경우, 지자체에 보통교부세를 지원하지 않으며 이때 보통교부세 불교부단체가 된다. 주로 세입여건이 좋은 지자체가 이에 해당된다.

그림 4-3 보통교부세 산정방식

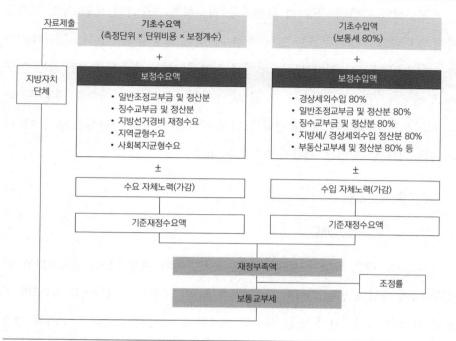

출처: 국회예산정책처(2022). 대한민국 지방재정

나) 지방교부세의 문제점

지방교부세 성격을 정리하면, 본래 목적이 각 지방자치단체 사이에 존재하는 비용과 세원의 불균형을 보정하기 위하여 운영하는 제도였으나, 실제 운영은 중앙정부의 하위기관으로 지방행정기관을 유지하기 위한 수단으로 기능해온 특징이 있다. 또한 교부세율이 낮아 여전히 지방정부 간 격차문제를 해결하기 어려운 부분도 있다.

지방교부세 산정방식은 상당한 논란이 있다(손희준 외, 2017). 기본적인 원리는 기초수요액과 기초수입액의 차이를 보정하는 것이다. 기초수요액을 측정하는 변수로 지방공무원수와 지방행정의 예산이 사용되고 있으나 이것이 지역주민의 진정한 수요라고 판단하기는 어렵다. 특히 사회복지의 경우, 일부 지표가 반영되고 있으나 지표의 대표성과 변별력이 낮다고 지적된다.

교부세와 관련해 가장 큰 문제점은 지자체가 자주적인 재원 확충 노력을 하지 않더라도 보통교부세를 통해 재정부족액을 보충할 수 있다는 것이다(류영아, 2017). 이 때문에 지방교부세 산식에 지자체 자체노력정도를 반영하는 인센티브 제도가 반영되고 있으나 그 규모는 낮은 수준이다. 한마디로 재정부족액의 보전으로 지방정부 예산운영의 도덕적 해이가 발생할 가능성은 높은 데 비해 이를 방지할 방법은 제한적이라고 본다.

다. 국고보조금

가) 국고보조금 개요

국고보조금은 국가가 시책상 또는 자치단체의 재정사정상 필요하다고 인정될 때에 예산의 범위 안에서 용도를 측정하여 교부하는 자금이다. 지역의 범위를 넘어선 파급효과가 있는 사업을 보조하고, 중앙과 지방간의 수직적 재정 불균형을 완화하기 위해서 운영한다.

경비의 성질에 따라 보조금의 종류는 크게 3가지가 있다.

표 4-6 보조금의 종류

협의의 보조금	국가가 정책상 또는 자치단체의 재정사정상 필요하다고 인정될 때 용도를 특정하여 교부하는 자금
부담금	국가와 지방자치단체 상호간 이해관계가 있는 사무를 법령에 의하여 지자체가 처리하는 경우, 그 사무처리를 위해 국가가 경비의 전부 또는 일부를 부담하는 자금. **단체위임사무**에 대한 의무적 보조금
교부금	국가가 스스로 해야 할 사무를 자치단체 또는 그 기관에 위임하여 수행하는 경우 국가가 그 소요경비를 전액 교부하는 자금. **기관위임사무**에 대한 의무적 보조금

출처: 「지방재정법」

또한 국고보조금은 여러 기준에 따라 분류할 수 있다. 보조형태, 보조조건, 보조율에 따라 보조금을 부르는 명칭이 다양하다.

표 4-7 국고보조금의 여러 분류

보조형태	정률보조금	- 지자체가 지출하는 경비의 일정비율의 금액을 국가가 보조 - 대부분의 보조금 지급대상이 이에 해당
	정액보조금	- 특정 사무 또는 사업에 대하여 일정한 금액의 보조금 교부 - 특정 사무·사업에 대한 장려적 효과와 재정지원 효과가 있음
보조조건	세목보조금	- 보조금 교부조건으로 용도를 세부적으로 지정
	포괄보조금	- 보조금 교부시 총액 및 용도의 범위를 지정하되, 그 외 내용 은 지자체가 자유롭게 선택할 수 있도록 재량을 부여
보조율	일률보조금	- 모든 지자체에 동일한 보조율을 적용
	차등보조금	- 지자체의 재정력이나 기타 필요성에 따라 상이한 보조율 적용

나) 국고보조금 운영 현황

지방자치단체가 수행하는 국고보조사업의 국비·지방비 분담액과 분담비율을 보면, 2022년 당초예산 기준 국고보조사업의 총규모는 104조원이며, 이중 국고보조금이 70.7조원, 지방비부담이 33.3조원이다.

국고보조금 제도는 복지재정에서 매우 중요한 부분이므로 별도의 장에서 상세히 다룬다.

표 4-8 연도별 국고보조사업 경비분담 현황(단위: 억원, %)

구분	2019		2020		2021		2022	
	예산액	구성비	예산액	구성비	예산액	구성비	예산액	구성비
국고 보조사업	800,992	100	867,050	100	974,594	100	1,040,695	100
	(815,960)	(100)	(883,660)	(100)	(992,990)	(100)	(1,060,063)	(100)
국고 보조금	535,994	66.9	581,492	67.1	666,580	68.4	707,355	67.9
	(535,994)	(65.7)	(581,492)	(65.8)	(666,580)	(67.1)	(707,355)	(66.7)
지방비 부담	264,998	33.1	285,558	32.9	308,014	31.6	333,340	32.0
	(279,966)	(34.3)	(302,168)	(34.2)	(326,410)	(32.9)	(352,708)	(33.3)

주: ( )는 세부사업 단위에서 국고보조사업을 판단
출처: 행정안전부(2022.5). 2022년도 지방자치단체 통합재정개요

다) 국고보조금의 문제점

「보조금 관리에 관한 법률」에 따르면, 국고보조금은 국가 외의 자가 행하는 사무 또는 사업에 대하여 국가가 이를 조성하거나 재정상의 원조를 하기 위해 교부하는 재원을 의미한다(제2조). 법의 취지를 따르면, 신청주의가 주요원칙임에도 불구하고, 지방자치단체의 사업신청 여부와 상관없이 많은 국고보조사업이 시행되고 있다.

또한 현행 제도는 지방자치단체의 재정부족을 보완해주고 지자체의 원활한 사업추진을 촉진하는 역할을 수행하기보다는 국가가 지정한 사업의 경우에 한정해 사업비의 일부만을 보조해주는 한계를 가진다. 즉 국고보조사업을 시행할 경우, 일정한 지방비를 매칭(matching)하도록 의무 또는 강제하여 지방자치단체에 심각한 재정적 부담을 가져온다. 특히 복지사업의 대부분이 국고보조사업으로 진행되고 있어 지자체 재정운영의 자율성을 크게 훼손하고 있다.

자료를 보면, 매년 국고보조사업에서 지방비 부담이 30~40%를 차지하고 있어 지자체 재정에 상당한 압박을 주고 있고, 재정력이 취약한 지자체의 경우 국고보조사업에 우선적으로 재원을 할당하게 되어 지자체의 자체사업을 추진하는데 심각한 장애가 발생하고 있다.

라) 교부세와 보조금 비교

교부세와 보조금은 지방정부의 핵심 재원이므로 이를 잘 구분할 필요가 있다.

표 4-9 교부세와 보조금 비교

구분	지방교부세	국고보조금
근거법령	「지방교부세법」	「보조금관리에관한법률」
재원구성	• 보통·특별교부세: 내국세의 19.24%	국가예산으로 계상

구분	지방교부세	국고보조금
	• 부동산교부세: 종합부동산세 전액 • 소방안전교부세: 담배에 부과되는 개별소비세의 45%	
용도	• 보통·부동산교부세: 용도지정없이 자치단체 일반예산으로사용 • 특별교부세: 용도지정. 조건부여가능 • 소방안전교부세: 특수수요는 용도지정가능	용도와 조건이 지정되어 특정목적 재원으로 운용
성격	• 보통·부동산교부세: 일반재원(자주재원 성격) • 특별교부세: 특정재원(자주재원 성격) • 소방안전교부세:일반및특정재원(자주재원성격)	특정목적재원 (이전재원성격)

라. 지방정부간 재정조정제도

개 시·도비 보조금

시·도비 보조금은 광역자치단체인 시·도에서 교부하는 보조금으로 광역자치단체의 정책적 필요 또는 시·도 위임사무의 수행을 위한 사업비의 전부 또는 일부를 기초자치단체에 지원하는 제도이다.

내 조정교부금

조정교부금은 시도가 시군구의 '재정력 격차를 조정'하기 위한 것으로 시도지사는 세수의 일부를 재원으로 관할구역 내 재정력 격차를 조정하기 위한 조정교부금을 마련해야 한다. 조정교부금에는 시군 조정교부금과 자치구 조정교부금이 있다.

표 4-10 시군 조정교부금과 자치구 조정교부금 비교

구분	시·도비보조금	자치구조정교부금 시·군조정교부금
근거 법령	「지방재정법」 제23조제2항	• 「지방재정법」 제29조의2 • 「지방재정법시행령」 제36조의2
		• 「지방재정법」 제29조 • 「지방재정법시행령」 제36조

구분	시·도비보조금	자치구조정교부금 시·군조정교부금
재원	시·도의 일반회계 또는 특별회계	• 특별·광역시의 보통세중 조례로 정하는 일정액 서울22.6%　　　　부산 23.0% 대구22.29%　　　　인천 20.0% 광주23.9%　　　　대전 23.0% 울산20.0% • 일반조정교부금(90%), 특별조정교부금(10%)
		• 광역시세·도세(화력·원자력발전·특정부동산에 대한 지역자원시설세 및 지방교육세제 외)총액 및 지방소비세의 27%(인구 50만 이상의 시와 자치구가 아닌 구가 설치되어 있는 시는 47%)에 해당하는 금액 • 일반조정교부금(90%), 특별조정교부금(10%)
용도	특정한 지원대상사업재정수요충당 (용도지정)	• 일반조정교부금은 용도지정없이 자치단체의 일반재원으로 사용 • 특별조정교부금은 교부시 부과된 조건이나 목적에 맞게 사용
배분 방법	지원사업별 사업우선순위등에 의거 지원	• 기초단체별 기준재정수입액과 기준재정수요액을 분석한 후 재정부족액을 기준으로 배분 • 인구, 징수실적, 당해 시·군의 재정력 등에 따라 배분

출처: 국회예산정책처(2022). 대한민국 지방재정

2) 지방재정법제

분권 논의에서 지방재정 논의는 핵심을 이루므로 이와 관련된 법제를 간략히 정리한다. 지방자치제도는 기본적으로 법률적 관계를 기반으로 작용하며, 이와 관련된 논쟁이 발생했을 경우, 법률 내용에 기반하여 해결해 나가므로 결과적으로 법 내용이 핵심이 된다.

또한 중요내용은 법률에 규정되어 있지만, 하위 시행령(대통령령)이나 시행규칙(총리령 및 부령)에 보다 더 중요한 내용이 포함되기도 한다(윤견수 외, 2020). 일반적으로 이러한 시행령과 시행규칙은 대외적 구속력을 지니는, 즉 행정 주체와 국민 간의 관계를 규율하는 법규명령으로 인정된다. 의무와 관계되는 사

표 4-11 지방재정 관련 주요 법률

범위	법률명	주요 내용
지방재정 운영 관련 법	지방자치법	지방자치에 대한 기본법. 지방재정에 대한 기본적 사항 규정
	지방재정법	지방자치단체 재정운영 및 관리에 대한 기본법
지방세 관련법	지방세 기본법	지방세에 관한 기본법
	지방세법	지자체가 징수하는 모든 지방세 관련 필요사항 규정
	지방세특례제한법	지방세 감면 및 특례 관한 사항 규정
지방세입 관련법	지방교부세법	주요 세입인 지방교부세 전반을 규정한 법률
	보조금관리에 관한 법률	국고보조금에 대한 통합적인 관리를 규정
기타	지자체 보조금 관리에 관한 법률	지방보조금 예산의 편성, 교부 신청 및 관리 등의 기본적인 사항을 규정
	지방회계법	지방자치단체의 회계 및 자금관리에 대한 기본사항을 규정

항으로 국회에 의해 제정되어야 할 것을 행정입법에 위임한 것이며 따라서 법률처럼 국민과 행정부, 법원을 구속하는 효력이 있다.[6] 행정부가 입법의 주체가 되는 것에는 법규명령 이외에도 고시, 훈령, 예규, 지시 등의 행정규칙이 존재한다. 그러나 이는 행정기관 내부의 사항을 규율하는 것으로 대외적인 구속력을 지니지 않으나 중앙-지방 관계에서는 행정기관을 구속하므로 분권 관점에서는 중요한 경우가 많다. 심지어 사소한 행정규칙 내용 때문에 지방자치단체가 자치권을 행사하지 못하는 경우도 많다.

---

6) 이른바 '시행령 정치' 또는 '시행령 통치'가 언급된다. 시행령 정치' 혹은 '시행령 통치'라 함은 법률에 의해서 규율되어야 할 행정대상을 시행령의 제·개정 의해 규율하는 현상을 말한다. 시행령 통치는 크게 관련 법률이 부존재하여 시행령으로써 이를 대신하는 경우와 관련 법률은 존재하지만 자의적으로 법률을 해석하거나 임의로 새로운 내용을 창설하는 등 모법의 위임한계를 일탈한 시행령을 통해 행정대상을 규율하는 경우로 나누어 볼 수 있다. 전자는 입법의 불비를 보완하는 측면에서 '법률의 무력화'라는 문제는 발생하지 않으며 행정의 예선적인 효력상 임시적 정당성을 인정받을 여지는 있다. 그러나 후자는 헌법 제75조에 정면으로 반함은 물론 입법을 무력화시키는 것이어서 '시행령 반란'이라는 평가를 받기도 한다(서동욱, 2023). 전자의 경우도 시행령을 통해 임의로 지방정부를 통제하는 기능을 가지고 있으므로 민주적 통제가 요구되나 현실적으로 이러한 절차가 취약하다.

4 복지재정의 구조

1] 국제적 수준에서의 우리나라 사회복지지출 수준

국내적인 관점에서 사회복지지출을 알아보기 전에, 국제적인 관점에서 우리나라의 사회복지지출 현황을 정리하면 다음과 같다.

일반적으로 사용하는 비교 자료는 OECD 공공사회복지지출 통계를 사용한다. 이 통계는 OECD 회원국의 사회보장 현황을 파악하고 지출수준을 비교하기 위해 1996년에 개발한 사회복지지출(Social Expenditure database: SOCX) 통계이다. OECD는 지출을 9대 정책영역으로 분류하고, 각 영역별 급여유형을 현물과 현금으로 구분하여 제시한다.

OECD 38개 회원국의 GDP 대비 공공사회복지지출 비율은 평균 20.0%이며, 한국은 12.2%로 38개국 중 35위(2019년 기준) 수준이다. 또한 한국의 공공사회복지 지출 규모는 235.9조 원이다(보건복지부, 2023. 1. 27).

자료를 보면, 한국은 매우 낮은 지출 수준을 보여주고 있다. 다만, 한국의 2019년 GDP 대비 공공사회복지지출 비율은 OECD 평균보다 낮은 수준이지만,

그림 4-4 국가별 GDP 대비 공공사회복지지출 비율 비교(단위: %)

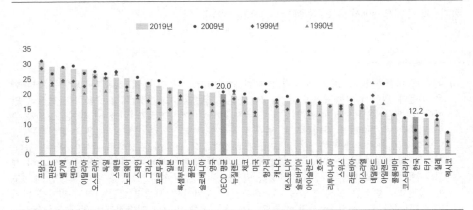

출처: 이윤경(2021). OECD 주요국의 공공사회복지지출 현황. 국회예산정책처

그림 4-5 GDP 대비 공공사회복지지출 비율과 국민부담률 간 관계(2018년)(단위: %)

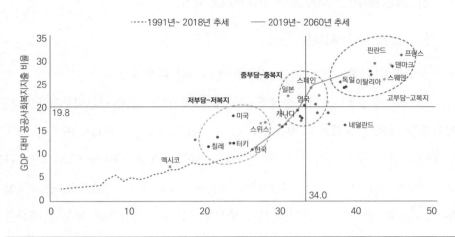

출처: 이윤경(2021). OECD 주요국의 공공사회복지지출 현황. 국회예산정책처

1990년과 대비해 4.7배 상승하여 OECD 회원국 중 가장 빠른 속도로 지출이 증가하고 있다.

　　OECD 국가의 복지체계는 국민부담률과 공공사회복지지출 수준 간에 정 (＋)의 상관관계가 존재하므로 이를 바탕으로 세 가지 유형(저부담−저복지, 중부 담−중복지, 고부담−고복지)으로 분류 가능한데, 우리나라는 '저부담−저복지' 국 가에 해당된다. 하지만, 공공사회복지지출이 급격하게 확대됨에 따라 현행 제도 를 유지하더라도 2050년대 중후반경에는 고부담−고복지 국가군에 진입할 것 으로 추정하고 있다.

　　우리나라가 다른 나라에 비해 사회복지지출이 낮은 것은 시기적으로 뒤늦 게 복지영역에 예산을 투입했기 때문이다. 최근 정부예산에서 사회복지예산 투 입비중이 높고 매년 예산이 타부문보다 높게 지출되지만 국제적인 기준에서 본 다면 여전히 낮은 수준이다.

2) 중앙정부와 지방정부 복지재정 규모

(1) 중앙정부 복지재정 현황

중앙정부의 복지재정 지출 내용을 정리하면 다음과 같다.

2022년 추경예산 기준 중앙정부의 예산 및 기금 총계에서 내부거래와 보전거래를 제외한 중앙정부 재정규모 중 총지출은 624.3조원이다. 여기서 12대 분야별 재정 현황을 보면 보건·복지·고용 분야가 221.0조원(35%)으로 가장 큰 규모[7]이며, 다음으로 일반·지방행정 분야(98.1조원), 교육 분야(84.2조원), 국방 분야(54.6조원) 등이다. 또한 사회복지 주무부처인 보건복지부의 2023년 예산은 109조 수준이다.

표 4-12 2023년 보건복지부 예산 및 기금운용계획(단위 : 억원)

구 분	2022년 본예산(A)	2023년 본예산(B)	전년대비	
			증감 (B-A)	%
총 지 출(A+B)	974,767	1,091,830	117,063	12.0
◇ 예 산(A)	622,729	681,447	58,718	9.4
◇ 기 금(B)	352,038	410,383	58,345	16.6
◇ 사회복지①	806,484	922,171	115,688	14.3
o 기초생활보장	144,597	164,059	19,462	13.5
o 취약계층지원	41,482	46,112	4,630	11.2
o 공적연금	314,921	371,600	56,679	18.0
o 사회복지일반	9,072	9,642	570	6.3
o 아동·보육	91,820	98,470	6,650	7.2
o 노인	204,592	232,289	27,697	13.5
◇ 보 건②	168,283	169,658	1,375	0.8
o 보건의료	49,041	45,556	△3,485	△7.1
o 건강보험	119,242	124,102	4,860	4.1

출처: 보건복지부(2022.12.24). 보도자료

---

7) 2023년 복지예산 227.4조원에는 예산 68.5조원과 기금 158.8조원(국민연금 153조원 등)이 포함된다.

〔2〕 지방정부 복지재정 현황

지방정부 복지재정 지출 내용의 경우, 2021년 당초예산 순계 기준 지방자
치단체 세출예산 규모는 263조 917억원이다. 분야별 현황을 살펴보면, 이 중
사회복지 분야가 80조 4,767억원(30.6%)으로 가장 크고, SOC 분야 37조 2,014
억원(14.1%), 인력운영비 33조 141억원(12.5%) 등이다.

지방자치단체 사업의 재원은 국가, 광역단체 및 기초단체가 나누어 부담한
다. 2022년 기준 각 분야별 국비·지방비(시도비+시군구비+기타) 분담현황을 살
펴보면, 〈표 4-13〉과 같다.

표 4-13 2022년 지방자치단체 분야별·재원부담주체별 세출예산 현황(단위: 억원, %)

구분	총계	국비(A)	지방비(B)				B/(A+B)
			시도비	시군구비	기타	소계	
사회복지	880,572	495,931	220,446	163,630	565	384,641	43.7

출처: 국회예산정책처(2022). 2022 대한민국 지방재정

지방정부의 사회복지부문 결산 내역을 정리하면 〈표 4-14〉와 같다. 예산
분류체계상 사회복지분야는 총 8개 분야로 구성되어 있다.

표 4-14 사회복지 부문별 결산액 추이 및 비중(단위: 억원, %)

구분	2015	2016	2017	2018	2019	2020	증감률	연평균
사회복지계	384,841 (100.0)	406,618 (100.0)	436,972 (100.0)	487,821 (100.0)	590,713 (100.0)	779,616 (100.0)	32.0	15.2
기초생활 보장	50,854 (13.2)	57,281 (14.1)	61,442 (14.1)	64,759 (13.3)	69,896 (11.8)	113,366 (14.5)	62.2	17.4
취약계층 지원	51,341 (13.3)	57,016 (14.0)	61,047 (14.0)	68,151 (14.0)	87,544 (14.8)	147,394 (18.9)	68.4	23.5
보육·가족 및 여성	127,331 (33.1)	130,442 (32.1)	134,134 (30.7)	148,380 (30.4)	175,903 (29.8)	193,787 (24.9)	10.2	8.8
노인· 청소년	138,115 (35.9)	142,841 (35.1)	156,796 (35.9)	178,387 (36.6)	219,748 (37.2)	246,900 (31.7)	12.4	12.3

구분	2015	2016	2017	2018	2019	2020	증감률	연평균
노동	6,892 (1.8)	7,646 (1.9)	10,295 (2.4)	12,595 (2.6)	18,216 (3.1)	31,584 (4.1)	73.4	35.6
보훈	3,153 (0.8)	3,486 (0.9)	3,984 (0.9)	4,739 (1.0)	5,541 (0.9)	6,570 (0.8)	18.6	15.8
주택	1,948 (0.5)	2,470 (0.6)	2,489 (0.6)	2,870 (0.6)	3,992 (0.7)	4,949 (0.6)	24.0	20.5
사회복지 일반	5,206 (1.4)	5,437 (1.3)	6,785 (1.6)	7,941 (1.6)	9,874 (1.7)	35,065 (4.5)	255.1	46.4

출처: 김필헌 외(2022). 지방자치단체 복지비 부담 변화 전망과 시사점

2020년 기준 사회복지 결산액 중에서 노인·청소년 부문이 가장 많은 비중을 차지하고(31.7%), 보육·가족 및 여성(24.9%), 취약계층지원(18.9%) 및 기초생활보장(14.5%)이 그 다음으로 많은 비중을 차지하고 있다.

이 중 국고보조사업과 자체사업의 비중을 살펴보면 〈표 4-15〉와 같다.

사회복지지출액의 보조사업과 자체사업의 비중 추이를 살펴보면, 보조사업의 비중이 점차적으로 상승하고 지자체 자체사업의 비중이 10% 이내로 하락

표 4-15 사회복지지출 정책사업 중 보조사업과 자체사업 비중(단위: 억원, %)

연도별	사회복지지출				
	총액	정책사업			
		보조사업	비중	자체사업	비중
2010	227,475	197,896	88.3	26,189	11.7
2011	235,294	208,021	89.3	24,919	10.7
2012	261,017	232,077	89.8	26,317	10.2
2013	302,690	272,003	90.7	27,841	9.3
2014	341,004	308,511	91.5	28,842	8.5
2015	384,841	350,560	91.9	30,715	8.1
2016	406,618	367,701	91.4	34,710	8.6
2017	436,972	388,238	89.7	44,626	10.3
2018	487,821	433,922	89.6	50,509	10.4
2019	590,713	527,304	89.9	59,252	10.1
2020	779,616	701,795	91.2	67,689	8.8

출처: 김필헌 외(2022). 지방자치단체 복지비 부담 변화 전망과 시사점

표 4-16 지방정부의 사회복지 자체사업 규모(단위: 억원, %)

	2015	2016	2017	2018	2019	2020	연평균
사회복지소계	30,715	34,710	44,626	50,509	59,252	67,689	17.1
기초생활보장	642	751	980	1,240	2,371	4,643	48.5
취약계층지원	6,027	6,955	8,705	9,362	11,701	14,699	19.5
보육·가족 및 여성	6,197	7,238	8,256	9,594	11,121	11,513	13.2
노인·청소년	11,677	12,711	16,766	18,860	21,416	21,720	13.2
노동	2,387	2,924	5,031	6,097	6,709	8,061	27.6
보훈	2,005	2,313	2,525	2,926	3,333	3,489	11.7
주택	647	700	691	405	372	533	-3.8
사회복지일반	1,133	1,117	1,671	2,024	2,229	3,031	21.7

출처: 김필헌 외(2022). 지방자치단체 복지비 부담 변화 전망과 시사점

하고 있다. 이는 지자체의 복지분권 영역이 축소되고 있음을 의미한다.

또한, 지방정부의 사회복지 자체사업의 규모와 경향을 살펴보면 〈표 4-16〉과 같다.

자체사업규모는 2015년 3.0조 원에서 2020년 6.7조 원으로 연평균 17.1% 증가하였는데 2020년 결산 기준 노인·청소년의 규모가 가장 크고 그 다음으로 취약계층지원, 보육·가족 및 여성 순으로 나타났다.

참고로, 중앙정부와 달리 지자체의 사회복지지출에 대한 상세내역을 파악하기가 쉽지 않다. 예산분류체계가 정립되지 않아 지자체 사회복지사업별 지출 성격을 일일이 파악하여 정리해야 하기 때문이다.[8]

3) 사회복지예산 분류체계

[1] 사회복지예산 분류체계의 현황

사회복지예산의 분류체계 현황을 살펴보면 다음과 같다. 080 사회복지 분야 하위에, 081 기초생활보장, 082 취약계층 지원, 국가예산인 083 공적연금을

---

8) 이에 대한 가장 최근의 자료는 양재진 외(2019)가 수행한 연구이다. 상세 내역은 원문을 참고하기 바란다.

제외하고, 084 보육·가족및여성, 085 노인·청소년, 086 노동, 087 보훈, 088 주택, 089 사회복지 일반 등 총 8개 부문으로 예산을 편성하도록 되어 있다.

표 4-17 현재의 사회복지예산 분류체계

분야	부 문	부 문 에 해 당 하 는 업 무	정책사업 유형화(예시)
080 사회복지			
	081 기초 생활보장	- 주민 최저 생계 및 기초생활 보장을 위한 업무 - 기초생활급여, 교육급여, 의료급여 - 자활지원, 기초보장지원 등 제외) 지방공공근로사업(086 노동)	국민기초생활보장 저소득층 생활안정 지원
	082 취약계층 지원	- 장애인·아동 등 취약계층의 보호 및 복지증진을 위한 업무 - 사회복지 종합지원 정책 - 장애인·불우아동등 사회복지(시설물설치 포함) - 복지회관운영 - 사회복지 기반조성, 사회복지 지원정책 - 사회복지 사업평가 등 - 지역사회복지 - 노숙자보호, 부랑인시설보호, 의사상자 및 재해구호 제외)읍·면·동에서 운영하는 복지회관(016 일반행정)	취약계층 아동 보호 장애인 복지 증진 부랑인 보호 및 지원
	084 보육·가족 및 여성	- 여성정책의 기획·종합, 가정폭력·성폭력 방지 및 피해자보호, 윤락행위 방지, 양성평등 및 여성능력개발, 아동·보육 관련 업무 - 여성복지(시설물설치 포함) - 가정폭력·성폭력상담소 - 여성단체 지원 등 - 남녀차별금지, 여성인력 양성 등 여성의 권익증진 - 보육인프라 구축, 보육시설 운용, 보육료 지원 - 가족윤리교육, 가족계획, 가정의례 등 가족문화 - 모·부자 복지 등	보육·가족 지원 여성 복지 증진
	085 노인·청소년	- 노령에 따른 제반 위험(소득상실, 사회생활 참여 저하 등)에 대처하기 위한 제반 업무 - 청소년 육성·보호·활동지원을 위한 업무 - 노인 생활안정, 노인 의료보장, 노인 일자리 지원 - 노인 등 사회복지(시설물설치 포함) - 노인복지관운영, 장묘사업(묘지공원 조성 포함) 등	노인 복지 증진 청소년 보호 및 육성

분야	부 문	부 문 에 해 당 하 는 업 무	정책사업 유형화(예시)
		- 청소년 육성, 청소년 활동 지원, 청소년 보호 - 청소년 시설 융자, 기타 청소년 관련 지원	
	086 노동	- 근로조건의 기준, 노사관계의 조정, 산업안전 보건, 근로자의 지후생, 고용정책 및 고용보험, 직업능력개발 훈련, 기타 노동에 관한 업무 - 근로자지원등 노정관리 - 실업대책, 고용촉진, 공공근로사업등 - 노동행정, 지방노동관서 운영, 노동위원회 - 고용안정, 고용안정융자지원, 고용알선, 고용환경개선 - 능력개발, 능력개발융자지원, 직업능력개발 - 고용보험지원·반환, 고용보험 연구개발, 직업재활지원 - 장애인근로자 융자, 장애인시설 설치비용 융자 - 기능경기대회 지원, 고용정보 관리, 직업훈련 지원 - 산재보험 및 산재예방 관련 업무, 생활안정대부사업 - 근로자복지지원, 근로자휴양시설지원, 실직자점포융자 - 기타 고용정책 수립 및 시행 업무 - 공무원노조관련 업무	고용 촉진 및 안정 근로자 복지 증진
	087 보훈	- 국가유공자 등에 대한 보상 및 예우 - 국가유공자 등 의료복지 지원 및 요양보호 - 제대군인 사회복귀지원 - 나라사랑교육을 통한 국민 호국정신 함양 - 호국영웅 선양사업 - 호국보훈안보단체 지원 - 국가유공자 숭모사업 및 묘소 단장사업 - 독립운동관련 문헌발간 등 편찬사업 - 기타 보훈정책수립 및 시행 업무	국가 보훈 관리 및 지원
	088 주택	- 임대주택건설, 수요자융자지원 - 저소득영세민 전세자금, 주택개량 - 서민주택구입 및 전세자금·매입임대 - 재개발이주자 전세자금, 주택관련 금융지원	주거 환경 개선 서민 주거 안정
	089 사회복지 일반	- 기초생활보장(081)부터 주택(088)까지 속하지 않는 사항	

출처: 행정안전부(2021). 지방자치단체 예산편성 운영기준

(2) 사회복지예산 분류체계의 문제점

현재 예산편성 운영기준에는 성과목표 아래 정책사업－단위사업－세부사업 순으로 기준을 마련하고 있는데, 현행 사회복지부문은 이중 정책사업에 대해서만 유형화를 예시하고 있다. 그러므로 그 이하 사업은 분류체계가 없다. 그러므로 지자체별 각자 사업명을 설정하여 운영하고 있어 세부사업 간 비교가 불가능한 상황이다.

결론적으로 사회복지예산 분류체계가 부실해 지자체별 사회보장사업 현황 파악과 관리가 불가하며, 지방교부세 수요산정시 매년 자료를 재가공하고 있어, 시대흐름에 따른 예산의 정책방향 제시도 미흡한 실정이다.

그러므로 향후 사회복지(사회서비스)분야 사업의 현황 파악이 가능하고, 관련 통계 산출 및 관리가 가능하도록 합리적인 예산분류체계를 만들어야 한다. 단위사업의 재구조화가 필요하다.

(3) 개선방안

민효상 외(2021) 연구는 경기도의 복지예산을 활용하여 분류체계를 마련하고 개선방안을 제시한 연구이다. 연구의 개선안을 요약하면 다음과 같다.

그림 4-6 민효상 외(2021) 연구의 개선안 요약

○ 대원칙: 단위사업 예산분류기준의 단일화
○ 기준 1: 사업대상별 부문 세분화
○ 기준 2-1: 지원방식에 따른 구분(현금/서비스지원-이용자/시설)
○ 기준 2-2: 중앙정부 등 사업유형에 따른 구분
○ 기준 3: 재원유형에 따른 구분

▷ 개선안 총괄

현 프로그램 예산분류	분야	부문	프로그램	단위사업	목	세목
	대기능	중기능	실·국별 정책사업	정책사업의 하위 단위사업	예산 편성 비목	예산 심의 비목

예산분류 체계 개선안	분야	부문	세부 부문	프로그램	단위 사업	지원 유형	재원 유형	목	세목
	대기능	중기능	소기능	실·국별 정책사업	정책 사업의 하위 단위 사업	① 지원방식 (현금 수당/ 이용자지원/ 공급자지원) ② 사업유형	① 국고보조 ② 순수광역 ③ 광역보조 ④ 자체사업	예산 편성 비목	예산 심의 비목

▷세부개선안
- 원 보고서 참조 요망

4) 지방자치단체 현금성 급여 쟁점

최근 지방자치단체 재정자립도는 하락하는 반면, 복지 지출은 전체 세출 결산 대비 증가하는 추세를 보이고 있다. 특히 지자체 복지사업 중 현금성 복지나 급여 증가에 대한 지적이 있다. 그러나 지방자치단체마다 현금성 복지의 종류가 다양하고, 예산 편성 방식이 달라 사업의 정확한 범위와 규모를 파악하기 어려운 상황이다. 정책 수단의 하나로 현금 지원(cash transfers)은 사회경제적 불평등을 최소화하기 위해 보건, 의료, 교육 등 전 분야에서 널리 쓰여왔다(Lynch et al., 2019). 한편, 이와 대비되는 현물 급여는 재화 및 서비스 형태로 복지 서비스를 지급해주는 형태를 의미한다.

지방자치단체의 현금 복지 사업에 대한 우려는 크게 지방재정 상황을 고려하지 않은 선심성 예산 편성과 지역 간 복지의 격차와 갈등 심화에 대한 우려로 요약된다.

2018년 기준 기초자치단체 자체복지사업의 현금성 급여의 수준을 보면 〈표 4-18〉과 같다.

현황 분석결과, 최정은 외(2020)의 연구에서는 기초자치단체 자체복지사업의 급여 구성에서는 전체 예산 중 5.4% 수준에 불과한 것으로 제시되었다. 또

표 4-18 2018년 기준 기초자치단체 자체복지사업의 급여 구성(단위: 백만원)

구성		현금	현물	적극적 노동시장	자체 복지지출
전국	지출액	184,868	2,920,264	317,379	3,422,511
	(지출비)	(5.4)	(85.3)	(9.3)	(100)

출처: 최정은 외(2020)

한 2023년 기준 현황 공시자료에 따르면, 지자체 총예산은 423조 9,409억원이며, 이중 기초가 208조 8,828억원, 광역이 215조 581억원이다. 이중 기초의 현금성 예산은 총 50조 602억원이고, 광역은 4조 8,682억원으로 기초예산이 압도적이다. 국고보조를 제외한 자체예산을 보면, 기초가 5조 7,828억원으로 현금성 예산에서 약 11.6%를 차지하며, 광역은 3조 2,656억원으로 약 67.1%를 차지한다. 이를 보면, 기초는 자체예산 비율이 매우 낮고, 광역은 자체예산 비율이 매우 높다. 이것은 기초와 광역의 재정여건이 다르기 때문이다.

결론적으로, 지자체의 현금성 복지 비율은 낮은 수준이기 때문에 우려할 만한 상황이 아니다. 오히려 이러한 현황을 보았을 때 OECD 국가와 비교해서는 현금성 복지를 더 확대할 필요성도 제기된다. 즉 재정여건상 기초자체사업의 사회복지지출 구성은 현물이 압도적으로 높고, 현금복지 여력은 크지 않음을 알 수 있다. 무엇보다 핵심적인 것은 국고보조사업이 압도적으로 높고 자체사업 수준은 낮은 상황에서 자체사업의 현금성 급여 수준도 매우 낮기 때문에 큰 문제로 이해하기 어렵다.

이런 상황에서 앞 2장 3절 '복지분권의 전개'에서 언급한 중앙정부의 지자체 현금성 복지 통제 문제가 발생하고 있다. 한마디로 현실에 부합하지 않는 잘못된 조치이자 비합리적인 조치이다.

만일, 장기적으로 기초자치단체의 현금성 복지가 문제라고 판단되면, 중앙－지방 역할분담 차원에서 시군구도 낮은 재정수준을 고려하여 현금성 복지를 확대하지 않는 방향으로 나아가되, 그 대신 중앙정부는 전국적 보편적 성격의

표 4-19 2023년 지자체 예산기준 현금성 복지현황 분석자료(단위: 백만원, %)

| 구분 | 총예산 합계(A) | 현금성 | | | 현금성합계 (B+C+D=E) | 총예산대비 현금성 E/A |
		국고보조 (B)	취약계층 (C)	보편계층 (D)		
소계	423,940,963	45,879,950	3,508,821	5,539,735	54,928,506	13.0%
기초	208,882,846	44,277,380	3,121,257	2,661,624	50,060,261	24.0%
광역	215,058,111	1,602,572	387,567	2,878,109	4,868,248	2.3%

| 자체예산 (C+D=F) | 현금성대비 자체예산% F/E | 총예산대비 자체예산% F/A | 현금성% | | |
			국고보조 (B)%	취약계층 (C)%	보편계층 (D)%
9,048,556	16.5%	2.13%	83.5%	6.4%	10.1%
5,782,881	11.6%	2.7%	88.4%	6.2%	5.3%
3,265,676	67.1%	1.5%	32.9%	80.%	59.1%

출처: 지방재정365자료를 활용하여 저자 작성

급여를 완전 중앙부담으로 전환하고, 지방정부는 사회서비스를 담당하는 전략으로 나아가는 전략도 고려할 필요가 있다.

참고: 현금 급여, 자치와 다양성에 주목해야

현금성 복지에 대한 논의가 뜨겁다. 이에 대한 논의는 주로 일부 기초자치단체장과 보수적인 언론을 중심으로 부정적인 뉘앙스와 프레임으로 접근하고 있다. 이른바 '돈다발 복지'나 '현금살포식 복지' 등으로 거론된다. 하지만 현금성 복지 논의는 그렇게 단순하게 논의될 수 없다. 우선 현금성복지의 개념에 대한 것이다. 일반적으로 복지학계에서는 현금성복지라는 용어보다 '현금급여'라는 용어를 주로 사용한다. 그 외 급여로는 서비스를 포함한 현물급여 혹은 현금과 현물의 특성을 혼합한 바우처 등으로 구분된다. 수요자의 욕구에 가장 효과적으로 대응하는 수단으로 여러 급여 형태 중에서 선택되는 것이다. 문제는 왜 다른 급여보다 현금급여가 주목되는가이다. 이는 급여의 특성과 관련된다. 현금급여의 목적은 상당부분 소득보장으로, 현금이기 때문에 융통성이 매우 높다. 그리고 현금이라는 점 때문에 대중적 지지에 부합하는 성격을 가진다. 이른바 포퓰리즘적 성격이다. 그런데 이는 단순하게 미시적으로 접근해서는 안 되고 거시적인 측면도 고려되어야 한다. 일례로 우리나라는 OECD 국가 내에서 복지지출 수준이 가장 낮고, 노인빈곤율은 가장 높게 나타나는 나라이다. 또한 현금성복지 수준도 다른 나라 평균인 60%보다 낮은 42% 수준이다. 윤성원 외(2019)의 연구에 따르면, 기초자치단체의 경우 현금과 현물의 비율이 1:16.72 수준으로 즉, 현물서비스의 비중이 94.4% 수준으로 현금성 복지수준이 상대적으로 적다. 현금성복지의 비율은 그렇게 높지 않고, 어떻게 보면 향후에 더 확대할 필요성까지 제기된다.

그런데 왜 이렇게 현금성복지가 주목을 받을까? 우선 일부 기초자치단체장의 입장에선 지자체의 재정적 여건은 좋지 않은데 재정적 여건이 좋은 지자체가 적극적인 현금성복지를 하게 되면서 지역 간 격차가 심화되기 때문이다. 그렇다면 기초자치단체의 현실을 살펴보자. 우리나라의 지방재정을 분석해보면, 중앙정부나 광역정부가 시행하는 사업에 의무적으로 지출되는 사업비를 제외한 순수 비율은 대략 7% 수준이다. 즉 지방재정이 100원이라면 그 중에 지역에서 자체적으로 사업을 추진할 수 있는 돈은 대략 7원 정도이다. 이를 지역으로 세분화해보면 광역시도의 자치구의 평균 지출 수준은 2% 수준으로 극단적으로 낮다. 자치단체이지만 복지에서는 자치가 존재하지 않는다고 정리할 수 있다. 이런 문제의 본질은 사실 중앙정부와 지방정부(광역과 기초) 간의 복지재정에 대한 역할이 극단적으로 왜곡되어 있음을 보여주는 것이다. 게다가 현금성복지는 그 2%의 수준 중에 극히 일부 프로그램과 관련된 이야기일 뿐이다.

두 번째는 자치라는 제도와 관련된다. 기본적으로 자치는 자율적으로 판단하여 행하는 것으로 자치정부가 지역특성에 부합하도록 선택한 제도를 시행하는 것이다. 그렇기에 상위법에 위배되지 않는다면 현금성복지를 비롯한 다양한 사업을 실시할 수 있다. 혹 스스로 자문해보라. 지역특성에 따라 사업을 시행하는 것을 다양성으로 받아들이는가? 아니면 지역 간 차별이 발생하는 것으로 여기는가? 국민이라면 누구나 누려야 할 최저기준(national minimum)은 중앙정부 책임이 맞다. 그런데 그 외의 서비스마저도 전국이 일괄적이라면 자치는 필요 없게 된다. 현금성 복지는 포퓰리즘이기에 문제라고 보는 시각도 그렇다. 대부분의 정치제도는 국민의 이익에 기여하고자 하고, 정치인의 공약은 유권자의 이익을 지향하는 게 보통이다. 포퓰리즘여서 안 된다는 시각은 복지 자제를 비난하는 프레임과 연결돼 종국에는 복지축소와 연결되게 된다.

물론 일부 효과성을 의심하게 되는 제도가 운영되는 것은 부정할 수는 없다. 그러나 어느 영역이든지 일부에 불과한 것으로 전체를 재단하는 행위는 비합리적이다. 우리나라의 경우, 최근에 와서야 비로소 기초자치단체를 중심으로 신규 현금급여 제도가 확대되는 시점이다. 한국의 낮은 복지수준은 사실 중앙정부의 의지가 약했기 때문이다. 중앙정부가 이리저리 재고 있을 때, 지자체에서 과감하게 복지실험을 시도하면서 전국적인 복지수준을 끌어올린 것이 지난 10여 년간이다. 그리고 이 기간이 한국 복지확장의 역사였음을 주지할 필요가 있다.

출처: 김이배(2021)

5 사회복지 국고보조금의 이해

이 절에서는 사회복지 국고보조금을 다룬다. 지자체 복지사업의 상당수가 국고보조 방식으로 추진되고 있으므로 이에 대한 기본적인 사항을 다룬다.

1) 추진 체계

(1) 국고보조금의 개념

지방자치단체 국고보조금은 국가가 지방자치단체로 하여금 특정 목적으로 집행하도록 사업별 용도와 조건을 지정하여 이전하는 재원을 가리킨다.

관련 법률(「보조금관리에 관한 법률」 제2조제1호)에 따르면, 국고보조금은 '국가 외의 자가 수행하는 사무 또는 사업에 대하여 국가가 이를 조성하거나 재정상의 원조를 하기 위하여 교부하는 보조금·부담금·급부금'을 말한다.

보조금·부담금은 「지방재정법」에, 급부금은 「보조금관리에 관한 법률 시행령」에 그 정의가 제시되어 있으나 정책 현장에서 구분을 두고 교부되는 것은 아니다.

(2) 보조방식

지방자치단체 국고보조사업은 국가가 재원을 전액 부담하는 경우도 있으나, 대부분 국가와 지방이 재원을 분담하는 방식으로 추진된다. 국고보조금의 규모는 정액으로 정하는 방식도 있으나, 국가가 부담하는 국고보조금과 지방이 부담하는 대응지방비의 비율이 보조율에 따라 정해지는 정률보조 방식이 더 일반적으로 사용되고 있다. 정률보조 방식을 적용할 때 사용하는 보조율에는 기준보조율과 차등보조율이 있다.

「보조금관리에 관한 법률」 제9조제1항제2호에 따르면, 기준보조율은 '보조금의 예산 계상 신청 및 예산편성 시 보조사업별로 적용하는 기준이 되는 국고보조율'로 정의된다. 동 법 시행령 〈별표 1〉(2020.4.28. 개정)은 110개 사업 항목에 대한 기준보조율을 명시(사회복지 분야에 해당하는 항목은 총 28개)하고 있으며, 그 외 사업에 대해서는 기획재정부장관이 수립한 예산안 편성지침에 사업 명칭과 기준보조율을 분명하게 밝히거나 매년 예산으로 정하도록 규정하고 있다.

표 4-20 2021년 사회복지 분야 지자체 국고보조사업 국고보조율 현황(단위: 개)

구분		사업수	주요사업*
전체		274	
정액보조		4	가족센터건립
정률보조	전국 동일 기준보조율	156	다가구매입임대출자, 행복주택출자, 사회복무제도지원
	(제주지원)	(17)	제주고용센터업무지원
	이원화 기준보조율	96	의료급여경상보조, 장애인활동지원, 노인일자리및사회활동지원
	서울·지방	95	
	광역·기초	1	
	차등보조율	18	기초연금, 생계급여, 영유아보육료지원

주: * 주요사업은 해당 유형 중 2021년 예산 규모가 가장 큰 사업 최대 3개를 명시
출처: 김우림(2021). 사회복지분야 지방자치단체 국고보조사업 분석

2021년 기준으로 지방자치단체 국고보조로 추진되는 사회복지 분야 사업은 세부사업 단위로는 142개이다. 그러나 실제 한 세부사업 안에도 내역사업 또는 내내역사업별로 국고보조율을 다르게 설정하고 있는 사업이 있다. 이러한 방식으로 2021년 사회복지 분야 지방자치단체 국고보조사업을 살펴보면, 총 274개가 있는 것으로 확인된다. 이 중 270개 사업은 정률보조 방식으로 추진되고 있으며, 4개 사업은 정액보조 방식을 취하고 있다.

한편, 지방자치단체별 재정 여건과 사업에 대한 수요에 차등이 있는 상황에서 모든 지방자치단체에 일률적으로 기준보조율을 적용하는 경우 지방자치단체 여건에 따라 재정 부담이 상대적으로 늘어나 주민복리 및 지역발전을 위한 자체사업 추진을 제약할 수 있다. 이에 「보조금관리에 관한 법률」제10조는 지방자치단체의 재정사정을 고려하여 기준보조율에서 일정 비율을 더하거나 빼는 차등보조율을 적용할 수 있도록 허용하고 있다.

차등보조율에 해당하는 사업은 총 18개이고, 그중 8개는 의무지출 사업이며, 차등보조율 적용 사업 중 6개는 국고보조금 규모가 큰 10대 사업에 포함된다. 차등보조율을 도입하는 사업은 크게 3가지 유형으로 구분된다.

① 재정자주도와 사회복지비 지수를 사용하여 차등보조율을 산정하는 사업: 기초생활보장사업, 아동보육사업

② 재정자주도와 노인인구 비율을 사용하여 차등보조율을 산정하는 사업: 기초연금

③ 재정자립도를 사용하여 기초·광역지자체 별로 차등보조율을 산정하는 사업

〔3〕 광역-기초지방자치단체 간 재정 분담 체계

특정사업별로 국고보조금과 대응지방비 간 분담 비율이 기준보조율과 차등보조율을 통해 결정 되고 나면, 대응지방비 중 시·도와 시·군·자치구가 각각 부담해야 할 경비는 해당 사업 관련법 또는 「지방재정법 시행령」에 따라 행정안전부령으로 정하도록 되어 있다. 여기서 지칭하는 행정안전부령인 「지방재정법 시행령」 제33조제1항의 규정에 의한 「지방자치단체 경비부담의 기준 등에 관한 규칙」은 총 96개 사업 항목(세부사업명과 차이가 있음)에 대하여 국고보조사업의 대응지방비에 대한 시·군·구의 부담비율을 제시하고 있다. 이 외의 사업들은 지방자치단체 개별 조례나 사업 지침에 근거하여 비용부담이 정해져 있다.

표 4-21 국고보조사업의 지방비부담에 대한 시·도와 시·군·자치구의 부담비율(제2조제1항 관련)(단위: %)

연번	사업명	특별시·광역시		도	
		시	자치구	도	시·군
51	방과 후 돌봄서비스	50	50	50	50
52	기초생활보장수급자 생계급여				
	가. 해당 회계연도의 전전년도의 최종예산상 시·군·자치구의 사회보장비 지수가 25 이상이고 재정자주도가 80 미만인 경우	70	30	70	30
	나. 해당 회계연도의 전전년도의 최종예산상 시·군·자치구의 사회보장비 지수가 20 미만이고 재정자주도가 85 이상인 경우	30 이상	70 이하	30 이상	70 이하
	다. 그 밖의 경우	50	50	50	50

연번	사업명	특별시·광역시		도	
		시	자치구	도	시·군
53	기초생활보장수급자 주거급여				
	가. 해당 회계연도의 전전년도의 최종예산상 시·군·자치구의 사회보장비 지수가 25 이상이고 재정자주도가 80 미만인 경우	70	30	70	30
	나. 해당 회계연도의 전전년도의 최종예산상 시·군·자치구의 사회보장비 지수가 20 미만이고 재정자주도가 85 이상인 경우	30 이상	70 이하	30 이상	70 이하
	다. 그 밖의 경우	50	50	50	50
54	기초생활보장수급자 의료급여	100	0	70 80	시30 군20
55	장애인 의료비, 장애인 자녀 학비 지원	100	0	70	30
56	장애수당·장애아동수당	70	30	70	30
57	영유아보육료 및 가정양육수당 지원				
	가. 해당 회계연도의 전전년도의 최종예산상 시·군·자치구의 사회보장비 지수가 25 이상이고 재정자주도가 80 미만인 경우	70	30	70	30
	나. 해당 회계연도의 전전년도의 최종예산상 시·군·자치구의 사회보장비 지수가 20 미만이고 재정자주도가 85 이상인 경우	30 이상	70 이하	30 이상	70 이하
	다. 그 밖의 경우	50	50	50	50
58	저소득 한부모가족 지원	100	0	50	50
59	사회복지보장시설 및 장비 지원	100	0	70	30
60	어린이집 기능 보강	50	50	50	50
61	화장시설·봉안시설·자연장지·화장로	100	0	50	50
62	긴급복지지원	50	50	50	50
63	보육돌봄서비스, 육아 종합지원서비스 제공, 어린이집 교원 양성 지원, 어린이집 지원 및 공공형어린이집				
	가. 해당 회계연도의 전전년도의 최종예산상 시·군·자치구의 사회보장비 지수가 25 이상이고 재정자주도가 80 미만인 경우	70	30	70	30
	나. 해당 회계연도의 전전년도의 최종예산상 시·군·자치구의 사회보장비 지수가 20 미만이고 재정자주도가 85 이상인 경우	30 이상	70 이하	30 이상	70 이하
	다. 그 밖의 경우	50	50	50	50
64	아동통합서비스 지원·운영	30	70	30	70
65	지역자율형사회서비스 투자사업	50	50	50	50
69	학대아동보호 쉼터 설치 및 운영	100	0	50	50
76	정신요양시설 운영	100	0	100	0
80	노인 여가시설운영 지원	50	50	30	70
87	성매매피해자 지원시설 및 상담소 운영	100	0	50	50

출처: 「지방재정법 시행령」 제33조제1항의 규정에 의한 「지방자치단체 경비부담 기준 등에 관한 규칙」(약칭: 지방경비부담규칙)

2) 사회복지 분야 지방자치단체 국고보조사업 현황

(1) 총괄 현황

사회복지 분야 지방자치단체 국고보조사업의 추이를 살펴볼 필요가 있다. 사회복지 분야 지방자치단체 국고보조금의 증가 속도는 전체 지방자치단체 국고보조금의 증가 속도보다 빠른 실정이다. 지방자치단체 국고보조금 총액은 2012년 34.2조원 규모에서 2021년 74.8조원 규모로 연평균 9.1% 증가하였다. 같은 기간 사회복지 분야의 지방자치단체 국고보조금 규모의 연평균 증가율은 13.0%로 더 높게 나타났다.

지방자치단체 국고보조금에서 사회복지 분야 국고보조금이 차지하는 규모는 매년 증가 추세에 있다. 2012년 사회복지 분야 지방자치단체 국고보조금은 16조 1,100억원 규모로 전체 국고보조금의 47.1%를 차지하였으나 이러한 비중은 증가 추세를 보여 2021년 기준으로는 64.7%를 차지하였다.

표 4-22 지방자치단체 국고보조금 추이(단위: 조원, %)

구분	2012	2014	2016	2017	2018	2019	2020	2021	연평균 증가율
지방자치단체 국고보조금(A)	34.20	40.01	46.04	46.43	50.18	58.84	65.60	74.80	9.1
사회복지(B)	16.11	22.24	27.14	28.11	31.86	39.11	43.85	48.39	13.0
B/A	47.1	55.6	59.0	60.5	63.5	66.5	66.8	64.7	-

(2) 부문별 현황

2021년의 사회복지 분야 국고보조사업을 부문별로 보다 세분화하면, 총 12개 부문 중 국고보조금 규모가 큰 부문은 노인(16조 9,541억원), 기초생활보장(15조 2,280억원), 아동·보육(8조 4,874억원), 취약계층지원(4조 198억원) 순으로 나타나고 있다. 특히 노인 및 취약계층 부문은 중앙정부 예산의 약 90%가 지방자

표 4-23 2021년 사회복지 분야 국고보조사업 예산 현황(부문별)(단위: 억원, 개, %)

부문		본예산(A)	(사업수)	국고보조금(B)	비중	(사업수)	(B/A)
사회복지분야합계		1,850,459	805	483,949	100.00	142	26.2
	기초생활보장	153,243	10	152,280	31.47	8	99.4
	취약계층지원	45,132	54	40,198	8.31	27	89.1
	공적연금	600,408	60	0	0.00	0	0.0
	보훈	58,866	127	44	0.01	3	0.1
	주택	335,184	45	16,378	3.38	9	4.9
	사회복지일반	14,749	121	7,698	1.59	10	52.2
	아동·보육	85,582	36	84,874	17.54	23	99.2
	노인	188,723	16	169,541	35.03	12	89.8
	여성·가족·청소년	12,001	69	9,588	1.98	26	79.9
	고용	258,402	133	3,227	0.67	22	1.2
	노동	92,595	80	121	0.02	2	0.1
	고용노동일반	5,574	54	0	0.00	0	0.0

주: 사업수는 세부사업 기준. 국고보조금(B)는 자치단체경상보조와 자치단체자본보조를 합친 것이다.
출처: 김우림(2021). 사회복지분야 지방자치단체 국고보조사업 분석

치단체 국고보조금이며, 기초생활보장 및 아동·보육 부문은 중앙정부 예산의 99% 이상이 국고보조금으로 지방자치단체에 이전되고 있다.

〔3〕 국고보조금 규모 상위 10대 사업

2021년 예산 기준으로 사회복지 분야 사업 중 지방자치단체 국고보조금 규모가 큰 순서대로 10개 사업을 살펴보면, 가장 규모가 큰 사업은 기초연금지급 사업이다. 동 사업의 2021년 예산은 14조 9,635억원이며, 그중 14조 9,414억원이 국고보조금으로 지방자치단체에 이전된다. 이러한 국고보조금은 사회복지 분야 국고보조금의 30.9%, 전체 국고보조금의 20.0%에 해당하는 규모이다. 그 다음으로는 의료급여 경상보조 사업은 국고보조금 예산이 7조 6,787억원이며, 이는 사회복지 분야 국고보조금의 15.9%, 전체 국고보조금의 10.3%를 차지하고 있다.

표 4-24 2021년 사회복지 분야 국고보조금 10대 사업(단위: 억원, %)

순번	부문	세부사업	본예산	국고보조금	사회복지 국고보조금 대비비중	총국고 보조금 대비비중
1	노인	기초연금지급	149,635	149,414	30.9	20.0
2	기초생활보장	의료급여경상보조	76,805	76,787	15.9	10.3
3	기초생활보장	생계급여	46,079	46,062	9.5	6.2
4	아동·보육	영유아보육료지원	33,952	33,952	7.0	4.5
5	아동·보육	아동수당지급	22,195	22,191	4.6	3.0
6	기초생활보장	주거급여지원	19,879	19,454	4.0	2.6
7	아동·보육	보육교직원인건비 및 운영지원	16,141	16,141	3.3	2.2
8	취약계층지원	장애인활동지원	15,070	14,879	3.1	2.0
9	노인	노인일자리 및 사회활동지원	13,152	11,678	2.4	1.6
10	주택	다가구매입임대출자	31,279	9,384	1.9	1.3
10대사업합계			424,186	399,941	82.6	53.5
사회복지분야총지출			1,850,459	483,949	100.0	64.7
정부총지출			5,579,872	748,016	-	100.0

주: 주거급여지원은 국토교통부 소관, 나머지는 보건복지부 소관 사업이며 모두 일반회계로 운영

출처: 김우림(2021). 사회복지분야 지방자치단체 국고보조사업 분석

사회복지 분야 국고보조금 상위 10대 사업의 국고보조금 예산 규모는 전체 사회복지 분야 국고보조금의 82.6%를 차지하고 있으며, 이는 총 국고보조금의 53.5%에 해당된다.

지자체 사회복지분야 사업 중 국고보조사업이 압도적으로 큰 부분을 차지하기에 다양한 보조사업 중 가장 지출이 큰 주요사업을 간략하게 설명하면 다음과 같다. 이러한 사업들은 역으로 지자체 복지재정에 가장 큰 압박을 주는 사업이라고 볼 수 있다.

표 4-25 주요 사회복지분야 국고보조사업 개요

순번	사업명	사업목적과 내용	국고보조율
1	생계급여	생계유지 능력이 없거나 생활이 어려운 자에게 필요한 생계급여 지급을 통해 최저생활 보장 및 사회복지 향상에 기여	서울 40~60%, 지방 70~90%
2	의료급여	국민기초생활보장수급자 등 의료급여수급권자에 대한 의료비를 지원하여 저소득층 국민보건 향상과 사회복지 증진에 기여	서울 50% 그 외 80%
3	장애인 활동지원	혼자서 일상생활과 사회생활을 하기 어려운 장애인(장애정도 무관)의 자립생활 지원과 그 가족의 돌봄 부담을 경감하기 위해 서비스 지원 종합조사 결과에 따라 활동지원급여(활동보조, 방문목욕 및 간호서비스) 제공	67%
4	기초연금	65세 이상 노인에게 기초연금을 지급하여 안정적인 소득기반을 제공함으로써 노인의 생활안정을 지원하고 복지를 증진함	40%~90%
5	노인일자리 및 사회활동지원	취약노인의 소득보충 및 건강하고 의미있는 노후생활을 위하여 노인일자리 등 다양한 사회활동 지원	서울 30%, 그 외 50% 민간 100%
6	첫만남 이용권	'22.1.1 이후 출생 아동에게 첫만남이용권 200만원을 지급하여 아동 양육에 따른 경제적 부담 경감	서울35%, 지방65% (차등보조율±10%)
7	아동수당	아동의 건강한 성장 환경을 조성하고 균등한 기회를 보장함으로써, 아동의 기본적 권리보장과 복지향상에 기여하기 위해 만 8세 미만(0~7세) 아동을 대상으로 수당을 지원	서울 50%, 지방 70% (차등보조율±10%)
8	영유아보육료	어린이집 이용 영유아에 대한 보육료 지원을 통해 부모의 자녀양육 부담 경감 및 부모의 원활한 경제활동 도모	서울 25~45% 지방 55~75%
9	보육교직원 인건비 및 운영지원	국공립·법인 어린이집과 취약보육(영아전담, 장애아전문, 장애아통합, 방과 후, 그 밖의 연장형)을 지원하는 어린이집에 대한 인건비 지원 +@	서울 10~30% 지방 40~60%
10	부모급여 (영아수당) 지원	출산 및 양육으로 손실되는 소득을 보전하고, 주 양육자의 직접돌봄이 중요한 아동발달의 특성에 따라 영아기 돌봄을 두텁게 지원하기 위해 보편수당 지급 수준 확대할 필요	서울 25~45% 지방 55~75%

출처: 저자 작성

〔4〕 의무지출 사업

사회복지 분야 지방자치단체 국고보조사업 중 의무지출 사업은 총 13개 사업이며, 2021년 예산 기준으로 35조 1,918억원 규모이다. 이는 사회복지 분야 지방자치단체 국고보조사업 예산의 72.7%를 차지한다. 이와 같이 의무지출의 규모가 큰 이유는 기초연금지급, 의료급여경상보조, 생계급여, 영유아보육료 지원, 아동수당 지급, 주거급여 지원 등 국고보조금 규모 상위 10대 사업 중 7개 사업이 의무지출로 분류되는 사업들이기 때문이다.

3〕 지방재정부담심의위원회 운영

국고보조사업과 관련하여 중요한 기관으로 '지방재정부담심의위원회'가 있다.9)

〔1〕 운영구조

「지방재정법」에 따르면, 국고보조사업을 포함하여 지방자치단체의 재정 부담을 수반하는 경비에 대해서는 해당 사업의 소관 중앙부처가 행정안전부 장관과 사전에 협의하도록 하고 있으며, 이에 해당하는 사안은 '지방재정부담심의위원회'에서 심의하도록 되어 있다.

위원회 개요를 보면, 목적은 지방재정 부담 증가를 방지하고, 사전에 합리적인 지방비 부담 수준을 심의 · 조정하기 위한 국무총리 소속의 위원회를 운영하며, 근거는 「지방재정법」 제27조의2 및 동법 시행령 제35조의2·3이다. 심의 사항은 지방재정 부담에 관한 사항 중 주요 안건이다.

---

9) 정부는 2024년 2월 지방재정부담심의위원회와 지방재정위기관리위원회를 통합하여 지방재정관리위원회를 공식출범하였다(2024.2.20)

참고:「지방재정법」제27조의2 제1항

1. 국가 세입·세출 및 국고채무 부담행위 요구안 중 지방자치단체의 부담을 수반하는 주요 경비에 관한 사항 및 국가와 지방자치단체 간 세목 조정 중 지방재정상 부담이 되는 중요 사항
2. 국고보조사업의 국가와 지방자치단체 간, 시·도와 시·군·자치구 간 재원분담 비율조정에 관한 사항
3. 지방자치단체 재원분담에 관련된 법령 또는 정책 입안 사항 중 행정안전부장관의 요청에 따라 국무총리가 부의하는 사항
4. 지방세 특례 및 세율조정 등 지방세 수입에 중대한 영향을 미치는 지방세 관계 법령의 제정·개정에 관한 사항 중 행정안전부장관의 요청에 따라 국무총리가 부의하는 사항
5. 그 밖에 지방자치단체의 재원분담에 관한 사항으로 행정안전부장관의 요청에 따라 국무총리가 필요하다고 인정하여 부의하는 사항

표 4-26 지방재정부담심의회 운영체계

구 분		본위원회	실무위원회
구성 및 운영	위원장 (직무대행)	국무총리 (위원장이 지정한 부위원장)	행안부 차관 (위원장이 지정한 위원)
	부위원장	행안부 장관, 민간위원(호선)	-
	위원	① 기재부 장관, 국조실장 ② 지방 4대 협의체 추천(4명) ③ 민간전문가(7명)	① 행안부·기재부·국조실 국장 ② 지방 4대 협의체 추천(4명) ③ 민간전문가(6명)
	간사	행정안전부 지방재정경제실장	행정안전부 재정협력과장

위원회 운영체계를 보면, 구성은 위원장(1명, 국무총리), 정부위원(3명), 민간위원(11명)이며, 위원회 산하에 실무위원회(위원장 : 행안부 차관)를 설치하였다.

〔2〕 문제점

한재명(2022)에 따르면,「지방재정법」제25조~제27조에서 지방자치단체의 부담을 수반하는 법령안 및 경비(보조금 포함)에 대해 미리 행정안전부장관의 의견을 청취하거나 협의하도록 정하고 있으나 정작 경비 등의 부담 주체인 지방자치단체의 의견을 듣거나 협의하게 강제하는 규정은 찾아볼 수 없고, 아울러 지방재정부담심의위원회를 통한 지방비 부담 심의 과정에서 지방자치단체의 참여는 극히 제한적인 것으로 평가한다.

또한 국고보조사업 지방비 부담 협의와 관련하여 심의위원회 의결 사항을 최종 반영하지 않아도 해당 부처는 불가피한 사유와 함께 그 조치 결과(미반영)를 행안부장관에게 통보하기만 하면 되므로 사실상 위원회의 기능이 유명무실하다. 대규모 복지사업에 대한 실질적 논의 미진 등 지방재정부담심의위원회의 역할도 제한적인 것으로 파악되었다.

또한 지방재정부담심의위원회의 주요 안건의 하나인 '국고보조사업의 재원분담 비율 조정'에 대한 사항은 '국가와 지방 간'은 물론이고 '시·도와 시·군·구 간'에도 해당되는 사안임에도 광역과 기초 간 재원분담 조정 비율 조정과 관련한 안건이 동 위원회에 상정된 사례는 발견되지 않으며 이에 대한 논의도 미흡한 상황이다.

그 외 재원분담 논의측면에서도 관련 규율이 경직적으로 운영되고 있으며, 적용방식의 일관성도 결여되어 있고, 보조율 설정이 임의적이며, 차등보조율도 낮은 실효성을 보인다. 이러한 이유로 지방비 부담 증가에 따라 지자체 자체사업의 위축을 가져오는 결과가 발생하고 있다.

2016~2021년 동안 동 위원회는 연 2회씩 총 12회 개최되었는데, 이 중 지방비 부담 수준의 적정성 관련 심의 사업 수는 적게는 2건(2016년)에서 많게는 11건(2019년 및 2021년)으로 총 45건이었다. 그런데 이 중 심의 의결 사항이 최종 반영된 사업은 10건에 불과했고, 의결 사항이 미반영된 경우가 20건, 아예 예산 자체가 편성되지 않은 경우도 11건에 달했다. 이는 국고보조사업 지방비 부담 협의와 관련하여 의결 사항의 환류 또는 사후관리가 부실함을 보여준다.

〔3〕 개선방안

지방재정부담심의위원회에 대한 지방 참여를 활성화하고 의결 사항의 환류 강화가 필요하다. 지방재정부담심의위원회 심의 과정에서 직접적 이해당사자인 지방자치단체의 의견이 적극적으로 개진되고 심의에 반영될 수 있도록 지방의 참여 수준을 높일 필요가 있다.

　　또한 의결 사항의 환류 수준을 높이기 위해서는 「지방재정법」 제27조의2 제6항 단서에 적시된 "불가피한 사유"에 따른 예외 규정을 현실에 맞게 제한하는 방법을 강구할 필요가 있다. 또한 심의결과에 사업예산 또는 지방비 부담 총액 기준을 설정하고 이를 초과하는 금액에 대해서는 행안부와의 지방비 부담 사전협의를 강제하는 장치를 마련하여 동 위원회 의결사항이 최소한의 이행력을 확보할 수 있도록 해야 한다.

6 ┃ 국가균형발전특별회계의 이해

　　복지분야 예산과 관련하여 국가균형발전특별회계가 있다. 큰 부분을 차지하는 내용이 아니었으나 최근 운영상 큰 변화가 있었다.

1) 국가균형발전특별회계

　　국가균형특별회계는 2004년 4월 「국가균형발전특별법」이 시행되면서, 2005년 국가균형발전특별회계를 신설하고 당시 533개(12조 6,568억원) 국고보조사업 중 126개(3조 5,777억원) 사업을 국가균형발전특별회계로 이관하였다(국회예산정책처, 2018). 운영체계는 국고보조금체계와 유사하며, 국가균형발전과 관련된 사업을 중심으로 구성을 하였으나 실제 운영은 그렇지 않다. 광특회계-지특회계-균특회계 등으로 제도가 개편되는 과정에서 균형발전의 본래적 목적과 실제 사업내용 간 격차가 계속 확대되어 균특회계의 실질 목적이 불명확하다는 평가이다(윤상호 외, 2021). 국가균형발전특별회계의 연혁은 〈표 4-27〉과 같다.

　　이러한 국가균형발전특별회계는 지방교부세와 국고보조금의 중간 단계에

표 4-27 국가균형발전특별회계의 연혁

2005년	국가균형발전특별회계 신설
2006년	지역개발사업계정과 지역혁신사업계정으로 구분 - 개발계정은 시·도 자율편성 및 일부 국가직접편성사업을, 혁신계정은 국가직접 편성사업만 편성
2007년	- 개발계정 내 일부사업을 시·군·구 자율편성사업으로 변경하고, 혁신계정 내에 도 시·도 자율편성사업 포함 - 제주특별자치도계정 신설
2009년	광역·지역발전특별회계로 변경 - 개발계정 내 200여개 사업을 24개 포괄보조사업으로 재편 - 개발계정은 시·도 및 시·군·구 자율편성사업으로, 광역계정은 부처직접편성사 업으로만 구성
2015년	지역발전특별회계로 변경 - 지역개발계정과 광역발전계정을 생활기반계정과 경제발전계정으로 변경 - 생활계정의 포괄보조금 사업 수가 증가하였고, 경제계정은 지역특화산업 및 경제협력권 육성을 위한 사업을 중심으로 구성 - 세종특별자치시계정 신설
2019년	국가균형발전특별회계로 변경 ※ 부칙 규정에 따라 2018년 세입·세출 결산에 관해서는 지역발전특별회계로 운용하고 2019년부터 국가균형발전특별회계로 운용 - 생활기반계정은 지역자율계정으로, 경제발전계정은 지역지원계정으로 변경
2020-2021년	국가균형발전특별회계 내 계정 간 변경 - '19년 재정분권에 따라 지역자율계정 내 43개 포괄보조 사업이 18개로 축소되고, 이에 따른 지역자율계정과 지역지원계정 간 재원 안배를 위해 계정 간 거래 신설

출처: 국회예산정책처(2022). 2022 대한민국 지방재정

속하는 '포괄보조방식'을 새롭게 도입하여 운영되고 있으나, 실제 운영은 과거의 국고보조금체계와 유사하며 사업관리 방식 등에 있어 오히려 중앙 집권성이 강화되었다는 등의 한계들이 지적되고 있다(유훈 외, 2015).

국가균형발전특별회계의 구조를 보면 〈표 4-28〉과 같다.

지역자율계정의 경우, 중앙예산부서가 특정 재정사업을 관리하는 독특한 방식으로 운영되고 있다. 세입재원배분에서는 포괄보조와 기획재정부의 재원배분에 대해 직접적인 역할을 수행하고, 사업의 관리는 중앙 각 부처로 분산되어 있다. 이에 따라 재원배분과 사업성과 책임의 불일치 그리고 전략적인 성과목표와 성과지표 관리의 취약 쟁점이 지속되고 있다. 지역지원계정은 중앙정

표 4-28 국가균형발전특별회계 구조

편성방식 \ 계정		지역자율계정	지역지원계정	세종특별자치시계정	제주특별자치도계정
지자체 자율 편성	시·도	① 시·도 자율편성사업	-	③ 시·도,시·군·구 자율편성사업 *시·군·구기반구축 사업등포함	④ 시·도, 시·군·구 자율편성사업 *시·군·구기반 구축사업등포함 ⑤ 특별지방행정기관 이관사무수행경비
	시·군·구	② 시·군·구 자율편성사업	-		
부처직접편성		-	⑥ 부처직접 편성사업	⑦ 부처직접편성사업	⑧ 부처직접편성사업

출처: 기획재정부. 2022.4. 2023년도 국가균형발전특별회계 예산안 편성 지침

부 각 부처의 국고보조사업들이 귀속된 회계계정을 이관하여 재정관리를 하고 있다.

2) 국가균형발전특별회계 내 사회복지사업

과거에는 국가균형발전특별회계내 사회복지사업이 지역자율형 사회서비스 투자 사업이 유일했다. 그런데 2023년부터 사회복지사업이 대폭 이관되었다. 그 내역은 다음과 같다.

① 시·도 자율편성사업

소관	순번	사업명	보조율	사업내역
복지부	⑱	지역자율형 사회서비스 투자	50%, 70%	지역사회서비스, 가사간병 방문지원 등
	⑲	읍면동맞춤형 통합서비스지원	50%, 70%	읍면동맞춤형통합서비스지원
	⑳	지역아동센터 운영비 지원	30%, 50%	지역아동센터 인건비·운영비 지원
	㉑	다함께 돌봄센터 지원	30~100%	다함께 돌봄센터 인건비·설치비·운영비

② 지역지원계정

소관	순번	사업명	사업내역
복지부	60.	탈시설 자립지원 시범사업	장애인을 대상으로 지역사회에서 자립하여 생활할 수 있도록 지원
	61.	지역자율형 사회서비스 투자사업	-
	62.	공공사회복지전달체계 개선	읍면동 맞춤형 통합서비스 지원
	63.	사례관리 전달체계 개선	사례관리정책지원센터 운영, 통합사례관리사 지원 등
	64.	지역아동센터 지원	방과후 돌봄이 필요한 지역사회 아동의 건전육성
	65.	다함께 돌봄센터 사업	돌봄이 필요한 만6~12세 아동에게 방과후 돌봄 제공
	66.	노인맞춤돌봄서비스	일상생활 영위가 어려운 취약노인에게 적절한 돌봄서비스를 제공
	67.	첨단의료복합단지조성(지역지원)	-

표 4-29 보건복지부 2023년 균특회계 이관 사업 현황(단위: 백만원)

기존	변경	세부사업명	2022년 예산	2023년 예산안
		합　계	1,252,213	1,293,604
일반	지역자율 (지자체 자율편성)	읍면동맞춤형 통합서비스 지원(자율)	20,042	23,079
일반		다함께돌봄센터지원(자율)	46,028	54,570
일반		지역아동센터운영비지원(자율)	154,970	185,580
		지역자율계정소계	221,040	263,229
농특	지역지원 (부처 직접편성)	농어촌보건소등이전신축	48,982	29,644
일반		의료및분만취약지원	16,890	16,836
일반		지역거점병원공공성강화	170,348	150,615
응급		독거노인·중증장애인응급안전안심서비스	25,110	28,514
일반		노인맞춤돌봄서비스	436,581	501,981
일반		장사시설설치	49,792	42,338
일반		노인요양시설확충	61,990	50,053
일반		공공사회복지전달체계개선	23,466	2,240
일반		사례관리전달체계개선	155,146	160,978
일반		다함께돌봄센터사업	1,910	2,621
일반		지역아동센터지원	38,804	39,721
일반		장애인자립지원시범사업	2,154	4,834
			1,031,173	1,030,375

주: 읍면동 맞춤형 통합서비스 지원(자율) 사업은 공공사회복지전달체계 내역사업에서 분리 이관

3) 사회복지사업의 균특회계 이관 쟁점

2023년 일반회계 사업으로 운영되던 사회복지사업 일부가 균특회계로 대폭 이관되었다. 정부는 2023년 국가균형발전특별회계(이하, '균특회계') 예산안 편성지침을 변경하면서 '포괄보조사업 확충을 위해 15개 사업을 이관(他회계·기금→균특자율)'하겠다고 밝혔다.

이 가운데 지방자치단체 자율편성이 가능한 지역자율계정 사업은 읍면동 맞춤형 통합서비스 지원(자율) 사업 등 3개이며, 부처가 직접 편성하는 지역지원계정 사업이 12개이다. 사업비로는 1조 2,936억원이며, 지역자율계정이 2,632억원, 지역지원계정이 1조 304억원이다.

지역자율계정과 지역지원계정은 보조금의 성격에서도 상당한 차이를 있는데, 지역자율계정은 지자체가 자율적으로 편성할 수 있는 무조건적 성격의 보조금인 반면에, 지역지원계정은 중앙정부 부처가 편성하는 일반보조금 성격이다. 즉 지역자율계정은 해당 지자체의 상황에 따라 예산 규모를 줄일 경우 복지사업 축소로 수혜자의 피해가 발생할 수 있다.

이러한 변화는 상당한 쟁점을 가지고 있다. 전국적이고 보편적으로 제공되어야 할 복지서비스가 균특회계로 이관되면서 지자체의 재정 능력과 선택에 맡겨지는 상황이 되면서 안정적인 공공서비스의 수혜에 어려움이 조성될 것으로 예상하였다(손종필, 2022).

무엇보다 정부 지침의 변경은 균특회계 설치의 근거법인 「국가균형발전특별법」의 목적에 부합하지 않다. 특별법의 목적은 '지역 간의 불균형을 해소하고, 지역의 특성에 맞는 발전과 지역 간의 연계 및 협력 증진을 통하여 지역경쟁력을 높이고 삶의 질을 향상함으로써 지역 간의 균형 있는 발전에 이바지함을 목적'으로 하고 있다.

균특회계 편성체계에 대한 설명을 보더라도 내년에 다양한 사업의 균특회계 이관은 타당한 근거를 찾기 어렵다. 균특회계 이관이 2단계 재정분권과 연관이 되어 있지만, 개별 사업의 특성에 따른 사무 분장이 아니라 예산의 규모를 조절하는 과정에서의 산물이라는 의구심이 강하다. 결과적으로 단지 정부 지출을 감소시키고, 지방자치단체에게 부담을 전가시키는 것으로 밖에 볼 수 없다.

특히 균특의 자율계정은 전체 총액을 묶어두고 그 속에서 알아서 각자도생하라는 계정의 특성이 있다. 예산게임의 정글이라서 복지사업이 자기 몫 찾기는 쉽지 않고, 물가상승분을 확보 못하고 전년대비 동결하면 종사자 인건비 확보도 쉽지 않다.

균특회계는 이명박정부 이후 법적 목적과 실재 운용이 분리되어 실행되고 있는 문제점이 있다. 결과적으로 사회복지의 입장에서나 일반 재정적 시각에서도 부적절한 조치이고, 기재부의 예산절감 관점에서만 적절한 조치로 판단된다. 조속히 복지예산은 복지부 소관 일반회계에 존치하거나 지방이양을 수행해야 한다.

05

자치분권의 현황과 쟁점

CHAPTER 05는 일반적 자치분권의 현황과 쟁점을 다룬다. 영역은 사무분권, 재정분권, 행정분권 그리고 정치분권으로 구분하였다.

1   사무분권 현황과 쟁점

중앙과 지방간의 사무 및 기능배분의 문제는 '지방자치 본질인 주민복리 구현을 위해 국가가 무엇을 할 것인가?'라는 것과 '주민복리를 구현하기 위한 사무를 각급 정부가 어떻게 분담해야 하는가?'의 문제이다(조성호 외, 2018).

또한 한 국가에서 수행하는 공공사무 중에서 중앙정부가 담당할 사무와 지방정부(광역과 기초)가 담당할 사무가 있는데 이를 일정한 원칙에 따라 배분하는 것을 사무분권, 사무배분 또는 기능배분이라고 한다.

이러한 사무분권을 실행하기 위해서는 몇 가지 전제사항이 있는데 우선, 중앙정부와 지방정부의 역할을 구분하는 것이다. 어떤 업무를 어느 정부가 실행하는 것이 효율적이고 효과적인지 검토가 필요하다. 그 다음에는 필수적으로 사무의 구분과 사무의 배분 과정이 필요하다.

그런데 현재 이러한 사무구분과 사무배분 과정에서 적지 않은 어려움이 존재한다. 분권의 시작은 사무구분에서 시작되는데 시작부터의 장애물은 사무체계가 명확하지 않고 불분명하여, 사무처리 주체와 책임을 파악하기 어렵기 때문이다(임승빈 외, 2008).

1) 사무구분

분권을 실행하기 위해서는 사무구분이 필수적이나 국가사무와 지방자치단체 사무를 구분하는 데 어려움이 존재한다. 법령상 규정만으로 국가사무와 지방사무, 그리고 기관위임사무, 단체위임사무, 공동사무를 구별하는 것이 어렵다. 지방사무도 시도의 사무인지, 시군구의 사무인지 구분이 모호하다.

(1) 사무구분

사무구분은 특정 공공사무가 어떤 사무인지 판단하는 것과 관련된다. 사무구분을 통해 사무주체, 사무주체에 따른 재정책임과 연결되기에 매우 중요하다. 공공사무 혹은 행정사무는 국가사무와 자치사무로 구분할 수 있으며, 국가사무는 다시 국가전담사무와 위임사무로 구분할 수 있다. 따라서 지방자치단체가 담당하는 사무(이하 지방사무)는 자치사무와 위임사무이며, 후자는 다시 단체위

그림 5-1 사무구분 도표

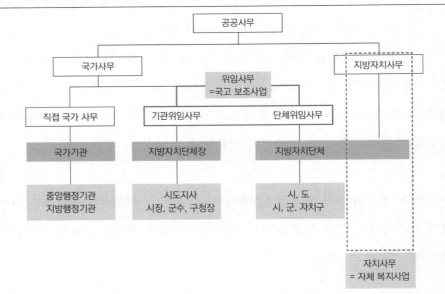

출처: 김승연 외(2017). 지방분권시대 중앙·지방 간 복지사업 역할분담 재정립 방안

임사무와 기관위임사무로 구분된다. 또한 법령에는 없지만 국가와 지방자치단체가 동시에 수행하는 공동사무가 있다(김필두 외, 2009).

국가전담사무는 지방자치단체가 처리할 수 없는 국가사무로 국가의 존립에 필요한 사무, 통일적 처리가 필요한— 사무, 전국적 규모의 사무, 기준을 통일하고 조정할 필요가 있는 사무 등이 있다.

지방사무는 먼저 지방자치단체 고유 업무로서 지방자치단체의 권한과 책임하에 처리하는 자치사무가 있다.

단체위임사무는 법령에 따라 지방자치단체에 구체적으로 위임된 사무로서 지방자치단체의 책임으로 처리한다는 점에서 자치사무와 유사하다.

기관위임사무는 지방자치단체 집행기관에 위임된 국가사무를 의미한다. 기관위임사무를 처리하는 지방자치단체 기관은 국가행정기관으로서의 지위를 갖는다.

부언하면, 지방자치단체의 사무에는 자치사무와 위임사무가 있다. 위임사무에는 단체위임사무와 기관위임사무가 있다. 단체위임사무가 지방자치단체 그 자체에 위임된 것이라면, 기관위임사무는 자치단체장에게 위임된 것이다. 단체위임사무는 자치단체 그 자체에 위임되기 때문에 위임된 사무의 집행은 자치단체가 처리하는 자치사무와 똑같아진다. 반면 기관위임사무는 단체장에게 위임된 사무이기 때문에 위임된 사무를 실시할 때 자치단체의 '기관'은 중앙정부의 '기관'이 된다. 기관위임사무는 어디까지나 중앙정부의 사무이며, 중앙정부의 사무인 기관위임사무의 결정에는 지역주민의 참가가 원칙적으로 인정되지 않는다. 지방의회도 의결하거나 감독할 권한이 없으며, 감사도 제한된다. 이같이 기관위임사무는 지역주민의 참가에 의한 결정에 기초하지 않고, 중앙정부로부터의 명령에 의해 집행되기 때문에 중앙정부가 지방자치단체의 세출의 자치를 빼앗는 핵심적 경로이다. 일본이 지방분권개혁에서 기관위임사무를 완전 폐지한 이유가 바로 그것 때문이다(이재은, 2022).

표 5-1 지방자치단체의 사무의 구분

구분	자치사무	단체위임사무	기관위임사무
법적근거	·지방자치법 제9조 제1항 전단 및 제2항 ·제103조	·지방자치법 제9조 제1항 후단 및 제2항 ·제103조	·지방자치법 제102조, 제104조, 제108조 ·정부조직법제6조 제1항
경비부담	·법령에 명문의 규정이 없거나 있더라도 보조할 수 있는 사무(지방자체지원+국가장려 보조금)	·사업비의 일부를 국가가 부담하는 사무(지방자체 재 원+국가부담금)	·전액 국비보조로서 교부금의 성격을 가진 사무(국가 전액부담)
국가감독	·기준: 소극적 감독(합법성 여부) ·수단: 법률에 규정된 감독수단 한정 ·기관: 행정안전부, 시도지사	·기준: 소극적 감독 및 제한된 범위의 감독 ·수단: 법정수단 + 지시 등 ·기관: 주무부처	·기준: 소극적 감독과 적극적 감독(합법성+합목적성) ·수단: 취소정지, 예방적 감독(지시 등) ·기관: 주무부처
지방의회 관여	허용	허용	사무수행에 필요한 경비부담에 한 관여
조례재정	조례재정	조례재정	조례재정
국가배상 주체	지방자치단체	국가	국가
중앙정부와 소송	허용	불허용(법률로 예외)	불허용(법률로 예외)
단체장지위	자치단체 기관적 지위	자치단체 기관 + 간접적 국가기관적 지위	국가기관적 지위

출처: 한부영 외(2019). 국가와 지방자치단체 간 사무배분 원칙과 기준 재정립 방안 연구

안영훈(2009)은 사무구분 체계를 규정한 법령상의 쟁점을 포괄적으로 논의하였다. 논의결과를 정리하면 다음과 같다. 첫째, 정부가 '법령상 사무총조사'에서 활용해 왔던 단위사무 설정기준이 모호하다. 둘째, 「지방자치법」상 지방 사무를 나타내는 사무 용어 및 명칭과 실제 사무의 관련성이 불명확하다. 셋째, 자치사무의 개념과 법적 근거가 모호하다. 넷째, 위임사무의 개념 및 법적 근거의 모호하다. 끝으로, 개별 법령상에서 사무 구분을 나타내는 법문 표현의 통일성과 명확성이 결여되어 있다.

한마디로 현행의 사무구분체계가 '모호'하다는 것이다. 사무의 정의와 구분

이 불명확할 경우 부정적인 파급효과가 생긴다. 국가사무와 위임사무, 자치사무의 구분이 모호하면 사무 처리의 주체가 모호해지고 이는 책임의식을 약화시켜 사무처리 주체 간의 갈등과 비효율을 초래한다(임승빈 외, 2008). 또한 모호한 위임사무로 인해 지방자치단체의 실정을 고려하지 않고 기관위임사무가 증가하는 경향이 생겨 지방의 재정부담을 가중시키는 한편, 지방자치단체의 존립목적과 직결된 고유사무의 처리가 위축되는 부작용이 발생한다(안영훈, 2009).

이러한 사무구분체계에 대한 개선방안은 여러 연구자(김영주, 1995; 이기우, 1996; 하재룡, 1996, 손진상 외, 2002; 장주택, 2003; 정창화 외, 2006; 안영훈, 2009 등)에 의해 제안되었다.

예를 들어, 최흥석 외(2008)는 단체위임사무는 기관위임사무와 달리 지방의회의 관여 등 자치사무로 간주할 여지가 있으므로 자치사무로 간주하고 단체위임사무 구분은 폐지하자는 것이다. 즉 단체위임사무는 자치사무로 전환하자는 것이다. 또한 현행 「지방자치법」상 자치사무에 관한 열거적 예시를 폐지하고 개별 법률에서 정비하는 것, 국가사무와 시·도사무의 범위와 내용을 명확히 한정함으로써 기초자치단체의 자치사무 범위를 확대하는 방향으로 자치사무와 관련된 규정을 정비하는 것, 모호한 성격의 공동사무가 남발되는 것을 피하기 위해 공동사무 관련 법령 및 시행령을 정비하는 것, 재정 지원 및 비용 부담 규정을 정비하는 것 등을 제시했다.

그 외에도 위임사무가 단체위임사무와 기관위임사무로 구분이 되어 있으나 실제로는 구분이 어렵고, 지자체 처리 사무가 대부분 기관위임사무라는 점에서 국가사무의 성격을 가지므로 국가사무와 자치사무로 구분하는 것이 바람직하다는 것이다.

[2] 사무구분 현황

사무구분 현황을 정리하면 다음과 같다.

표 5-2 정부발표 사무구분 현황

원(原)처리권자 기준	사무건수: 45,794건	현(現) 처리권자 기준
국가사무 31,198건(68.1%)	직접처리사무 : 30,130건(65.8%)	국가처리사무 30,130건(65.8%)
	기관위임사무 : 1,068건(2.3%)	지방자치단체 처리사무 15,664건(34.2%)
	단체위임사무	
지방자치단체사무 14,596건(31.9%)	자치사무 : 14,596건(31.9%) - 시도사무 : 7,699건(16.8%) - 시군구사무 : 6,897건(15.1%)	

출처: 지방자치발전위원회(2013). 내부자료

표 5-3 중앙과 지방의 사무배분 실태

국가사무		지방사무			소계
31,161(67.7%)		14,844(32.3%)			46,005(100%)
국가사무	위임사무	광역사무	기초사무	위임사무	
30,143(65.5%)	1,018(2.2%)	7,587(16.5%)	7,137(15.5%)	120(0.26%)	

출처: 지방자치발전위원회(2017). 지방자치백서

표 5-4 정부발표 사무구분 현황

원(原)처리권자 기준	사무 건수: 61,075개	현(現) 처리권자 기준
국가사무 50,564개(71.6%)	• 직접처리사무: 41,992개 * 중앙행정 및 특행 수행, 소속·기관 수행	국가처리사무 41,992개(68.8%)
	• 공동사무: 6,810개 * 전국적 이해관계가 있는 사무	지방처리사무 19,083개(31.2%)
	• 위임·위탁사무: 1,762개 * 전국적 이해관계가 있는 사무	
지방사무 17,321개(28.4%)	• 자치사무: 10,511개 * 해당 자치단체에 이해관계가 있는 사무 * 위임·위탁사무 포함	

출처: 행정안전부(2020). 법령상 사무 총조사

2020년 현재 법령상의 국가사무 총 규모는 61,075개로 원처리권자를 기준으로 구분하면, 국가사무가 50,564개(71.6%)이고, 지방사무가 17,321개(28.4%)로 국가사무의 비중이 매우 높게 나타나고 있다.

사무구분 현황을 정리하면, 국가사무가 거의 70% 내외를 차지하고 나머지 30% 내외가 지방사무로 파악된다. 이것은 시기가 지나도 큰 변화를 보이지 않고 있는데 결과적으로 적극적인 지방이양이 안 되고 있다는 것을 보여주는 것이다.

2) 사무배분

사무배분이란 국가와 지방자치단체 간 권한과 책임의 배분을 의미하며, 사무배분에 따른 재정배분의 문제가 연결되어 있기에 중요하다.

사무배분과 관련된 연구의 주된 주제는 크게 두 가지로, 사무배분의 원칙 및 기준에 관한 논의와 그간 정부가 추진한 사무이양과 관련된 쟁점에 대한 진단 및 개선 방안으로 구분된다.

[1] 정부계층 간 사무배분의 원칙

정부계층 간 사무배분 원칙으로 여러 가지 기준이 제시되어 있다.

가. 일반적 사무배분 원칙

우선, 일반적인 사무배분의 원칙을 정리하면 다음과 같다.

표 5-5 사무배분의 원칙과 내용

원칙	내용
불경합(비경합)의 원칙 (권한 책임 명확화의 원칙)	국가와 지방자치단체가 그 사무를 처리함에 있어 서로 경합하지 않도록 사무의 소속과 그 처리의 책임을 명백히 하여야 한다는 원칙
현지성의 원칙 (기초자치단체 우선의 원칙)	사무를 현지 실정에 맞게 민주적으로 수행하기 위해 기초자치단체에 많이 배분되어야 한다는 원칙
종합성의 원칙 (지역종합성의 원칙)	사무를 종합적으로 처리하기 위하여 국가의 특별지방행정기관보다 일반지방자치단체에 사무를 집중적으로 배분해야 한다는 원칙
경제성의 원칙 (능률적 집행의 원칙)	정책의 능률적 집행을 위해 사무를 각 단체의 규모, 행·재정능력, 인수 수 등을 고려하여 최소비용으로 최대효과를 달성할 수 있는 단체에 배분해야 한다는 원칙

나. 우리나라 실정법상 사무배분 원칙

「지방자치법」 제11조(사무배분의 기본원칙)에는 ①항은 중복배분금지의 원칙, ②항은 보충성의 원칙,[1] ③항은 포괄성의 원칙을 제시하고 있다.

> 제11조(사무배분의 기본원칙) ① 국가는 지방자치단체가 사무를 종합적·자율적으로 수행할 수 있도록 국가와 지방자치단체 간 또는 지방자치단체 상호 간의 사무를 주민의 편익증진, 집행의 효과 등을 고려하여 서로 중복되지 아니하도록 배분하여야 한다.
> ② 국가는 제1항에 따라 사무를 배분하는 경우 지역주민생활과 밀접한 관련이 있는 사무는 원칙적으로 시·군 및 자치구의 사무로, 시·군 및 자치구가 처리하기 어려운 사무는 시·도의 사무로, 시·도가 처리하기 어려운 사무는 국가의 사무로 각각 배분하여야 한다.
> ③ 국가가 지방자치단체에 사무를 배분하거나 지방자치단체가 사무를 다른 지방자치단체에 재배분할 때에는 사무를 배분받거나 재배분받는 지방자치단체가 그 사무를 자기의 책임하에 종합적으로 처리할 수 있도록 관련 사무를 포괄적으로 배분하여야 한다.

지금은 폐지된 「지방자치분권 및 지방행정체제개편에 관한 특별법」(약칭: 지방분권법)에도 사무배분의 원칙이 제시되어 있다.

> 제9조(사무배분의 원칙) ① 국가는 지방자치단체가 행정을 종합적·자율적으로 수행할 수 있도록 국가와 지방자치단체 간 또는 지방자치단체 상호간의 사무를 주민의 편익증진, 집행의 효과 등을 고려하여 **서로 중복되지 아니하도록 배분**하여야 한다.
> ② 국가는 제1항에 따라 사무를 배분하는 경우 **지역주민생활과 밀접한 관련이 있는 사무는 원칙적으로 시·군 및 자치구**(이하 "시·군·구"라 한다)의 사무로, 시·군·구가 처리하기 어려운 사무는 특별시·광역시·특별자치시·도 및 특별자치도(이하 "시·도"라 한다)의 사무로, 시·도가 처리하기 어려운 사무는 국가의 사무로 각각 배분하여야 한다.
> ③ 국가가 지방자치단체에 사무를 배분하거나 지방자치단체가 사무를 다른 지방자치단체에 재배분하는 때에는 사무를 배분 또는 재배분 받는 지방자치단체가 그 사무를 자기의 책임하에 종합적으로 처리할 수 있도록 관련 사무를 포괄적으로 배분하여야 한다.
> ④ 국가 및 지방자치단체는 제1항부터 제3항까지의 규정에 따라 사무를 배분하는 때에는 민간부문의 자율성을 존중하여 국가 또는 지방자치단체의 관여를 최소화하여야 하며, 민간의 행정참여기회를 확대하여야 한다.

---

1) 뒷 절에 보충성의 원칙을 상술하였다.

표 5-6 법령상 사무배분 원칙 및 기준 정리

구분	사무배분 원칙	사무배분 및 이양기준
지방자치법	• 중복배제 원칙 • 보충성 원칙 • 포괄적 배분 원칙	
지방분권법	• 중복배제 원칙 • 보충성 원칙 • 포괄적 배분 원칙	• 특별지방행정기관(사무)의 정비기준 : 보충성, 효율성, 중복배제
		• 이양체계 정비 : 행·재정적 지원, 기구·인력 배치, 예산 조정
자치분권 사전협의 지침	• 보충성 원칙 • 중복배제 원칙 • 포괄적 배분 원칙 • 명확성의 원칙	• 사무배분 기준 : 지역성, 범국가적 이해관계 및 전국적 통일성
		• 사무이양 검토기준 : 사무배분의 원칙과 기준에 비추어 지방이양이 타당한지, 포괄적 이양인지, 사무이양에 행·재정적 지원방안을 마련했는지, 사무이양에 대한 지방자치단체 의견수렴절차를 거쳤는지

출처: 김남철 외(2022). 국가－시도－시군구 간 사무배분 기준 정립 및 시군구 사무이양 확대방안 연구

제9조(사무배분의 원칙)에도 역시 ①항에 중복배분금지의 원칙, ②항에 보충성의 원칙, ③항에 포괄성의 원칙을 제시하고 있다.

최봉석 외(2015)의 경우, 현지성의 원칙·행정책임 명확화의 원칙·행정능률의 원칙·사회적 형평성의 원칙 등 지방자치이념에 따른 원칙과, 전권한성의 원칙·보충성의 원칙·법률유보의 원칙 등 사무배분의 원칙을 논의하면서, 지방자치단체의 사무구분 기준에 관한 판례분석을 토대로 「지방자치법」상의 국가사무와 광역사무, 기초사무의 일반적 기준에 대한 수정·보완 연구를 진행하였다.

다. 지방자치단체 상호간 사무배분의 원칙

중앙과 지방간 사무배분뿐만 아니라 지방정부인 광역정부(시도)와 기초정부(시군구) 간의 사무배분도 논쟁거리이다.

「지방자치법」 제14조에는 지방자치단체의 종류별 사무배분기준을 제시하고 있다. 여기에서 지방자치단체 상호 간 사무배분의 원칙도 불경합성의 원칙

제14조(지방자치단체의 종류별 사무배분기준) ① 제13조에 따른 지방자치단체의 사무를 지방자치단체의 종류별로 배분하는 기준은 다음 각 호와 같다. 다만, 제13조제2항제1호의 사무는 각 지방자치단체에 공통된 사무로 한다.

1. 시·도
가. 행정처리 결과가 2개 이상의 시·군 및 자치구에 미치는 광역적 사무
나. 시·도 단위로 동일한 기준에 따라 처리되어야 할 성질의 사무
다. 지역적 특성을 살리면서 시·도 단위로 통일성을 유지할 필요가 있는 사무
라. 국가와 시·군 및 자치구 사이의 연락·조정 등의 사무
마. 시·군 및 자치구가 독자적으로 처리하기 어려운 사무
바. 2개 이상의 시·군 및 자치구가 공동으로 설치하는 것이 적당하다고 인정되는 규모의 시설을 설치하고 관리하는 사무

2. 시·군 및 자치구
제1호에서 시·도가 처리하는 것으로 되어 있는 사무를 제외한 사무. 다만, 인구 50만 이상의 시에 대해서는 도가 처리하는 사무의 일부를 직접 처리하게 할 수 있다.
② 제1항의 배분기준에 따른 지방자치단체의 종류별 사무는 대통령령으로 정한다.
③ 시·도와 시·군 및 자치구는 사무를 처리할 때 서로 겹치지 아니하도록 하여야 하며, 사무가 서로 겹치면 시·군 및 자치구에서 먼저 처리한다.

과 보충성의 원칙을 적용하고 있다.

그러나 광역지방자치단체와 기초지방자치단체 간 사무배분에는 몇 가지 문제점이 있다. 시·도와 시·군·구 간 사무 배분이 획일적으로 이루어지고 있어 시·군·구의 특수성이나 도농 간의 수요 차이, 행정적·재정적 능력 등이 반영되지 않는 점, 시·군의 사무를 도가 처리하지 않는 사항이라고 하고 시·도의 사무구분 기준으로 광역사무, 보완대행사무, 연락조정사무, 지도감독사무만을 제시하고 있어 기준이 명확하지 않다는 점이다(최봉석 외, 2015).

라. 공동사무

공동사무는 법령상에 공식적으로 인정된 사무의 종류는 아니지만 하나의 법률에서 동일한 사무에 대하여 국가기관과 지방자치단체의 기관에게 사무를 처리하는 권한을 모두 규정한 경우 등에 인정되는 실무상 개념이다. 즉, 법률에서 복수의 사무처리 혹은 권한주체를 규정한 경우에 인정되는 것이다. 이에 대

해 판례는 개별법령에서 규정된 세부적인 지방자치단체 혹은 지방자치단체의 장의 권한이 문제되는 경우에 이를 엄격히 세분하여 개별 사무별로 자치사무 (법령에 의해 지방자치단체에 속하는 자치사무로서 소위 '필요적 자치사무'에 해당함) 혹은 기관위임사무로 구분하고 있다.

공동사무의 경우, 사무수행의 책임성이 약화되고, 중복과 낭비의 우려가 있어 바람직스럽지 못한 측면이 많다. 만일 사무의 공동처리가 인정된다고 하더라도 국가와 지자체간의 명확한 책임하에 업무를 수행하는 것이 반드시 필요하다(최봉석 외, 2015).

3) 사무조사 연구

구체적이고 특정적인 사무에 대한 조사를 실시하기 위해서 사용하는 개념으로 '단위사무'라는 개념이 있고 이를 기준으로 행정기능을 구분하는 방식을 사용하고 있다. 단위사무는 '모든 법령상 각각의 조문을 기반(단위)으로 중앙행정기관, 지방자치단체, 특별지방행정기관, 위임권을 부여받은 대리인 등 법령상의 처리권자가 공익실현을 위하여 직접 또는 간접으로 법령으로부터 부여받은 권한과 책임, 의무가 발생(귀속)되는 경우'에 해당된다(한양대학교 지방자치연구소, 2007; 김필두 외, 2009).

그러므로 사무조사의 단위사무는 각 법령상 하나의 조·항·호를 기본단위로 추출하게 된다. 법령의 조문을 기준으로 단위사무를 추출하고, 해당 사무를 기능별, 영역별로 구분하는 방식으로 사무조사를 시행하는 것이다.

4) 보충성의 원칙과 홈룰(Home Rule)

사무배분과 관련하여 중요한 원칙으로 보충성의 원칙과 홈룰 제도가 있다.

[1] 보충성의 원칙

보충성 원칙은 하나의 정치체제 내의 권한이나 기능 배분에서 상위단위에 권한을 주어야 할 특별한 사정이 없는 한 하위단위에 배분되어야 한다는 주장이다. 이 원칙은 또한 계층적 구조에서 상위정부가 해서는 안 될 것을 정하는 것으로 상위조직의 관여는 하위조직이 그 기능을 수행할 수 없을 경우에 한정될 뿐만 아니라 관여는 도움의 형태로 나타나야만 한다는 규범적 주장이기도 하다.

보충성 원칙의 가장 직접적인 규정은 2004년의 「지방분권특별법」제6조2항이다. 사무배분의 원칙을 규정한 이 조항은 "국가는 제1항의 규정에 의하여 사무를 배분하는 경우 지역주민 생활과 밀접한 관련이 있는 사무는 원칙적으로 시군 및 자치구의 사무로, 시군 및 자치구가 처리하기 어려운 사무는 특별시와 광역시 및 도의 사무로, 특별시와 광역시 및 도가 처리하기 어려운 사무는 국가의 사무로 각각 배분하여야 한다"고 하여 보충성 원칙에 따른 사무배분을 명시하고 있다.

지방적 사안에 대하여 보충성 원칙이 고려되어야 하는 것은 다음과 같이 정리될 수 있다(김석태, 2005).

① 지방주권 등 하위단위의 권위가 인정되어야 한다.
② 지방이 보충성 원칙 적용에서 주도적인 역할을 할 수 있어야 한다.
③ 지방의 이니셔티브(주도권)가 광범위하게 인정되어야 한다.
④ 지방의 참여가 인정되어야 한다.
⑤ 지방의 선호가 존중되어야 하고, 필요에 따라서는 비토권(거부권)이 인정되어야 한다.

그러나 현실에서는 이러한 원칙이 준수되고 있지 못하다. 이재은(2022)이

지적하듯이, 중요한 기능은 중앙정부가 우선 차지하고, 그 다음 기능은 광역자치단체가 수행하고, 나머지 기능들을 기초자치단체에 배분하는 방식인 '하향적 보충성의 원칙'이 만연하다.

지방자치에 있어서 가장 기본적인 원칙인 보충성의 원칙은 일본의 경우는 1949년 '샤프권고'에 의해 「지방(시정촌)우선주의」가 있었으며, 포괄적인 자치단체의 권능을 배경으로 한 보충성의 원칙이 존중된 반면, 우리나라의 지방자치 법제에 있어서 보충성의 원칙은 포괄적·근원적 원칙이 아닌, 단순한 「사무배분의 원칙」에 그치고 있다.

또한 실질적으로 광범위한 단체위임사무와 기관위임사무가 존재하기 때문에 이러한 보충성의 원칙이 일반적 규정이 선언적 규정에 머물고 있다는 점이다. 그렇기 때문에 구분도 모호한 이러한 위임사무를 폐지하는 것이 바람직한 방향이 될 수 있을 것이다. 당장 위임사무를 전면 폐지할 수는 없더라도 우선적으로 위임사무에 대해 조례 제정권을 인정하고, 시·도 또는 시·군 및 자치구 위임사무로 그 수행 주체를 분명히 하도록 하며, 중장기적으로는 위임사무를 자치사무로 대체하면서 반드시 시행에 구속력이 필요한 경우 의무 자치사무로 규정하여 그 책임을 지방정부가 자체적으로 이행할 수 있도록 해야 할 것이다 (안영훈, 2009).

(2) 홈룰(Home Rule)

홈룰은 국가주의에 대항하여 '지방의 독자적인 권리를 인정하는' 논리이다.

영미권의 경우에는 홈룰(Home Rule)제도를 통해 지방정부에 포괄적인 입법권과 행정의 전 권한성을 인정하고 있다(안영훈, 2009; 한국지방자치학회, 2018). 미국은 연방의 입법 영역과 주에서 금지된 영역을 열거하고 이를 제외한 포괄적 입법 영역을 인정하고 있다. 그리고 지방정부들은 주 헌법의 허락 아래 자치헌장을 통해 부여된 모든 권한을 수행하고 이에 대한 책임을 지도록 하는 보충성의 원칙과 전(全)권한성의 원칙이 적용되고 있는 것이다. 영국도 지방정부법을 통해 각 지방정부 유형별 사무를 구분하고 있는데 이전에는 전권한성까지 인정되지는 않았지만 1997년 노동당 정부 이후 스코틀랜드나 웨일스 등에 지역정부를 설치하면서 포괄적 이양이 이루어지고 있다. 영국과 미국 모두 지방정부 사무는 법적으로 반드시 이행해야 하는 의무 사무와 그 외 지방정부가 자율적으로 수행할 수 있는 재량 사무로 구분하고 있다.

대륙법계의 경우에도 자치사무를 강화하고 있다(안영훈, 2009; 한국지방자치학회, 2018). 프랑스는 기초정부인 코뮌, 중간정부인 데파르트망, 광역정부인 레지옹이 있는데 1980년대 지방분권 개혁을 통해 주택, 문화, 도시계획, 공공부조 등에 대한 지방정부자치권을 확대하였다. 중앙정부는 법률 위반의 경우에 개입할 수 있도록 통제 권한을 제한하였고, 2000년대 분권 개혁을 통해서는 법으로 규정되지 않은 경우 지자체의 권한으로 해석하고 각 지방정부별 행위 주체를 중심으로 사무를 구분하도록 하였다. 또한 보충성의 원칙을 헌법에 명시하면서 주민에 가까운 사무는 코뮌이, 사회복지사무는 데파르트망, 지역계획이나 지역발전 등은 레지옹이 책임지도록 책임을 배분하면서 기초지자체 우선의 원칙, 전(全)권한성의 원칙 등을 확립하였다. 독일의 경우 기초자치단체 격인 게마인데의 사무를 규정하면서 자유재량으로 수행할 수 있는 사무와 의무적으로 수행해야 하는 필수 사무로 구분하고 있을 뿐이다.

우리나라 지방자치단체는 '법령의 범위 안에서'만 자치에 관한 규정을 제정할 수 있어 지방의 이니셔티브가 극도로 제한될 뿐만 아니라 지방의 면책 범위도 매우 좁다.

우리의 경우는 행정적 통제가 입법적 통제나 사법적 통제보다 전면에 있다. 법률에서 지방에 관한 사항 중 많은 것을 대통령령이나 부령에 위임하고 있기 때문이다. 그 결과 시행령과 시행규칙에 의한 통제가 과도하게 많다. 이를 해소하기 위해 지방자치를 중앙 관료의 통제에서 벗어나게 하는 것이 급선무이

다. 시행령으로 지방을 옭아매는 시행령 정치를 하고 있기 때문이다. 한편에서
는 지역간 형평성의 논리를 앞세운 국가주의 논리가 득세하고 있다.

이런 한계를 극복하는 방법으로서 김석태(2016)는 홈룰(Home Rule)을 통해
국가주의 논리에 대한 지방의 도전, 입법형 방식의 권한배분, 행정적 통제에서
입법적·사법적 통제로의 전환, 주민의 자치능력에 대한 신뢰 제고, 그리고 지
방의 정책적 실험 장려를 제안한다.

홈룰 연구에서 찾아본 우리의 지방자치권 확대에 대한 시사점은 다음과
같다. 첫째, 지방은 국가의 단순한 손발이라는 인식을 불식하고 지방의 일에 대
해서는 국가에 맞서는 용기가 필요하다. 둘째, 법에 국가사무라 규정된 사무 외
의 모든 사무를 지방 입법의 대상 사무로 하고 필요에 따라 국가의 선점권을
활용하도록 한다. 셋째, 국가의 통제는 행정적 통제가 아니라 입법적·사법적
통제로 전환한다. 넷째, 국가 엘리트주의의 잔재를 청산하고 주민의 자치능력에
대한 신뢰를 제고한다. 마지막으로 새로운 정책 실험장으로서 지방의 역할을
중시하고 새로운 실험적 정책을 적극 지원한다.

5) 복지사무의 구분과 배분

사회보장 영역에서 지방자치단체가 담당하는 사무에 대해서 관행적으로
국가사무인지 또는 자치사무인지 구별하여 업무를 집행하지 않으며, 일반적으
로 복지사업의 재정분담을 둘러싸고 보조사업인가 아니면 자체사업인가를 구별
하는 것이 일반적이다. 또한 다른 영역과 달리 복지사무의 경우, 국가사무에 해
당하는 국고보조 복지사업에서 중앙정부가 필요한 경비를 전적으로 부담하는
사업이 없다는 점에서 단체위임사무와 기관위임사무를 구별하는 실익이 있다고
보기도 어렵다(정홍원 외, 2020).

「지방자치법 시행령」 별표1에서는 기초와 광역 사이의 사무배분에 관하여
규정하고 있는데, 여기에서 제2호 주민의 복지증진에 관한 사무란을 보면 지자

체가 담당하기를 희망하는 복지사무를 상당히 구체적으로 열거하고 있다.

이를 보면, 사회복지서비스 혹은 사회서비스의 영역에 해당하는 사무들은 대개 자치사무로 규정하고 있고, 사회보험은 국가사무로, 공공부조는 공동사무의 성격을 가진다고 볼 수 있다.

그러나 이를 토대로 사회복지 정책영역의 특성을 반영한 복지사무의 배분 방향을 설정하기에는 여전히 추상성이 높다. 복지사무체계를 개편하기 위한 규범적 방향성을 제시하는 실질적인 가이드라인이 되기에는 한계가 있다.

6) 정부 추진 사무이양과 관련된 쟁점 정리

역대 정권별로 추진해왔던 중앙사무의 지방이양과 관련한 문제점은 최흥석 외(2008)에서 포괄적으로 제시된 바 있다.

첫째, 단위사무의 명백한 기준이 결여된 채 법령상 최소단위의 개별사무를 단위사무로 정의하고 지방이양을 추진해왔다. 최소수준의 단위사무가 기능이양의 대상으로 간주된 것이다. 이양의 기준이 되는 단위사무의 수준을 규정하는 문제는 지속적으로 쟁점사항이 되고 있다. 둘째, 이러한 단위사무 설정의 문제로 인해 중앙집권적 관점에서 탈피하지 못하고 핵심적 권한을 제외한 단순집행적 사무를 중심으로 사무배분이 이루어졌다. 셋째, 지방자치단체의 사전 의견수렴 절차의 형식적인 운용으로 중앙정부의 일방적 결정이라는 하향식 접근 방식이 지배적이었다. 넷째, 사무배분의 원칙 준수가 미흡해 중앙·광역·기초 관계에서 광범위한 지도 및 감독 관계가 발생하게 되었다. 다섯째, 광역자치단체와 기초자치단체 간에 불명확한 사무배분이 이루어졌다. 광역자치단체와 기초자치단체 간 기능중복으로 인하여 책임있는 행정의 구현이 여전히 어렵고 권한쟁의 등과 같은 갈등 발생의 원인이 되고 있다. 끝으로, 행·재정적 특성을 고려하지 않은 채 획일적으로 사무배분이 이루어졌다. 그간 위임사무를 중심으로 지방이양이 이루어졌지만, 위임사무에 관한 인력 및 재정 지원 등의 경비부담에 관한 원칙이 적용되지 못하여 사무배분과 재원배분의 연계가 미흡했고, 이는 지방자치단체의 재정부담을 야기했다(최흥석 외, 2008).

이러한 문제점은 문제 그 자체에 개선방안을 포함하고 있다. 이양단위를 개별사무가 아니라 기능적으로 포괄적인 사무를 이양해야 하고, 이양사무는 단순사무 이외에 핵심적이고 중요한 사무가 이양될 필요가 있다. 이양 논의과정에 지방정부가 적극 참여하는 상향식 논의가 필요하며, 사무배분 원칙이 준수될 필요가 있다. 광역과 기초간에도 명확한 사무배분이 이루어져야 하고, 획일적인 사무배분이 아닌 여러 가지 측면을 고려한 사무배분이 되어야 한다. 무엇보다 사무배분과 재원배분의 연계 고려가 반드시 필요하다고 볼 수 있다.

2 재정분권 현황과 쟁점

재정분권은 자치분권 영역에서 가장 치열하게 논의되는 영역이다. 재정(돈)은 거의 모든 것으로 대표되는 실질적인 권한이기 때문이다. 재정분권에는 다양한 수단들이 존재한다. 세입분권과 세출분권이 그것이다. 최종적으로 지방정부가 재정에 관한 자기결정권을 가지며, 지역주민이 지방재정의 실상을 직접 보고 확인할 수 있도록 하는 것이 지방재정의 책임성을 확립하는 길이다.

1) 재정분권의 개념

재정분권(Fiscal Decentralization)은 재정 측면에서의 분권을 의미한다. 재정분권은 '중앙정부가 가지고 있는 조세 및 지출에 관한 의사결정권을 포함한 재정적 권한(자율성)과 기능(책임성)을 자치단체에 이양하는 것'을 의미한다. 재정분권에 대해서는 합의된 개념 정의가 없지만 세입분권과 세출분권을 포함하는 것으로 인식한다. 지방자치단체가 자율적으로 부과·징수하여 필요한 재원을 스스로 마련하는 세입분권과 지방자치단체가 자율적으로 지출할 수 있는 재원을 확대하는 세출분권으로 구분된다.

기존 논의를 종합하면 〈표 5-7〉과 같이 세입분권과 세출분권으로 유형화할 수 있다.

표 5-7 재정분권의 개념

구분	세입분권 관점	세출분권 관점
내용	- 국세의 일부 지방세 이양 - 신세목 설치권한 이양 - 지방세 비과세·감면, 탄력세율 활용	- 지출용도가 없는 재원의 확보 - 지방교부세 교부율 확대 - 재정지출규모 확대
목적	- 수직적 형평: 중앙-지방간 재정불균형 완화	- 수직적 형평: 중앙-지방간 재정불균형 완화 - 지방이양사무의 효율적 집행을 위한 재정지원
예시	- 지방세 - 과세자주권 확대 - 세율조정권 확대	- 보통교부세, 특별교부세 - 부동산교부세 - 국가균형특별회계

출처: 이병량 외(2008) 및 이현우 외(2019)

2) 재정분권의 필요성

재정분권은 다양한 이유 때문에 필요하다. 대표적인 것으로는 재정분권이 확대되면 도덕적 해이문제를 해소할 수 있다는 점, 국가경쟁력이 증가된다는 점 등을 들 수 있다. 선행연구를 토대로 할 때 이론적인 측면에서의 재정분권 필요성은 크게 3가지 정도로 요약할 수 있다(이현우 외, 2019).

첫째, 지방자치단체의 재원에 의하여 지방자치단체의 모든 사업을 추진하는 것은 불가능하기 때문에 다수의 사업에 대한 예산을 중앙정부의 이전재원으로 충당하고 있다. 이 경우 지방자치단체는 자신의 부담이 증가하는 것이 아니므로 사업 확장의 경향을 보일 것이고 이는 도덕적 해이현상을 유발할 가능성이 높아진다. 이와 같은 문제를 해소하기 위해서는 이전재원이 아닌 자주재원에 의하여 사업을 추진할 수 있도록 하여야 한다.

둘째, 지방재정이 열악하다는 사실이다. 지방재정을 확충하는 대안은 자주재원주의와 일반재원주의로 구분할 수 있다. 자주재원주의는 지자체에 충분한 과세권을 보장한다는 점에서 세입의 자치인 과세자주권을 주장한다. 일반재원주의는 특별히 용도가 정해진 바 없다면, 이전재원으로서 지방재정의 자주성을 얻을 수 있다고 말한다. 이러한 견해는 조세 수입의 자치보다는 실질적인 세출의 자치가 중요하고 세입의 자치와 관계없이 세출의 자치만 확보하면 된다는 것이다. 해답은 재정분권이 실효성을 보이기 위해서는 자주재원주의에 의한 재원확보방안을 마련하여야 한다.

셋째, 우리나라의 수직적 재정불균형 수준은 높다. 중앙정부와 지방자치단체 간 수직적 재정불균형 문제는 해소되어야 하고 그 방안은 재정분권이어야 한다는 것이다.

3) 재정분권의 수단

재정분권의 수단으로는 세입측면에서 자주재원의 확대, 세출측면에서 지출의 자율성 확대, 정부간 재정관계의 실질화, 지방재정조정 제도의 강화 등이 제시된다(권오성 외, 2018).

첫째, 세입에서 지방세와 세외수입 등 자주재원의 확대이다. 이를 위해, 국세 대비 지방세의 비중 상향을 통해 지방세의 규모를 확대한다. 지방세율(탄력세율 등)과 지방세목에 대한 지방자치단체의 결정 자율성을 제고하는 지방세의 자율성을 확대한다. 그리고 지방자치단체의 세외수입 확보 노력 및 신규재원 발굴(고향사랑기부제 등)을 통해 자주재원을 확보할 수 있도록 하는 신세원 발굴 등 자체노력의 활용한다.

둘째, 세출(예산)에서 지방자치단체가 자유롭게 지출 가능한 재원규모를 늘리는 방향의 수단을 포함한다. 이를 위해 지방자치단체의 자체사업 비중 확대하고 의무지출 사업을 축소하는 등 지방지출의 자율성을 확대한다. 복식부기회

계제도, 성인지예산제도, 지방세지출예산제도, 지방예산 편성지침 폐지 등 지방
예산제도를 개편한다. 지역주민의 수요와 의견을 반영할 수 있도록 주민참여의
확대와 이를 뒷받침 할 수 있는 재정정보 공개를 확대한다.

셋째, 재정관리에서 중앙정부와 지방자치단체의 관계적 측면이 강조한다.
실질적인 재정분권이 이루어질 수 있도록 중앙정부의 사전 계획 및 심사, 중앙
정부의 지방재정에 대한 모니터링 및 평가 등을 완화하는 것을 의미한다. 지방
채의 발행에 대한 결정과 발행 규모에 대한 중앙정부의 통제에 대한 완화한다.

넷째, 지방재정조정에서 지역 간 균형에 대한 관점을 반영한다. 지방교부
세의 규모를 확대하여 재정분권으로 인해 재정적으로 낙후된 지역에 대한 지원
을 강화한다. 포괄보조금과 차등보조를 활용한 지방자치단체의 재정격차 완화,
보조금의 합리적 개편을 통한 지방자치단체의 자율적인 지출여력을 증대시키는
방안이다. 기타 수평적 형평성 제고를 위한 다양한 제도를 포함한다.

4) 재정분권 현황과 수준

(1) 재정분권 현황

재정분권 현황은 우선 양적인 측면에서 재정지표를 통해 확인할 수 있다.
국세와 지방세 비율, 재정자립도, 재정자주도 등을 살펴본다.

첫째, 재정분권 정책이 지방세의 확충에 얼마나 기여했는지를 총조세에서
차지하는 지방세의 비중으로 살펴보면, 지난 기간(2003-2020)동안 약 6.1% 증
가하여 미미한 확장이 있었음을 보여준다.

둘째, 세입의 자치가 얼마나 확대되었는지를 국가 총재정(세입예산)에서 중
앙정부:일반지방재정:교육자치재정의 상대적 비중으로 살펴보면, 중앙은 미미한
축소를 지방은 미미한 확대를 그리고 교육재정은 큰 변동이 없음을 보여준다.

셋째, 지방재정운영의 자율성이 얼마나 개선되었는지를 재정자립도와 재
정자주도로 살펴보면, 재정자립도와 재정자주도는 줄어들고 있는 것으로 확인

표 5-8 정부 간 재정관계의 주요 지표변화(2003-2020)(단위: 조원, %)

구분		2003	2005	2007	2009	2011	2013	2015	2017	2019	2020
국세비율		79.8	79.5	79.5	78.5	78.6	79.0	75.4	76.7	76.4	73.7
지방세비율		20.2	20.5	20.5	21.5	21.4	21.0	24.6	23.3	23.6	26.3
세입예산비중	중앙	59.9	57.6	54.8	55.1	56.0	55.9	55.7	54.6	54.5	54.1
	지방	30.1	31.8	34.8	34.8	33.5	33.2	33.7	34.8	34.8	35.5
	교육	10.0	10.6	10.4	10.1	10.5	10.9	10.6	10.6	10.7	10.4
재정자립도		56.3	56.2	53.6	53.6	51.9	52.1	50.6	53.7	51.4	50.4
재정자주도		76.5	81.6	79.5	78.9	76.7	76.6	73.4	74.9	74.2	73.9

주: 2020년까지는 결산액 순계기준
자료: 행정안전부, 지방자치단체 통합재정 개요, 각년도
출처: 이재은(2022). 재정분권 개혁의 착종: 이론과 현실의 간극

된다.

추가적으로, 지방정부 내 광역자치단체와 기초자치단체 간 재정분권 실태도 중앙-지방정부 간 재정분권와 유사한 문제점을 안고 있다. 세입분권화는 주로 광역자치단체 중심으로 이루어지고 있다. 최종 재정지출단계에서는 대부분의 재정지출이 기초자치단체를 통해 이루어지기 때문에 기초자치단체의 세출분권화 수준은 높은 상황이다. 그럼에도 전체 세입과 지방세[2]는 광역자치단체 중심으로 배분되고 있다. 그 결과 기초자치단체는 광역자치단체의 시·도비 보조금과 조정교부금에 의존하지 않을 수 없다. 시·도비 보조금에도 지방비 부담은 의무화된다. 재정분권에서 광역-기초 간 재정관계는 이제까지 제대로 다루어지지 않고 있다.

〔2〕 재정분권 수준

재정분권(Fiscal Decentralization) 수준은 '중앙-지방 정부 간 재정적 권한

---

2) 2022년 당초예산에서 지방세수입은 108.5조 원인데 이 중 광역자치단체의 몫이 70.1%, 기초자치단체의 몫은 29.9%이다. 기초자치단체 일반회계 세입규모는 176.9조 원인데, 지방세수는 32.3조원으로 총세입의 18.3%만을 조달하고 있다. 세외수입을 합쳐도 일반회계세입의 22.9%를 조달한다. 나머지는 모두 중앙과 광역의 이전재원으로 조달해야 한다.

표 5-9 재정분권 수준을 측정하는 주요 양적지표 현황

지표명	개념	우리나라[1]	OECD 평균[2]
지방세비율	$\dfrac{\text{지방세수입}}{\text{총조세수입}}$	24.8	- 연방형: 25.2 - 단일형: 10.9
자체세입비중	$\dfrac{\text{지방정부자체세입}}{\text{지방정부세입}}$	35.7	53.2
세입분권지수	$\dfrac{\text{지방정부자체세입}}{\text{일반정부세입}}$	16.1	19.72
세출분권지수	$\dfrac{\text{지방정부세출}}{\text{일반정부세출}}$	39.4	31.29
재정자립도	$\dfrac{\text{지방세+세외수입}}{\text{자치단체일반회계예산규모}}$	49.9	-
재정자주도	$\dfrac{\text{일반재원(자체수입+자주재원)}}{\text{자치단체예산규모}}$	73.4	-

주: 1) 우리나라 지표는 2022년 당초예산 기준이며, OECD의 산식을 기준으로 자체 계상한 값임
2) OECD 지표는 지방세 비율은 2019년, 자체세입비중 등 그 외 지표는 2017년 기준임
출처: 국회예산정책처(2022)

배분의 정도'를 의미하는데, 중앙정부의 간섭·통제를 받지 않고 자유로운 재정적 권한을 행사할 수 있을 정도로 권한이 이양된 수준을 의미한다. 재정분권 수준을 측정하는 양적지표로는 일반적으로 지방세비율, 자체세입비중, 세입분권지수, 세출분권지수, 재정자립도, 재정자주도 등 6가지가 대표적으로 활용된다.

첫째, 지방세비율은 총조세수입(국세＋지방세) 중 지방세수입의 비중을 의미한다. 우리나라의 지방세 비율은 2022년 기준 24.8%이며 2017년 기준 OECD 국가 평균은 14.3%으로, 우리나라의 지방세 비율은 연방형 국가의 평균보다 조금 낮고 단일형 국가의 평균보다는 높은 수준이다.

둘째, 자체세입비중은 지방정부 세입 중 자체세입(지방세＋세외수입)이 차지하는 비중을 의미한다. 우리나라의 자체세입비중은 2022년 기준 35.7%이고 2017년 기준 OECD 국가의 평균은 53.2% 이다.

셋째, 세입분권지수는 일반정부(중앙정부＋지방정부) 세입 중 지방정부의 자체세입(지방세＋세외수입) 비중을 의미하며, 넷째, 세출분권지수는 일반정부(중앙

정부＋지방정부) 세출 중 지방정부 세출의 비중을 의미한다. 2022년 기준 우리나라의 세입분권지수는 16.1%, 세출분권지수는 39.4%이며, OECD 국가의 경우 가장 최신 자료인 2017년 평균 세입분권 지수는 19.7%, 평균세출분권지수는 31.3%이다. OECD 회원국 대비 우리나라의 세입분권지수는 상대적으로 낮고 세출분권지수는 다소 높은 것으로 나타나고 있으나, 국가별로 재원배분과 지출체계가 상이하므로 직접 비교하는 것은 신중할 필요가 있다. 다만, 지방자치단체의 과세자주권 현황을 보면 OECD 국가들이 우리나라에 비해 지방정부가 지방세에 대하여 상대적으로 높은 자율성을 갖는 것으로 나타난다.

다섯째, 재정자립도는 지방자치단체 일반회계 중 자체수입(지방세＋세외수입)이 차지하는 비중으로 2022년 기준 49.9%이며, 여섯째, 재정자주도는 지방자치단체 일반회계 중 일반재원(자체수입＋자주재원)이 차지하는 비중으로 2022년 기준 73.4%이다.

다른 연구인 하능식(2017)의 연구에 따르면, 우리나라 재정분권 수준을 다음과 같이 진단하고 있다.

우리나라 재정분권 수준은 OECD국가의 국제비교를 통해 살펴보면 세입분권은 낮으나 세출분권이 높아 일견 평균 수준 정도로 볼 수 있으나, 세입분권과 세출분권의 격차 확대는 수직적 불균형을 심화시켜 재정책임성 약화로 이어지고 있다.

재정자율성을 그 동안의 추이를 통해 판단해 보면 양적 재정자율성이 세입, 세출의 거의 모든 분야에서 약화되고 있으며, 통계로 드러나지 않는 지방세 중 비지방재원을 제외하면 재정자립도 및 재정자주도는 더욱 크게 악화되고 있다.

계량적으로 파악하기 어려운 제도적 또는 법적 재정자율성의 경우 자치단체의 재량성을 인정하는 방향으로 제도개편이 이루어진 부분이 있으나, 과세자주권 측면에서 보면 단순 세수배분 목적으로 사용되는 세목이 확대되는 등 질적 재정자율성도 약화되고 있다.

표 5-10 우리나라 재정분권 수준의 종합평가

분권지표 구분	분권수준 평가	분권수준 추이	비고
분권지수 국제비교			
- 세입분권	낮음	약화	
- 세출분권	높음	강화	
- 수직적 불균형	낮음	약화	
- 자체세입비중	낮음	약화	
- 이전재원	높음	유지	
- 과세자주권	중간	약화	
양적 재정자율성			
- 재정자립도		약화	
- 재정자주도		약화	
- 자체세입비중		약화	
- 사회복지비중		약화	
- 실질재정자립도		약화	비지방재원 지방세 제외
- 실질재정자주도		약화	비지방재원 지방세 제외
질적 재정자율성			
- 재정운영자율성		강화	재정운영 재량성 확대
- 과세자주권		약화	배분적 세목 확대

출처: 하능식(2017). 재정분권 수준의 평가와 정책적 시사점

5) 문재인 정부의 재정분권

[1] 문재인 정부 재정분권 추진 결과

문재인 정부는 이러한 재정수입－지출 간 불일치 문제를 개선하고 지방의 자율성·책임성을 확보한다는 목적하에 '재정분권 추진방안(관계부처 합동, 2018.10.30)'을 수립하였으며, 이에 따라 제1단계('19~'20년) 및 제2단계('22~'23년) 재정분권을 추진하였다. 당초 '21년부터 추진될 계획이었던 2단계 추진방안은 구체적 추진방안 마련 과정에서 다양한 이해관계자들의 의견조율 등으로 22년에 시행되었다. 먼저, 재정분권 1단계에서는 지방세 확충과 기능이양을 위한 지방소비세율 인상, 중앙정부 기능이양, 소방안전교부세율 확대를 핵심과제로 추진했으며, 실제 지방소비세율 인상 등을 주요 내용으로 하는 7개의 재정분권

관계 법률을 개정하였다. 정부는 인상된 지방소비세('18년 11%, '19년 15%, '20년 21%)에 대해 시·도 소비지수에 지역별 가중치(수도권:광역시:도=1:2:3)를 적용하여 배분하고, 수도권 자치단체 지방소비세 세수의 35%를 지역상생발전기금으로 출연하였다. 또한 지방세 확충과 연계하여, 중앙정부 기능 지방이양(3.5조원 규모)을 추진하였다. 아울러, 소방직 국가직화와 소방인력 충원을 지원하기 위해 소방안전교부세율을 '19년 35%, '20년 45%로(비교: '18년 담배분 개별소비세의 20%) 인상하였다. 1단계 추진방안 이행 결과, 국세 대비 지방세 비중이 4%p('18년 결산 22.3%, '20년 결산 26.3%) 개선되었고, '20년 기준 3.2조원 규모의 지방재정이 순확충되었다.

재정분권 2단계('22년~'23년)에서는 지방소비세율 추가 인상, 지역소멸대응기금 신설, 기초자치단체 국고보조율 인상을 핵심과제로 제시했다. 구체적으로, 지방세 추가 확충('22년 23.7%(+2.7%p), '23년 25.3%(1.6%p))을 통해 국세 대비 지방세 비중을 당초 목표였던 7:3에서 72.6:27.4로 개선하였다. 지방소비세 인상분은 기존 시·도 소비지수에 지역별 가중치(수도권:광역시:도=1:2:3)를 적용하여 광역자치단체별로 배분하는 방식에서 광역자치단체에 배분된 지방소비세를 광역 및 기초자치단체에 6:4로 재배분하도록 개선되었다. 또한, '지방소멸대응기금'을 신설하여 낙후지역 인프라 확충 등에 사용한다. 재원은 정부가 매년 1조원씩 10년간(2022년~2031년) 총 10조원을 출연하고, 지역소멸지수, 낙후도 등에 따라 광역 및 기초자치단체에 25%, 75%씩 배분한다.

아울러, 국고보조율을 인상을 통해 기초자치단체의 대응비 부담을 완화하는 한편, 2.3조원규모의 국고보조사업이 지방이양되었다. 2단계 추진방안을 통해서는 국세 대비 지방세 비중이 1.1%p('20년 결산 26.3%, '23년 결산 27.4%) 개선되고, 2.3조원 규모의 지방재정이 순확충되었다.

표 5-11 문재인정부 재정분권 이행결과

구분	이전	1단계		2단계
	'18년	'19년	'20년	'22년~'23년
지방소비세율	11%	15%(+4%p)	21%(+6%p)	25.3%(+4.3%p)
소방안전 교부세율	20%	35%(+15%p)	45%(+10%p)	-
기능이양	-	3.5조원		2.3조원
국세 : 지방세('16년 76:24)	77.7:22.3	76.4:23.6	73.7:26.3	72.6:27.4

출처: 국회예산정책처(2022.8). 2022 대한민국 재정

(2) 문재인 정부 재정분권 효과

최근 문재인정부의 재정분권 효과에 대한 분석결과가 제시된 바 있다. 변재연(2023)에 따르면, 세입측면과 재정자립도 및 재정자주도 그리고 자체사업·보조사업 비중 등 세출 측면의 자율성을 분석하였다.

첫째, 세입 측면의 성과 분석의 경우, 지방세 수입은 지방소비세를 중심으로 계속 증가하고 있는데 시군세보다는 시도세 위주로 증가하였다. 지방이양사업의 실질적인 시행주체는 기초지자체(시군구)로 볼 수 있는데, 지방소비세 등을 바탕으로 늘어난 지방세는 주로 시도세 위주로 증가되어 시군구 재정확대에는 상대적으로 도움이 적었다. 재정분권 전후 시도세는 2018년 62.5조원에서 2021년 86.8조원으로 24.3조원(38.9%) 증가하였으나, 시군세는 같은 기간 중 21.9조원에서 26.0조원으로 4.2조원(19.1%) 증가하는 데 그쳤다.

둘째, 재정자립도 및 재정자주도 추이 분석의 경우, 재정분권의 목표는 지방자치단체의 재정격차 완화 및 균형발전에 있는데, 지방자치단체의 재정자립도는 낮아지고 있고 자치단체 간 격차도 확대되고 있는 것으로 나타났다. 재정분권 전후 전국평균 자치단체의 재정자립도는 2018년 53.4%에서 2022년 49.9%로 낮아졌으며, 광역자치단체인 시도(2018~2022년 감소율 △3.7%)보다 기초자치단체인 시군구의 감소율(△13.1%)이 상대적으로 더욱 큰 것으로 나타났다. 행정안전부는 그동안 정부는 지방소비세율 인상 등 지방의 자체 수입 확충을

위해 노력해왔으나, 사회복지 분야 국고보조금 등 이전재원이 더 크게 증가하여 재정자립도가 감소하였다고 설명한다. 지방자치단체의 재정자주도 역시 2018년 75.3%에서 2022년 73.4%로 낮아졌으며, 광역자치단체인 시도 감소율보다 기초자치단체인 시군구의 감소율이 상대적으로 더욱 큰 것으로 나타났다.

셋째, 자체사업·보조사업 비중 등 세출 측면의 자율성 분석의 경우, 2019년 재정분권 조치 이후 전반적으로 지방자치단체의 자체사업 비중이 감소하고 보조사업 비중이 증가하고 있으며, 특히 비수도권 지역의 자체사업 비중이 상대적으로 낮다. 행정안전부는 전반적으로 자체사업 비중이 감소하는 사유에 대해, 기간 중 사회복지 등 국고보조사업의 규모가 크게 증가하여 보조사업의 세출 규모가 증가하고 자체사업 비중이 감소하였기 때문이라고 설명한다.

결론적으로 중앙정부의 재정사업 이양을 통해 세출 측면에서의 자율성을 높이고자 하였지만 그 효과는 충분하지 못한 것으로 판단된다. 이러한 결과의 원인은 분권국가를 지향한다고 했으나 집권정치세력이 기재부나 행안부 등 반분권 관료조직을 통제하지 못했기 때문에 제한적인 성과를 낸 것으로 평가된다.

6) 재정분권 개혁 평가

재정분권 개혁에 대한 다양한 평가가 있다(임성일, 2003; 박미옥, 2005; 김재훈, 2007; 주만수, 2018; 김홍환, 2018; 손희준, 2023 등). 대표적으로 이재은(2002; 2010; 2022)은 한국의 정부 간 재정관계를 중앙'집권적 분산체제'로 규정한 바 있다. 중앙집권구조는 변하지 않고 집행권만 지방으로 이전한 체제인 것이다. 세출의 자치와 세입의 자치를 제약하는 다양한 제도적 행태적 기제들이 지방자치와 지방재정의 자율성을 제약하고 있다고 보았다.

한국에서 지방자치가 복원되어 실시된 이후 지방재정의 자주성과 건전성을 위해 논의되어온 내용을 요약하면, 세출의 자치를 강화하기 위한 사무권한의 지방이양, 세입의 자치를 위한 세원의 재배분, 지방교부세율의 인상, 국고보조금의 포괄보조금화, 과세의 자주권과 기채의 자주권, 재정운용의 자율성을 위한 제도적 개선 등이 있었다. 그러나 이러한 주장은 학술발표나 토론회의 고정메뉴에 불과하다고 평가한다. 한마디로 무성한 논의가 있었지 근본적인 개선은 시행되지 않는다고 평가한다.

지방자치가 복원 실시된 이후 재정의 자주성은 근본적으로 개선되지 않고 있으며, 집행의 자주성은 부여되고 있지만 결정권은 여전히 중앙정부가 장악하고 있다고 본다. 이른바 중앙집권적 집중체제가 분산체제로 이행했을 뿐, 아직 근본적인 분권체제로의 개혁은 여전히 미완의 상태로 놓여있다고 평가한다.

자치단체의 세출의 자치를 제약하는 틀은 ① 기관위임사무, ② 의무강제 또는 필치규제(必置規制) ③ 보조금에 의한 관여, ④ 각종 지침 등으로 요약할 수 있다(이재은, 2010).

첫째 위임사무에는 단체위임사무와 기관위임사무가 있다. 기관위임사무는 지방자치단체의 '기관(機關)'인 단체장에게 위임되는 사무이다. 기관위임사무는 단체장에게 위임된 사무이기 때문에 위임된 사무를 실시할때 자치단체의 '기관'은 중앙정부의 '기관'이 된다. 기관위임사무는 어디까지나 중앙정부의 사무이며, 중앙정부의 사무인 기관위임사무의 결정에는 지역주민의 참가가 원칙적으로 인정되지 않는다. 지방의회도 의결하거나 감독할 권한이 없으며, 감사도 제한된다. 이같이 기관위임사무는 지역주민의 참가에 의한 결정에 기초하지 않고, 중앙정부로부터의 명령에 의해 집행되기 때문에 중앙정부가 지방자치단체의 세출의 자치를 빼앗는 핵심적 경로이다.

둘째 의무강제(또는 必置規制)는 법령 등에 의해 시설이나 직원의 배치를 의무화하는 것이다. 중앙정부가 국가적 필요에서 어떤 시설이나 제도의 집행을 의무화하는 것은 지방의 세출의 자치를 빼앗은 관여방식이다. 문제는 의무강제를 하면서도 그 비용을 충분히 보장하지 않는다는 점이다. 우리나라에서 기초연금이 대표적 사례이다.

셋째 사무의 성격이 어떠하든 지방자치단체가 중앙정부의 지시에 따를 수밖에 없는 이유는 보조금 때문이다. 보조금을 교부할 경우 보조 요강 등 조건을 붙여서 사무·사업의 집행방법이나 조직을 구체적으로 강제할 수 있다. 예컨대 일정한 규모와 설비를 보조 조건으로 요구하고, 이를 충족하지 못하면 교부하지 않는 방식으로 관여한다. 지방정부 복지사업의 거의 대부분이 국고보조금 제도에 영향을 받고 있어 자율성이 극히 제한된다.

넷째 예산편성지침이나 기구·인원 등 조직편성기준 등 중앙정부가 지방자치단체에 부여하는 각종 지침은 직접적으로 지방의 세출권한을 제약해왔다.

또한 세입의 자치를 제약하는 요인을 살펴보면, ① 과세자주권을 제약하는 과세부인(課稅否認, tax denial)과 과세제한(tax restriction), ② 기채(지방채) 통제, ③ 재정이전제도 등이 있다(이재은, 2010).

첫째 과세자주권은 세입의 자치의 핵심요소인데, 현실에서는 세목의 선택, 과세대상의 선택, 과세표준의 결정, 세율의 결정 등 조세 부과의 모든 요소를 중앙정부가 통제하고 있다. 지방세의 상대적 비중이 낮은 것은 세수탄력성이 좋은 기간 세목(소득·소비세)은 국세로 설정한 다음, 자치단체가 중앙정부의 세원을 침식하지 못하도록 지방세제를 통제하고 있기 때문이다.

둘째 기채통제 문제가 있다. 과세자주권의 제약으로 신규 사업의 재원을 증세로 조달할 수 없다면, 자치단체는 지방채를 발행해서 신규사업의 재원을 조달할 수도 있다. 그러나 그동안 지방채의 기채도 상위정부의 허가를 받도록 엄격하게 통제되어 왔다.

셋째 재정이전제도를 보면, 지방자치단체가 스스로 기획한 신규사업의 재원을 증세 또는 기채(지방채)로 조달할 수 없으면 중앙정부의 보조금 등 이전재원에 매달릴 수밖에 없다. 중앙정부의 이전재원은 용도가 자유로운 일반보조금인 지방교부세와 용도가 제한된 특정보조금인 국고보조금이 있다. 지방교부세의 법정교부율이나 배분공식은 중앙정부가 결정하며 지방자치단체가 관여하는 경로는 없다. 국고보조금도 의무지출의 성격이 있어 세출의 자율성이 없다.

결론적으로 부분적인 재정분권 개선 노력이 있었으나, 중앙정부는 온갖 규제와 통제 방식으로 지자체의 재정 자율성을 억제하고, 지방자치시대의 실질적인 재정분권은 실행하지 않고 있다.

이에 대해, 다른 한쪽에서는 중앙정부 입장의 재정분권 반대론이 있다. 재정분권의 확대를 반대하는 논리는 우리나라 재정분권 수준이 낮지 않고 재정분권의 효과가 확실하지 않으며, 연성예산제약[3])이며 경제성장에 부정적인 영향을 미치며, 지역간 재정격차를 확대시킬 수 있다는 것이다. 이러한 주장은 주로 기획재정부와 관련기관인 한국조세재정연구원이 제시하고 있다(서정섭, 2020). 그러나 이러한 주장들은 현재의 재정분권 상황이 좋기에 현행 그대로 유지하는 집권적 방식을 주장하는 것과 다름없으며, 실질적인 지방자치 실행을 부정하겠다는 기득권적 태도로 해석된다.

앞의 여러 분석결과를 종합하면, 그 동안 정부에서 추진한 재정분권 노력들에 대한 평가결과, 긍정적인 측면보다는 부정적인 측면이 더 많은 것으로 나타난다. 이와 같은 현상이 발생한 이유 중 하나는 중앙정부가 지방자치단체를 바라보는 시각에 기인하다고 볼 수 있다. 중앙정부는 지방자치단체가 자율성을 가질 수 있도록 하기 보다는 일정한 수준의 통제 하에서 집행기능을 담당할 수 있도록 지방세의 비중 확대가 아닌, 의존재원에 의한 재정확충방안을 채택해왔기 때문이다(라휘문, 2019). 이러한 잘못된 태도를 변경하지 않는 한 현 체제는 지속될 것으로 예상할 수 있다.

---

3) 연성예산제약(soft budget constraint)은 재정주체가 수입을 크게 신경쓰지 않고 예산을 지출하거나 집행하는 것을 의미한다. 또한 지출이 제약된 예산을 초과했을 때, 외부의 지원으로 예산이 유연하게 조정되는 것을 말한다. 이에 반대되는 개념으로는 예산 내에서만 지출하도록 하는 경성예산제약(hard budget constraint)이 있다.

7) 재정분권의 방향

(1) 재정분권 개선방향

재정분권 개선방안과 관련하여 광범위한 연구결과가 존재한다(임성일, 2003; 하능식, 2017; 유태현, 2017; 김홍환, 2018; 주만수, 2018; 손희준 외, 2018; 이현우 외, 2019; 이재원, 2019; 라휘문, 2019; 임동완 외, 2019 등). 연구들은 대표적으로 국세와 지방세 구조 개선, 자주재원 강화, 지출자율성 확대, 과세자주권 확대, 지방재정 조정제도 개선, 재정관리제도 개선 등의 개선방안을 제안한다.

첫째, 현행 국세와 지방세의 구조를 개선해야 한다. 국세에 비해 지나치게 낮은 지방세 비중으로 지자체의 재정운영에 어려움이 있으므로 이를 개선해야 한다. 이를 위해 국세의 일부분이 지방세로 이양되어야 한다. 지방소비세의 규모, 지방소득세의 규모를 확대할 필요가 있다. 양도소득세, 담배분 개별소비세, 지역정착성 개별소비세, 종합부동산세, 주세 등의 지방세 이양을 고려해 볼 수 있을 것이다.

둘째, 의존재원(교부세와 보조금)보다 자주재원(지방세와 세외수입)을 중심으로 지방재정규모를 확대할 수 있도록 조치하는 것이 우선되어야 한다. 자주재원의 확충 이후 지역 간 재정격차 등의 문제를 해소하기 위해 의존재원을 활용할 수 있는데, 이 또한 보조금과 같이 용도가 지정되어 있는 재원에 의하여 세입을 확대하기보다는 용도가 지정되어 있지 않은 재원을 확대하는 것이 바람직하다.

셋째, 지자체가 자율적으로 지출가능한 재원규모를 확대해야 한다. 지자체의 자체사업 비중을 확대하고 의무지출 사업을 축소하는 방향으로 개선되어야 한다.

넷째, 과세자주권의 확대가 필요하다. 현행 조세법률주의에 의해 운영되고 있어 지역특성에 부합하는 지방세체계 구축에 한계가 있는바, 향후 조례를 통해 과세가능하도록 제도를 개선할 필요가 있다. 자주재원 확보를 위해 조세법률주의가 아닌 조세조례주의를 채택해야 한다. 지방세 과세대상, 세율 등에 대한 지방자치단체의 결정권한을 확대하여 재정운용의 자율성을 높여야 한다.

다섯째, 지방재정조정제도의 개선이 요구된다. 지방교부세의 경우, 교부세 산정 시 지자체의 재정력과 수요를 합리적으로 반영할 필요가 있고, 재정분권으로 인한 재정열악지역에 대한 지원을 강화하며, 국고보조금은 지나치게 복잡한 제도를 정비하여 합리적 개편을 통해 보조금 통폐합, 보조율 개선, 포괄보조금 확대가 요청된다.

여섯째, 재정관리제도의 개선이 필요하다. 중앙－지방 관계에서는 실질적인 재정분권이 이루어질 수 있도록 하여 중앙의 통제를 완화하고, 지방의회와 지역주민이 재정통제에 참여하는 방식으로 전환되어야 한다. 자치분권의 본질을 고려할 때, 지방재정은 중앙정부가 관리하는 것이 아니라 지방의 이해관계자(지방의회와 주민, 시민단체)들이 관리해야 한다. 중앙정부 중심으로 설계되어 있는 재정관리제도들을 통폐합하고 축소할 필요가 있다. 또한 지방재정 운용의 효율성과 책임성 제고를 위해 재정정보 공개, 주민참여예산제도 확대 등 투명성 강화가 필요하다.

(2) 맞춤형 재정분권

우리나라는 지방정부의 재정여건과 관계없이 동일한 재정시스템을 통일적으로 적용하는 방식을 고수해오고 있다. 일부이기는 하지만 재정 여건이 양호한 지역은 지방세 강화를 통해 필요한 만큼의 세입을 확보할 수 있는 가능성이 엿보인다. 반면 재정 여건이 취약한 지역은 이전재원의 뒷받침 없이 자체재원을 강화하여 세입을 확보하는 것이 거의 불가능한 실정이다. 따라서 재정이 열악한 지방정부가 자구노력을 통해 자체재원을 늘리도록 기대하는 것은 현실과 괴리된 대안 제시라고 하겠다.

그렇기에 유태현(2021)은 현실적인 측면을 고려하여 기계적인 재정분권이 아닌 맞춤형 재정분권을 제안하고 있다. 우리나라 지방정부의 재정 여건을 근본적으로 강화하기 위해서는 기존의 지방세입 체계 보완을 뛰어넘는 개혁이 모색될 필요가 있다고 주장한다.

이런 현실을 고려할 때 지방정부의 재정 여건에 따라 재정시스템을 구분하여 시행하는 맞춤형 재정분권(차등적 또는 이원적 재정분권)의 추진을 검토할 필요가 있다. 재정 여건이 양호한 지방정부는 자체재원 중심으로 세입을 구성함으로써 재정 운용의 자율성과 책임성을 높여 재정성과의 향상을 이끌도록 유인하고, 재정력이 취약 지방정부는 현행처럼 세입의 큰 몫을 이전재원으로 지원하되 중장기적으로 자체재원을 늘리는 방안이다.

지방세를 확충하여 해당 지역의 재정을 스스로 꾸려나갈 여지가 있는 서울 및 수도권 일부 지방자치단체는 (가칭)'자율형 지방자치단체'로 설정하고, 그 나머지 대부분의 지방자치단체는 중앙정부로부터 재정 지원을 받지 않으면 독자적인 재정운용이 가능하지 않을 뿐만 아니라 심지어 존립조차 쉽지 않기 때문에 (가칭)'자립지향형 지방자치단체'로 구분할 필요가 있다(유태현, 2017). (가칭) 자율형 지방자치단체는 그 명칭처럼 재정운용에 있어 중앙 및 다른 지방자치단체와 충돌하지 않는 범위 내에서 자율권을 부여하고, (가칭)자립지향형 지방자치단체에 대해서는 중앙을 통한 재정관리를 적용하되 중장기적으로는 지방세 등 자체재원 기반이 강화될 수 있도록 지원하는 방식을 병용하도록 한다.

(가칭)자율형 지방정부는 전체 지방세입에서 자체재원(=지방세와 지방세외수입)이 차지하는 비중이 80%를 넘거나 지방교부세(보통교부세) 불교부단체로 설정할 수 있다. (가칭)자립지향형 지방정부의 지방세입 구성이 개선되어 (가칭)자율형 지방정부의 위상을 갖추게 되면 (가칭)자립지향형 지방정부로 그 지위를 격상시키고 관련된 권한 등을 변경하도록 한다.

맞춤형 재정분권은 법제의 뒷받침 없이는 가능하지 않기 때문에 그 실행력 담보를 위해서는 관련 법령과 제도의 정비가 함께 이루어져야 한다.

그림 5-2 맞춤형 재정분권의 추진방향

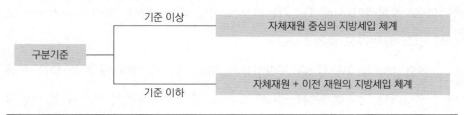

출처: 유태현(2021)

〔3〕지방세제 발전방안

앞 부분에서 언급하였듯이 재정분권을 강화하기 위해서는 지방세 체계가
개선되어야 한다. 하능식 외(2017)는 지방재정 안정화를 위한 지방세제 정책과
제를 정리한 바 있다.

첫째, 과제자주권을 강화해야 한다. 이를 위해 지방세 입법권과 지방세 행
정권이 강화되어야 한다. 둘째, 자주재원이 확충되어야 한다. 복지 등 새로운
재정수요가 확대되고 있으므로 증세가 불가피하고, 세출과 세입 간 격차가 크
므로 국세의 지방세 이양이 요구되고, 공동세 운영을 고려하며, 광역과 기초 간
세목과 세원의 조정이 요구된다. 셋째, 조세형평성이 제고되어야 한다. 재산세
조정, 합리적 지방세 감면제도 운영, 고액 체납징수 강화 등이 요구된다. 넷째,
지방세외수입 관리의 혁신이 요구된다. 이를 위해 관리체계 구축, 총괄추진체계
구축, 체납징수 강화, 국세외수입의 지방이양이 실행되어야 한다. 다섯째, 납세
편의가 향상되어야 한다. 이를 위해 정보시스템이 구축되고 지방세 권리구제
제도가 개선되어야 한다.

3 행정분권 현황과 쟁점

1) 행정분권

전통적으로 지방자치권은 3장에서 언급했다시피 자치입법권, 자치행정권, 자치조직권, 자치재정권을 포괄한다. 자치입법권은 의회의 조례제정권이 대표적이고, 자치행정권은 지자체의 사무처리 권한을, 자치조직권은 지자체의 행정기구와 정원 등에 대한 권한을, 자치재정권은 지자체 행정수행에 필요한 경비에 대한 조달과 사용 권한을 말한다.

본 고에서는 사무분권에서 사무분담 원칙을 중심으로 자치행정권의 내용을 주요하게 다루었고, 재정분권에서는 재정분담 원칙으로 자치재정권을 검토하였다. 본 절에서는 행정분권으로 주로 자치조직권과 관련된 내용을 다루고자 한다. 논리적으로 다소 어긋나는 구성이기는 하나 행정분권의 본질이 '분권실행이 가능한 안정적인 행정체계를 구축'하는 것과 연결되므로 무엇보다 지자체의 조직과 인력, 그리고 운영관리체계가 중요하기 때문이다. 이는 복지영역에서 이른바 '복지전달체계'와 직접적으로 연결되는 내용이다.

2) 자치조직권

[1] 자치조직권의 개념

지방자치단체의 자치조직권은 '지방자치단체가 행정기구·정원 등 자기의 조직을 자주적으로 정하는 권능'을 말한다. 여기서 기구란 '지방자치단체가 행정사무를 수행하기 위해 설치한 내부 조직'을 의미하며, 정원이란 '지방자치단체가 자신의 경비로 두는 공무원의 정원'을 의미한다.

자치조직권의 범위는 행정기구의 편성 및 개편과 관련한 사항, 자율적인 정원 책정 및 관리와 관련한 사항을 포함하고 있다. 또한 자치조직권의 목적은 지방자치단체가 지역적인 특수성을 반영하여 조직 및 인력을 운영할 수 있도록 지방자치단체에게 자율성을 부여하면서, 한편으로는 조직 및 인력운영에 대한 책임성을 확보하는 것이다.

(2) 자치조직권 관련 제도

자치조직권 관련 제도는 행정기구 개편 및 편성을 다루는 '기구설치권'과 정원책정 및 관리를 다루는 '정원관리권'을 모두 포함한다. 기구설치권은 지방자치단체가 지방자치단체의 행정수요를 고려하여 자율적으로 기구를 설치·운영할 수 있는 권한이며, 정원관리권은 지방자치단체가 지방자치단체의 행정수요를 고려하여 지방자치단체가 자율적으로 정원을 책정하고 관리할 수 있는 권한이다.

지자체의 자치조직권은 「지방자치단체의 행정기구 및 정원에 관한 규정」에서 제시하는 지방자치단체 행정기구 설치기준과 정원관리 규정에 따라 달라진다. 해당 법규는 「지방자치법」 제59조·제90조와 제112조에 따라, 지방자치단체의 행정기구의 조직과 운영에 관한 대강과 지방공무원의 정원의 기준 등에 관하여 필요한 사항을 규정함을 목적으로 하고 있다.

3) 행정기구 설치

행정기구 설치와 관련하여, 시·도 본청에 두는 실·국·본부는 지방자치단체의 인구 기준에 의거하여 설치한도를 명시하고 있으며, 시·군·구의 기구와 관련하여서도 본청에 두는 실·국, 과(국을 둘 수 없는 곳)는 지방자치단체의 '인구'기준에 의거하여 설치 한도를 제한하고 있다.

표 5-12 시 · 군 · 구의 실 · 국 설치기준(제13조제1항 관련)

구분		실·국의 수
	인구 10만 미만	1개 이상 3개 이하
	인구 10만 이상 15만 미만	1개 이상 3개 이하
	인구 10만 이상 15만 미만 (법 제10조제2항제1호에 따른 도농 복합형태의 시)	2개 이상 4개 이하
	인구 15만 이상 20만 미만	2개 이상 4개 이하
	인구 20만 이상 30만 미만	3개 이상 5개 이하
시	인구 30만 이상 50만 미만	4개 이상 6개 이하
	인구 50만 이상(구를 설치하지 않은 시)	5개 이상 7개 이하
	인구 50만 이상 70만 미만(구를 설치한 시)	3개 이상 5개 이하
	인구 70만 이상 90만 미만(구를 설치한 시)	4개 이상 6개 이하
	인구 90만 이상 100만 미만(구를 설치한 시)	5개 이상 7개 이하
	인구 100만 이상 120만 미만(구를 설치한 시)	6개 이상 8개 이하
	인구 120만 이상(구를 설치한 시)	7개 이상 9개 이하
군	인구 15만 미만	1개 이상 3개 이하
	인구 15만 이상 20만 미만	2개 이상 4개 이하
	인구 20만 이상	3개 이상 5개 이하
구	특별시의 자치구	4개 이상 6개 이하
	광역시의 자치구 인구 10만 미만	1개 이상 3개 이하
	인구 10만 이상 30만 미만	2개 이상 4개 이하
	인구 30만 이상 50만 미만	3개 이상 5개 이하
	인구 50만 이상	4개 이상 6개 이하

표 5-13 실장·국장·담당관·과장 등의 직급기준(제14조 관련)

구분	실장(국장급)·국장·자치구가 아닌 구의 구청장	실장(과장급)·과장·담당관	읍장·면장·동장	부읍장·부면장	인구 3만 이상 읍의 과장
시·군·구	4급	5급			
읍·면·동			5급	6급	6급

그리고 시·군·구 본청의 실장·국장과 과장·담당관의 직급과 실·과·담당관의 사무분장 등에 관한 사항은 해당 지방자치단체의 '규칙'으로 정하고 있다.

시장·군수·구청장은 실·국과 실·과·담당관의 명칭과 사무분장을 시·도와 시·군·구 간 사무의 연계성과 그 기능을 고려하여 합리적으로 정하도록 하고 있다.

지금까지 행정기구 설치 운영과 관련하여 탄력적인 조직운영의 필요성과 자치권의 강화에 따라 인구 기준에 의거한 설치한도 등의 기준을 합리화하고 지방자치단체의 자율성을 제고해 나가는 추세를 보이고 있으나 여전히 한계가 많다는 평가이다.

최근 윤석열정부에 와서는 제5회 중앙지방협력회의(23.10.27)를 통해, 일부 개선이 진행되었는데, 여기서는 국장급(시도 3급, 시군구 4급) 기구설치 자율화(기구 수 상한 폐지), 국장급 한시기구 설치시 행안부 또는 시·도 협의권도 폐지, 인구 10만 미만 시·군·구 부단체장 직급 단계적 상향(부단체장과 실·국장(4급) 직급이 동일하여 발생하는 지휘·통솔 한계 극복 등을 위해 직급 단계적 상향, 총 93개 시·군·구, 4급→3급) 등이 있었다.

4) 정원관리 기준

정원(定員)은 일정한 규정에 의하여 정한 인원을 의미하는데, 지방자치단체의 정원관리제도는 개별승인제 → 총정원제(1995년) → 표준정원제(1997년) → 총액인건비제(2007년) → 기준인건비제(2014년) → 기준인건비제 개선(2018년)의 형태로 변화되어 왔다. 제도 변천에 따른 내용 변화를 정리하면 〈표 5−14〉와 같다.

표 5-14 정원관리 제도 변천 개요

기간	제도명칭	주요 내용
문민정부 이전	개별승인제 /기준정원제('88)	• 내무부 장관의 개별적 승인 (개별승인에 의한 기준정원 책정)
문민정부	총정원제('95년)	• 인구·면적·행정구역 등을 고려하여 지자체별 총 정원 산정

기간	제도명칭	주요 내용
		• 총 정원의 범위 안에서 정원 책정·관리
문민정부	표준정원제('97)	• 기존 총정원 산정 변수 다양화 (결산액 등) • 자율성 부여를 위해 표준정원에 추가되는 보정정원을 적용하고 보정 정원과 표준정원의 차이는 교부세 미교부 ※ 시도4급 이상, 시군구 5급 이상, 한시정원 책정 등 권한 보유
국민의 정부	개별승인제('98) 표준정원제('03)	• IMF로 인한 지방 구조조정 추진을 위해 개별승인제 부활 • 지방 구조조정 마무리 이후 표준정원제 부활 ※ 자치조직권 제고를 위해 지자체 정원책정 권한 단계적 폐지 추진
참여정부	총액인건비제도('07)	• 총액인건비 범위에서 정원운영에 관한 사항을 자율적으로 관리 ※ 한시정원 책정 등 행정자치부 승인사항 전부 폐지 및 이양
이명박 정부	총액인건비제도('08)	• '08년 금융위기 극복을 위한 지방 구조조정 실시로 사실상 총액인건 비제 중단, 총인건비와 기준인력(총 정원제) 상한제를 도입
박근혜 정부	기준인건비제도('14)	• 인건비 총액기준만을 제시하고, "자율운영범위"를 제시하여 정원관 리의 자율성 및 탄력성 제고 ※ 지자체 재정여건 등에 따라 총 정원의 1-3% 자율범위 부여
문재인 정부	기준인건비 제도개선('18)	• 기준인건비 한도를 초과하는 인건비사용에 대한 보통교부세 감액을 개선, 이와 연계되는 기준인건비 자율범위 폐지 ※ 방만화 방지를 위해 지자체의 기구 및 정원 관리·운영 현황에 대한 해당지방의회 제출 의무화

출처: 금창호 외(2021). 지방자치 30년 평가와 자치분권 미래비전 및 추진전략

5) 기준인건비 제도 운영

(1) 기준인건비 개요

정원관리제도 중 현재 운영중인 기준인건비 제도를 중심으로 내용을 살펴본다.

정부는 2014년 총정원 관리의 폐지 및 재정여건에 따른 인건비 운영의 탄력성 부여를 목적으로 기준인건비 제도를 도입하였다. 기준인건비의 범위 내에서 자율적인 정원관리가 가능하며, 지방자치단체의 여건에 부합하게 적정 인력

을 활용할 수 있다. 지방자치단체가 정원을 탄력적으로 운영할 수 있는 범위를 기본적으로 1%로 부여하고, 재정여건에 따라 3%까지 허용하고 있다.

2017년에는 제도 운영의 미비점 개선을 위한 제도상 보완이 이루어졌다(행정안전부, 2017). 자치단체가 인건비성 경비 총액(기준인건비)을 초과하여 인건비를 집행하는 경우에 이전에는 보통교부세를 감액했으나, 이후 별도의 제약을 적용하지 않도록 해 자치단체별 여건과 필요에 따라 자율적으로 정원을 관리할 수 있게 하였다. 자치단체의 방만한 인력 운용을 방지하기 위해 현행과 같이 기준인건비 범위 내의 인건비 집행분에 대해서만 보통교부세 기준재정수요에 반영하였다. 인력운용 결과를 지방의회에 제출하는 의무를 신설하고 주민공개를 강화하는 등 사후관리를 병행 추진함으로써 책임성을 강화하고자 하였다.

[2] 기준인건비의 산정방식

기준인건비의 산정은 기본적으로 전년도의 기준인력에 행정 및 정책에 대한 수요를 고려하여 제시하며, 구체적인 산정방식은 다음과 같다.

- 기준인건비 = 기준인력(공무원, 무기계약직) × 기준단가(공무원, 무기계약직)
- (T)년 기준인력 = (T-1)년 기준인력 + 행정수요 지표(10개) + 국가정책수요 + 지역현안수요 + 소방·복지 현장인력 + 정원조정

출처: 주재복 외(2019). 지방자치단체 조직관리제도의 발전적 개선방안 연구

T년도의 기준인력은 T−1년도 기준인력＋10개 행정수요 지표 값을 기반으로 한다. 10개의 행정수요 지표는 회귀분석을 통해 구성된 정원 수요함수에 따라 적정인력을 산출한 후에 기준인력과의 편차의 10%를 반영한다.

10개의 행정수요 지표는 ① 인구, ② 면적, ③ 주간인구, ④ 65세 이상 인구, ⑤ 사업체 수, ⑥ 자동차 수, ⑦ 장애인 수, ⑧ 법정민원 수, ⑨ 외국인 인구, ⑩ 농경지 면적 이다. 이외에 국가정책수요, 지역현안수요, 소방·복지 현장

인력, 정원조정 및 기타 사항을 반영하여 행정안전부가 최종적으로 기준인건비를 산정하며, 보강인력 수요와 관련한 사회복지 분야는 다음을 포함한다.

사회복지 분야에서는 찾아가는 보건복지서비스 확대 등 주민복지 증진을 위한 읍면동 사회복지·방문간호·마을자치 인력, 국정현안 분야에서 지역복지 강화 등 주요 국정현안 전담인력, 지역현안에서 아동노인 등 취약계층 지원 등 지역현안 해결과 주민서비스 제고를 위한 역점사업 전담인력 등이다.

6) 인력 결정과 배정 절차

사업별 인력 결정 및 배정 절차는 〈표 5－15〉와 같이 ▲기준인력에 의한 방식과 ▲사업비에 의한 방식으로 이원화되어 있다(최지민 외, 2020).

기준인력에 관하여 행정안전부와 사업부처는 상호 협의를 통해 주요 사업별로 인력 규모를 결정한 후 기준 인력을 산정하여 지자체에 교부한다. 기준인건비가 책정되면 이를 토대로 지자체의 사업부서가 인력 배치 계획을 수립·실행한다. 지자체의 의견 수렴 절차를 거치므로 인력관리의 예측가능성 또한 높은 편이다.

반면 사업비의 경우, 국도비 매칭을 통한 사업비에 인력 운영비를 포함하며, 개별사업의 국도비 매칭 비율, 기간 등에 따라 고용 대상자의 종사상 처우가 상이하여 인력관리의 어려움을 발생시키며 사전의견청취 절차가 없어 인력관리의 예측 가능성이 낮다.

이원화된 인력 배정 절차로 인해 증원된 인력의 인력 운영 근거가 상이하며, 지방행정조직 내 인력 배치가 이뤄진 이후에 해당 인력이 어떤 업무를 수행하고 있는지를 총체적으로 파악하기 어렵다. 이 같은 특성으로 인해 사회복지 인력의 적정 규모 추정과 일괄적인 인력 조정이 쉽지 않은 상황이다. 따라서 배치된 읍면동 인력이 현재의 사업 범위를 수행하기 충분한지, 관할 내 타 읍면동의 행정수요 대비 행정수요가 충분하지 않음에도 일괄적인 인력 배치를 단행하

표 5-15 인력 결정 및 배정 절차

기준인력(행정안전부)	사업비(사업부처: 보건복지부 등)
① 사업 추진 결정 (국정과제에 포함되는 주요 현안) ↓ ② 보건복지부는 사업매뉴얼에 따른 사업 인력을 개별적으로 행안부 자치분권제도과(지자체 인력 산정 부서)에 요청 ↓ ③ 행정안전부는 요청 사항을 반영하여 해당 지자체 기준인력 결정(기초 단위로 배분하며 지자체 현안 수요와 정책 수요를 고려한 차년도 인력 규모를 결정하며, 기준인력-국가시책 항목으로 교부) ↓ ④ 지자체(인사조직부서, 통상 총무과/기획과)는 기준인건비 산정 내역에 맞춰 인력충원 계획수립 ↓ ⑤ 지자체(사업부서)는 조직부서로부터 배정된 인력에 근거 사업 실시	① 사업 추진 결정 (국정과제에 포함되는 주요 현안) ↓ ② 보건복지부는 개별 사업예산 수립 (지자체 매칭) ↓ ③ 지자체(사업부서)는 사업에 따른 인력 채용계획을 조직부서에 전달 ↓ ④ 개별사업에 따라 고용대상의 연봉, 종사상 처우가 제각각
- 인력예측가능성: 높음 - 지자체 의견 청취 및 조율 절차: 존재 - 인력관리의 어려움: 보통	- 인력예측가능성 : 낮음 - 지자체 의견 청취 및 조율 절차: 없음 - 인력 운영의 어려움: 높음(국도비 부담 비율, 직종직렬, 국도비 지급 기간에 따라 다름)

출처: 최지민 외(2020). 지역맞춤형 사회복지전달체계 구축을 위한 읍면동 사회복지기능 수행실태분석

는 것이 적정한지, 타 사업 인력과의 업무량 형평성의 문제가 발생하는 것은 아닌지에 대한 현장의 관리 문제가 지속적으로 발생하고 있다.

사회복지 사업은 정책의 성격상 대부분의 국민이 더 많은 서비스 공급에 동의하므로 정책결정은 비교적 쉽게 이뤄지나, 정책 집행에 있어서 중앙-지방 간의 긴밀한 협조가 요구되는 영역이며, 중앙과 지방의 대규모 예산이 장기적으로 투입되는 계속사업이다. 지방정부 고유사무와 중첩되어 중앙-지방 간의 긴밀한 연계·협력 방안 확보가 중요한 사업이지만 사업결정과정에서 지방의 의견을 적극적으로 수렴하는 경우는 거의 존재하지 않는다.

7) 자치조직권 평가

지방자치제도가 본격적으로 시행된 이후 우리나라 지방자치단체의 자치조직권은 상당한 수준으로 확대되었다. 그러나 여전히 한계가 있는 것으로 평가된다. 여전히 중앙정부의 기준인건비 제도에 의해 제한되어 자율성이 미흡하고, 부단체장, 실국본부 설치 등에 대해서도 중앙정부의 승인이 필요하여 제약이 존재하며, 정원 운영의 자율성에도 불구하고 여전히 인력 운영의 경직성이 존재한다. 재정적 제약으로 인한 조직 슬림화 압박 등 자치조직권 행사에도 여전히 한계가 많다. 종합적으로 과거에 비해 자치조직권은 신장되었지만, 여전히 중앙정부의 통제와 재정적 제약 등으로 인해 적극적인 자치조직권 행사에는 어려움이 있다고 평가할 수 있다.

현행 자치조직권 제도의 경우 '인구' 중심으로 지방자치단체를 분류하고 있기 때문에 다양한 행정환경과 수요를 적극적으로 반영하는 데 미흡하다는 평가이다. 현재 기구설치 및 정원책정의 기준은 지방자치단체별 인구 규모가 중심이지만, 도·농 간, 대도시·중소도시 간 차이 등 다양한 경제 환경이나 지역 특성 등을 고려해야 하고, 자치조직권 제도를 통해 실질적인 지방자치단체의 자율성과 체감 만족도 등을 제고해야 하는 과제가 있다.

홍범택(2023)은 신문사설을 통해 현행 자치조직권의 운영실태를 비판적으로 검토하고 있다. 기준인건비제는 앞에서 정리했다시피 기준인건비 안에서 지자체가 정원을 자율적으로 운영하는 제도로 2014년 도입됐다. 복지, 안전 및 지역별 특수한 행정수요에 대응할 수 있도록 인건비의 추가 자율범위를 1~3%까지 허용했다. 문제는 추가정원에 들어가는 인건비는 해당 지자체가 부담토록 했다는 점이다. 언뜻 지자체의 자율성을 보장한 것으로 보이지만 자체 지방세 수입으로는 공무원의 인건비조차 해결하지 못하는 대부분의 지자체 입장에서는 추가정원 자율범위가 '그림의 떡'이나 다름없다.

지자체의 행정조직 운용과 인력의 활용 등은 지자체의 고유권한인데 행안부가 일방적으로 기준인건비를 산정해 통보한다는 것도 논쟁지점이다. '지방자치단체의 행정기구와 정원기준 등에 관한 규정' 등은 더 큰 족쇄다. 대통령령인 이 규정은 인구규모 기준으로 시·도의 실·국·본부 수를 규제한 것이다. 지자체는 이 규정 때문에 행안부와 협의하지 않으면 '국'이나 '과'는 물론이고 특별한 행정수요에 대응하는 한시조직 하나도 마음대로 만들 수 없다.

예를 들어, 시·도 부단체장과 기획조정실장 등 지자체 인사를 행안부가 통제하고 있는 것이 대표적이다. 「지방자치법」 123조에는 '광역지자체 부단체장은 단체장의 제청으로 행안부장관을 거쳐 대통령이 임명한다'로 돼 있다. 같은 법 125조는 기획조정실장에 관해 규정한다. 시·도의 부단체장과 기획조정실장이 지방직이 아닌 국가직이라는 것도 문제이지만, 행안부가 각 시·도 부단체장 인사권한을 맘대로 휘두르고 있는 것이다.

행안부의 이런 행태는 '거쳐'라는 단어를 악용한 것이다. '거쳐'는 단체장 제청안을 대통령에게 전달한다는 의미인데, 행안부가 장관의 인사권한으로 둔갑시킨 것이다. 부단체장과 기조실장 인사가 중요한 것은 부단체장은 해당 시·도의 당연직 인사위원장이고, 기조실장은 정책과 재정을 책임지는 중요한 자리이기 때문이다. 행안부가 마음만 먹으면 지자체 하위직 인사와 정책을 좌지우지할 수 있다는 얘기다. 광역단체장들은 이 같은 행태가 부당하다고 여겨왔지만 재정·조직·인사권한을 모두 틀어쥔 행안부의 보복이 두려워 적극적인 대응을 자제해왔다.

향후 자치조직권을 지방자치단체에 넘겨주되 행안부는 관리·감독을 적절하게 하는 방식으로 변화될 필요가 있다.

8) 지자체 인사체계의 한계와 혁신

지자체 공직사회는 관료제 방식으로 운영되고 있다. 효율적인 업무추진을 위해 이런 방식을 운영하고 있지만 문제점이 너무 많다는 평가이다. 한마디로 혁신적인 개편이 요구된다.

한국의 공직사회는 사실상 군대조직과 같이 철저한 계급사회이다. 다른 나라들도 관료제 방식으로 운영하고 있지만 한국처럼 권위적이고 폐쇄적인 계급제 방식으로 운영하는 나라는 드물다는 평가이다.

계급제는 전체 공무원이 포함되는 체계적인 계급구조를 고급, 중급, 하급 등 계층화하고 이를 다시 계급으로 세분화하여 이를 엄격히 관리함으로써 계급과 계층 간의 역할분담을 분명히 하고 그 역할에 따라서 소속 공무원의 자질과 능력을 다르게 설정하고 있는 제도이다. 계급제에서 채용, 승진, 전보 등과 같은 임용관리는 폐쇄적으로 운영되며, 수평적 외부임용은 원칙적으로 허용되지 않게 된다. 또한 신규 채용은 계급구조상 최하위 계급에 해당하는 자만을 선발하고, 상위 계급은 내부 승진으로 충원하는 것을 원칙으로 하고 있다. 계급제와 대비되는 제도는 곧 직위분류제이다. 직위분류제는 사람이 하는 일을 대상으로 그 일이 무엇이며 그에 따르는 책임이 어느 정도인가를 분류하는 것이다.

계급제의 문제점은 심각하다. 권위주의에 기인한 집단화, 형식주의, 줄서기, 정치화[4] 등이 내재되고, 일에 대한 성취감과 창의성 그리고 책임성은 자리잡기 어렵다. 이러한 문화는 지방자치제도 운영과 지방분권의 효과에 막대한 악영향을 미치고 있다. 그러므로 공직문화 전반의 개선이 요구된다.

또한 순환보직제계의 개선도 요구된다. 한 분야에 10년 이상 몸담아 직무의 전문성을 높이는 외국과 달리 우리나라의 공무원 인사제도는 고작 1~2년마다 직무를 바꿔가며 경력을 관리하는 개인 위주로 운영된다. 이는 조직관리를 위해 다양한 업무 경험이 필요한 고위직에게 적합한 방식이다. 근본적으로 전문가 공무원이 나올 수 없는 구조다. 순환근무라는 시스템은 업무의 잦은 인수

---

[4] 지방공무원들의 정치화에 대한 대표적인 연구로 이병량 외(2019)와 김순양(2020)의 연구를 참고하기 바란다.

인계에서 초래되는 비효율 및 업무 공백, 전문성 축적 기회의 결여, 책임성 저하, 정책의 일관성 및 연속성의 부재 등 많은 문제점을 초래하고 있다. 이로 인한 공직사회의 전문성 결여는 필연적 결과이다(소준섭, 2023a).

이러한 운영체계는 자연스럽게 사회복지업무를 담당하는 사회복지공무원에게도 영향을 미친다. 복지업무는 복잡하고 방대하며 심층적이고 전문적인 내용이 많다. 특히 대상자나 민간과의 충분한 관계유지도 중요하다. 그런데 반복적인 순환보직체계는 전문성 축적을 곤란하게 하고, 이해관계자간의 관계를 취약하게 만들며 업무의 연속성이 축소되게 만든다. 결과적으로 사회복지공무원은 전문적인 일을 비전문적으로 수행하게 된다. 전문가로 채용되었으나 비전문가로 전락하고 직렬에 대한 정체성을 확인하기 힘들며 이로 인해 서비스의 질을 담보하기 어렵게 된다.

또한 우리 공무원 시스템은 일반직의 54%가 행정직군으로서 일반 행정직의 비대화와 이들에 의한 상위직 독점이 큰 문제가 되고 있다. 그리하여 대부분의 행정기관들이 일반행정 업무를 담당하는 공직자 중심의 인사 및 조직운영으로 인하여 공직자의 전문성에 기초한 운영이 되지 못하고 있다는 비판을 받고 있다. 즉, 일반행정 직렬로 채용되는 공무원들이 주류집단화되어 일반행정직 위주의 인사운영으로 결과될 뿐이다. 이러한 현상은 인사운영의 내적 형평성을 저해함으로써 다른 직렬에 소속된 공무원들로 하여금 상대적 박탈감을 조성하게 된다(소준섭, 2023b). 이러한 결과들은 자연스럽게 사회복지직에도 영향을 미친다. 행정직과 비교한 복지직의 5급 사무관급 승진 비율이나 승진기간 등을 볼 때, 행정직 중심의 인사관행이 심각하다. 심지어 행정직의 복지업무 개입은 상상을 초월할 정도이다. 중요 보직에 행정직을 배치하고, 사례관리와 같은 중요업무에도 행정직이 팀장을 맡는 경우가 허다하다. 전문적인 업무에 비전문가가 주도를 하고, 복지관련 중요한 의사결정 과정에서 복지직렬이 아닌 타직렬이 판단을 내리고 있다. 이렇듯 한국의 관료제는 개선과제가 상당하고, 특히 공공조직 내 복지전문가로의 발전을 가로막는 문제들을 혁신해야 한다.

4 정치분권 현황과 쟁점

1) 정치분권의 개념

정치분권은 정책 및 입법 권한을 '지역' 차원에서 분배함으로써 공공의사 결정과정에서 시민과 선출된 지역대표에게 더 많은 권한을 부여하는 것을 목표로 한다(Topal, 2005). 정치분권은 정책을 수립하고 시행하는 데 있어서 시민과 그들의 대표자에게 더 많은 영향력을 부여함으로써 민주주의를 지지한다. 정치분권은 「헌법」 또는 법률 개혁, 정당의 발전, 입법부의 강화, 지역정치 단위 및 효과적인 공익단체나 시민단체 그리고 주민참여의 강화를 필요로 한다 (Rondinelli, 1999; Alper Ozmen, 2014). 또한 정치분권은 각각 독립적인 의사결정 권한을 갖는 여러 수준의 정부 간에 수직적 권력 분할이 있는 정부 시스템을 의미한다. 독립적인 의사결정권은 특정 문제에 대해 다양한 수준의 정부가 입법할 수 있다는 것을 의미한다(Brancati, 2006).

국내에서 정치분권에 대한 논의는 매우 부족한 실정이다. '정치적 분권'이라는 말은 '중앙과 지방의 수직적 권한의 배분'을 의미(윤이화, 2017)하거나, 정치분권의 핵심적 내용으로 선거분권과 의사결정분권 등이 제시되고 있다. 선거분권은 지방정부의 정치인들이 중앙에 의한 지명보다는 선거를 통해서 선출되는 정도를 의미하며, 광의로는 지역정당의 허용까지 포함한다. 또한 의사결정분권은 적어도 하나의 정책영역에 대한 정치적 의사결정권한이 하위정부 수준에 전적으로 배분된 것을 나타내며, 이는 지방정부가 전적인 처리권한을 갖는 기능배분과 자치법규 등을 포함한다(금창호 외, 2016).

또한 정치적 분권은 정치권력의 이양을 의미하며 지역 주민들의 다양하고 복잡한 선호와 요구를 중앙정치의 간섭과 통제 없이 지역 차원에서 독자적으로 자율적으로 의제화하고 결정할 수 있는 권한과 과정이 존재하는 상태를 의미한다. 정치적 분권은 주민대표기구로서의 지방정부의 독자성과 관련된 포괄적인 개념이지만 제도적으로는 지방정부가 단순한 집행권을 갖는 것이 아니라 최종적인 의사결정권을 이양 받는 것으로서 지방선거를 통한 독자적인 지방정부 구성권, 자치입법권의 부여·강화, 정당공천제도의 개선, 그리고 주민참여권 강화 등을 주요 정책수단으로 한다(이정만, 2012). 본고에서는 주민들의 정치적 참여와 의사결정의 분권 수준을 중심으로 논의한다.

2) 주민참정

[1] 주민참정의 개념

주민참정은 주민들이 지방자치단체에 집단적인 정치적 의사를 반영함으로써 대의제를 보완하고, 정치적 대표자들의 책임성을 확보하는 주권자로서의 활동을 의미한다.

주민참정을 주민참여의 한 형태로 보는 견해도 있으나, 일반적인 주민참여(공청회, 고충민원, 간담회 등)가 지방행정을 보완하는 간접적인 형태라면, 주민참정은 주민발안, 주민소환, 주민투표, 주민소송과 같이 보다 직접적이며, 정치적 활동이라는 점에 차이가 있다.

[2] 주민참정의 제도화

1990년대 후반부터 본격적으로 주민참정제도가 정비되기 시작하였고, 현재 「지방자치법」에 7가지의 주민참정제도를 정하고 있다. 주민청원, 조례 제정·개폐 청구, 주민감사청구, 주민투표, 주민소송, 주민소환 제도가 그것이다. 그 외 「지방재정법」의 '주민참여예산제'까지 포함하여 주민참정제도를 8가지로 보는 견해도 있다.

표 5-16 주민참정제도의 유형

구분		정부	근거	제정(시행)	취지
①	주민청원	이승만 정부	지방자치법 제73조	*자치법상 1949년부터	자치단체에 대한 주민들의 의사표현
②	조례제정·개 폐청구	김대중 정부	지방자치법 제15조	1999.8(2000.3)	주민의사를 반영한 조례 운영
③	주민감사 청구	김대중 정부	지방자치법 제16조	1999.8(2000.3)	자치단체 예산편성과 집행에 대한 주민감시와 참여
④	주민투표	노무현 정부	주민투표법 지방자치법 제14조	2004.1(2004.7) *자치법상 1994.3 제정	지방행정에 대한 견제와 감독 및 주민 의사결정
⑤	주민소송	노무현 정부	지방자치법 제17조	2005.1(2006.1)	주민공동의 이익 보호
⑥	주민소환	노무현 정부	지방자치법 제20조 주민소환에 관한 법률	2006.5(2007.5)	선출직 공직자에 대한 주민통제
⑦	주민조례 발안제	문재인 정부	지방자치법 제19조	2020.12(2021.1)	주민이 지방의회에 직접 조례의 제정·개정·폐지를 청구하는 제도

출처: 금창호 외(2021). 지방자치 30년 평가와 자치분권 미래비전 및 추진전략

① 주민청원제도

주민청원제도는 지역주민이 해당 지자체에 행정에 대한 피해의 구제 등과 같은 청원 사항을 문서로 작성하여 요구하는 제도이다. 「헌법」 제26조는 국민의 청원권을 규정하고 있으며, 「지방자치법」 제8절(제85조~제88조)에서도 주민 청원권을 규정하고 있다. 청원권은 개인의 청구적 기본권을 넘어 집단적인 의사전달의 목적으로 이용되는 경우가 많기 때문에 지방의회를 매개로 한 참정권으로서의 성격이 강하다. 현재 「지방자치법」은 청원의 대상을 한정하고 있지 않기 때문에 원칙적으로는 어떤 사항에 대해서도 지방의회에 소청할 수 있다고 볼 수 있다.

② 주민조례 제정·개폐청구제도〔주민발안〕

주민조례 제정·개폐청구제도는 조례에서 정하는 일정 주민 수 이상의 연서로 당해 자치단체장에게 조례 제정이나 개정·폐지를 청구할 수 있는 제도이다. 이 제도는 단체장이나 의회의 부작위에 대하여 주민들이 간접적으로 그 책임을 추궁하는 성격도 갖고 있다.

②-1 주민조례발안제〔2021년 개정시행〕

주민조례 제정·개폐·청구제도는 주민이 지방의회에 조례 제정·개정·폐지를 직접 청구할 수 있는 제도이다. 주민조례발안절차를 지방의회가 관리함으로써 자치입법과정에서의 지방의회의 권한과 비중을 확대할 수 있다.

③ 주민감사청구제도

주민감사청구제도는 주민이 지방자치단체와 그 장의 권한에 속하는 사무의 처리가 법령에 위반되거나 공익을 현저히 해친다고 인정될 때 청구할 수 있다(「지방자치법」 제21조). 이 제도는 일본에서 발달한 제도로서 공금지출·재산처분·계약체결·채무부담 등에 대한 감사청구가 주를 이루어졌다.

④ 주민투표제도

주민투표는 지방자치의 중요사항에 대하여 주민들의 청구에 의하여 시행되는 투표제도로서 지방자치단체장 및 의회 선거와는 다르다. 주민투표는 주민들에게 과도한 부담을 주거나 중대한 영향을 미치는 지방자치 단체의 주요 결정사항에 대해 주민들의 직접 투표를 통해 결정하는 것이다. 주민투표는 「지방자치법」 제18조를 근거로 2004.1 제정된 「주민투표법」에 주민투표의 대상과 절차 및 효력 등이 규정되어 있다.

⑤ 주민소송제도

주민소송은 지방자치단체의 위법한 재무회계 행위에 대하여 지역주민이 자기의 권리·이익에 관계없이 그 시정을 법원에 청구하는 제도이다. 주민소송은 「지방자치법」 제22조를 근거로 강력한 사법적 통제수단으로서 지방재정의 사후적 통제장치이며 지방행정 전반에 대한 견제장치로 작동한다. 「지방자치법」은 이들 사항에 대한 주민소송 성립 전 감사청구 전치주의를 채택하고 있다.

⑥ 주민소환제도

주민소환제도는 선출직 지방공직자에 대해 소환투표를 실시하여 그 결과에 따라 임기종료 전에 해직시키는 제도이다. 이 제도는 선출직 공직자에 대한 심리적 효과와 함께 가장 강력한 직접참여 방법으로 볼 수 있다. 「지방자치법」 제25조를 근거로 2006.5 제정된 「주민소환에 관한 법률」에 주민소환 투표의 절차 및 효력 등이 규정되어 있다.

⑦ 주민참여예산제도

우리나라의 주민참여예산제도는 지방자치단체에서 도입하여 중앙정부의 정책으로 확산된 제도 중 하나이다. 모든 지방자치단체가 주민참여예산제도를 운영하도록 한 것은 2011년이다. 주민참여예산제도는 전통적으로 행정의 영역에 속한 예산편성과정에 주민이 직접 참여하여 의견을 제시하고, 지방자치단체의 활동에 대한 주민의 권한행사의 제도적 수단이다. 지방자치단체의 예산과정에 주민이 참여할 수 있도록 제도적으로 보장하여 대의민주주의를 보완하고, 지방재정 활동의 민주성, 책임성, 투명성 등을 확보하는 제도이다.

〔3〕 주민참정 평가

지방자치에서 주민의 참정권 행사를 위한 제도적 장치의 마련은 민주주의

이념상 당연히 요구되는 것이다. 주민이 주권자라는 의식을 갖게 함으로써 지방자치의 본질을 살리며, 주민의 직접 견제를 통해 지방자치의 본래적 기능 회복에 기여한다.

민선자치 30년이 지나는 동안 주민참정은 제도적 기반을 마련하였으나 그 운영결과는 기대에 미치지 못하는 것으로 평가된다. 주로 제도운영의 현실적 어려움과 구조적 한계가 지적된다.

단적인 사례로 주민소환제의 경우, 주민 요구로 위법·부당한 선출직 공직자를 해직하는 제도로 한국은 2007년 5월 지방행정 민주성과 책임성을 높이기 위해 도입했다. 그러나 "유명무실하다"는 지적이 끊이지 않았다. 2022년까지 청구된 주민소환 125건 중 투표가 진행된 건 11건에 그쳤다. 이 중 유일한 주민소환 성공(해직) 사례는 2007년 화장장 건립 추진으로 갈등을 빚던 경기 하남시의원 2명(1.6%)이 전부다. 주민소환으로 물러난 단체장은 아직까지 한명도 없다. 그렇기에 주민소환제의 문턱을 낮춰야 한다는 주장이 제시된다.

3) 지방선거

(1) 지방선거의 개념

지방선거는 「지방자치법」에 따라 지방의회의원 및 지방자치단체의 장을 선출하기 위하여 지방자치단체가 시행하는 선거를 말한다. 대의민주제 하에서 지방선거제도는 지방자치단체의 의결기관과 집행기관을 구성하는 기본적인 제도로서 주민의 대표자, 즉 지방의원과 단체장을 선출하는 방법, 규정, 절차를 의미한다. 특히 대의제의 경우 대표성 확보의 측면에서 책임성(accountability)이 강조된다.

절차적 민주주의를 뒷받침하는 선거제도는 정치경쟁을 가능케 하는 게임의 주요 규칙이며 이 가운데 선거구제, 정당공천제 및 선거공영제는 공정한 게임규칙을 평가하는 주요 대상이라 할 수 있다.

지방자치단체장 또는 지방의원으로 선출된 지역리더는 지역주민의 삶의 질의 향상과 지역발전을 위해 지역정책을 수립 또는 주민의 의견을 정책에 반영시키려 노력하며, 지역주민의 행복과 지역발전을 위한 4년의 활동은 다음 선거에서 주민의 평가를 받게 되며, 지방선거 결과는 중앙 정치에도 영향을 미친다. 지방선거를 통해 중앙집권적인 정치 및 행정구조에서 벗어나 중앙과 지방이 수평적 관계가 형성되고, 주민에 대한 대표성·책임성·공정성 확보를 통해 민주성이 강화될 수 있다.

[2] 지방선거 관련제도

지방선거 실시와 관련하여 다양한 제도가 운영중이다. 주요 제도를 정리하면 〈표 5-17〉과 같다.

표 5-17 지방선거 관련 주요 제도

	제도	주요 내용
①	단순다수대표제	다수대표제는 하나의 선거구에서 가장 많은 득표를 한 후보를 당선자로 정하는 선거제도로 소선거구제를 기초로 하고 있으며, 단순다수대표제와 절대다수대표제로 구분됨
②	소선구제	소선거구제는 한 선거구에서 한 명의 대표를 선출하는 선거 제도를 말하며, 1구 1인 대표제라고도 말함
③	중·대선거구제	중·대선거구제는 하나의 선거구에서 2명 이상의 당선자를 선출하는 선거제도를 말함
④	비례대표제	정당의 득표율에 비례해 당선자 수를 결정하는 선거 제도로, 각 정당을 지지하는 유권자의 비율을 의회 구성에 반영하기 위해 생겨난 제도임
⑤	여성후보자추천제 (여성할당제)	지방선거에서 지방의회 구성에 여성의 정치적 대표성을 높이고자 도입되었으며, 공직선거법은 '정당이 비례대표지방의회의원선거에 후보자를 추천하는 때에는 그 후보자 중 100분의 50 이상을 여성으로 추천하되, 그 후보자명부의 순위의 매 홀수에는 여성을 추천하여야 한다'고 명시하고 있음
⑥	정당공천제	정당공천제란 대통령, 국회의원, 지방자치단체장 및 지방의회 선거에서 정당에서 후보를 추천하는 선거 제도를 말함
⑦	선거공영제	선거공영제는 선거운동을 국가나 지방자치단체가 관리하여 선거운동에 있어서 기회균등을 보장하고 선거비용의 일부 또는 전부를 국가가 부담함으로써, 선거의 공정을 기함과 동시에 자금력이

	제도	주요 내용
		없는 유능한 후보자의 선거 출마를 보장하려는 제도임
⑧	사전투표제	사전투표제는 유권자가 지정된 선거일 이전에 투표를 할 수 있도록 하는 선거제도임
⑨	동시선거	전국동시지방선거는 지방자치단체의 구성원을 선출하기 위해 1995년부터 도입된 제도임. 지자체 대표들을 동시에 선거함

출처: 금창호 외(2021). 지방자치 30년 평가와 자치분권 미래비전 및 추진전략

(3) 지방선거 평가

자치분권시대에 지방선거는 지역주민들의 일상생활과 밀접한 지역현안을 중심으로 주민의 삶의 질을 제고시켜야 함에도 전반적으로 정당공천제의 실시로 인한 중앙정치의 영향으로 지방정치가 여전히 중앙정치에 예속되어 지방자치 본연의 의미를 갖지 못하는 등 지방선거의 장점이 퇴색하고 있다는 평가이다(육동일, 2016).

지방의 특수성과 현안을 중심으로 하는 본연의 지방자치를 이루기 위해서는 지역의 현안과 이슈에 초점을 맞춘 정치조직의 등장과 그들의 활동을 용이하게 하는 환경을 조성하는 것이 필요하다. 정책선거와 더불어 지역인재의 적극적 충원제도 확립, 정당민주화의 실현, 매니페스토 실천강화, 후보자의 정책공약 이행평가, 시민단체간의 협력과 지원, 선거법개정, 선거제도 개선 등의 과제가 있다(최진혁, 2022).

4) 주민자치회

지방자치시대에는 단체자치 못지않게 주민자치 영역이 중요한데, 한국에서 주민자치정책은 대표적인 정책실패 사례라고 평가된다(김찬동, 2019). 그 이유는 주민자치정책의 정책목표가 풀뿌리민주주의를 활성화하기 위한 것인지, 아니면 주민편의와 복리증진을 위한 것인지 불명확하기 때문이다. 전자의 경우는 정치적인 성격의 것이지만 후자의 경우는 관리적 성격으로 하나의 사업으로

간주되기 때문인데, 한국의 경우는 후자에 가깝다. 「지방자치법」에는 주민자치라는 정책용어 자체가 없으며, 자치단체들간의 관계를 정하는 수준으로 단체자치의 패러다임에 한정되어 있기에, 주민자치없는 지방자치를 기획하고 있는 것이다. 또한 물리적으로 자치의 기본단위가 너무 커서 풀뿌리 민주주의를 경험하고 체험하는 것이 어렵고, 결과적으로 대의민주주의를 지방자치의 모든 것으로 오해하고 있다. 본 고에서는 '주민자치회'를 중심으로 정리한다.

[1] 추진 배경

현재 읍면동에 설치·운영되고 있는 주민자치위원회는 1999년 '국민의 정부' 시절 읍면동 기능전환(기능축소를 의미)에 따라 여유가 생긴 읍면동사무소의 일부 공간을 주민자치센터로 전환하는 과정에서 기존의 '읍면동정자문위원회'를 중심으로 구성하여 주민자치센터 운영위원회 기능을 부여하면서 탄생한 것이다. 전국의 대부분 읍면동(2020년 현재 전국 3,119개 읍면동 설치)에 주민자치센터가 설치되어 운영되고 있으나 주요 프로그램은 취미와 복지적 활동으로 전개되고 있어, 주민의 생활상의 문제해결이나 공동체의 의제 발굴과 해결과 같은 자치적 활동을 수행하는 데는 한계가 있어 본격적인 주민자치제도로 평가받지 못하고 있다. 이것은 주민자치를 활성화시키기 위한 정책적 고민보다는 읍면동의 기능 축소에 대한 행정 편의적 대책에 의해 도입된 태생적 한계를 가지고 있기 때문이다(주민자치법제화전국네트워크. 2021). 이러한 문제를 해소하기 위해 주민자치위원회는 주민자치회로 변화를 꾀하고 있다. 한마디로 주민자치회는 권한과 주민대표성이 강화된 새로운 형태의 주민자치기구인 것이다.

[2] 주민자치회의 개념

주민자치는 근린지역을 단위로 주민들이 직접적으로 대면하고 스스로 공동체를 형성하여 지역문제를 해결하기 위해 직접 참여하는 것을 말한다. 주민자치

표 5-18 주민자치위원회와 주민자치회의 차이

구분	주민자치위원회	주민자치회
위상	- 읍면동장의 자문기구	- 주민자치 협의·실행기구
법적 근거	- 시군 주민자치센터 설치 및 운영 조례	- 지방분권 및 지방행정체제개편에 관한 특별법제27조~29조(행안부 승인) - 시군 주민자치회 시범실시 조례
기능	- 주민자치센터 운영에 관한 심의·결정 - 읍면동 행정업무에 대한 자문	- 주민자치 업무(주민총회 개최, 마을계획 수립 등) - 지방정부 위임·위탁 사무 수행
위원 구성	- 각급 기관, 단체 추천 및 공개모집 신청·접수	- 공개모집에 신청한 사람 또는 각급 학교·기관·단체 등에서 추천받아 공개추첨으로 선정 ※ 주민자치 교육과정 이수 필수
위촉권자	- 읍면동장	- 시장·군수·구청장
재정	- 읍면동 지원금, 프로그램 수강료 한정	- 자체 재원인 사업(위탁)수익, 보조금 등으로 운영
지방정부 관계	- (대부분) 읍면동 주도로 운영	- 대등한 관계에서 파트너십 구축

출처: 경기도청 홈페이지(https://www.gg.go.kr/)(2024.3.20.접속)

회는 풀뿌리자치 활성화와 민주적 참여의식 고양을 위해서 읍·면·동(또는 동, 읍·면)에 설치되고, 주민으로 구성되어 주민자치센터를 운영하는 등 주민의 자치활동 강화에 관한 사항을 수행하는 조직을 말한다(주민자치회 표준조례안 제2조).

법적 근거를 보면, 「지방분권특별법」(지방분권 및 지방행정체제개편에 관한 특별법)제26조~제29조, 각 지자체 주민자치회 설치와 운영에 관한 조례 등이 대표적이다.

주민자치회의 구성과 운영을 보면, 주민 중 일정시간 교육을 이수한 사람을 대상으로 공개추첨 또는 위원선정위원회의 심의 등을 통해 주민자치회 위원을 선정하고, 지역에 따라 분과회의, 정기회의, 임시회의 등 개최, 자치계획 등 주민자치회에서 수립·의결한 사항을 주민들과 공유하고 최종적으로 추인하기 위해 전체 주민이 참여하는 주민총회를 개최하는 방식으로 진행된다.

〔3〕 주민자치회 운영 현황(하혜영, 2020)

2019년 12월 31일 기준으로 주민자치회는 96개 시·군·구, 408개 읍·면·동에서 시범실시 중에 있다. 전국에 읍은 228개, 면은 1,182개, 동은 2,079개로 총 3,491개가 있는데, 이 중에서 408개소(11.7%)가 주민자치회를 운영하고 있다.

지역별로 보면, 서울시에는 25개 구 중 23개 구에 144개 주민자치회가 있으며, 전국에서 가장 많다. 그리고 부산시 10개, 대구 6개, 인천 34개, 광주 21개, 대전 18개, 울산 4개, 세종 4개, 경기 47개, 강원 29개, 충북 3개, 충남 45개, 전북 2개, 전남 15개, 경북 2개, 경남 24개가 운영 중이다.

연도별로 시범운영 현황을 보면, 2013년 31개, 2014년 47개, 2018년 95개, 2019년 상반기 214개에서 2019년 하반기에는 408개로 크게 늘어났다.

주민자치회가 설치된 408개 읍·면·동의 2020년도 관련 예산을 살펴보면 다음과 같다. 2020년 3월 말까지 예산이 확정되지 않은 44개(추경 등 추후예산 편성)를 제외하고 364개 주민자치회의 총 예산은 약 268억 원이고, 이 중에서 지방자치단체의 지원금이 약 197억 원(73.7%), 주민자치회의 자체재원이 약 70억 원(26.3%)이다. 2020년도 예산에서 주민자치회의 자체재원이 있는 경우는 조사된 364개 중에서 131개(36%)이고, 나머지 233개는 모두 지방자치단체의 지원금으로만 구성되었다.

〔4〕 주민자치회의 기본모형

현재 주민자치회 기본모형은 협력형, 통합형, 주민조직형 등 3가지가 제시되고 있다.

① 협력형 모형

- 주민자치센터의 모형을 점진적으로 개선시키고자 하는 모형이다.

- 주민자치회가 읍·면·동장과 대등한 지위로 격상되고, 근린자치기구의 역할을 수행하는 모형이다.

② 통합형 모형

- 읍·면·동사무소는 주민자치회의 사무기구로 전환되며,
- 주민자치회는 근린자치기구로서의 지위를 갖고, 읍·면·동사무를 처리하는 하부행정기관의 지위를 동시에 갖게 된다.
- 주민자치회와 읍·면·동 조직이 통합된 형태로 주민자치회의 지위가 읍·면·동 행정조직보다 우위에 있는 형태이다.
- 의결기구인 주민자치위원회와 집행기구인 사무기구로 구성된다.

③ 주민조직형

- 주민조직형 모형은 순수한 주민만으로 읍·면·동을 운영하고자 하는 형태이다.
- 읍·면·동 사무가 시·군·구로 환원되고, 주민자치회는 근린자치기능을 수행하게 된다.

표 5-19 주민자치회 기본모형

구분	주민자치기능			행정(지원)기능		
	순수 주민자치 사항	현 읍·면·동 행정기능				시·군·구 사무중 위임·위탁사항
		주민자치 관련 사무	위탁가능사무	기타사무	
통합형	○ (위원회의결)			○ (위탁보다는 위임 가능성 큼)		
협력형	○ (자치회 의결·집행)	○ (자치회 협의·심의)	○ (위탁)	X		○ (위탁)
주민 조직형	○ (자치회 의결·집행)	△ (자치회 의견 제출)	○ (위탁)	X		○ (위탁)

출처: 금창호 외(2021). 지방자치 30년 평가와 자치분권 미래비전 및 추진전략

(5) 주민자치회 평가(주민자치법제화전국네트워크, 2021)

주민이 지방자치의 주인이라는 것은 자치단체의 의사결정과정에 주민의 의사를 반영(여론 수렴)하거나 공동결정(참여, 숙의) 또는 주민의 직접 결정(주민발의와 투표)이 이루어진다는 것을 의미한다. 하지만 실제로는 대의제 자치단체가 대부분의 결정권을 행사하고 주민은 선거권만 행사하는 사례가 일상의 모습이기에 '주민의 의사와 통제에 따른 지방자치'에 대한 효능감이 거의 없는 상태이다.

지난 2013년 시작된 주민자치회 시범사업은 첫해 31개 읍면동에서 2021년 현재 약 800여 개의 읍면동에서 활동 중이나 완전한 법률적 뒷받침이 되지 못하고 '시범사업'의 단계를 벗어나지 못하고 있다. 2020년 12월「지방자치법」전부개정안이 국회를 통과하였지만 당초 정부안에 명시되었던 주민자치회 관련 조항은 삭제된 채로 통과되어 관련 주민과 현장의 분노를 자아내고 있어 법제화에 대한 논의와 노력이 절실한 상태이다.

주민자치회는 자치단체 운영과 지방자치에 공식적 참여 기구이며 표준조례에 의하면 주민의 대표자로서 위상을 가지고 법적 근거를 가진 자치업무(또는 사무)를 발굴하고 심의·의결 또는 행정사무의 집행을 위탁 등의 방법으로 수행하는 주체로서 위상을 가진다.

주민자치가 주민 주권을 실현하고 대의제의 한계와 약점을 극복하기 위한 것이라면, 주민자치회는 주민참여를 상설화시킬 뿐 아니라 비록 '주민 화합과 발전'이라는 범위에 국한되지만 주민조직이 주민자치사무를 공적으로 수행할 근거를 제공하여 주민자치 발전을 위한 역량 구축과 기회를 제공한다.

주민자치회가 법률상 풀뿌리 자치와 민주적 참여의식을 고양하는 것을 목적으로 하지만 향후 성공적 발전이 이루어진다면 대의제를 보완하는 결사체 민주주의, 직접 민주주의, 숙의 민주주의, 주민 정부 등 다양한 실험을 위한 제도로 활용 또는 발전할 여지가 강하다.

5) 주민주권 관련 「지방자치법」 전부개정

최근 「지방자치법」 전면개정(2021.1.12. 전부개정, 2022.1.13. 시행)을 통해 주민주권 구현을 위한 구체적인 법적 근거가 마련되었다.

동 법 제1조 목적 규정에서 주민자치의 원리를 적시하고 지방의 정책결정 및 집행과정에 대한 주민의 참여권을 신설하였고, 동 법에 근거한 「주민조례발안법」을 별도로 제정하여 주민이 의회에 직접 조례안의 제정, 개정, 폐지를 청구할 수 있도록 하며, 주민조례발안 주민감사청구의 인구요건을 완화하고 참여연령을 19세에서 18세로 하향 조정하였다.

표 5-20 지방자치법 전부개정 주요 내용: 주민주권 구현 관련

분야	현행	개정
목적규정 (제1조)	- 목적규정에 주민참여에 관한 규정 없음	- 목적규정에 '주민의 지방자치행정에 참여에 관한 사항' 추가
주민참여권 강화 (제17조)	- 주민 권리 제한적 : ① 자치단체 재산과 공공시설 이용권 ② 균등한 행정의 혜택을 받을 권리 ③ 참정권	- 주민 권리 확대 : 주민생활에 영향을 미치는 정책결정 및 집행과정에 참여할 권리 신설
주민조례 발안제 도입 (제19조)	- 단체장에게 조례안 제정, 개·폐 청구	- 의회에 조례안을 제정, 개·폐 청구 가능(별도법 제정)
주민감사 청구인 수 하향조정 (제21조)	- 서명인 수 상한: 시·도 500명 50만 이상 대도시 300명 시·군·구 200명	- 상한 하향조정: 시·도 300명 50만 이상 대도시 200명 시·군·구 150명
청구권 기준 연령 완화 (제21조)	- 19세 이상 주민 청구 가능	- 조례발안, 주민감사, 주민소송 18세 이상 주민 청구 가능
자치단체 기관구성 형태 다양화 (제4조)	- 기관 분리형(단체장-지방의회)	- 주민투표 거쳐 지방의회와 집행기관의 구성 변경 가능 (기관분리형·통합형 등) * 추후 여건 성숙도, 주민요구 등을 감안하여 별도법 제정 추진

출처: 행정안전부(2020). 「지방자치법 32년 만에 전부개정, 자치분권 확대 기틀 마련」, 보도자료(2020.12.9.)

그리고 주민투표로 단체장의 선임방법 등 자치단체 기관구성 형태를 선택할 수 있는 근거를 마련하였다.

PART

02

복지분권의 현실과 과제

06

복지분권의 현황과 쟁점

CHAPTER 06은 복지분권의 주요 영역인 복지사무분권, 복지재정분권, 복지행정분권, 복지정치분권을 중심으로 현황과 쟁점들을 다룬다.

1 복지사무분권의 현황과 쟁점

5장 일반적 자치분권 영역에서는 사무분권의 일반적인 원칙들을 설명하였고, 이러한 원칙들이 준수되고 있지 않다는 점을 서술한 바 있다. 이러한 상황에서 복지영역의 경우는 그 정도가 심한 편인데, 사무배분 기준이 불명확하고, 중앙과 지방의 기능과 역할이 중첩하며, 이 때문에 복지사업 분담체계상 현황을 파악하기 곤란한 상황이다. 정부 간 사업책임 소재와 재원분담간에 일관성이 있어야 하지만 실제 재정운영 과정에서 적용되고 있지 않다. 복지분권의 시작은 정부간 분명한 사무분담을 설정하는 것에서 시작되어야 한다.

1) 복지사무분권의 이론적 논의

선행연구에서 중앙−지방 사회복지 역할분담 및 복지사무분권과 관련된 기준이나 원칙들이 다수 제시된 바 있다(구인회 외, 2009; 고영선, 2012; 박지현, 2014; 하혜수 외, 2017 등).

[1] 보충성의 원칙

중앙−지방 역할분담 내지 기능분담의 가장 기본적인 원칙으로 보충성의 원칙이 제기된다. 보충성의 원칙에 따르면, 소규모의 하위공동체가 해결할 수 있는 과제들은 우선적으로 하위공동체가 해결할 수 있도록 하고, 상위공동체는 이러한 문제를 하위공동체가 해결하지 못하는 경우에만 개입하도록 하는 것이다. 이러한 원칙에서 본다면 지자체의 사회복지 기능이 미흡한 부분을 국가(중앙정부)가 수행해야 한다는 논리로 연결된다. '행동의 우선권이 작은 단위, 즉 하부단위에게 주어진다'는 것이다. 즉 하부단위 힘으로 처리될 수 없는 사항에 대해서만 차상급 단위가 보충적으로 개입할 수 있다는 것이다.

(2) 공공재 이론

일반적으로 공공재는 그 혜택 범위를 기준으로 전국적 공공재(national public goods)와 지방적 공공재(local public goods)로 구분된다. 전국적 공공재는 국가 전체 시민을 대상으로 한 공공재를 말하며, 지방적 공공재는 그 혜택이 특정 지역사회 주민에게만 돌아가는 공공재를 말한다. 이 중 전국적 공공재는 국가적 수준에서 제공되는 것이 효율적이며, 소비가 지역으로 제한된 재화와 서비스의 경우에는 지역주민의 선호와 비용 여건을 반영하여 지방정부가 공급하는 것이 중앙정부가 공급하는 것에 비해 경제적일 수 있다.

(3) 후생경제학적 이론

가. 외부효과와 내부효과

중앙과 지방간의 사무배분에 있어 기준들은 외부효과(externality)와 내부효과(internality)의 발생가능성에 대한 판단에서 시작하고 있으며(Oates, 1999), 이러한 판단은 경제학적 접근으로 시장실패의 원인에 대하여 외부효과의 관점에서 접근하고 있다.

외부효과와 내부효과는 재정대응성의 문제로 복지서비스를 제공받는 대상들이 거주하는 지역과 서비스 공급자가 담당하는 지역 커버리지가 일치할 때

효율성이 극대화되고, 그렇지 않을 경우 비효율성이 발생한다고 본다(고영선 외, 2012).

그러므로 특정 지자체가 제공하는 복지서비스가 타지역 주민들에게 적용되는 지역 간 외부효과가 발생할 경우, 광역정부나 중앙정부가 담당하는 것이 효율적이라고 본다. 내부효과는 복지서비스의 효과가 특정 지역에서만 국한되는 경우를 의미하는데 이 경우 해당 복지서비스는 특정 지자체가 담당하는 것이 효과적이다.

중앙정부는 외부성에 기초하여 모든 국민에게 동등하게 제공되어야 하는 보편적 서비스와 외부효과가 큰 서비스를 담당하고, 지자체는 지역특성에 맞는 맞춤형 서비스를 제공하는 것이 효율적이다(Oates, 1972; Tiebout, 1956).

나. 규모의 경제

규모의 경제(economies of scale)가 작용하는 경우, 광역이나 또는 중앙정부가 서비스를 제공하는 것이 효율적이라고 본다.

공급규모가 증가함에 따라 한계비용이 체감하는 규모의 경제가 발생하는 경우, 복지서비스에 필요한 평균비용을 최소화할 수 있는 수준에서 공급이 이루어지는 것이 효율적이다. 적절한 공급 규모에서 서비스가 제공되면 서비스의 수준을 동일하게 유지하면서도 소요 비용을 효과적으로 절감할 수 있게 된다. 그러므로 규모의 경제가 작동하는 서비스는 상대적으로 광역이나 중앙정부가 담당하는 것이 유리하다.

다. 납세자의 이동가능성

특정 지자체가 제공하는 서비스가 다른 지자체가 제공하는 서비스와의 차이가 클 경우, 더 선호하는 서비스를 제공하는 지자체로 납세자들이 이주(taxpayer mobility)하는 경향이 나타날 수 있다. 납세자의 유출로 재정문제가 발생한 지자체는 돈이 안 드는 서비스에 집중하거나(Bardhan, 1997), 서비스를 축소할 수도 있다.

더 좋은 서비스를 받기 위해 이동하는 것은 이동에 따른 비용보다 서비스의 편익이 크다는 것을 의미하며, 해당 서비스를 제공하는 지자체는 인구증가로 인해 재정력 확보로 더 많은 서비스를 제공할 수 있으므로 타 지자체와 서비스 격차를 더 증가시킬 수 있다(Olsson, 1993).

한국과 같은 경우 지자체의 규모가 작아 주민의 이동가능성이 높고, 지역소멸 및 고령화 촉진으로 인해 더 많은 서비스가 필요한 경우 납세자의 이동가능성이 높아지게 된다.

라. 지역 간 선호의 이질성

서비스에 대해 전국적으로 공통적인 서비스 욕구가 존재하는 반면, 지역적인 특수성이 고려되는 서비스 욕구도 존재한다. 이때에는 서비스 제공을 분권화하여 개별화된 수혜자의 욕구에 대응하는 것이 필요하다.

지역간 선호의 이질성(differences in local preferences)이 존재하는 경우, 규모의 경제가 발생하기 어렵고, 오히려 수요자에 대한 정보부족으로 인해 개별요구들에 대한 대응비용이 증가함에 따라 집권화된 사무처리가 불가능해질 수 있다.

지자체는 지역의 선호와 여건에 맞추어 차별화된 서비스를 공급할 필요성이 있게 되며, 이를 통해 국민 전체의 서비스 수준을 상승시킬 수 있게 된다.

[4] 형평성, 효율성, 실행성의 원칙

구인회 외(2009)는 국가적 사무와 지방적 사무를 판단하는 데 있어 '효율성', '형평성', 그리고 '실행성'의 원칙을 제시하였다. '효율성의 원칙'은 외부효과의 유무에 따라서 국가사무와 지방사무로 나뉠 수 있다는 것이다. 하지만 효율성의 원칙에 따라서 외부효과가 작아서 사업의 효과가 지역에 국한됨에도 불구

그림 6-1 중앙-지방 사무배분을 결정하는 원칙과 과정

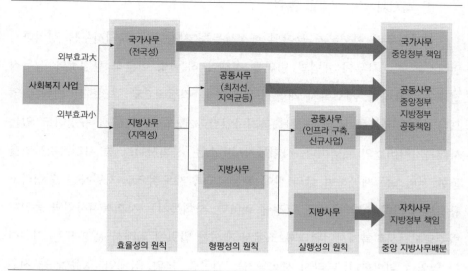

출처: 구인회 외(2009). 사회복지 지방분권 개선방안 연구

하고, 지방사무로 추진할 경우 지역 간 격차가 우려되는 사업은 '형평성의 원칙'에 의해 공동사무로 추진해야 한다고 제시하였다. 마지막으로 '실행성의 원칙'에 따라 지방정부가 지방적 공공재를 충분하게 공급하기 힘든 경우에는 공동사무로 중앙정부의 개입이 필요하다고 하였다.

이러한 원칙에 따라 중앙과 지방 간 사무배분을 결정하는 과정을 나타내면 〈그림 6-1〉과 같다.

2) 복지사무분권의 현황

복지사무분권의 현실은 일반적인 사무분권 현실의 영향을 받고 있다. 사무구분이 모호하고, 사무배분과 사무이양도 합리적이지 않아, 책임성 측면에서 심각한 문제가 발생하고 있다.

[1] 복지사무의 개념과 범위

복지사무란 사회복지 분야의 행정사무를 지칭한다. 복지사무를 정리하기 위해서는 복지사무의 개념과 범위를 정해야 하는데, 이론적 관점보다 실무적 접근이 필요하다. 사회복지 개념 또는 범주를 직접적으로 규정하는 법령은 없으나, 가장 유사한 내용은 「사회복지사업법」 제2조 제6호에서 규정하고 있는 사회복지서비스의 개념이다. 사회복지서비스는 '사회서비스 중 사회복지사업을 통한 서비스를 제공하여 삶의 질이 향상되도록 제도적으로 지원하는 것'이라고 규정되어 있다. 이러한 법률 규정에 의하면, 사회복지는 사회복지사업과 동일한 범주로서 「사회복지사업법」 제2조에서 제시한 법령에 의해서 운영 또는 지원하는 영역을 의미한다. 따라서 사회복지는 빈곤층, 노인, 장애인, 영유아 등 지원이 필요한 국민을 대상으로 운영하는 공공부조, 서비스 및 급여 제공, 그리고 관련 복지시설의 운영을 포함하는 개념으로 정리할 수 있다(정홍원 외, 2020).

또한 사회사회에 대한 기본적인 내용을 포함하고 있는 보장기본법상 제시

사회보장기본법상 사회보장 관련 개념들

> 제3조(정의) 이 법에서 사용하는 용어의 뜻은 다음과 같다. <개정 2021. 6. 8.>
> 1. "사회보장"이란 출산, 양육, 실업, 노령, 장애, 질병, 빈곤 및 사망 등의 사회적 위험으로부터 모든 국민을 보호하고 국민 삶의 질을 향상시키는 데 필요한 소득·서비스를 보장하는 사회보험, 공공부조, 사회서비스를 말한다.
> 2. "사회보험"이란 국민에게 발생하는 사회적 위험을 보험의 방식으로 대처함으로써 국민의 건강과 소득을 보장하는 제도를 말한다.
> 3. "공공부조"(公共扶助)란 국가와 지방자치단체의 책임 하에 생활 유지 능력이 없거나 생활이 어려운 국민의 최저생활을 보장하고 자립을 지원하는 제도를 말한다.
> 4. "사회서비스"란 국가·지방자치단체 및 민간부문의 도움이 필요한 모든 국민에게 복지, 보건의료, 교육, 고용, 주거, 문화, 환경 등의 분야에서 인간다운 생활을 보장하고 상담, 재활, 돌봄, 정보의 제공, 관련 시설의 이용, 역량 개발, 사회참여 지원 등을 통하여 국민의 삶의 질이 향상되도록 지원하는 제도를 말한다.
> 5. "평생사회안전망"이란 생애주기에 걸쳐 보편적으로 충족되어야 하는 기본욕구와 특정한 사회위험에 의하여 발생하는 특수욕구를 동시에 고려하여 소득·서비스를 보장하는 맞춤형 사회보장제도를 말한다.

된 내용들도 상당부분 복지사무에 속한다고 할 수 있다.

〔2〕 복지사무의 현황

복지사무분권을 실행하기 위한 첫걸음에서 난관은 복지사무의 현황이 제대로 파악되어 있지 않다는 점이다. 또한 지방자치단체가 담당하고 있는 많은 복지사무가 자치사무인지 아니면 중앙정부의 위임사무인지 구별하기 쉽지 않다. 복지사무 중에서 자치사무에 해당하는 사무에 대해서는 「지방자치법 시행령」 [별표 1] 지방자치단체의 종류별 사무'에서 '2. 주민의 복지증진에 관한 사무 가. 주민복지에 관한 사업 ~ 라. 노인·장애인·청소년 및 여성의 보호와 복지증진'에서 시·도 사무와 시·군·자치구 사무를 제시하고 있다. 그러나 이는 배타적 구분이 아닌 자치사무의 예시를 제시하는 방식으로 되어 있다.

표 6-1 사회복지 자치사무 예시

구 분	시·도 사무	시·군·자치구 사무
2. 주민의 복지증진에 관한 사무		
가. 주민복지에 관한 사업	1) 주민복지 증진 및 주민보건 향상을 위한 종합계획 수립 및 지원 2) 시·군·자치구에 공통되는 복지업무의 연계·조정·지도 및 조언	1) 주민복지 증진사업계획의 수립시행 2) 시·군·자치구 단위 주민복지시설의 운영·지원 3) 주민복지 상담 4) 환경위생 증진 등 주민보건 향상을 위한 사업 실시
나. 사회복지시설의 설치·운영 및 관리	1) 사회복지시설의 수요 판단과 지역별 배치 등 기본계획의 수립 2) 사회복지시설의 설치·운영 3) 사회복지법인의 지도·감독 및 지원 4) 사회복지시설 수혜자에게 비용 수납 및 승인	1) 사회복지시설의 설치·운영 2) 사회복지시설 수혜자에게 비용 수납 3) 사회복지법인에 대한 보조 및 지도 4) 사회복지법인 등의 시설 설치허가와 그 시설의 운영 지도
다. 생활이 어려운 사람의 보호 및 지원	1) 생활보호 실시에 따른 이의신청 심사 2) 생활보호비용의 일정액 지원 3) 시·군·자치구에 대한 생활보호보조금 지급 4) 생활보호기금의 적립 및 운용관리 5) 의료보호진료 지구의 설정	1) 생활보호대상자 조사·선정 2) 생활보호대상자의 보호·관리 3) 생활보호의 실시(생업자금대여, 직업훈련, 공공근로사업, 수업료 지급, 장례보조비 지급 등) 4) 생활보호비용의 일정액 지원

	6) 의료보호시설의 지정 7) 의료보호기금의 설치·운용	5) 생활보호대상자의 부양의무자에게 보호비용 징수 6) 생활보호기금의 적립 및 운용관리 7) 생활보호의 변경과 중지 8) 의료보호대상자 관리와 의료보호의 실시(진료증 발급 등) 9) 의료보호기금의 설치·운용
라. 노인·아동·장애인·청소년 및 여성의 보호와 복지증진	1) 노인복지사업계획 수립·조정 2) 경로사업의 실시·지원 3) 노인복지시설의 설치·운영 및 지원 4) 아동복지사업 종합계획 수립·조정 5) 아동상담소의 설치·운영 6) 아동전용시설의 운영 7) 아동보호조치 8) 아동복지시설의 운영·지원 9) 아동복지단체의 지도·육성 10) 장애인복지사업 종합계획 수립·조정 11) 장애인의 검진, 재활상담과 시설에의 입소 12) 장애인의 고용 촉진 13) 장애인 편의시설의 설치 지도·권고 14) 장애인복지시설 운영·지원 15) 청소년사업 종합계획 수립·조정 16) 청소년시설의 설치·운영 17) 시·도 단위 지방청소년육성위원회 운영 18) 청소년육성 기본계획의 연도별 시행계획의 수립·시행 19) 청소년의 달 행사 추진 20) 청소년단체 육성·지원 21) 공공청소년 수련시설 설치·운영 22) 청소년복지 지원 23) 양성평등 기본계획의 연도별 시행계획 수립·시행 24) 모자보건사업계획의 수립·조정 25) 여성단체 육성·지원 26) 여성복지시설의 운영·지원 27) 성매매피해자 등의 선도 및 직업교육·지원	1) 노인복지사업계획 수립·시행 2) 노인복지사업의 시행 3) 경로행사 등 경로사업의 실시·지원 4) 노인복지시설의 설치·운영 및 지원 5) 아동복지사업계획 수립·시행 6) 아동상담소의 설치·운영 7) 아동전용시설의 운용 8) 아동보호조치 9) 아동복지시설의 운영·지원 10) 아동복지단체의 지도·육성 11) 보호시설에 있는 고아의 후견인 지정 12) 장애인복지에 관한 계획수립 및 시행 13) 장애인의 파악·관리 14) 장애인의 검진, 재활상담과 시설에의 입소 15) 장애인의 고용 촉진 16) 장애인 편의시설의 설치 지도 17) 장애인복지시설 운영·지원 18) 청소년사업계획 수립·시행 19) 청소년보호 조치 20) 청소년복지 지원 21) 청소년시설의 설치·운영 22) 시·군·자치구 단위 지방청소년육성위원회 운영 23) 청소년지도위원 위촉 24) 청소년의 달 행사 추진 25) 양성평등에 관한 계획 수립·시행 26) 모자보건사업의 세부계획 수립·시행 27) 모자보건기구의 설치·운영 28) 모자보건대상자의 선정(수첩의 발급 등) 29) 임산부 및 영유아의 건강관리 30) 여성교실 운영 및 여성 교육 31) 여성단체 육성·지원 32) 여성복지시설의 운영·지원 33) 성매매피해자 등의 선도 및 직업교육·지원

표 6-2 복지사무의 유형과 주요 내용

복지사무 유형	조문 수	복지사무 내용
① 중앙·광역·기초 동일사무	521	사회복지 원칙·방향성 제시, 책임·의무 명시 사회복지 시책·사업·대책 등 강구 및 시행
② 중앙·광역 동일사무	38	종합·기본계획의 시행계획 수립·시행 중앙·광역 단위 사회복지시설·기관 설치 예방교육 및 일부 종사자 교육 훈련
③ 중앙·기초 동일사무	30	일부 급여 신청에 따른 조사, 관련 정보 제공
④ 광역·기초 동일사무	138	지방자치단체 단위 위원회 구성·운영 일부 급여·서비스, 대상자의 변동 관리 일부 사회복지시설 설치·운영, 관리·감독
⑤ 중앙·광역·기초 개별사무	50	지역사회보장계획 관련 업무 서비스이용권(바우처) 관련 업무 운영 및 위탁 관리
⑥ 중앙 전담사무	363	종합·기본계획의 수립·추진, 시행계획 평가 실태조사, 급여기준 설정 및 급여적정성 평가 중앙기관 운영, 정보시스템, 전문인력 자격증 관리
⑦ 광역 전담사무	33	어린이집 보육료 결정, 광역단위 복지기관 운영 사회복지법인 설립 및 관리·감독
⑧ 기초 전담사무	195	급여의 신청접수, 조사, 결정, 지급 및 관리 사회복지시설 설치·운영, 관리·감독
합계	1,368	

자료: 정원홍 외(2020). 중앙·지방, 광역·기초자치단체 사회복지사무 분담체계 개선에 관한 연구

정홍원 외(2020)의 조사에 따르면, 복지사무 현황을 파악하기 위해 61개 사회복지 분야 법률을 대상으로 단위사무를 추출하였는데, 총 1,368개 조문으로 집계되었다. 이 중 중앙정부 전담사무는 363개 조문, 광역자치단체 전담사무는 33개 조문, 그리고 기초자치단체 전담사무는 195개 조문으로 파악되었다.

이를 복지사무 담당 주체, 복지사무 내용, 그리고 주체별 역할의 중첩성 여부 등 3가지 측면을 고려하여 복지사무를 구분하였는데 〈표 6-2〉와 같이 8개의 유형으로 정리하였다.

여기서 '동일사무'는 동일한 내용의 복지사업을 중앙정부, 광역자치단체, 기초자치단체가 각각 추진할 수 있다는 병렬적 나열 방식의 공통사무에 해당한다. 이는 중앙과 지방의 기능과 역할이 중첩되어 있으며, 복지사무의 분담이 이

루어지지 않았음을 의미한다.

조사결과, 중앙 전담사무는 263개, 광역은 33개, 기초는 195개를 나타냈으며, 이를 보면 중앙과 기초가 복지업무 상당수를 추진하고 있으며, 광역은 상대적으로 적은 규모를 보여준다.

3] 복지사무분권의 쟁점

[1] 사무배분 기준의 불명확

중앙-광역-기초정부는 각기 정부로서 어떤 기능을 담당하면서 역할을 분담할 것인지, 역할분담에 따라 각각의 정부가 맡는 사무들은 어떻게 나누어야 하는지가 쟁점이다.

복지사무 구분의 경우, 법적으로 중앙-광역-기초의 역할이 모호한 상태이며, 「지방자치법」에 기관간 불경합의 원칙과 경합할 경우 보충성의 원칙(기초우선)이 제시되어 있으나, 실제 명확한 역할과 책임이 규정되어 있지 않다. 또한 동일 업무를 여러 기관에서 수행하여 업무의 비효율성을 야기하고 있다.

결과적으로 중앙-광역-기초의 역할에 부합하는 사무분담이 필요하다. 중앙-광역-기초 간 합리적인 사무배분이 이루어져야 하는 것이다. 중앙 적합사업과 지방 적합사업으로 구분하여 정부별 책임성 강화와 효율적 운영이 필요하다.

[2] 중앙과 지방의 기능과 역할 중첩

동일한 내용의 복지사업을 중앙정부, 광역자치단체, 기초자치단체가 각각 추진하고 있다는 것은 중앙과 지방의 기능과 역할이 중첩되어 있으며, 복지사무의 분담이 이루어지지 않았음을 의미한다. 따라서 여기에 해당하는 복지사무의 분담체계는 전면적으로 재검토할 필요가 있다.

〈표 6-2〉 자료에 제시된 바와 같이, 중앙·광역·기초 동일사무는 전면적

표 6-3 지방자치단체의 사회복지 관련 사무배분 예시

구분	시·도 사무	시·군·자치구 사무
나. 사회복지 시설의 설치·운영 및 관리	1) 사회복지시설의 수요 판단과 지역별 배치 등 기본계획의 수립 2) 사회복지시설의 설치·운영 3) 사회복지법인의 지도·감독 및 지원 4) 사회복지시설 수혜자에게 비용 수납 및 승인	1) 사회복지시설의 설치·운영 2) 사회복지시설 수혜자에게 비용 수납 3) 사회복지법인에 대한 보조 및 지도 4) 사회복지법인 등의 시설 설치허가 및 그 시설의 운영 지도
라. 노인·아동·장애인·청소년 및 여성의 보호 복지 증진	1) 노인복지사업계획 수립·조정 2) 경로사업의 실시·지원 3) 노인복지시설의 설치·운영 및 지원	1) 노인복지사업계획 수립·시행 2) 노인복지사업의 시행 3) 경로행사 등 경로사업의 실시·지원 4) 노인복지시설의 설치·운영 및 지원
	4) 아동복지사업 종합계획 수립·조정 5) 아동상담소의 설치·운영 6) 아동전용시설의 운영 7) 아동보호조치 8) 아동복지시설의 운영·지원 9) 아동복지단체의 지도·육성	5) 아동복지사업계획 수립·시행 6) 아동상담소의 설치·운영 7) 아동전용시설의 운용 8) 아동보호조치 9) 아동복지시설의 운영·지원 10) 아동복지단체의 지도·육성 11) 보호시설에 있는 고아의 후견인 지정
	10) 장애인복지에 관한 종합계획 수립·조정 11) 장애인의 검진·재활상담 및 시설에의 입소 12) 장애인의 고용 촉진 13) 장애인 편의시설의 설치 지도·권고 14) 장애인복지시설 운영·지원	12) 장애인복지에 관한 계획수립 및 시행 13) 장애인의 파악·관리 14) 장애인의 검진, 재활상담 및 시설에의 입소 15) 장애인의 고용 촉진 16) 장애인 편의시설의 설치 지도 17) 장애인복지시설 운영·지원

자료: 「지방자치법 시행령」. 별표 1.

인 개선을 검토할 필요가 있고, 2개 행정기관의 복지사무가 중첩된 동일사무의 경우에도 부분적인 분담체계 개선이 필요하게 된다.

　　이러한 중첩성의 문제는 다음과 같은 문제를 가진다. 광역과 기초 사이 구분이 명확하게 설정되지 않은 현재의 상황은 주민의 입장에서 본인이 직면하고 있는 사회적 위험으로부터 보호받을 사회권적 권리의 보장을 누구에게 요구할 것인지, 그 대상이 모호해지는 문제를 낳는다. 이와 같은 책임소재의 모호함은 결과적으로 사회보장의 공백과 책임성의 결여로 이어질 여지가 있다(김형용 외, 2020).

〈표 6−3〉은 「지방자치법 시행령」에서 예시하는 광역−기초 지방자치단체 간 복지사업 관련 사무배분을 나열한 것이다. 시·도 사무를 기준으로 단 2개의 사무를 제외하고, 시·군·자치구 사무와 전부 중첩되고 있다. 따라서 사무불경합의 원칙을 통해 광역−기초 간 사무를 배분한다고 규정하지만, 실제 광역−기초 간 사무배분은 중층적이기 때문에 사무경합이 일어나기 쉽고, 공동사무가 불명확하게 집행되는 구조를 갖고 있음을 알 수 있다.

⑶ 복지사업 분담체계 현황 파악 곤란

복지사무를 기준으로 중앙−지방, 광역−기초의 사무분담체계를 파악하는데 가장 큰 어려움은 중앙정부와 지방자치단체의 담당사무가 동일한 내용으로 제시되어 있다는 점이다.

이러한 병렬식 나열 방식의 복지사무가 전체 복지사무에서 차지하는 비중이 꽤 크다. 전체 1,368개 조문의 복지사무 중에서 중앙정부, 광역자치단체, 그리고 기초자치단체의 담당사무가 동일한 내용으로 제시된 경우가 550개 조문에 달한다. 동일한 내용의 복지사무를 중앙정부와 지방자치단체의 공통사무로 해석한다면, 법령규정에 근거한 복지사무 조사로 중앙과 지방, 광역과 기초의 사무분담체계를 파악하는 것은 상당한 한계가 있게 된다.

⑷ 정부간 사업 책임과 재원분담의 불일치

「지방자치법」 제141조에 따라 지방자치단체는 그 자치사무의 수행에 필요한 경비와 위임된 사무에 관하여 필요한 경비를 지출할 의무를 가진다. 이는 사무의 귀속주체와 비용의 부담주체는 함께여야 한다는 '견련성(nature of connection)'의 원칙을 의미하는 것이다. 이에 따라 국가사무는 중앙정부가 비용을 책임지고, 기관위임과 공동사무에 대해서는 정부가 보조금을 지방에 이전하여 지자체와 공동으로 재정을 부담한다.

사무유형과 경비부담과 관련된 지방재정법 본문

제20조(자치사무에 관한 경비) 지방자치단체의 관할구역 자치사무에 필요한 경비는 그 지방자치단체가 전액을 부담한다.

제21조(부담금과 교부금) ① 지방자치단체나 그 기관이 법령에 따라 처리하여야 할 사무로서 국가와 지방자치단체 간에 이해관계가 있는 경우에는 원활한 사무처리를 위하여 국가에서 부담하지 아니하면 아니 되는 경비는 국가가 그 전부 또는 일부를 부담한다.

② 국가가 스스로 하여야 할 사무를 지방자치단체나 그 기관에 위임하여 수행하는 경우 그 경비는 국가가 전부를 그 지방자치단체에 교부하여야 한다.

제23조(보조금의 교부) ① 국가는 정책상 필요하다고 인정할 때 또는 지방자치단체의 재정 사정상 특히 필요하다고 인정할 때에는 예산의 범위에서 지방자치단체에 보조금을 교부할 수 있다.

② 특별시·광역시·특별자치시·도·특별자치도(이하 "시·도"라 한다)는 정책상 필요하다고 인정할 때 또는 시·군 및 자치구의 재정 사정상 특히 필요하다고 인정할 때에는 예산의 범위에서 시·군 및 자치구에 보조금을 교부할 수 있다.

③ 제1항 및 제2항에 따라 지방자치단체에 보조금을 교부할 때에는 법령이나 조례에서 정하는 경우와 국가 정책상 부득이한 경우 외에는 재원 부담 지시를 할 수 없다.

중앙정부와 지자체 간 재정분담 문제는 기관위임 사무와 중앙과 지방의 공동사무에서 주로 발생한다. 여기서 쟁점이 되는 것은 기관위임 사무의 책임이 어디에 있느냐이다. 대부분의 사회복지사업이 법률상 기관위임 사무의 성격으로 규정되어 중앙정부 사업을 지자체에 집행을 위임하면서 재정부담은 공동책임으로 하여 기관위임 사무의 본래 취지와 원칙을 무시하고 있는 것이다(김승연 외, 2017).

사무유형에 따른 경비부담은 「지방재정법」에 규정되어 있다. 「지방재정법」 제2장은 "경비의 부담"으로서 제20조부터 제32조까지로 구성되어 있다. 이중 본 주제와 관련된 조문은 제20조, 제21조, 제23조 등이다.

이성근 외(2010)는 국고보조금의 종류를 보조금, 부담금, 교부금으로 구분하면서 이의 근거로써 지방재정법을 들고 있다. 구체적으로 살펴보면 보조금은 「지방재정법」 제23조에 따라 자치단체 고유사무에 보조, 부담금은 단체위임사무에 대한 보조, 교부금은 기관위임사무에 대해 보조 등으로 설명하고 있다.

표 6-4 보조금·부담금·교부금의 비교

구 분	보조금	부담금	교부금
법 규정	시책상 필요 및 지방지자치단체의 재정사정상 특히 필요하다고 인정될 때 예산의 범위 내에서 교부 (지방재정법 제23조 제1항)	자치단체가 법령에 의하여 처리하여야 할 사무로서 국가와 지방자치단체 상호간 이해관계가 있는 경우에 국가가 그 경비의 전부 또는 일부부담 (지방재정법 제21조 제1항)	국가가 스스로 행하여야 할 사무를 지방자치단체에 위임하여 수행하는 경우에 국가가 그 경비의 전부 또는 일부부담 (지방재정법 제21조 제2항)
사무구분	자치단체 고유사무	단체위임사무	기관위임사무

출처: 이성근 외(2010).

그런데 「지방재정법」상의 사무유형에 따른 경비부담 규정은 실제 재정운영 과정에서 적용되고 있지 않는 상황이다. 이에 대한 이유를 따져보니 「지방재정법」의 연혁과 연원에서 불완전 차용과 불완전 해석이 있다고 평가된다(김홍완, 2017). 불완전 차용과 불완전 해석은 우리나라가 일본의 지방재정법을 차용했고, 연구자들이 이에 대한 해석에 있어서도 지나치게 법문을 기준으로 해석하여 법집행에 있어 시사점을 제시하지 못했다는 것이다.

또한, 「지방재정법」의 사무유형에 따른 경비부담 규정이 사문화되어 있는 것은 「지방재정법」의 불완전성뿐만 아니라 국가－지방자치단체간 사무구분과

표 6-5 사무배분과 재원배분과의 관계

순수국가사무	기관위임사무	국가사무와 자치사무의 교차영역	자치사무			국가와 ⇨ 자치단체 간의 사무배분
협의의 보조금 (국가시책 수행분)	교부금	부담금	협의의 보조금 (지방재정 보전분)	지방 교부세	지방세 / 세외수입	국가와 ⇨ 자치단체 간의 재원배분
국고보조금						
(지방)의존재원				(지방)자주재원		
국세				지방세		국가와 ⇨ 자치단체 간의 세원배분

출처: 조정찬 외(2011). 지방자치단체에 대한 복지사무배분 및 복지재정배분에 관한 법제적 과제

재정부담 기준이 확립되어 있지 않기 때문이다.

〈표 6-5〉는 다소 복잡해 보이는 표이지만, 국가와 자치단체 간의 사무배분, 재원배분 그리고 세원배분을 정리한 표이다.

2 복지재정분권의 현황과 쟁점

복지재정 문제는 지자체 재정문제의 핵심문제이다. 지자체의 재정 상황은 좋지 못한 상황으로 세입은 적으나 세출은 많아 그 차액을 이전재원으로 충당하고 있다. 지자체 사회복지예산의 경우, 예산의 90% 이상이 국고보조사업에 지출되므로 역시 국고보조사업이 핵심적인 주제이다. 운영상 지방재원을 징발하고 지방세출을 왜곡시키고 있다. 사무분권에서 언급했듯이 정부간 명확한 책임부재에서 시작된 문제가 재정지출 문제까지 영향을 미치고 결과적으로 지자체 재정 운영을 비효율적으로 만들고 있는 것이다. 무엇보다 관리적 측면에서 개별 사업을 중앙-광역-기초간 중층적으로 관리하여 행정비용이 막대하고, 지자체의 의사를 반영하지 않는 체계로 운영되고 있어 갈등이 해소되기 어려운 구조이다.

1) 지방자치단체 재정과 복지재정 현실

4장 지방재정과 복지재정의 이해와 5장 재정분권 관련 파트에서 우리나라 중앙-지방 재정관계를 정리한 바 있다. 6장에서는 지자체의 복지재정 현실을 좀 더 구체적으로 살펴보기로 한다.

[1] 지방자치단체 재정 현실

세입분권화 수준을 보면 세수입의 중앙정부 집중성이 높은데, 이는 국세 위주의 세원배분체계에 기인한다. 국세 대 지방세 배분추이를 보면 지방세 비

표 6-6 국가와 지방자치단체의 재정사용액(통합재정 지출액 기준)(단위: 억원/%)

구분		중앙정부	자치단체	지방교육
통합재정 지출규모 9,752,777		6,076,633(62.3%)	2,849,242(29.2%)	826.902(8.5%)
이전 재원 공제 내역	계(Δ2,ll7,l28)	Δ2,l34,ll5	Δ33,ll3	50,100
	① 중앙정부→ 자치단체	Δl,438,359 지방교부세 650,560 국고보조금 787,799	(l,3l7,28l) + l2l,078 지방교부세 584,825 국고보조금 732,456	–
	② 중앙정부→ 지방교육	Δ695,756 교육교부금 688,886 교육보조금 6,870 *유아교육지원특별 38,290 포함	–	(650,298) +45,458 교육교부금 608,658 교육보조금 5,94l 특별회계전입금35,699
	③ 자치단체→ 지방교육	–	Δl54,l9l 전출금(의무) l22,969 보조금(재량) 3l,222	(l49,549) +4,642 전출금(의무) l35,3l2 보조금(재량) l4,237
통합재정 사용액 7,635,649		3,942,5l8(5l.6%)	2,8l6,l29(36.9%)	877,002(ll.5%)

출처: 행정안전부(2022). 지방자치단체 통합재정개요(상)

율은 20%대에 불과하다.

2022년 기준, 세출분권화 수준을 보면 통합재정 지출규모상 중앙정부가 607조(62.3%), 자치단체가 285조(29.2%), 지방교육재정이 82조(8.5%)를 차지하고 있다. 여기서 중앙이 자치단체에 143.8조를, 또 중앙이 지방교육재정에 69.6조 원을 이전한다. 자치단체도 지방교육에 15.4조원을 이전하고 있다.

최종적으로 재원이전과 재원조정을 한 이후의 재정사용액은 중앙이 51.6%, 지방이 48.4%(자치단체 36.9%+지방교육 11.5%)를 사용하고 있다. 대략 중앙과 지방이 절반씩 사용하고 있는 것이다.

재정자립도의 경우, 재정수입의 자체 충당 능력을 나타내는 세입분석지표로 일반회계의 세입 중 지방세와 세외수입의 비율로 측정하며, 일반적으로 수치가 높을수록 세입징수기반이 좋은 것을 의미[1]한다.

---

1) 재정자립도는 자치단체 총수입에서 자체수입(지방세 + 세외수입)의 비중을 의미하는 것

표 6-7 연도별 재정자립도(일반) 추이(당초예산)(단위: %)

연도별	전국평균	특,광,특별자치시	도 특별자치도	시	군	구
2017년	53.7(47.2)	67.0(63.4)	38.3(33.7)	39.2(33.3)	18.8(12.3)	30.8(25.9)
2018년	53.4(46.8)	65.7(62.1)	39.0(34.2)	37.9(32.3)	18.5(12.2)	30.3(24.7)
2019년	51.4(44.9)	62.7(59.5)	36.9(33.0)	36.8(31.0)	18.3(11.6)	29.8(23.8)
2020년	50.4(45.2)	60.9(58.2)	39.4(36.0)	33.5(29.1)	17.3(12.5)	29.0(23.8)
2021년	48.7(43.6)	58.9(56.1)	36.5(33.3)	32.3(27.8)	17.3(11.7)	28.5(24.0)
2022년	49.9(45.3)	61.0(57.9)	40.0(37.5)	31.8(27.9)	15.9(11.6)	28.3(23.9)

주: 전국평균은 예산순계, 자치단체별은 예산총계 기준임
출처: 행정안전부(2022). 지방자치단체 통합재정개요(상)

재정자립도를 보면, 2022년 기준 전국평균 50% 수준을 나타내고 있는데, 기초지자체인 시 31.8%, 군 15.9%, 구 28.3% 등은 낮은 재정자립도를 보여주고 있다.

재정자립도 분포자료를 보면, 더 심각한데, 재정자립도 50% 미만이 230개 단체(94.7%)로 재정자립도가 매우 낮아, 열악한 재정여건을 보여주고 있다.

특히 지방세수입으로 인건비를 해결할 수 없는 단체가 40.3%에 달하며, 자체수입으로 인건비를 해결할 수 없는 단체도 23.0%에 달한다.

표 6-8 재정자립도 분포

구분	합계	구성비	시도	시	군	구
합계	243	100.0	17	75	82	69
10% 미만	13	5.4	-	-	13	-
10-30% 미만	161	66.3	3	41	67	50
30-50% 미만	56	23.0	10	29	2	15
50-70% 미만	12	4.9	3	5	-	4
70-90% 미만	1	0.4	1	-	-	-
90% 이상	-	-	-	-	-	-

출처: 행정안전부(2022). 지방자치단체 통합재정개요(상)

으로, 의존재원(지방교부세, 국고보조금 등)의 증가율이 자체수입 증가율보다 큰 경우 재정규모가 증가하더라도 재정자립도는 하락할 수 있다.

표 6-9 지방세수입으로 인건비 미해결 단체가 98개 단체(40.3%)

구분	계	시도	시	군	구
계	243	17	75	82	69
해결	145(59.7%)	17(100.0%)	61(81.3%)	14(17.1%)	53(76.8%)
미해결	98(40.3%)	0(0.0%)	14(18.7%)	68(82.9%)	16(23.2%)

출처: 행정안전부(2022). 지방자치단체 통합재정개요(상)

표 6-10 자체수입(지방세+세외수입)으로 인건비 미해결 단체는 56개 단체(23.0%)

구분	계	시도	시	군	구
계	243	17	75	82	69
해결	187(77.0%)	17(100.0%)	70(93.3%)	36(43.9%)	64(92.8%)
미해결	56(23.0%)	0(0.0%)	5(6.7%)	46(56.1%)	5(7.2%)

출처: 행정안전부(2022). 지방자치단체 통합재정개요(상)

표 6-11 연도별 재정자주도(일반) 추이(당초예산)(단위: %)

연도별	전국평균	특,광,특별자치시	도특별자치도	시	군	구
2017년	74.9(68.4)	74.6(70.9)	49.1(44.5)	67.2(61.3)	64.1(57.7)	48.7(43.9)
2018년	75.3(68.7)	73.4(69.9)	50.2(45.3)	66.4(60.8)	65.2(58.9)	47.5(41.9)
2019년	74.2(67.8)	71.8(68.6)	48.9(44.9)	64.8(59.1)	65.3(58.7)	46.1(40.0)
2020년	73.9(68.7)	69.8(67.1)	50.6(47.2)	63.8(59.4)	64.9(60.1)	45.5(40.3)
2021년	70.8(65.7)	67.4(64.6)	46.5(43.3)	60.9(56.4)	61.2(55.7)	44.8(40.3)
2022년	73.4(68.8)	70.0(66.8)	50.7(48.2)	62.5(58.5)	64.2(59.9)	45.2(40.8)

출처: 행정안전부(2022). 지방자치단체 통합재정개요(상)

재정자주도는 지방자치단체 일반회계 중 일반재원(자체수입+자주재원)이 차지하는 비중으로 2022년 기준 73.4%이다.

다만, 재정자립도와 재정자주도 해석과 관련하여, 재정자립도는 자체수입(지방세+세외수입) 대비 지방자치단체 재정규모로 측정하는데, 이때 분모를 구성하는 재정규모 이전재원인 국고보조금과 지방교부세가 포함되어 있다. 이러한 관계로, 국고보조사업이 확대되거나 국고보조율이 높아짐으로써 지자체에 전달되는 국고보조금이 늘어나면 재정자립도 또한 하락하게 된다.

예들 들어, 사회보장분야 국고보조사업과 관련하여 지방재정의 자율성 확보와 중앙－지방 간 비용분담의 문제에 대해 해법으로 적용되었던 국고보조율 인상은 재정자주도의 하락을 초래하게 된다.

지방재정 여건을 보여주는 또 다른 재정지표인 재정자주도 역시 재정자립도 만큼은 아니지만 이전재원 규모의 영향을 받는다. 따라서 이들 두 지표의 변화를 해석함에 있어서는 항상 이전재원의 변화를 같이 고려해서 살펴보아야 한다(하솔잎 외, 2022).

(2) 지방자치단체 복지재정 현실

지방자치단체는 재정환경도 다르고 여건도 다르기 때문에 복지재정 현실도 다양하다. 지방자치단체 유형별 사회복지비 비중을 살펴본다.

지방재정에서 사회복지비 지출은 지자체 유형별로 차이가 있으며, 동일한 유형의 지자체들 간에도 사회복지비 비중 격차가 크다. 군의 사회복지비 비중은 21.4%로 상대적으로 낮은 반면, 자치구는 56.0%로서 군의 두 배 이상으로 높다. 기초자치단체별 인구규모와 인구구조의 특성이 다르기 때문으로 사회복

표 6-12 지방자치단체 유형별 사회복지비 비중 분포(단위: %)

구분		광역자치단체					기초자치단체		
		서울	광역시	세종	도	제주	시	군	자치구
자체사업 비중 (전국평균 37.4%)	평균	46.7	36.7	43.1	33.0	36.8	33.8	30.6	18.9
	최고	46.7 서울	40 대전본청	43.1 세종	44.2 경기	36.8 제주	66.9 경기과천	42.7 경기연천	42.7 서울강남
	최저		33.5 부산		23.1 전북		18.1 전남목포	17.3 충남부여	8.3 대전동구
사회복지 비중 (전국평균 30.5%)	평균	36.1	37.7	22.7	38.0	22.4	32.3	21.4	56.0
	최고	36.1 서울	42.0 부산	22.7 세종	40.0 경기	22.4 제주	45.6 전남목포	42.0 대구달성	69.9 부산북구
	최저		33.0 울산		32.1 전남		18.2 경북상주	8.0 경북울릉	35.0 서울중구

출처: 이영숙 외(2022). 복지재정 진단과 정책현안 연구－ 인구구조 변화의 영향을 중심으로

표 6-13 사회복지비(일반회계) 비중 분포현황(단위: 단체수, %)

구분	합계	구성비	시·도	시	군	자치구
합계	243	100.0	17	75	82	69
10% 미만	1	0.4	-	-	1	-
10-20% 미만	32	13.2	-	1	31	-
20-30% 미만	69	28.4	3	21	45	-
30-40% 미만	47	19.3	12	29	3	3
40-50% 미만	36	14.8	2	23	2	9
50% 이상	58	23.9	-	1	-	57

출처: 행정안전부(2022). 지방자치단체 통합재정개요(상)

지비 비중 차이가 큰 것으로 해석할 수 있다.

일반회계에서 사회복지비가 차지하는 비중에 대한 지자체 분포현황을 살펴보면 〈표 6-13〉과 같다.

지자체 중 사회복지비 비중이 50% 이상인 곳은 23.9%, 40~50% 미만이 14.8%, 30~40% 미만이 19.3%이다. 특히 자치구의 경우, 69개 지역 중 57개 가량이 50% 이상을 차지하고 있어 예산상 자치구의 기능이 사실상 사회복지가 핵심임을 보여준다. 그 다음으로 시 지역의 비중이 높고, 다음으로 군지역의 비중이 가장 낮은 것으로 보여준다.

특기할 만한 사항은 지자체 사회복지비 증가에 대하여 사회복지학계의 입장은 복지수요 증가에 따른 자연스러운 증가로 인식하는 데 비해, 지방재정학계의 입장은 재정경직성의 입장에서 접근하고 있다는 점이다. 즉 사회복지비 증가로 인해 자체사업비 비중이 축소되고, 특히 타 영역의 재원을 잠식하는 것으로 인식하면서 결과적으로 사회복지비의 비중을 축소해야 한다는 입장을 견지하고 있다. 이러한 인식은 지역의 '사회복지' 욕구 증가에 따른 자연스런 증가현상을 단순히 재정관리적 측면에서만 접근하고 있다는 한계가 있다. 재정적 관점이 중요하지만 현상을 재정적 관점으로만 접근하게 된다면 보다 중요한 측면을 놓치게 된다.

2) 사회복지 국고보조금 운영체계 현황과 문제점

[1] 사회복지 국고보조금 운영체계 현황

앞의 4장 5절에서 정리한 바와 같이, 지방정부의 사회복지사업에서 국고보조금 방식의 사업이 핵심적인 영역을 차지하고 있다. 또한 지방정부의 복지재정 문제의 근원은 국고보조 방식을 통한 의무적(강제적) 지방비 매칭 구조에 기인하고 있음을 확인할 수 있다. 기초자치단체의 경우, 사회복지예산의 90% 이상이 국고보조방식으로 운영되고 있고, 지방재정 여건은 열악한데 비해 국고보조사업 방식을 통하여 지방재정이 유출되는 방식으로 복지사업이 확장되고 있기 때문이다. 국고보조금 체계의 문제점은 여러 선행연구에서 반복적으로 지적하고 있다.

표 6-14 자치단체의 기능별 예산 현황(2022)(억원, %)

분야	계	정책사업				행정운영 경비	재무활동
		보조사업	비율	자체사업	비율		
합계	2,883,083	1,324,657	46%	1,077,162	37%	369,908	111,357
일반공공행정	164,694	13,867	8%	118,884	72%	-	31,944
공공질서 및 안전	58,990	21,412	36%	24,650	42%	-	12,928
교육	157,968	7,707	5%	149,611	95%	-	650
문화 및 관광	134,061	53,714	40%	77,438	58%	-	2,909
환경	275,302	111,608	41%	154,619	56%	-	9,075
사회복지	880,572	791,184	90%	82,869	9%	-	6,519
보건	58,282	43,386	74%	14,804	25%	-	92
농림해양수산	187,290	126,956	68%	58,794	31%	-	1,540
산업중소기업 및 에너지	81,167	37,192	46%	38,861	48%	-	5,114
교통및물류	230,371	65,152	28%	144,804	63%	-	20,415
국토및지역개발	168,434	51,396	31%	100,368	60%	-	16,670
과학기술	3,975	919	23%	3,014	76%	-	42
예비비	37,863	164	0%	37,514	99%	-	185
기타	444,114	0	0	70,932	16%	369,908	3,274

출처: 행정안전부(2022). 2022년 지방자치단체 통합재정개요

표 6-15 사회복지 분야의 부문별 국고보조금 추이(2008~2018년)(단위: 조 원, %)

구분	2008	2009	2010	2011	2012	2013	2014	2015	2016	2017	2018
기초생활 보장	7.2	7.6	7.3	7.5	7.8	8.4	8.4	9.1	10.0	10.7	11.0
	(55.2)	(44.4)	(45.4)	(44.3)	(43.0)	(39.2)	(34.8)	(32.8)	(33.8)	(34.0)	(29.2)
취약계층 지원	0.7	2.3	1.5	1.2	1.1	1.5	1.6	2.2	2.3	2.5	2.6
	(5.7)	(13.6)	(9.1)	(6.8)	(6.2)	(6.8)	(6.6)	(8.0)	(7.8)	(7.8)	(6.8)
보육·가족 및 여성	1.6	2.0	2.3	2.9	3.6	5.2	5.6	5.6	5.7	5.9	6.6
	(12.5)	(11.5)	(14.4)	(17.1)	(19.7)	(24.1)	(23.4)	(20.0)	(19.4)	(18.7)	(17.5)
노인·청소년	2.0	2.9	3.2	3.4	3.6	3.9	5.9	8.2	8.6	9.3	10.4
	(15.6)	(17.1)	(19.8)	(20.0)	(19.7)	(18.2)	(24.6)	(29.7)	(29.0)	(29.8)	(27.6)
노동	0.8	1.1	1.1	1.1	1.1	1.4	1.5	1.7	1.9	1.8	5.4
	(6.0)	(6.2)	(6.6)	(6.4)	(6.3)	(6.3)	(6.1)	(6.0)	(6.4)	(5.8)	(14.2)
보훈	0.2	0.3	0.3	0.3	0.2	0.3	0.2	0.2	0.2	0.2	0.2
	(1.9)	(1.5)	(1.9)	(1.6)	(1.3)	(1.2)	(1.0)	(0.8)	(0.8)	(0.7)	(0.5)
주택	0.3	0.6	0.3	0.4	0.4	0.5	0.5	0.4	0.4	0.5	0.8
	(2.1)	(3.5)	(1.7)	(2.4)	(2.5)	(2.5)	(1.9)	(1.4)	(1.2)	(1.7)	(2.1)
사회복지 일반	0.1	0.4	0.2	0.2	0.3	0.4	0.4	0.4	0.5	0.4	0.8
	(1.1)	(2.1)	(1.1)	(1.3)	(1.4)	(1.7)	(1.7)	(1.4)	(1.5)	(1.4)	(2.1)
합계	13.1	17.1	16.1	17.0	18.1	21.5	24.1	27.8	29.5	31.3	37.8
	(100.0)	(100.0)	(100.0)	(100.0)	(100.0)	(100.0)	(100.0)	(100.0)	(100.0)	(100.0)	(100.0)

주: 2008~2017년은 결산 기준, 2018년은 본예산 기준
출처: 한국재정정보원(2018). 국고보조금 이해하기

사회복지 분야의 부문별 국고보조금 추이를 보면, 사회복지 분야의 기초생활 보장 부문 비중은 2008년 55.2%에서 2018년 29.2%로 크게 감소하였으며, 노인·청소년 부문은 15.6%에서 27.6%로, 보육·가족 및 여성 부문은 12.5%에서 17.5%로 증가하였다. 이러한 측면은 사회문제가 달라지고 복지대상자의 변화가 진행되고 있는 것으로 해석된다.

〔2〕 사회복지 국고보조금 운영체계 문제점[2]

사회복지 국고보조금제도는 관리 및 운영방식의 한계, 정부간 재정갈등 등

---

2) 김성주, 2013; 이재원 외, 2015; 유태현 외, 2017; 이재원, 2021

다양한 문제가 제기되고 있다.

가. 운영 방향성의 문제: 사회적 변화에 둔감하게 운영

1980년대 중반의 낡은 기준보조율체계는 지방자치제 부활(1995), 국민기초생활보장 실시(2000), 보편적 사회서비스(2000년대 중반) 확대 등의 지난 40년간의 사회경제적 환경변화를 고려하는 데 미흡한 패러다임을 가지고 있다. 또한 재정구조에서 국고보조금 체계로 인해 자치분권이 불가능하고, 지자체 재정위기를 가속화시키고 있다. 자치구의 경우는 재정구조상 보건복지부의 산하기관(지방출장소?) 성격을 가지고 있어 '자치'가 무색해지고 있다. 재원투입에 따른 성과기반, 문제해결 접근도 미흡하다. 이러한 국고보조금 제도의 문제에 대한 지적은 오래전에도 언급되었다.[3]

나. 운영 내용의 문제: 지방재원 징발과 지방세출 왜곡

중앙정부가 복지사업을 확대하면서 지방재정에서 복지보조금의 규모가 지속적으로 증가하고 있는데, 지방자치단체의 일반재원 증가율을 상회하는 복지보조금 증가와 재원징발이 진행되고 있다. 의무복지 지출사업에 지자체 가용재원이 우선 충당되면서 지자체 자체 사업에 대한 재원 배분 계획들이 정상적으로 집행되지 못하는 결과를 가져오고 있는 것이다(한재명 외, 2017; 금종예 외, 2020).

〈표 6-16〉의 부문별 핵심 국고보조사업의 사업비 분담현황을 보면, 세부사업 기준 14개 국고보조사업의 국가 예산규모는 2022년 43조 55억원으로 앞서 확인한 국가의 사회복지 및 보건분야 지자체 국고보조사업 예산 54.4조 원의 79%를 차지하고 있다. 특히 이들 사업은 기초연금이나 기초생활보장급여와

---

3) 이미 오래전인 1987년에 이영조는 '지방자치의 가치에서 본 국고보조금 제도'라는 논문을 통해, 지방정부행정의 중앙정부화, 지방정부 사업목적변경과 우선순위의 왜곡, 지역특성의 약화, 행정의 복잡성과 중첩성 등 현재 나타나는 문제점을 구체적으로 지적하기도 했다.

표 6-16 부문별 핵심 국고보조사업 비용분담 현황(단위: 억 원, %)

세부사업명	2017년			2022년			변화		기준보조율 (평균 국비보조율)
	총사업예산(a)	국비	지방비	총사업예산(b)	국비	지방비	증가액(b-a)	증가율	
생계급여 (해산장제포함)	44,889	36,818	8,071	63,973	52,611	11,362	19,084	7%	서울50(±10) 지방80(±10) 차등보조율적용
의료급여	69,241	52,415	16,826	107,283	81,214	26,069	38,042	9%	
주거급여	11,263	9,238	2,025	25,865	21,396	4,469	14,602	18%	
교육급여	1,556	1,276	280	1,463	1,218	245	-93	-1%	
기초생활보장 소계	126,949	99,747	27,202	198,583	156,438	42,145	71,634	9%	('22년,79%)
기초연금	105,461	80,762	24,699	208,962	160,917	48,045	103,501	15%	40~90
노인일자리및 사회활동지원	8,500	4,400	4,100	27,301	12,824	14,477	18,801	26%	서울30, 지방50
노인돌봄서비스	2,383	1,617	766	6,501	4,320	2,181	4,118	22%	
노인소계	116,344	86,779	29,565	242,764	178,061	64,703	126,420	16%	('22년,73%)
영유아보육료	46,085	31,292	14,793	47,818	32,028	15,790	1,733	1%	서울35(±10) 지방65(±10) 차등보조율적용
가정양육수당	18,354	12,242	6,112	8,325	5,082	3,243	-10,029	-15%	
아동수당	-	-	-	32,002	24,037	7,965	32,002	-	
영아수당	-	-	-	5,455	3,731	1,724	5,455	-	
아동·보육소계	64,439	43,534	20,905	93,600	64,878	28,722	29,161	8%	('22년,69%)
장애인연금	8,511	5,703.47	2,807.13	13,199	8,323	4,876	4,688	9%	서울50, 지방70
장애수당	1,981	1,327.51	653.88	1,424	1,424		-557	-6%	
장애인 선택적복지	8,981	6,017	2,964	31,130	20,931	10,199	22,149	28%	
취약계층지원 (장애인)소계	19,473	13,048	6,425	45,753	30,678	15,075	26,279	19%	('22년,67%)
①~⑩ 합계 (14개세부사업)	327,206	243,109	84,097	580,700	430,055	150,645	253,494	12%	22년,74%

출처: 하솔잎 외(2022). 중앙 지방 간 유사 사회보장사업의 효과성 평가

같이 법률에 지출의무가 부여된 법정의무 지출이거나 그에 준하는 성격을 갖추고 있어, 재정여건에 따라 탄력적으로 예산규모를 조정하기 어려운 경직적인 속성을 지닌다.

이들 사업에 대한 지자체의 부담을 보면 지난 5년간 지방대응비 증가율은 12.4%에 이르러 국비보다 빠른 속도로 증가하는 것으로 보인다. 물론 절대적인 규모로 보았을 때, 국가의 부담이 더 크게 증대된 것은 사실이다. 그러나 지자체 재량이 허용되지 않는 국고보조사업 수행을 위한 대응비 부담이 5년 새 약 1.8배 늘어났다는 점은 지자체의 입장에서는 재정지출의 자율성을 저해하는 요

인으로 인식되며, 이것이 국고보조사업 수행을 둘러싸고 지난 20여년 간 중앙과 지방 간 첨예하게 대립해오고 있는 원인을 제공하고 있는 것으로 파악된다.

다. 보조율 체계의 취약: 기준보조율, 차등보조율 문제

주요 국고보조사업에 대한 기준보조율이 「보조금관리에 관한 법 시행령」 별표 1에 규정되어 있으나, 동일 유형의 재정특성이나 사업특성이 있는 국고보조사업에서 기준보조율의 일관성이 유지되지 않고 있다. 특히 사업을 시행하던 초기에 설정된 기준보조율 수준이 사업환경 변화를 고려하지 않고 여전히 과거 수준에서 지속되고 있으며, 중앙정부의 추가적인 재정부담을 가능한 억제하는 국고관리의 재정 관점에 국한하여 고착된 상태가 지속되고 있다.

복지보조사업에 대한 지방비 부담을 부분적으로 해소하기 위해 2007년도에 차등보조율 제도가 도입되었으나, 차등보조 수준을 결정하는 차등화 지표인 재정자주도와 사회복지비 지수 혹은 노인비율 등이 논리 혹은 제도적으로 적절성이 취약한 상태이며, 제도 도입 초기 상황이 지속되고 있다. 또한 복지보조사업에서 지방자치단체에 대한 경비지원을 차등보조율로 수행할지 아니면 보통교부세의 기준재정수요에서 보장할 것인지 등과 관련하여 지방재정조정제도들 간에 기능분담이 정립되어 있지 않다.

라. 관리적 측면: 중앙-광역-기초간 중층 관리 구조

대부분의 국고보조사업들이 중앙−광역−기초의 3층 체계로 운영되면서 재정관리의 비효율성과 사업성과 책임 주체 불명확의 쟁점이 지속되고 있다.

사업이 현장 성과 중심으로 관리되지 않고 보조금의 지불정산 관련 회계 중심으로 운영되며, 성과 연계성이 취약하다. 지방자치단체 관점에서 사업운영의 재량을 통해 성과향상이 기대되는 경우에도 중앙정부의 표준 지침에 따른 지불정산이 우선적이기 때문에 지역의 사회 및 경제 문제 해결 지향성이 취약한 것이다.

또한 유사중복 특성이 있는 사회서비스는 중앙 각 부처 내 소관부서별로 수직계통을 통해 기초지자체 사업부서로 연계되고, 사업단위별로 중간관리조직 혹은 민간위탁기관에 재위탁되는 복잡한 운영체계를 형성하고 있다. 관련하여 사업 및 제도운영 비용이 상당하며, 유사 관련 사업들의 통합운영을 통한 융복합 혹은 규모경제 효과의 확보가 미흡하다(예, 지역사회통합돌봄사업 사례).

마. 지방자치단체 의사반영 미흡

해당사업에 대한 의사결정과정에서 지방자치단체의 유의미한 참여권한이 보장되지 않고 있다. 중앙정부 소관 법률에 지방비 의무부담이 명기되어 있고, 지방재정 여건과 상관없이 중앙정부에서 사업 자체의 사회보장 관점에서 재정부담이 결정되고 있다. 각종 기초복지사업에 대한 주요 의사결정은 중앙정부에서 설립한 전문가집단 중심의 위원회에서 결정하며, 지방재정에 대한 고려는 제한적이다.

특히 지방재정부담심의위원회가 구성되어 운영중이나 지자체의 의견이 적극 반영되거나 또는 위원회가 안건을 결정하여도, 기획재정부가 의무적으로 결과을 반영하는 구조가 아니기에 구속력이 없다. 그럼에도 불구하고 강제적인 의무매칭 방식으로 제도를 운영하고 있는 것이다. 지방 입장에서는 재정은 부담하되 참여는 곤란한 구조로 운영되고 있다.

(3) 광역-기초간 국고보조사업 현황

가. 운영체계의 문제점

국고보조사업의 지방비 부담분에 대한 광역－기초간 분담비율이 「지방재정법」 제28조, 「지방재정법 시행령」 제33조, 「지방재정법 시행령」 제33조제1항의 규정에 의한 「지방자치단체 경비부담의 기준 등에 관한 규칙」 등에 제시되

표 6-17 국고보조사업 대응지방비 재원분담 현황(단위: 개, 백만원, %)

구분	사업 수	합계	국비	지방비			
				소계	시도비	시군구비	시도비 비중
보건복지부	106	34,663,343	25,488,636	9,174,707	4,928,607	4,246,100	53.7%

출처: 홍근석 외(2018). 국고보조사업 대응지방비 광역−기초간 재원분담 현황 및 개선방향

어 있으나, 현재의 기준은 일부 국고보조사업만을 대상으로 하고 있어 전체 국고보조사업을 포괄하지 못하는 한계를 가지고 있다.

또한 서울, 인천, 경기, 충북, 전남, 경남 등 6개 시·도가 광역−기초 간 재원분담 기준에 관한 조례 및 시행규칙을 규정하고 있으나 그 외 지역은 규정하지 않고 있다.

나. 기준부담률 규정과 실제 부담률 간 차이

「지방자치단체 경비부담의 기준 등에 관한 규칙」은 111개 국고보조사업에 대한 광역−기초간 재원분담 기준을 제시하고 있다. 규칙 [별표]에서 규정하고 있는 기준부담률과 시·도의 실제 부담률에 대한 비교·검토를 하면(홍근석 외, 2018), 보건복지 분야의 경우 특광역시와 도의 기준부담률이 모두 50%인 사업이 6개, 100%인 사업이 9개, 특광역시와 도의 기준부담률이 다른 기타 사업이 11개로 나타났다. 또한 보건복지 분야의 26개 사업 중 2개 사업은 실제 부담률에 대한 자료가 제시되지 않았다. 24개 사업 중 4개 사업은 기준부담을 준수하고 있는 반면에, 9개 사업은 기준부담률보다 실제 부담률이 낮은 것으로 나타났다. 결과적으로 보건복지 분야의 경우 실제 부담률에 대한 자료가 제시된 24개 사업 중 9개 사업(37.5%)이 기준부담률을 준수하지 않는 것으로 나타난다.

표 6-18 기준부담률과 실제 부담률 간 차이(보건복지 분야)(단위: %)

사업명	행정안전부령		조례					실제 부담률
	특광역시	도	서울	인천	충북 (청주)	전남	경남	
모자보건 관리	50	50	-	-	-	-	-	40.4-41.9
의료보호	100	7~80	-	50	-	-	50	26.5-40.5
부랑인보호	100	100	100	-	-	-	-	97.3
노인시설보호 기능보강	100	100	50	50	-	50	50	100.0
장애인복지시설 기능보강	100	100	50	-	-	-	50	45.4-66.7
생계급여	50	50	-	-	-	-	-	60.2
주거급여	50	50	-	-	-	-	-	59.1
한부모가족 아동 양육·학비 지원	100	50	-	50	-	50	50	77.5
노인 여가시설운영 지원	50	30	80	50	-	-	50	42.9-47.6
경로연금	70	50	-	-	-	-	-	35.0
부랑인보호시설 기능보강	100	-	-	-	-	-	50	-
한부모가족 복지시설 기능보강	100	50	-	-	-	50	-	87.1
성매매피해자 지원시설 운영	100	50	-	-	-	-	-	80.8
영유아보육사업(차등보조)	50	50	50	-	40	-	-	48.3-89.5
보육시설기능보강	50	50	정액	-	-	-	-	45.9-75.4
가정폭력·성폭력 방지 및 보호지원	100	50	-	-	-	50	-	72.7-84.1

출처: 홍근석 외(2018). 국고보조사업 대응지방비 광역-기초 간 재원분담 현황 및 개선방향

3 복지행정분권의 현황과 쟁점

복지행정분권과 관련해서는 분권실행이 가능한 행정체계를 구축하는 것과 관련된다. 지방정부는 자치조직권이 취약하고, 행정수요에 부합하는 공무원 정원 운영도 어려운 실정이다. 복지사무는 확대되고 있으나 그에 맞는 적정 인력 확보가 어렵고, 전문적인 서비스를 기획하고 공급하는 역량도 부족하다. 복지사무는 국고보조사업 관리방식으로 인해 수직적 관리감독 행정관행이 지속되고 있고, 지역의 재량권을 활용하기 어려운 방식으로 운영되고 있다. 중앙정부의

국고보조사업 추진과정에 지방정부가 참여하기 어려운 구조로 되어 있어 책임성을 확보하기도 힘들다. 경직적인 운영체계로 인해 지방정부의 자율성은 위축되고, 지역주민의 욕구에 부합하는 적극적인 행정이 어려우며, 질적관리나 성과관리체계도 미흡한 실정이다.

1) 복지조직 관련

사회복지 공공조직에 대한 포괄적인 연구는 한국보건사회연구원이 지속적으로 수행해왔다(강혜규 외, 2017; 김회성 외, 2018; 강혜규 외, 2019; 민소영 외, 2021; 김회성 외, 2022 등). 가장 최근의 연구는 김회성 외(2022)의 연구이다. 연구에서는 사회복지 직제 현황을 체계적으로 정리하였다.

시도 본청 전체 직제의 경우, 평균 15개 실/국, 84개 과/단/관, 342개 팀으로 구성되어 있으며, 이중 시도 본청의 복지 관련 부서 현황을 보면, 2개 실/국, 7개 과/단/관, 27개 팀으로 구성되어 있다. 이를 보면 전체 직제에서 대략 실/국은 13.3%, 과/단/관은 8.3%, 팀의 경우, 7.9% 수준에 불과하였다.

시군구 기준으로 복지 관련 부서 현황을 파악한 결과, 시군구 본청 전체 직제 대비 복지 부서 비중의 평균은 실/국은 10.6%, 과/단/관이 12.4%, 팀이 12.5%에 불과하며, 시군구별로 복지 직제 설치 수준 또한 상당한 편차가 있는 것으로 보고된다.

읍면동의 경우, 읍면동 1개당 복지팀 수는 약 1.3개 수준이며, 전체 중 복지팀 비중은 39.8% 수준으로 조사되었다.

시군구의 경우, 지역밀착형 기능 강화, 복지행정 통합성 및 전문성 강화를 위해서는 직제의 확대가 필수적이다. 현재의 경우, 조직체계가 전문적 분업구조를 가지고 있지 않아 복지수요 다변화와 같은 복지환경에 변화에 대응하기 어려운 상황이다. 환경은 변화하는데 대응체계는 여전히 과거의 관료제적 체계에 머물러있는 것이다. 이러한 체계는 주민의 복지체감도를 향상시키는 데 근본적인 한계를 가질 수밖에 없다.

이러한 조직 정체는 시군구 스스로의 노력도 필요하지만 무엇보다 중앙정부의 획일적 통제구조에 영향을 받은 것이 큰 이유다. 다행스럽게 최근 일부 시군구에서는 선도적인 전달체계 개편을 실시하고 전문적인 인력배치 노력을 수행하면서 지역밀착형 복지서비스를 제공하기 위해 다각적인 정책을 펼치고 있다. 시군구 전체로 보면 조직편재에서도 지역간 편차가 나타나고 있는 것이다. 지역에서의 복지의 중요성, 조직 내에서의 복지조직의 중요성을 단체장과 집행부가 인식한 결과이다.

2) 복지인력 관련

복지공무원 현황('21년)을 살펴보면, 사회복지담당공무원은 43.6천명(시·도 2.4천명, 시·군·구 18천명, 읍·면·동 23.2천명) 수준이다.

'21년말 기준으로 보면, 시·군·구 소속 복지담당공무원은 41,211명으로 1인당 평균 복지대상자 343명, 기초수급자 55명을 담당하고 있으며, 읍·면·동 소속 복지담당공무원은 23,408명으로 1인당 평균 복지대상자 603명, 기초수급자 97명을 담당하고 있는 것으로 파악된다.

표 6-19 사회복지담당공무원 현황(단위: 명)

구분	총계	시·도	시·군·구					
			계	본청	읍·면·동			
					소계	읍	면	동
복지공무원	43,629	2,418	41,211	17,940	23,271	1,944	5,695	15,632
사회복지직	29,572	825	28,747	11,527	17,220	1,427	3,741	12,052
행정직 등	14,057	1,593	12,464	6,413	6,051	517	1,954	3,580

출처: 보건복지부(2022.9). 2022 주요업무 참고자료

표 6-20 시군구 사회복지담당공무원 1인당 업무량(단위: 명)

구 분		'13	'15	'17	'19	'21
복지대상자(전체)		11,275,617	11,388,460	11,415,778	11,531,423	14,116,227
기초수급자수		1,343,733	1,646,363	1,491,124	1,791,185	2,268,173
복지담당 공무원 (복지직 + 행정직 등)	인 원 (읍·면·동)	26,415 (12,940)	30,329 (15,200)	35,206.5 (19,730.5)	38,995 (22,110)	41,211 (23,408)
	1인당 담당 복지대상자수	427 (871)	375 (749)	324 (579)	296 (522)	343 (603)
	1인당 담당 기초수급자수	51 (104)	54 (108)	42 (76)	46 (81)	55 (97)
사회 복지직 공무원	인 원 (읍·면·동)	14,394 (7,899)	17,240 (9,086)	22,182.5 (13,300.5)	25,368 (15,316)	28,747 (17,321)
	1인당 담당 복지대상자수	783 (1,427)	661 (1,253)	515 (858)	455 (753)	491 (815)
	1인당 담당 기초수급자수	93 (170)	95 (181)	67 (112)	71 (117)	79 (131)

출처: 보건복지부(2022.9). 2022 주요업무 참고자료

표 6-21 2023년 전국 지자체 공무원 직렬별 직급별(4급~6급) **현황**

직렬구분	직렬별 총원	4급 (현원)	총원 대비 비율	5급 (현원)	총원 대비 비율	6급 (현원)	총원 대비 비율
행정	110,382	1,074	1%	7,804	7%	30,640	28%
사회복지	29,604	61	0%	687	2%	5,289	18%
시설	31,893	265	1%	1,899	6%	8,661	27%
농업	7,422	35	0%	500	7%	2,130	29%

출처: 한국사회복지행정연구회(2023). 내부자료

김회성 외(2022)의 연구에 따르면, 공공복지 인력은 다음과 같은 현황 및 특징을 보인다.

시군구 복지대상자가('17) 1,136만명 → ('21) 1,405만명(23.7% 증)으로 증가하였고, 복지 사각지대 발굴대상자가 ('17) 29.9만명 → ('21) 134만명(347% 증)으로 증가함에 따라, 복지인력이 증가하였다. 기초자치단체(시군구＋읍면동) 사회복지담당공무원(사회복지직＋행정직 등 기타 직렬)은 ('17) 35,116명 → ('21) 41,211명 (6,095명, 17.4% 증)으로 증가하였다.

승진의 경우, 시군구 사회복지직의 평균 승진 소요연수는 행정직 대비 약 0.2~1.7년 더 소요되며, 직급이 높을수록 격차는 커지는 경향을 보였다. 소요연수는 사회복지직/행정직 비교시, 9→8급 2.4/2.2년, 8→7급 4.1/3.4년, 7→6급 8.5/7.4년, 6→5급 12.2/10.5년을 보였다.

보직배치의 경우, 시군구 및 읍면동 복지부서의 과장팀장(5, 6급)을 사회복지직으로 배정(단수)한 경우는 0.1~21.1% 수준에 불과하였다.

또한 사회복지 담당 공무원의 직무실태 조사결과에서는 다음과 같은 결과도 나왔다.

인력 배치 적절성의 경우, 복지관련 업무 수행 시, 사회복지직 배치가 적절하다는 응답은 시군구 37.5%, 읍면동 57.5% 수준으로 낮은 수준을 보였다.

교육·훈련지원 충분성의 경우, 시군구는 5점 만점 2.4점으로 충분하지 않다는 응답이 50.6%이며, 읍면동은 2.2점으로 충분하지 않다는 응답이 61.7%로 교육훈련체계가 미비한 것을 보여준다.

민원관련 폭력 경험의 경우, 최근 2년간 근무 중 언어폭력(86.5%), 성희롱(31.8%), 신체적 폭력(14.9%)을 경험하여 상당한 수준의 폭력을 경험하고 있는 것으로 분석되었다.

직무 소진 경험의 경우, 응답자의 70% 이상이 직무소진을 경험하였고, 시군구(77.7%)와 읍면동(79.8%) 간 차이는 미미하였다.

3) 복지조직 및 인력 운영 실태

복지조직 및 인력 운영에 대한 질적 선행연구(김보영, 2021)에 따르면, 기초지자체의 복지분권 역량을 진단하기 위해 복지부서 총 33명에 대한 인터뷰를 진행한 결과, 업무관리, 인사관리, 교육훈련, 채용관리 등에 있어서 복지업무가 소외되고 있고, 부서장의 직무태만 문제가 만연함에도 승진이 우선시되며, 필요한 교육훈련에서 배제되고, 신규인력의 역량 문제가 지속적으로 제기되는 등

인적자원관리 전반에 있어서 상당한 문제가 나타나고 있는 것으로 평가하였다.

〔1〕 업무관리

① 복지사업에 대한 조직적 배제

복지분권을 위한 기초 지자체의 역량과 관련하여 가장 심각하게 제기되는 문제는 지자체에서 복지와 관련된 사업이 증가하고 있는 가운데, 오히려 복지와 연관성이 높을수록 복지직이 조직적으로 배제되고 있다는 점이다.

게다가 최근 복지업무가 증가하면서 복지관련 부서가 증가하고 있음에도 이러한 복지부서에서도 복지전담 공무원이 배제되거나 제대로 일을 할 수 있도록 인력배치가 안 되는 경우가 많다는 지적이다. 이전부터 지적되었던 복지부서에 대한 업무 깔때기 현상도 여전한 것으로 보고된다.

② 복지사업 기획총괄기능의 부재

복지정책부서에서 두드러지게 나타나고 있는 변화는 그 기능이 서로 다른 부서체계로 분화되고 있는 것이다. 전문성이 강화되는 측면도 있으나, 통합적으로 가야 할 업무가 오히려 분절되어서 문제인 것이다. 공식적인 주무부서인 복지정책과의 역할은 불분명해지는 문제가 발생하고 있다. 주무팀이다 보니 팀장자리가 승진 우선순위 자리가 되어 복지업무에는 관심이 없는 행정직 공무원이 오게 되어 주무부서의 역할을 하지 못하는 문제도 지속되고 있다. 복지의 기획총괄 기능이 취약하다 보니 복지업무에 있어 부서 간 칸막이의 문제가 제기되어, 업무의 단절화, 파편화, 복잡화가 가중되고 있다는 것이다.

③ 시설관리에 편중된 사업부서 업무의 과중한 부담

복지사업부서에서 업무와 관련하여 제기되는 가장 심각한 문제는 민원에 대한 과중한 부담이다. 또한 각 사업부서마다 관리해야 하는 시설이 많지만 그 일을 수행할 수 있는 인력이 턱없이 부족하다는 것이다.

시설관리만으로도 과중한 업무에 비현실적인 인력배치로 실질적인 관리감독이 어려운 가운데 한편에서는 이로 인한 징계와 소송의 위험에 직면하고 있다고 평가한다. 공무원들이 시설을 상대로 하는 것을 버거워하기도 하고 또한 부당한 압력에 노출되는 사례도 있는 것으로 보고된다. 조직 전체적으로 복지업무 자체가 기피분야라고 인식하고 있다.

④ 비효율적인 복지사업의 제도와 시스템

사업부서의 업무가 과중해지는 배경으로 비효율적인 제도와 업무구조의 문제도 자주 지적된다. 시설관리와 관련해서는 파편적인 제도의 문제를 많이 지적한다. 우리나라 제도가 여전히 공급자 중심이라는 것이다. 특히 복지사업이 확장되면서 무분별하게 제공기관이 우후죽순으로 생기다 보니 부실한 기관들이 많이 늘어났고, 또한 시설지원 중심으로 복지가 확대되어왔기 때문이다. 업무처리 과정에서는 이를 효율화한다는 명분으로 도입된 행복이음과 같은 정보시스템이 오히려 효율적인 업무를 방해하는 경우도 있고, 불필요하게 복잡하고 사용하기 어렵게 되어 있다는 평가이다.

〔2〕 인사관리

① 행정직 부서장의 문제

인사관리에서는 특히 행정직 부서장의 문제가 가장 많이, 그리고 가장 심각하게 제기된다. 행정직 공무원이 복지부서의 부서장으로 배치되면 팀이 수행하고 있는 사업에 대한 이해가 떨어질 뿐 아니라 관심조차 두지 않는 경우가 많다고 한다. 복지업무가 전문적이고, 복잡하고, 세심하다 보니 접근하기 어렵다는 것이다. 더 심각한 상황은 주무계장 자리가 승진으로 이어지는 자리이다 보니 복지직 공무원보다는 행정직 공무원이 오는 경우가 많다는 것이다. 또한 읍면동의 경우, 통합사례관리를 주 업무로 하는 경우에 팀장급이 복지직이 아닌 타직렬이 올 경우, 성과차이가 매우 크게 나타나는 것으로 보고된다.

② 복지직의 승진차별 인식

복지직 공무원들은 승진에서 차별을 받고 있다는 인식이 전반적으로 매우 강하다. 승진비율이 한 조직 내에서도 직렬에 따라 차별이 있다 보니 갈등의 요인이 되고 있다. 복지직의 증원에 따라서 승진비율을 늘려주지 않고, 행정직이 승진자리를 모두 지키려고 하기 때문에 이러한 일이 벌어지고 있다는 것이다. 승진문제는 지자체장의 인식이나 의지가 중요하지만 그렇지 못한 실정이며, 업무과중에 오랫동안 노출되어 있음에도 불구하고 그렇지 않은 사람이 승진이 빠른 경우가 많아 불이익을 받고 있다는 것이다.

[3] 교육훈련관리

① 필요한 직무 역량에 대한 인식

직무수행에 있어서 필요한 역량이 무엇인지를 질문하였는데 이에 대해서 복지정책부서와 사업부서에서 가장 공통적으로 나온 것은 기획 역량이었다. 복지정책부서의 경우에는 직무역량과 관련해서 가장 많이 언급된 부분은 협력적 업무 수행과 역량에 관련된 것이었다. 사업부서의 경우에는 앞서 살펴본 바와 같이 시설관리에 대한 업무부담을 많이 느끼는 만큼 시설관리 역량이 부족하다는 평가이다.

② 현장 중심 교육의 필요성

교육훈련과 관련해서는 기존에 많이 시행되고 있는 중앙차원의 교육보다는 현장에서 실제 업무 경험을 가지고 있는 선임자에 의한 소모임 형태의 교육이 필요하다고 다수가 진술한다.

교육에 있어서는 민간의 사회복지사와 마찬가지로 복지전담 공무원도 의무적인 보수교육의 필요성하다고 본다. 복지전담 공무원뿐만 아니라 다른 복지업무를 하고 있는 타 직렬 공무원에 대한 교육도 필요하다는 의견도 다수이다.

4) 복지행정의 조직 및 인사 제도의 쟁점

복지전달체계내 조직 및 인사의 문제점은 여러 연구자에 의해 지적되었다 (강혜규 외, 2017; 김회성 외, 2018; 강혜규 외, 2019; 김이배, 2017; 김이배, 2021; 민소영 외, 2021 등).

이러한 지자체 복지행정의 조직 및 인사 제도 측면에서의 주요 쟁점은 다음과 같다(김회성 외, 2022).

첫째, 복지행정 수요 반영에 한계가 있다. 조직 및 기구설치 관련 현행 제도는 주민 인구만을 기준으로 하고 있어 지방자치단체별 복지행정 수요의 차이 및 지방자치단체의 특성 반영에 한계를 가진다.

둘째, 전담기구 및 전담인력 관련 법적 규정이 미흡하다. 「사회보장급여법」이 사회복지 전담기구(제42조) 및 사회복지 전담공무원(제43조)을 규정하고 있음에도 불구하고 같은 법 시행령이나 시행규칙을 통해 전담기구 및 전담공무원 관련 계획 수립 등을 통한 체계적 관리 및 효율적 운영 등에 관한 별도의 규정이 없다.

셋째, 사회복지 전담인력에 대한 법적 근거가 부재하다. 사회복지 전담인력과 사회복지 담당인력 구분의 명확한 법적 근거 부재로 지방자치단체 복지행정의 전문성 저하 및 사회복지 전담인력의 사기가 저하되고 있다.

넷째, 적정 인력 산정에 대한 제도적 장치가 부재하다. 복지 수요의 증가 및 복지 제도의 확충에 따른 업무량의 지속적 증가에도 불구하고 지방자치단체 복지행정 적정인력 산정의 제도적 장치가 부재하며, 인력 증원 과정에서 사회복지 업무의 전문성을 반영한 직위 및 역할 배분이 이루어지지 못하고 있다.

다섯째, 기준인건비 산정모형의 한계가 있다. 지방자치단체 기준인건비 산정모형에 65세 이상 인구와 장애인 인구수만 포함되어 지속적으로 증가하고 있는 복지행정 수요 반영이 미흡하다.

여섯째, 체계적 보직 관리가 취약하다. 행정조직의 전문성과 지속성은 체계적 보직관리를 통해 이루어짐에도 불구하고 사회복지 전담공무원에 의한 사회복지 전담기구의 운영이 전면화되지 못하여 전담기구 자체의 전문성은 물론 실무자 전담공무원의 전문성 고도화에도 부정적인 영향을 미치고 있다.

일곱째, 교육훈련 지원이 미흡하다. 지방자치단체 사회복지 담당인력의 전문성은 임용 당시의 전문성 확보와 더불어 임용 이후 업무수행과정에서의 전문성 강화로 이어져야 함에도 불구하고 현행 지방공무원 대상 교육훈련체계는 이를 반영하지 못하고 있다.

여덟째, 복지행정에 대한 과학적 진단이 미흡하다. 지방자치단체 복지행정조직 및 인력에 대한 체계적인 정보 수집과 종합적 진단의 미비로 복지전달체계 개편의 합리성 및 체계성이 미흡하다.

5) 소결

복지행정분권은 행정기관내 복지담당 조직부서와 인력 문제와 깊은 관련성이 있다. 이와 관련해 복지전달체계 관점에서 다수의 연구가 실시되었다. 공통적으로 지적하는 문제는 복지업무는 과다한 데 비해, 관련 조직과 인력이 부족하다는 지적이다. 동시에 복지서비스가 가진 대면적이고 재량권을 행사해야 하는 업무특성과 달리 운영체계는 관료제 방식으로 전문적 서비스를 제공하는 데 한계를 보이고 있다는 점이다. 특히 복지직이 상대적으로 소수직인 상황에서 인사관리가 비합리적으로 운영되고 있고 이에 따라 서비스질을 강화하기 어려운 조건이라는 것이다. 일반 관료제 관점에서는 사회복지업무는 여러 행정업무 중의 하나에 불과하므로 복지업무의 특수성을 반영하기 어렵고 그렇기 때문에 다양한 측면에서 비효율적인 업무관행이 유지되고 있다는 것이다. 현행 복지행정분권의 문제점은 중앙정부가 만든 획일적인 제도와 지방자치단체 스스로 복지업무에 대한 인식부족과 그에 따른 부조리한 관행들이 결합하여 만들어낸 결과이다. 사회복지전담공무원에 대한 인사권은 전적으로 지자체 단체장들에게 부여되어 있음에도 그러한 문제점을 인식하고 있지 못한 결과에서 나타난 것이다.

4 복지정치분권의 현황과 쟁점

사회복지는 정치적으로 결정되는 재분배 기제이다. 작동방식은 정치적으로 결정된다. 시장에서의 교환과 달리 복지 프로그램들은 법과 정책에 의해 그틀이 설계되고 수혜와 부담이 정해지는 것이다. 민주적 자본주의(democratic capitalism) 사회의 여러 집단들은 복지국가의 운영원리와 작동방식이 자신에게 유리하도록 개입하고자 하며, 이들의 이해관계와 정치적 능력, 그리고 이들 간의 권력관계는 어떤 복지국가가 만들어지느냐에 결정적이다(김영순, 2012). 그러므로 복지분권에 있어 정치적 측면이 고려되어야 한다.

1) 지방선거와 복지분권

[1] 지방선거의 맥락[4]

전국동시지방선거에서 유권자들은 7장의 투표용지에 투표한다. ① 광역단체장(시장·도지사), ② 교육감, ③ 기초단체장(시장·군수·구청장), ④ 지역구광역의원, ⑤ 비례대표광역의원, ⑥ 지역구기초의원, ⑦ 비례대표기초의원 등이다. 이렇듯 많은 사람을 한꺼번에 투표해야 한다는 것은 당혹스럽기도 하지만,

---

4) 김이배, 2022

그만큼 우리의 현실, 일상과 관련된 행정가(혹은 정치인)가들이 많다는 것을 의미하는 것이기도 하다.

지방선거는 지방자치의 내용을 결정하는 과정이다. 2022년 기준으로 지방의회가 복원된 지 31년, 단체장 직선이 복원된 지는 27년째이다. 사람으로 치면 자율적으로 행동하고 자기 행동에 책임을 지는 청년이자 성년으로 성장했을 시기인데 과연 지방은 그러할까?

지방자치 환경속에 지방선거가 놓여있다. 지방선거는 지방자치단체의 의결기관과 집행기관을 구성하는 과정이다. 지방선거는 중앙선거와 구분하여 지방의 고유한 문제를 해결하기 위하여 지역대표를 선출하는 것이다. 선출된 지역리더는 지역주민의 삶의 질 향상과 지역발전을 위해 노력해야 한다. 한국의 대통령선거, 국회의원선거와 마찬가지로, 지방선거는 역대 민선7기 동안 변화가 많았다. 역대 지방선거 결과를 보면 몇 가지 특징이 있다.

(2) 지방선거의 특징

첫째, 지방선거는 지방정치가 아닌 중앙정치에 예속되는 특징이 있다. 지방선거의 쟁점이 여당의 중간평가가 되거나 시기별 이슈에 매몰되어 지역의제가 자리잡기 힘든 조건임을 보여준다. 한마디로 일부 지역을 제외하고는 지방선거에서 지역 차원의 쟁점과 이슈 혹은 후보가 가진 역량이 크게 영향을 미치지 못하였다.

둘째, 제도적으로 유권자의 선택권이 제한되는 측면이 있다. 일부 지역에서는 지방의 1당 독점구조가 지속되고, 특정 정당의 공천이 당선의 보증수표가 되었다. 결과적으로 유권자들이 지역 대표를 선출한 것이 아니라 정당이 선출한 결과가 되어버린 것이다. 공천권이 중요하기에 후보자들은 지역 국회의원과 정당에 예속되는 결과를 가져왔고, 결과적으로 지방정부의 자율성을 제약하게 되었다.

셋째, 복지 이슈의 경우, 민선5기의 무상급식 논쟁을 제외하고는 주요한 의제가 등장하지 못했고, 다양한 복지 의제들이 포괄적으로 제시되어 주변부적인 의제로 간주되었다. 이따금 복지 의제가 광역단위에서 중요한 의제로 등장할 수 있는 환경이 있었지만, 기울어진 선거환경과 복지 주체들 간의 연대 부족, 역량 부족이 더 이상의 주요 의제화를 어렵게 만들었다.

넷째, 당선자 중 여성의 비율이 극단적으로 낮다. 1995년 제1회 지방선거부터 2018년 제7회 지방선거까지 시도 광역자치단체장은 총 113명이 선출되었는데, 113명 모두가 남성이었으며, 시군구 기초자치단체장은 총 1,575명이 선출되었는데 이중 여성의원은 29명에 불과하다. 비례대표 의원을 제외하고는 여성의 비율이 매우 저조하다.

다섯째, 그럼에도 민선자치 30년의 지방선거 성과에 대해서는 대체로 보통 이상의 긍정적인 평가를 제시하고 있다(자치분권위원회, 2021). 지방선거 실시로

표 6-22 역대 지방선거 요약

구분	임기	지방선거 시기	지방선거 주요 이슈	복지 이슈
민선1기	1995. 7. 1.~ 1998. 6. 30	김영삼정부 2년 5개월 차	세계화 개혁 등	-
민선2기	1998. 7. 1.~ 2002. 6. 30	김대중정부 4개월 차	IMF 개혁	-
민선3기	2002. 7. 1.~ 2006. 6. 30	김대중정부 4년 4개월 차	권력형 비리	(기초생활보장)
민선4기	2006. 7. 1.~ 2010. 6. 30	노무현정부 3년 4개월 차	4대 개혁입법	-
민선5기	2010. 7. 1.~ 2014. 6. 30	이명박정부 2년 4개월 차	4대강, 천안함사건	무상급식 등
민선6기	2014. 7. 1.~ 2018. 6. 30	박근혜정부 1년 4개월 차	세월호사고 등	(생애주기별 복지정책)
민선7기	2018. 7. 1.~ 2022. 6. 30	문재인정부 1년 2개월 차	남북정상회담 등	(사회서비스)
민선8기	2022. 7. 1.~ 2026. 6. 30	윤석열정부 1개월 차	부동산 문제 등	?

출처: 김이배(2022). 지방선거, 복지공약 그리고 정상화

민주성이 향상되고, 유급제로 전환된 이후 상대적으로 우수한 인력이 진출하면서 지방자치가 점차 발전하고 있기 때문이다. 또한, 선거로 인해 단체장의 선거공약 제시와 이를 실천하기 위한 노력의 성과가 지역발전에 기여하는 측면이 있기 때문이다.

〔3〕 지방선거와 복지공약

지방선거에서 복지관련 의제가 중요한 이슈로 등장한 것은 2010년 제5회 동시지방선거였다. 무상급식과 보편복지 논쟁이 후보자를 선택하는 중요한 기준으로 나타난 것이다. 아쉽게도 2022년 지방선거에서는 복지아젠다가 중요한 의제로 등장하지 못하였다. 주된 이유는 역시나 대선 정국에서 정책중심 선거가 아닌 인물중심 선거가 되었기 때문이고, 복지의제보다 중요하다고 생각되는 검찰개혁 등의 의제들이 주로 논의되었기 때문이기도 하다.

지역의 복지정책은 지자체장의 복지인식과 이해에 따라 정책효과가 크게 달라지는 영역이다. 특히 복지정책은 유권자가 느끼는 정책체감도와 함께 지역주민의 일상생활에 큰 영향을 끼치게 된다. 지방선거뿐만 아니라 총선에서도 후보들이 경쟁적으로 복지정책을 공약으로 제시하는 것도 그 때문이다.

선거제도는 기본적으로 유권자의 지지가 당선으로 연결되는 것으로 투표수가 의석수로 전환되는 것이다. 또한, 지방선거의 정치적 성격은 지방자치단체의 의사결정이 가치배분과 직접적으로 연결되기 때문이다. 지역에서 복지정치가 성립되기 위해서는 2가지 전제조건이 필요하다.

첫째, 후보자는 좋은 복지공약을 제안하고, 당선되면 그것을 실천하여 공과에 대한 정치적 평가를 받아야 한다. 후보자는 좋은 공약을 제시하게 된다면 그것이 정치적 지지로 연결된다는 기대를 품을 수 있어야 한다. 즉 복지공약이 여러 공약 중에서 중요한 공약이라는 인식이 있어야 한다.

둘째, 유권자 측면에서 후보자의 복지정책 혹은 복지사업 실행에 대한 평가가 후보자 선택의 중요한 기준으로 작용해야 한다. 지역후보자가 복지정책을 열심히 마련했거나 혹은 복지사업을 충실하게 실행하였다면 그에 대해 유권자는 (적극적인) 지지를 표출해야 한다. 만약 후보자가 복지공약을 열심히 마련하고, 이를 실행했음에도 불구하고 유권자(지역주민)가 의사표현을 하지 않는다면, 후보자는 앞으로의 정치활동에서 유권자의 욕구를 고려할 필요가 없게 된다. 즉 복지정치는 책임과 지지의 명확성이 드러나는 구조를 마련하는 것이 전제조건이 된다.

　　문제는 후보자가 공약에 대한 책임성이 불분명하고, 유권자가 그것에 대한 지지여부가 불확실한 경우에 발생한다. 이렇게 되면 복지정치는 작동하지 않게 된다.

　　지역을 돌아보면, 복지정치의 다차원적인 측면을 확인하게 된다. 과연 후보자가 복지정책을 중요하게 고려하고 공약으로 제시하고 있는지, 유권자는 그에 기반하여 정치적 지지와 의사결정을 내리고 있는지 확인할 수 있다.

　　앞에서 언급하였다시피 현재 지방선거는 비정상적인 측면이 많다. 선거제도의 문제이기도 하고 정치환경의 문제이기도 하다. 이러한 것이 복지정치에도 영향을 미치고 있다.

　　연구에 따르면, 유권자의 복지태도의 비계급성과 비일관성 때문에, 지역 유권자들의 복지태도는 지방선거에 영향을 미치지 못하고, 오히려 중앙정치에 대한 평가가 지방의 권력구조를 만들어, 간접적으로 지역복지 정책에 영향을 미치는 것으로 분석된다(신진욱 외, 2016). 한마디로 유권자들이 중앙정치에 구속되어 있다는 말이고, 지방없는 지방선거가 되고 있다는 것이다. 이는 복지가 지역에서 중요한 사안임에도 동시에 중요한 안건이 될 수 없다는 것을 의미한다.

2) 주민참여와 복지분권

　　5장에서 정치분권과 관련하여 주민참정과 지방선거 그리고 주민자치회 등의 일반 주민과 관련된 사항을 정리한 바 있다. 여기서는 복지부문의 대표적인 주민참여 기제인 지역사회보장협의체와 읍면동 마을복지계획을 살펴본다.

(1) 지역사회보장협의체

가. 지역사회보장협의체 운영 현황

지역단위 복지공동체의 핵심적 기능을 수행하는 지역사회보장협의체의 역사는 짧지 않다. 그럼에도 불구하고 지역사회에서 적절한 위상을 가지고 있는지는 불확실하다.

전국단위 지역사회보장협의체의 운영 실태를 다룬 보고서(강혜규 외, 2018)에서는 다음과 같이 운영의 성과와 한계를 정리하고 있다. 우선 성과측면에서 정리하면, 첫째, 사회서비스 공급을 위한 민관협력 서비스 네트워크가 형성되기 시작하였으며, 둘째, 지역사회복지에서 풀뿌리 민주주의를 실현하는 데 힘이 될 수 있는 희망적인 조직이 생겼고, 셋째, 협의체의 활동은 민관협력의 서비스 네트워크가 풀뿌리 민주주도로 작동함으로써 주민들의 복지 체감도를 높일 가능성을 보여주고 있으며, 넷째, 지역사회복지에 투여되는 공공 재원의 부족에 관한 논의와 별개로 현장에서는 주민 네트워크를 통해 민간 자원이 발굴·개발되는 사례가 늘고 있다. 다섯째, 향후 사회적 경제, 공동체 만들기 등 구체적 사회서비스 제공을 넘어 사회·경제적으로 건강한 지역 만들기를 위한 사회적 기초가 만들어지고 있다는 점을 제시한다.

그러나 여전히 지역사회보장협의체는 공공과 민간의 대등한 파트너십으로 운영되어야 한다는 원칙이 준수되지 않으며, 성과 영향 요인에서 무엇보다 중요하게 지목되는 것은 담당 인력과 관련된 문제로 이는 협의체가 성공적으로 활성화되는 데는 공공 간사 및 민간 간사의 의지와 열정이 가장 중요한데 이를 제도적으로 지원하는 데 한계가 있으며, 단위별 협의체 운영에 있어 상당한 편차가 나타나고 있다고 평가했다.

지역사회보장협의체의 연혁

- 15개 시·군·구에서 지역사회복지협의체 시범사업 실시('01.10.~'02.11월)
- 지역사회복지협의체 설치 근거 마련('03.7월, 「사회복지사업법」)
- 「사회보장급여법」 시행에 따른 명칭 변경 및 역할 확대('15.7월~)
- 읍·면·동 지역사회보장협의체 구성·운영('15.7월~)

지역사회보장협의체의 기능

- ○ 시·군·구 지역사회보장협의체 : 사회보장 증진을 위한 주요 사항의 심의·자문
- 시·군·구 지역사회보장계획 수립·시행 및 평가에 관한 사항
- 시·군·구 지역사회보장조사 및 지역사회보장지표에 관한 사항
- 시·군·구의 사회보장급여 제공에 관한 사항
- 시·군·구의 사회보장 추진에 관한 사항
- 읍·면·동 단위 지역사회보장협의체 구성 및 운영에 관한 사항
- 그 밖에 위원장이 필요하다고 인정하는 사항
- ○ 읍·면·동 지역사회보장협의체 : 지역 내 사회보장 증진 업무 지원
- 사회보장사업에 의한 도움을 필요로 하는 대상자 발굴
- * 위기가구 발굴을 위한 '명예 사회복지공무원' 구성·운영 : 247천명('21.12월 말)
- 사회보장 자원 발굴 및 연계
- 지역사회보호체계 구축 및 운영

그림 6-1 지역사회보장협의체의 체계

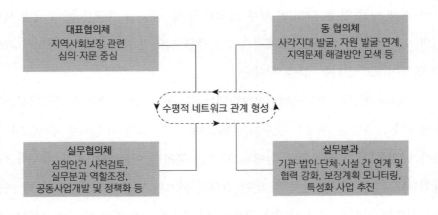

270   PART 02 복지분권의 현실과 과제

표 6-23 지역사회보장협의체 구성·운영현황(2021.12.31., 단위 : 개, 명)

구분		대표협의체		실무협의체		실무분과		읍·면·동단위	
		구성	참여인원	구성	참여인원	구성	참여인원	구성	참여인원
계	102,109	229	5,899	228	6,201	1,890	23,713	3,493	66,291

* 평균 참여인원 : 대표협의체 26명, 실무협의체 27명, 실무분과 13명, 읍·면·동 단위 협의체 19명

출처: 보건복지부(2022). 2022 주요업무 참고자료

나. 시군구협의체와 읍면동협의체의 쟁점

지역사회보장협의체의 운영 원칙은 지역성, 참여성, 협력성, 통합성, 연대성, 예방성 등이다. 이러한 지역단위 협의기구로서의 지향점은 단순한 복지서비스의 지원이 아닌 사회적 연대를 추구하고 지역주도에 기반한 복지사업을 수행하는 것을 목적으로 한다. 명확하게 제시하고 있지 않지만 복지분권의 지향성을 분명 가지고 있다.

시군구 협의체 운영상의 핵심 쟁점은 크게 다섯 가지로 대별해 볼 수 있다(김회성 외, 2020). 첫째, 협의체의 운영 기능이 협의기구인지 집행기구인지 모호해 내용적 명확화가 필요하다. 둘째, 지역협의체에서 참여하고 있는 민과 관의 협력 구도가 대등하지 못하다. 관주도성이 강하다. 셋째, 사무국 운영 관련 비용, 사업 추진 비용, 전담 인력 인건비를 포함한 협의체 운영 예산은 절대적 규모가 작을 뿐만 아니라 지자체별로 상당한 격차가 있다. 넷째, 협의체 전담 인력의 배치 규모와 급여 수준 또한 지자체별로 상당한 격차가 있다. 끝으로 단기적 실적 산출에 치중하는 관료제적 조직 관행이 지배적인 탓에 협의체의 형식적 운영이 지속되고 있다.

읍면동 협의체는 2015년부터 본격화되었다. 복지 공급의 다원화와 관련된 복지혼합(welfare mix) 모형과 행정과정론의 정책 공동생산 이론이라는 관점에서, 읍면동 협의체의 기본적 성격은 '읍면동 단위 지역사회보장 증진을 위한 민관협력 기반 지역주민의 조직화된 자원활동'으로 규정할 수 있다. 즉, 읍면동

협의체 활동은 지역주민의 자원활동을 통해 소생활권 단위에서 지역사회 취약계층을 대상으로 하는 사회보장 사업의 기획·집행·평가를 민관이 공동으로 협력하여 수행하는 것이다.

제도적·운영적 차원에서 읍면동 협의체의 핵심 쟁점은 크게 다섯 가지로 대별해 볼 수 있다(김회성 외, 2021). 첫째는 법적·제도적 맥락에서 나타나는 쟁점으로, 읍면동 협의체를 지원 역할 수행 기관이라는 관점으로 볼 것인가, 아니면 민관협력과 주민 주도성을 강조하는 관점으로 볼 것인가이다. 둘째는 읍면동 협의체 활동에서 나타나는 민관 관계 구조의 양상에서 나타나는 쟁점으로, 주민 주도성이 얼마나 실현되고 있는가이다. 셋째는 읍면동 협의체 위원 구성 방식에서의 원칙과 기준에 관한 쟁점으로, 협의체 위원의 위촉에서 절차적 대표성과 정당성을 강화해야 하는가, 혹은 실천성과 인적 구성의 포용성을 강조해야 하는가이다. 넷째는 읍면동 협의체가 제공하는 서비스의 질적 특성에 관한 쟁점으로, 단순한 형태의 재가서비스 중심 활동에서 벗어나 주민 및 지역 특성에 기초한 창의적·실험적 서비스를 어떻게 추진할 것인가이다. 끝으로 읍면동 협의체에 대한 시군구의 행·재정적 지원과 협의체 운영 성과에서 나타나는 쟁점으로, 지역 격차가 발생하고 있다는 것이다.

읍면동은 사실 풀뿌리 민주주의의 가장 원초적인 공간이다. 물론 서구에 비해 면적이 넓은 것은 사실이지만 현재까지 행정적으로 공식화된 생활공간인 것이다. 자치분권과 관련하여 일반주민도 최근에 와서야 주민자치위원회에서 주민자치회로 변화가 시작되고 있는 것처럼, 복지와 관련된 조직인 읍면동지역사회보장협의체도 비교적 최근에 시작되었고 이제 막 분권적 움직임이 시작되고 있는 것이다. 읍면동협의체 역시 초기에는 단순한 복지서비스의 지원을 염두해두고 시작된 것은 맞지만 궁극적인 지향점은 사회적 연대를 추구하고 지역주도에 기반한 복지사업을 수행하는 것을 목적으로 하기에 복지분권적 기능을 수행할 수밖에 없다.

⑵ 읍면동 마을복지계획

읍면동 마을복지계획의 개념을 정리하면, 읍면동에서 주민참여를 통해 마을복지계획을 수립·실행하는 것을 의미한다. 마을복지계획은 읍면동 단위에서 주민의 자발적 참여와 협력으로 지역의 복지의제를 발굴, 자체적으로 해결해 가는 활동에 대한 계획이다.

계획실행에는 다양한 주체들의 참여가 중요하다. 봉사단, 동호회, 자치회 등 주민들이 자발적으로 구성 및 운영한 조직과 협업도 가능하다.

내용은 다양하다. 읍면동 단위의 공동체 복지, 주민주도 보건복지 프로그램 개발 등 주제는 다양하다. 기본적인 절차를 살펴보면, 기획 → 참여자 모집 및 교육 → 지역사회조사 → 계획 수립 → 계획 확정 및 공유 → 실행/모니터링 → 평가 및 환류 등의 순서로 진행된다.

그림 6-2 읍면동 마을복지계획 수립 및 실행과정(예시)

준비		수립		공유	실행 및 평가	
기획	참여자 모집 및 교육	지역사회 조사(주민 욕구 조사)	계획 수립	계획 확정/ 공유	실행	평가 및 환류
읍면동 마을 복지 계획 기획	• 주민 대상 참여자 모집, 마을 복지 계획 수립 위한 조직 구성 • 참여자 등 주민교육 (복지, 건강 등 전반적인 분야 및 마을 복지 계획 필요성, 관련 사례 등)	• 지역 문제 및 자원을 조사하여 현황을 파악 • 마을 복지 의제 선정	읍면동 마을 복지 계획 수립(현황, 의제, 필요성, 내용, 방법, 예산 확보 방안, 기대 효과 등)	계획 선포식, 주민총회 등 주민 공유	읍면동 실행 시군구 지역사회 보장 계획 반영 주민참여 예산사업 연계 추진	• 성과 공유회, 설문조사 등을 통해 평가 및 개선방안 마련 • 성과홍보

출처: 행정안전부·보건복지부(2022). 2022 주민자치형 공공서비스 구축사업－읍면동 찾아가는 보건복지서비스 매뉴얼

마을복지계획은 지역의 소규모 의제에 빠르게 대응하고 지역 자원을 적극 활용하며 주민의 직접적인 참여를 기반으로 수행되는 특징을 가진다(박성준, 2021). 마을복지계획은 주민의 참여수준이 높은 읍면동 단위 복지계획이며, 그 내용은 지역의 특성을 반영한다. 읍면동 단위 복지분권 사업의 특성을 모두 포함하고 있다.

그러나 몇 가지 한계도 있다. 첫째, 마을복지계획의 명확성이 공식화되어 있지 않다. 마을복지계획은 주민자치형공공서비스 구축사업의 일환이었던 찾아가는 보건복지서비스 사업에 포함되어 운영되었으나, 정권이 바뀌면서 순수한 복지전달체계 내 사업만 강조되고 주민력 등 주민자치적 사업은 크게 부각되고 있지 못하다. 둘째, 마을복지계획 시행이 초기단계였기에 계획수립 과정에서 여러 가지 한계가 노정되었다. 주민의 역량을 강화하는 문제, 전문가 등 자문단을 활용하는 문제, 주체적인 참여가 부족하므로 관이 주도하는 문제, 복지 영역 이외에 마을문제를 다루는 계획범위의 문제 등 다양한 쟁점이 있다.

3] 소결

5장의 일반적 정치분권 부문에서 살펴보았듯이 주민참정과 지방선거 모두 제도적 기반은 마련되었으나 실질적인 운영은 미흡한 것을 확인하였다. 복지정치분권은 복지정책 결정과 실행에 주민이 적극 참여하는 것을 의미하며, 최종적으로 사무, 재정, 행정적 복지분권이 복지정치분권을 통해 완성됨을 의미한다. 복지분권의 본래적 목표 중의 하나인 지역특성에 부합하고 지역주민의 욕구에 부합하는 실천은 지역내 공공의 일방적 행정행위로만 이루어지는 것이 아니라 또 다른 한 축인 주민과 민간이 참여하고 협력하는 구조속에서 완성된다. 특히 복지의제가 선거라는 정치과정 속에서 관철될 수 있는 합리적 체계가 구축될 필요가 있고, 복지부문의 대표적인 참여기제인 지역사회보장협의체의 건실한 운영이 요구된다고 할 수 있다.

복지분권의 개선방향

CHAPTER 07은 복지분권의 개선방향을 살펴본다. 1절은 복지사무분권을 다룬다. 중앙-광역-기초지방정부 간의 역할에 근거한 복지사무 분담체계 개선방안을 살펴본다. 2절은 복지재정분권을 다룬다. 국고보조사업의 문제가 심각하므로 이를 중심으로 살펴본다. 3절은 복지행정분권을 다룬다. 복지분권 실행이 가능한 바람직한 행정체계를 조직과 인력체계 개선방안을 중심으로 살펴본다. 4절은 복지정치분권을 다룬다. 주민참여 방안을 중심으로 개선방안을 살펴본다.

1 복지사무분권 개선방안

5장에서 일반적 사무분권에서의 여러 쟁점을 살펴보았고, 6장에서 복지사무분권의 쟁점들을 살펴보았다. 본 절에서는 지금까지 논의된 쟁점들의 개선방안을 정리하였다.

1) 정부간 사무배분 기준과 원칙 준수

정부간 사무배분을 위해서는 사무배분 기준이 중요하다. 다수의 선행연구(최봉석 외, 2015; 한부영 외, 2019; 김남철 외, 2022)에서 사무배분 기준 연구를 실시하였다.

한부영 외(2019)는 중앙-지방간 실효성있는 사무배분 발굴 기준으로 다음과 같이 제안한다. ① 지역주민 생활과 밀접한 사무들은 지방이양 대상사무로 우선 발굴한다. ② 중앙정부와 지방자치단체가 중복 수행하는 사무들에 대해서도 우선 지방이양 대상사무로 발굴한다. ③ 집행적 성격의 사무로서 중앙정부보다는 지방자치단체가 수행하는 것이 지역주민에게 더 편리하고 접근성도 높은 사무들에 대해서는 우선 지방이양 대상사무로 지방이양을 한다. ④ 사무의 성격상 현지성과 지역의 종합적인 기능이 요구되는 사무에 대해서는 지방이

표 7-1 중앙-지방정부간 사무배분 기준

구분	사무내용
국가 사무기준	• 국가로서의 존립에 관계되는 기능 • 전국적·통일적으로 운영되는 것이 바람직한 사무 • 전국적 규모·관점에서 시행되어야 하는 시책 및 사업
시도 사무기준(광역)	• 국가와 시·군·구 사이의 연락·조정사무 • 해당지역 기초자치단체의 지역기본계획에 대한 감독·조정·권고 ※ 광역적 기준에 일치하지 않는 도시계획 등 • 관할범위가 광역적인 사무 ※ 전염병관리, 정신질환관리, 공공부조 등
시군구 사무기준(기초)	• 지역인접성·현지성이 강한 사무 ※ 지역주택개발, 주거환경 관련사무 등 ◦ 주민밀착성·주민관련성이 강한 사무 ※ 주민들이 개인적 생활과 직접적으로 관련되는 사무

출처: 지방이양추진위원회(2000). 지방이양추진 기본계획

양을 한다. ⑤ 지역주민의 접근성이 사무발굴의 가장 중요한 원칙의 하나가 될 수 있을 것이고, 이에 주민참여와 그에 따른 신속한 대응이 요구되는 사무의 성격을 가진 대상사무들은 우선적으로 지방이양을 하도록 한다. ⑥ 사무수행 시 상당 부분이 실무적으로 지방자치단체를 통해서 수행되는 사무들과, 특히 기관위임, 단체위임사무 등의 경우에 있어서는 최대한 자율적인 사무수행 권한을 지방자치단체에 부여하도록 한다. 이러한 여섯 개의 기준을 적극 참고할 필요가 있다.

또한 6장에서 언급된 바와 같이 「지방자치법 시행령」[별표 1]에는 지방자치단체 종류별 사무가 제시되어 있다. 현행 사무배분기준 운영에 있어 다양한 원칙들이 제시되어 있으나 이러한 원칙을 준수하지 않고 있으므로 이러한 원칙하에 사무배분기준이 마련되고 준수될 필요가 있다. 특히 보충성의 원칙을 철저히 준수할 필요가 있다.

결론적으로 국가는 국가최저기준(National Minimum)만 정하고 그 외의 기능은 지방정부로 그 업무를 이관하여 지자체별로 특성에 맞는 복지체계를 구축해야 한다(조성호, 2018).

2) 기능 중심 포괄 이양

'기능 중심 포괄 이양'은 이전 정부의 지방이양 방식의 한계를 극복하고자 나온 개념이다. 문재인 정부 이전에 추진해 온 지방이양은 지방의 실질적인 권한 확대가 아닌 단편적인 사무 이양에 치중하여 소위 '실질적 자치분권'을 실현하기에는 매우 미흡했다.

소위 '단위사무 이양'방식은 한국을 제외한 여타 국가에서는 찾아볼 수 없다. 단위사무의 이양방식은 사무의 수행연계성을 저하시키고, 단위사무의 규모 과소에 따라 소요인력 및 재원의 산정이 어려울 수밖에 없다는 한계가 존재한다. 즉 사무이양은 통상 기능을 구현하기 위하여 구성된 각각의 개별 단위의 사무의 이양에 그친다. 따라서 기능을 실현하기 위하여 조합되는 수 개의 단위사무 중 일부의 사무의 이양만 있게 되면 기능을 구현하는 개별 사무 주체가 분리되게 된다. 즉 한 기능을 구현하기 위하여 국가와 지방자치단체가 각각의 단위사무의 권한을 갖게 되는 경우가 발생한다. 그렇게 되면 지방자치단체는 단위사무에 관한 업무수행권만 갖게 되고 기능 전체를 구현하기 위한 온전한 권한을 갖지 못하게 되므로 지방자치단체의 해당 행정에 관한 완전한 자치고권을 인정받을 수 없게 된다.

이에 비해 '기능 이양'은 분할이 불가능한 최소단위의 다수사무로 구성된 일련의 집합적 업무 단위를 이양하는 것이다. 지방자치단체의 고유한 권한영역에 해당하는 기능 전체를 집합체로 이양하는 것으로 이것이 기능중심의 권한이양에 해당한다.

이에 관하여 정부는 연구과제를 발주하여 기능중심의 권한이양의 방법에 관한 결과를 도출하였다. 이를 요약하면 다음과 같다.

표 7-2 기능중심 지방이양 모델

순서	추진절차	주요내용
①	기준단위 설정	■ 개념정의 - 중앙부처 직제의 '담당'
②	기초자료 작성	■ 이양사무 발굴 - 소관부처 조사표조사 → 전문위원 1차 검토 → 전문위원 추가발굴 (1차 검토에서 제외된 담당대상)
③	이양기능 검토	■ 이양대상 검토 - 소관부처·지자체 의견수렴(조사표조사) → 전문위원 1차 검토 → 관련분야 전문가 워크숍(전문위원 전문성 부족 및 위원별 이견존재 기능대상)
④	소관부처 설명	■ 이양대상 점정결정 - 전문위원회 심의 → 소관부처·지자체 합동설명 → 전문위원회 결정 → 현장점검(소관부처와 지자체의 의견대립 기능대상)
⑤	이양기능 확정	■ 이양결정 - 전문위원회 보고 → 본 위원회 결정 → 해당부처 통지
⑥	후속조치 검토	■ 인력 및 재원 동시이양 결정 - 제주특별자치도 및 프랑스 등의 사례 참조
⑦	이양상황 검토	■ 연도별 점검 - 매년 12월 전년도 이양결정 기능의 이양상황 점검(전문위원회)

출처: 금창호(2018). 기능중심 중앙권한 지방이양 추진방안 연구용역

연구에 따르면, 첫째, 권한이양의 단위기준이 되는 기능의 적정계층은 정부 각 부처의 직제 및 직제 시행규칙상의 '담당'으로 정함이 타당하다고 하고 있다. 여기서 '담당'은 '실국'과 '과팀'의 하위의 계층을 의미한다. 실국과 과팀을 적정계층으로 선정하지 않은 사유에 대해서는 실국내 또는 과팀내 담당하는 여러 업무 간 이질성이 있어 한 기능으로 통일될 수 없고, 현실적 측면에서 실국기능과 과팀기능을 포괄하여 지방자치단체의 권한으로 이양할 경우 중앙행정기관의 극심한 저항이 있을 것이라고 기재하고 있다. 즉 기능중심의 권한이양의 방식을 택하되 기능계층은 '담당'으로 정하고 이는 기능에 관한 내용과 체계 및 현실상황을 고려한 결과임을 언급하였다.

둘째, 이양절차에 대해서는 기준단위설정, 기초자료작성(지방이양대상 발굴), 이양기능검토(사전심의, 의견수렴), 소관부처설명(전문위원회 심의), 이양기능확정

(분과위원회 심의, 본위원회 심의, 대통령 보고, 부처통보 공표), 후속조치검토(인력재원 동시이양 결정), 이양상황검토(이행상황점검평가독려)의 각 단계에 따라 진행되어야 함을 주장한다. 이러한 이양절차는 역대정부에서 추진해 온 이행절차와 거의 유사하다고 할 것이나, 다만 인력·재원에 대한 행·재정지원방안에 대한 별도의 절차를 둔 것은 특기할 만하고 이것은 기존에 시행해 왔던 역대정부의 이양절차의 한계를 극복하기 위한 조처로 평가할 수 있다.

셋째, 이양판단의 매뉴얼 즉 이양기능의 발굴 기준에 대하여 제시하고 있다. 이는 이양계층인 '담당'을 정부부처의 직제 시행규칙에 따라 열거하고, 그 열거한 기능계층(담당)에서 「지방자치법」 제11조의 국가기능을 제외하고 동법 제10조의 광역기능 및 동법 제9조의 기초기능을 토대로 지방자치단체의 기능에 해당하는 것을 선별하는 방식을 제안하고 있다.

연구보고서는 끝으로 우선이양 대상발굴 및 추진에 대하여 설시하고 있다. 우선이양 대상발굴의 기준으로는 이양의 필요성(현장완결성, 주민편의성, 생활편의성, 주민복리성, 주민근접성), 이양효과성(시민체감성, 규제개혁성), 이양용이성(명령개정 단위)을 제시하였다.

결국 동보고서는 권한이양의 대상은 기능중심으로 해야 한다는 점, 그 기능계층은 '담당'으로 하고, 이는 부처 직제시행규칙 규정의 과(課)가 관할하는 담당업무가 된다는 점, 이에 근거하여 도출한 '담당' 중 「지방자치법」 제11조의 국가기능을 제외한 나머지에 대하여 동법 제10조(광역)와 동법 제9조(기초)의 분별 아래 지방자치단체로의 이양기능을 선정하며, 선정된 이양기능 중 우선대상을 발굴하여 이행절차에 회부하겠다는 내용으로 요약할 수 있겠다.

3) 기관위임사무의 폐지

앞서 살펴본 바와 같이, 중앙정부는 2008년부터 '기관위임사무의 폐지'를 목표로 하고 있으나 현재까지 그 목표를 달성하지 못하였다. 그 주된 원인으로는 법률 개정의 절차상(관계 부처별 검토, 법제처 심사, 국회 심의 등) 장기간이 소요되고, 기관위임사무가 지방자치단체로 이양될 경우 중앙부처의 조직·인력의 감축을 우려하는 부처의 소극적 태도 등이 지적되었다. 이에 현 정부는 기관위임사무 중 지방자치단체로 우선적으로 이양이 가능한 사무를 발굴하고, 「지방일괄이양법」을 통하여 점증적으로 기관위임사무 폐지를 추진 중에 있다.

4) 정부간 복지사무 분담방안

[1] 중앙-지방 복지사무 분담방안

정부 간 복지사무 분담방안에 대한 다양한 선행연구들이 존재한다. 대표적으로 강혜규 외(2006), 구인회 외(2009), 김승연 외(2017), 정홍원 외(2019), 윤홍식 외(2020) 등이 있다.

정부간 복지사무 분담방안은 복지사무 분담원칙에 따라 진행되어야 한다. 우선적으로 자치사무를 먼저 설정하는 보충성 원칙을 적용해야 한다. 또한 앞에서 언급한 기능 중심의 포괄이양을 해야 한다. 사회복지 영역은 크게 소득보장과 사회서비스로 구분할 수 있으며, 사회서비스 분야는 자치사무로 설정하여 지방이양하는 것이 바람직하다.

표 7-3 중앙·지방 전담사무 구분을 위한 복지사업 유형

구분		사회위험과 외부효과의 성격	
		전국적	지역적
보장의 성격	보편적	A) 사회보험, 보편수당 국민연금, 건강보험, 산재보험, 아동수당 등	C) 돌봄서비스 방과후 돌봄서비스, 영유아보육료 및 가정양육수당, 장애인활동지원 등
	선별적	B) 공공부조 기초생활보장, 장애인연금, 긴급복지, 저소득한부모가족지원 등	D) 청년수당, 지역사회복지관, 경기도 위스타트 등

출처: 김승연(2019). 지방분권시대 중앙·지방 간 복지사업 역할분담 재정립 방안

대표적으로 김승연(2019)에 따르면, 사회위험과 외부효과의 성격 그리고 사회보장의 성격을 기준으로 구분을 시도하면 〈표 7-3〉과 같다.

A)와 같은 전국적 보편적 사업은 중앙정부가 담당하고, D)와 같은 지역적 선별적 사업은 지방정부가 담당하는 것이 합리적이며, C)와 같은 전국적 선별적 사업은 기본적으로 중앙정부의 책임성이 있고, B)와 같은 지역적 보편적 사업은 중앙과 지방이 공동의 책임성을 갖는 것이 바람직하다고 제언한다.

[2] 복지 급여의 기획과 관리감독의 주체

복지 사무를 지방으로 이양했지만, 제도의 기획, 설계, 변경에 관한 권한은 여전히 중앙정부가 가지고 있거나 지방자치단체에 이양한 복지정책과 유사한 사업을 중앙정부차원에서 새롭게 만드는 일이 반복되고 있다.

「사회보장법기본법」과 「사회복지사업법」에 따라 지역사회의 노인보호는 지방자치단체가 분명한 책임주체라고 명시되어 있지만, 현실은 지방자치단체는 단순히 중앙정부의 지침을 집행하는 역할만 담당하고, 제도의 기획과 변경 등 핵심적인 사안은 여전히 중앙정부가 마련한 획일적인 기준을 적용하고 있다(최정호 외, 2015). 또한 시니어클럽과 노인 일거리 사업을 지방자치단체에 이양한 이후에 중앙정부는 중앙정부가 주도하는 노인일자리 사업을 재도입하고 확대했다(정홍원 외, 2019).

복지정책의 기획과 관리감독을 누가 주도할 것인가의 문제는 기본적으로 복지사무분담에서 논했던 복지정책의 성격에 따라 분담하는 것이 필요하다(윤홍식 외, 2020).

보편적·전국적 복지사무에 대해 중앙정부가 기획과 관리감독을 수행하는 것에는 이견의 여지가 없을 것 같다. 지방자치단체가 단순한 창구역할을 하는 보편적·선별적 복지사무에 대해서도 중앙정부가 기획·설계와 관리감독을 담당하는 것에도 이견이 없을 것이다.

표 7-4 복지사무의 기획·설계와 관리감독

복지 분권		복지급여 전달의 주체	
		전국적	지역적
사회적 위험의 성격	보편적	기획-중앙정부 관리감독-중앙정부	기획-중앙과 지방 관리감독-상위 정부, 지방자치단체
	선별적	기획-중앙정부 관리감독-중앙정부	기획-중앙과 지방, 또는 중앙, 지방 각각 관리감독-상위 정부와 지방자치단체

출처: 윤홍식 외(2020). 중앙-지방정부간 역할분담에 관한 연구

논란이 될 수 있는 영역은 보편적·지역적 사무와 선별적·지역적 사무에 관해서이다.

돌봄과 같은 보편적·지역적 사무는 보편적 사회위험에 대해 지방자치단체가 주체가 되어 대응하는 정책영역으로 적절한 서비스 질을 담보하기 위해서는 전국적으로 표준적인 기준이 필요하고, 지방자치단체는 그 표준적 기준의 범위 내에서(또는 표준보다 양질의 서비스를 제공한다는 의미에서 그 이상으로) 재량을 발휘할 수 있다. 보편적·지역적 사무의 이러한 성격으로 인해 이 영역의 사무와 관련된 기획·설계는 중앙과 지방자치단체의 협의가 반드시 필요하다. 왜냐하면 중앙정부가 설정하는 돌봄 서비스의 기준은 직접적으로 서비스 제공과 관련된 지방자치단체의 역할을 규정하기 때문이다. 관리감독의 제1주체는 당연히 사업을 집행하는 기초자치단체가 되어야 한다. 다만 기초자치단체가 법률적으로 정한 표준적인 규정을 준수하는지 여부에 관해서는 광역자치단체에서 담당하는 것이 필요하다.

마지막으로 선별적·지역적 복지 사무는 다소 복잡하다. 사업에 따라 제도의 기획·설계는 중앙정부가 담당하는 것이 타당한 것이 있고, 그렇지 않은 것이 있기 때문이다. 다만 제도를 실제로 집행하는 것은 지방자치단체가 되기 때문에, 중앙에서 제도를 만들더라도 제도의 기획과 설계에서 지방자치단체의 의견이 반영될 수 있는 구조를 만드는 것이 중요하다. 관리감독의 경우는 광역자

그림 7-1 중앙-지방간 역할분담 개념도

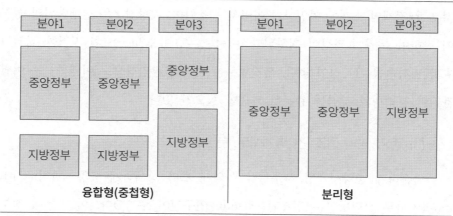

출처: 서왕진 외(2017). 국가-지방자치단체 기능배분 체계 개선방안- 서울특별시를 중심으로

치단체에서 집행하고, 이 또한 법률이 정한 기준을 준수하며, 법률의 범위 내에 서 재량을 발휘했는지가 점검할 수 있다. 반면 지방자치단체의 관할 범위로 제 도의 대상이 한정되는 자치단체의 고유한 정책은 사무관할 범위 내에서 당연히 지방자치단체가 기획과 설계를 주도하는 것이 타당하다(윤홍식 외, 2020).

그런데 이재원(2023)의 경우, 보조사업에서 기획-집행에서 집행기능만 이양하는 분권은 결과적으로 집권적 효과를 가지므로 프로그램 단위로 이양해야 하며, 기획-집행 분담이 아닌 정책단위별로 기능과 책임을 분담해야 한다고 제언한다. 이에 따르면, 기획기능을 제외하고 집행사무만 지방이양되면 결과적으로 자치분권은 확대되지 않는다고 본다. 기획과 사후평가를 통한 중앙의 지방통제는 지속되기 때문이다. 이를 중앙-지방 간 역할분담 개념도로 제시하면 〈그림 7-1〉과 같다.

역할분담 구조와 관련하여, 크게 융합형(중첩형)과 분리형으로 개념화 할 수 있다. 우리나라는 융합형(중첩형)의 특성을 보이는데, 향후 분리형으로의 이전도 고민해 볼 필요가 있다. 공공행정 수행방식으로 융합형(중복형)은 각 분야별로 중앙정부와 광역, 지방정부의 역할이 나누어져 있다. 반면 분리형의 경우,

중앙정부와 지방정부가 정부활동의 대 기능역할에서 역할이 분리된다. 전자의 경우, 행정책임 소재를 확인하기 어려운 구조이며, 지방정부는 실행단위의 성격이 강하여 분권 효과성이 저하된다. 이럴 경우, 이재원(2023)이 지적한 집권적 효과는 지속될 가능성이 높다. 복지업무를 완전한 분리형으로 이행하기는 어렵겠지만 분리형의 장점을 충분히 고민할 필요가 있다.

〔3〕 중앙-광역-기초 간 복지사무 분담방안

단순하게 중앙-지방 사무분담 이외에 보다 상세하게 중앙-광역-기초 간 복지사무 분담방안은 정홍원 외(2020) 연구진이 수행했다. 이를 통해 정부 간 역할에 근거한 복지사무 분담체계안을 제시하였다. 자료를 요약하면 〈표 7-5〉와 같다.

표 7-5 중앙·광역·기초의 역할에 근거한 복지사무 분담체계 개편 방안

구분	중앙정부	광역자치단체	기초자치단체
정책 결정·기획	종합계획/기본계획 수립 각종 실태조사 서비스 품질관리 연구·분석·평가	시행계획 수립 및 시행 시행계획 추진실적 평가 지역별 복지수요 파악 연구·분석·평가	관할구역 사회복지계획
정책 집행	급여·서비스 수준 설정 대상자 기준 설정 이의신청 검토·결정	관할구역 급여·서비스 공급(량) 조정 이의 신청 검토·결정	신청접수, 조사 대상자 선정 및 관리 급여 지급 및 변동 관리 서비스 제공 및 변동 관리
복지 재원	재원 총량 결정 재원 조달	재원 분담 관할구역 내 재정조정	재원 분담
기반 조성	정보시스템 구축·운영 개인정보 보호·관리	개인정보 보호·관리	개인정보 보호·관리
법인·시설·기관	중앙 단위 전담기관 운영	법인·시설의 개폐 제공기관 인증/인가 사회복지시설 평가	사회복지시설 운영·관리 서비스제공기관 관리
인력	전문인력 자격 관리	담당인력의 수급 종사자 교육훈련 서비스 제공인력 자격 관리	시설 종사자 임면

출처: 정홍원 외(2020). 중앙·지방, 광역·기초자치단체 사회복지사무 분담체계 개선에 관한 연구

요약하면, 중앙정부는 급여·서비스 수준, 대상자 선정기준 결정, 광역의 결정 및 처분에 대한 이의신청을 검토 업무를 담당할 필요가 있고, 광역자치단체는 관할구역 내 급여·서비스 공급량 조정·조율, 기초의 처분 및 결정에 대한 이의신청을 검토하는 업무를 담당할 필요가 있으며, 기초자치단체는 급여·서비스 신청 접수, 조사, 수급자 선정 및 관리, 급여의 지급과 관리 업무를 담당할 필요가 있다고 제언한다.

향후 정부 간 기능에 기반하여 보다 체계적이고 정밀한 사회복지사무 분담체계 연구가 수행될 필요가 있다. 또한 단순히 사무분담뿐만이 아니라 사무와 연계된 재정분담까지 고려하여 현실성 있는 분담이 제안될 필요가 있다.

〔4〕 복지사무 조정 담당기관 운영

현재 복지사무 조정기능을 담당할 기관이 불명확한 실정이다. 그러므로 실무적으로 복지사무 분담업무를 담당할 기구가 필요하다. 복지사무에 대한 이해가 높은 기관이 복지사무 조정기능을 수행하는 것이 바람직하다.

중앙지방협력회의가 총괄기능을 수행할 수 있으나, 전문적인 조정기능은 오랫동안 사회복지 관련 업무를 수행해 온 경험이 있는 중앙 '사회보장위원회'가 적합한 것으로 판단된다. 실무를 수행할 하위분과로 복지분권분과 설정이 필요하다. 복지사무와 복지재정을 조정하기 위한 실무기구로 중앙－광역－기초 관계자가 참여하는 분과운영이 필요하다. 지방비 부담과 관련하여 기존에 '지방재정부담심의위원회'가 구성되어 운영되고 있는데 여기서는 주로 지방비 부담과 관련해서만 논의하고 있으므로 이 위원회와 역할분담 및 연계가 수행될 필요가 있다.

광역과 기초 간 복지사무 조정의 경우는 시도 사회보장위원회가 역할을 수행하는 것이 바람직하다. 위원회 위원에는 광역과 기초의 관계자가 동수로 참여하는 구조가 필요하다.

또한 복지사무 조정에는 재정분담 논의가 필수적이므로 이를 고려한 위원회 운영체계가 요구된다. 무엇보다 중앙－광역－기초의 기능과 역할을 명확히 정립하고, 보충성에 입각하여 중복적 동일사무를 대폭 축소하며, 재정 책임 논의를 포함하여 재구조화하는 것이 요구된다.

〔5〕 외국의 중앙-지방간 사회복지 역할분담 현황

외국의 경우, 일정 정도 중앙 지방간 사회복지 역할분담이 비교적 명확하게 설정되어 운영되고 있다. 영국은 사회서비스의 경우 지방정부가 전담하는 구조를 가지고 있으며, 일본의 경우, 「지방분권일괄법」에 따라 사무배분 원칙을 수립하여 운영하고 있다. 프랑스는 「사무배분법」에 따라 중앙·지방 간 역할을 확립하고 있다. 외국의 중앙－지방 간 복지역할분담에 대한 상세한 내용은 강혜규 외(2006)의 보고서(영국, 미국, 일본)와 윤홍식 외(2020)의 보고서(스웨덴, 독일 등)를 참고하기 바란다.

표 7-6 외국의 중앙-지방간 사회복지 역할분담 현황

국가명	역할분담 내용
영국	▸ 중앙정부는 현금부조, 지방정부는 현물부조(사회서비스) 제공 구조가 명확하게 제시 - 중앙정부 : 국민의료제도, 국민연금 및 각종 사회보장급여 담당 - 지방정부 : 사회복지서비스의 책임이 법적으로 분명하게 부여
일본	▸ 중앙정부는 지방정부를 감독·규제 역할로 전환, 사회복지사업은 지방정부 최우선 원칙 - 중앙정부 : 지방정부를 감독하고 규제로 전환(1990년 제도 개정, 2000년 사회복지 기초구조 개혁) - 지방정부 : 전국적 공통의 관련법에 규정, 사회복지 법정수탁사무 명시 (임의로 신설금지)
프랑스	▸ 광역-중간기초 자치단체별로 기능과 권한 배분 - 광역(레종): 광역권 지역개발 및 국토정비, 국가-광역간 협약사업, 고등교육, 직업훈련 등 - 중간(데파르트망): 사회복지와 중등교육 분야 권한 행사 - 기초(코뮌): 주민자치행정 관련 민원행정서비스와 도시계획, 초등교육, 보건 등 한정된 권한 행사

출처: 김승연(2019)의 보고서 내용을 바탕으로 편집

2 복지재정분권 개선방안

여타 분권 영역중 재정분권 영역이 현실적인 측면에서 가장 중요하게 고려되는 경향이 있다. 비교적 문제도 선명하고 그에 대한 대안도 다각적으로 모색된 바 있다(한재명 외, 2016; 고제이 외, 2018; 김홍환 외, 2018; 류민정, 2020; 이선화 외, 2020 등). 국고보조사업 및 제도와 관련해서는 오랫동안 연구되어 온 주제이기에 여러 선행연구들을 참고하였고, 오랫동안 이 분야를 연구해 온 이재원 교수의 연구(2018, 2017)를 중요하게 참고하여 반영하였다.

1) 분권국가형 정부간 복지재정 관계 정립

복지사무분권 논의에서 언급한 것이지만 우선적으로 정부 간 복지사무와 복지재정에 대한 배분원칙과 합리적 기준이 설정되어야 한다(홍근석, 2020; 김우림, 2021). 사회복지 분야 지방자치단체 국고보조사업 예산 규모가 지속적으로 증가하고 있으나 중앙－지방 간 재정 분담에 대한 명확한 원칙이 부재하여 국고보조사업의 체계적인 추진이 어려운 실정이다. 그러므로 중앙과 지방간 사무구분과 재정 분담에 대한 명확한 원칙과 합리적인 기준을 우선적으로 설정할 필요가 있다.

이를 위해, 중앙정부가 해야 할 복지사업은 중앙정부가 책임지고, 지방이 해야 할 복지사업은 지방이 책임지는 원칙이 수립되어야 한다. 예를 들어, 국가 최저 수준을 반영한 보편적 사회보장급여(아동수당, 기초연금 등)는 원칙적으로 중앙정부에서 부담하고, 지역특성이 반영된 사회서비스(돌봄서비스, 복지 연계 일자리, 각종 지역밀착형 서비스 제공 등)는 지방자치단체가 담당하는 방안을 고려해야 한다. 그리고 중앙과 지방이 공동으로 부담해야 할 국고보조사업이 있다면, 사업의 책임 수준에 맞추어 국고보조율의 합리적인 조정이 이루어져야 한다.

예를 들어, 기초복지 현금급여는 국가사무 전환이 필요하다. 지방재정여건과 상관없이 전국 단위에서 국가적으로 동일한 수준의 복지서비스를 보장해야 하는 기초적인 현금급여 복지사업은 국가사무로 전환이 필요하다. 대표적인 사례로 생계급여, 기초연금, 장애인연금, 장애인수당, 아동수당 등이 있다.

사회서비스의 경우, 지방이양을 적극 고려해야 한다. 지역의 사회 경제적 환경에 따라 다양한 형태의 서비스 혁신이 가능한 사회서비스 분야에 대해 혁신 다양성을 활성화할 수 있도록 지방이양이 필요하다. 대표적인 사례로 보육서비스를 들 수 있다.

그 외 광역—기초 간 복지관계 재정립이 요구된다. 기초자치단체(시군구)의 행정관할구역 경계에 따른 지리적 독점체제에서 비효율성과 재정외부성을 발생시키는 복지서비스는 시군구 위탁하지 않고 광역자치단체에서 직접 사업을 수행하는 것이 필요하다. 대표적인 사례로 사회적경제 사업, 각종 주거시설복지사업, 노숙자 쉼터 등 특수복지사업 등이 존재한다.

2) 국고보조제도 정비

다수의 지방재정 연구자들은 국고보조제도 개선방안을 오랫동안 고민해 왔다. 지방자치단체 복지사무의 핵심을 이루는 것이 국고보조제도이고 이를 근본적으로 개선하지 않고서는 복지분권 문제를 해소하기 어렵다는 생각 때문이다.

우선, 국고보조사업 정비는 크게 지방이양, 국고보조사업 존치, 폐지 및 유사사업 통폐합, 국고보조율 재조정 등으로 구분할 수 있다(서정섭, 2013).

개선방안을 보면, 사무배분을 통해 지방으로 이양할 것은 지방으로 이양하고, 사무성격상 국고보조사업으로 존치하는 사업은 국고보조사업으로 유지하며, 그렇지 않은 사업은 폐지하거나 통폐합하는 것이 바람직하다. 그리고 국고보조사업으로 유지할 경우, 보조율이 쟁점이므로 이를 합리적으로 조정하는 것이 필요할 것이다.

표 7-7 국고보조사업 정비 기준 제시(안)

정비기준	대상사업
지방이양	- 명백한 지방사무에 대한 국고보조사업 · 수리시설 관리, 지역특화사업 등 - 반복적 집행성격의 시설물 경상운영비 지원사업 · 지역교육센터 등 - 단순한 지방재원 보전 성격의 보조사업 · 공자기금 등의 이차보전사업 등 - 국고보조의 실익이 낮은 소액 보조사업 · 지역 소규모 문화관광축제 등
국고보조사업 존치	- 사무성격상 명백하게 국가사무인 경우 · 여권발급업무, 국가안전관리 등 - 국가적으로 꼭 필요한 사업이나 지방이양시 축소가 예상되는 사업 · 환경, 산림, 보건의료 분야 보조사업 등 - 중앙정부의 정책 수립과 밀접히 연계되어 있고 대내외 환경변화에 국가적 으로 대처해야 하는 경우 · 국민기초생활보장, 농업구조조정 지원 등
폐지 및 통폐합	- 불필요하거나 목표달성 사업 - 사업 내용·기능이 유사·중복사업
국고보조율 조정 등	- 사업성격에 따라 보조율 인상, 현행 유지, 차등보조 확대사업 포괄보조 가능 사업 등

출처: 서정섭(2013). 국고보조금제도의 개편 방안

국고보조제도 개편에 대한 기본적인 접근방안을 요약하면 〈표 7-8〉과 같다.

표 7-8 재정분권을 위한 분권국가형 국고보조금제도 개편의 접근

제도개편			고려사항		분권 변수
세출	기능 전담	지방이양	보충성기준(지방정착)	시대별 재원안정	자치확대 (보충성원칙)
			정부간 기능 전담(빅딜)	인센티브와 정보	
		국가사무 전환	현금급여의 기초복지		정부간 빅딜
			100% 보조율 주장 쟁점		위탁업무로 전환
	기능 분담	기준보조율 (차등보조율)	의무지출(사회복지)	사업성격-재량	외부성과 재량 의무경비 재원보장 지역간 재정균형
			장려적지출(지역개발/환경)	외부성-재량	
			신청주의(문화, 농림)	국고기준(임의적)	
		포괄보조 프로그램	단일사업 포괄보조 전환	지투, 일자리사업	재량-책임 균형 (성과계약)

	제도개편	고려사항		분권 변수
		다수사업 통합 포괄보조		
		- 단일부처	보육	
		- 부처연합	사회경제, 다문화	
세 입	보조금준칙	지방비 의무 지출 재원 수준에 대한 통제		재원 징발 방지
	재정관리	보조금 관리의 효율성과 책임성		주민눈높이 책임

출처: 이재원(2018). 지방분권시대의 국고보조금 개편방안

〔1〕 국고보조사업 지방이양

국고보조사업 정비와 관련해 가장 우선적으로 실행해야 할 과제는 복지사무 논의를 선행하고 그에 따라 재정분담 논의를 해야 한다는 것이다. 복지사무 분권에서 논의하였듯이, 국가최저 수준(National Minimum)에 토대한 보편적 사회보장급여를 비롯한 각종 현금성복지는 원칙적으로 중앙정부에서 일괄 부담하고, 지역특성이 반영된 사회서비스 등은 지방정부에서 부담하는 것이 바람직하다.

또한 국고보조금의 성격에 따라 재원이전 방식을 바꾸어야 한다. 예를 들어 전국적 보편적 성격을 가지는 복지사업의 경우, 지방비 부담의무를 배제하고 전액 국비사업으로 전환해야 하고, 지방사무로 적합한 사무는 지방으로 이양하고, 그 몫만큼 지방세로 세원을 이양한다. 공동사무의 경우, 부담비율을 합리적으로 설정하고, 지방비부담이 가능하도록 세원을 이양해야 한다.

이러한 논의에 대한 대표적인 검토는 정원홍 외(2019)가 실행한 바 있다. 분석을 통해 국가사무와 자치사무를 구분하여 자치사무 성격을 가지는 국가사무의 지방이양을 실행하고, 이에 따라 복지재정 조정을 실행할 것을 제언하고 있다. 또한 박선영(2023)도 노인복지분야에 한정하여 사무조정 방안을 제안하고 있다.

복지사무 조정과 복지재정 조정 사례(1)

복지사무의 조정

• 국가사무와 자치사무 구분

표 7-9 국가사업 전환 대상 국고보조 복지사업 현황(예시)(단위: 억원)

유형	소관 부처	사업명	사업 예산		
			소계	국비	지방비
소득보장	보건복지부	기초보장: 생계급여	56,632	46,384	10,248
	국토교통부	기초보장: 주거급여	23,498	19,008	4,490
	교육부	기초보장: 교육급여	1,990	1,284	707
	보건복지부	기초연금	154,143	120,177	33,966
의료보장	보건복지부	기초보장: 의료급여	89,512	68,772	20,740
사회수당	보건복지부	아동수당	33,492	24,645	8,847
	보건복지부	장애인연금	19,594	13,082	6,512
	보건복지부	장애수당	3,246	2,215	1,031
합계			382,106	295,565	86,541

출처: 정홍원 외(2019)

표 7-10 국가사업 전환의 우선순위와 내용(예시)

우선순위	사업명	국가사업 전환의 내용		후속 조치
		재원	전달체계	
1	교육급여	전액 국고 시·도별 추가 사업은 교육청 자체 부담	변경 없음 읍면동 신청은 유지	지자체의 유사 제도 정비
	기초연금	전액 국고(복지부)	연금공단 이관 검토 읍면동 신청은 유지	지자체의 유사 제도 전면 폐지
	아동수당	전액 국고(복지부)	지자체 집행 : 기관위임사무	지자체 유사 현금급여제도 정비 검토
2	의료급여	지자체 부담 폐지 건강보험재정 일원화	건강보험공단 일원화 : 지자체 업무 이관	중앙·지방의 의료비 지원 제도 재설계
3	주거급여	전액 국고(국토부)	국토부 일원화 : 지자체 업무 이관	지역 단위 전달체계 보완
	장애인연금	전액 국고(복지부)	지자체 집행 : 기관위임사무	장애인 현금급여와 현물급여 연계 강화
	장애수당			
4	생계급여	전액 국고(복지부)	지자체 집행 : 기관위임사무	지자체 추가 지원 사업 전면 재정비

출처: 정홍원 외(2019)

- 국가사무의 지방이양 → 지방은 사회서비스 중심

복지재정의 조정

- 복지재정 조정은 복지사무 조정에 토대함

표 7-11 국고보조 복지사업 개편에 따른 재정분담 변화(예시)(2019년 예산 기준)

	중앙정부	지방자치단체
국가사무 전환(국가사업)	△ 86,541	▽ 86,541
국고보조 유지	0	0
자치사무 전환(지방이양)	▽ 78,220	△ 78,220
합계	△ 8,321	▽ 8,321

출처: 정홍원 외(2019)

- 8개 사업 국고보조사업을 국가사업으로 전환한다면, 기존의 지방비 부담이 국비 부담으로 전환되며, 중앙정부는 8조 6,541억 원을 추가 부담하게 된다. 반면에 국고보조사업을 자치사무로 전환하여 지방으로 이양한다면, 51개 국고보조사업을 지방으로 이양하는 경우에 지방자치단체는 총 7조 8,220억 원을 추가로 부담하게 된다.
- 전체적으로 2019년 예산 기준으로 중앙정부의 국비 부담이 8,321억 원 증가할 것으로 예상 ⇨ 실현가능성 ⇧

복지사무 조정과 복지재정 조정 사례(2)

노인복지분야의 경우, 초고령화 시대 도래에 따라 개편이 시급히 요청되는 분야이다. 박선영(2023)의 제안에 따르면, 중앙정부와 지자체간의 노인복지사업 빅딜이 필요하다고 제언한다. 내용을 정리하면 다음과 같다.
- 2022년 기준 사회복지분야의 국고보조금 중 노인 부문의 예산은 18조 4,073억원이고, 이 중 기초연금이 87.7%를 차지한다. 나머지 재량지출 성격의 예산은 2조 2,599억원이다.
  2021년 기준 기초연금 총예산은 18조 8,581억원이고, 중앙정부가 14조 9,414억원 부담하고, 지자체가 3조 9,167억원을 부담한다. 기초연금 예산은 연평균증가율이 15.4%에 이르러 중앙 및 지자체 재정에 상당한 부담을 주고 있다. 지자체의 경우, 노인복지분야 예산 대부분은 상당부분 기초연금 분담금으로 지출중이다. 기타 노인복지분야에 가용자원이 부족한 실정이다. 재정분권 및 복지분권 관점에서 본다면, 국고보조는 축소하고, 지자체의 역할 강화가 필요하다. 사회서비스 강화를 위해 지방정부의 역할 강화가 요구되는 것이다. 이러한 문제를 해소하기 위해 중앙과 지자체간 노인복지사업 빅딜이 필요하다.
- 보편급여 성격의 기초연금을 전액 중앙정부의 부담으로 변경하고, 국고보조를 받는 다른 고령화 사업들은 지자체가 부담하는 방안이다.
  2022년 기준 복지부 노인부문 예산 20조 중 기초연금이 16조원이고, 의무지출인 기초연금과 장기요양보험 국고지원 18조원 정도를 제외시, 재량지출 예산은 대략 2조 4,590억원이고, 대부분 지자체 보조사업이다.

지자체 노인복지부문 중 국고보조와 자체사업을 구분해보면 보조사업은 25조 189억, 자체사업은 2조 4,108억원으로 자체사업 비중은 8.8% 수준이다.

만일 기초연금 지방비 분담액을 지방의 가용재원으로 활용한다고 가정하면, 국고에서 지원받는 보조액을 제외하고 남은 금액을 지방이 자체사업에 활용할 수 있다.

- 2021년 기준 지자체 기초연금 분담분 3조 9,167억원을 부담하지 않는 반면, 대신에 국 고지원되던 2조 2,198억원을 받지 않는 것이다. 결과적으로 지방은 1조 6,969억원이 자체 예산으로 확충되어 지역 특성에 따른 고령화 관련 사업들을 추진할 수 있게 된다. 단기적으로 중앙정부는 재정부담이 증가하나 빅딜을 통해 기초연금의 효율적 운영을 위한 구조개선이 가능하고, 지자체는 지역특성을 반영한 효율적 사업추진으로 고령화 에 적극 대응할 수 있게 된다.

- 빅딜은 즉각적인 시행이 어려울 수 있으므로, 기초연금 부담분과 관련하여 사회복지비 지수가 높은 지자체부터 순차적으로 국고 100% 지원하고, 나머지 재량사업의 경우, 지 자체 보조금을 일시적으로 중단하기보다 보조사업 유형별로 보조율을 점진적으로 조정 하는 방식으로 진행되는 것이 합리적이다.

표 7-12 중앙정부 노인복지사업 재정내역(단위: 백만원)

유형	세부사업명	21년	22년	21년 재량사업
	계	18,872,271	20,459,160	2,197,386
보건	노인건강관리	28,237	6,342	재량
	치매관리체계 구축	204,741	207,674	재량
산업	고령친화산업육성	2,332	2,672	재량
	노인천만시대 대비 고령친화서비스 연구개발(R&D)	3,995	5,147	재량
노동	노인일자리 및 사회활동지원	1,315,156	1,442,195	재량
	노인단체 지원	39,487	74,243	재량
	노인보호전문기관	10,366	11,535	재량
	기초연금지급	14,963,468	16,114,031	
	노인맞춤돌봄서비스	418,299	436,571	재량
	양로시설 운영지원	42,639	1,222	재량
복지	영주귀국 사할린한인 정착비 및 시설운영 지원	8,934	9,104	재량
	장사시설 설치	55,799	49,792	재량
	노인요양시설 확충	66,917	61,990	재량
	강진문화복지종합타운(BTL)	484	484	재량
	노인장기요양보험사업 사업운영	1,710,700	2,035,442	

표 7-13 노인 관련 국고보조금 개편 방안

현행(2021년)	변경	결과
기초연금: 기초연금 총예산은 18조 8,581억원, 중앙정부가 14조 9414억원 부담, 지자체가 3조 9,167억원을 부담	지자체 3조 9,167억원을 중앙정부가 전액 부담	- 지자체는 1조 6,969억원을 자체 예산으로 확충(3조 9,167억원-2조 2,198억원). 이 예산으로 지역특성에 따른 고령화 사업 추진
복지부 재량사업: 2조 2,198억원	복지부 재량사업 2조 2,198억원을 지자체가 전액 부담	- 중앙정부는 1조 6,969억원의 의무지출 부담이 증대. 기초연금 전액부담으로 효율적 구조개선

표 7-14 중앙정부 노인복지사업 보조율 조정방안

구분		지방재정 자율성 정도	
		높음	낮음
시장화 가능성	높음	보조율 단기적으로 조정 (고령친화산업 육성, 노인건강관리, 치매관리체계구축, 노인일자리및사회활동지원)	보조율 중기적으로 조정 (노인단체지원, 노인맞춤돌봄서비스)
	낮음	보조율 중기적으로 조정 (양로시설운영지원, 노인요양시설확충, 노인보호전문기관)	높은 보조율 유지 (장사시설설치, 영주귀국사할린한인정착비 및 시설운영지원)

만일, 합리적인 사무배분이 이루어지고, 국고보조사업의 지방이양이 원만하게 진행된다면, 국고보조사업과 관련된 핵심적인 문제가 해소될 수 있기에 여타의 문제들은 상대적으로 중요하지 않을 수도 있다. 그 정도로 지방이양의 과제는 중요한 숙제이다.

(2) 국고보조율 개선방안

가. 기준보조율의 조정

기준보조율 적용원칙 확립을 통한 합리성 제고가 필요하다(김우림, 2021).
기준보조율의 산정원칙이 명확하지 않아 유사한 사업에 상이한 기준보조율이 적용되는 등 설정된 기준보조율의 체계성이 미흡한 것으로 나타나고 있

표 7-15 복지보조사업 기준보조율체계 정비(안)

구 분		복지사업의 사회적 성격		
		1. 기초생활보장 (중앙정부 책임)	2. 사회기반 투자 (중앙·지방 협력)	3. 일상생활 지원 (지방자치단체 책임)
집행재량	낮음	Type I (90%)	Type II (80%)	Type III (70%)
	2. 중간	Type IV (80%)	Type V (70%)	Type VI (60%)
	3. 높음	Type VII (70%)	Type VIII (60%)	Type IX (50%)

출처: 이재원(2019). 재정분권과 중앙-지방간 복지재정 관계

다. 기준보조율에 대한 산정원칙이 명확하지 않아 지방자치단체가 대응지방비 부담에 대하여 자의적인 설정이라는 비판을 제기하는 상황이므로, 정부는 해당 사업의 목적과 내용 등을 검토하여 기준보조율의 산정원칙을 확립하여 기준보조율 설정 방식의 합리성을 제고하고, 이를 투명하게 공개할 필요가 있다.

이를 위해, 국고보조사업 유형별·재정특성별로 기준보조율 수준을 일관성 있게 전체적으로 재정비해야 한다.

중앙정부뿐만 아니라 지방재정의 여건에서 불안정성이 높은 현실을 고려할 때, 재정사업별 기준보조율의 적정성 여부를 정례적으로 재검토할 수 있는 법적 규정을 마련할 필요가 있다. 낮은 보조율 수준을 설정하여 지방재원을 중앙정부 목적사업에 동원하는 징발형 국고보조사업의 도입도 사전에 억제해야 한다. 지방비 우선매칭이 규정된 국고보조사업에서는 원칙적으로 기준보조율을 50% 이상으로 설정하여야 하며, 기준보조율 50% 미만인 경우에는 지방비 부담의 의무부담 조건을 완화하거나 정액보조사업으로 규정하여 지자체 재량을 확대하여야 한다.

나. 차등보조율제 운영 개선

지방자치단체 간 재정여력 및 정책수요의 차이를 반영한 차등보조율 적용이 필요하다(김우림, 2021).

차등보조율 산정 시 사용되는 재정자주도 지표가 지방자치단체의 재정여

표 7-16 사회복지 국고보조사업의 차등보조율 제시안

구분		자치단체 노인인구 비율		
		14% 미만	14-20%미만	20% 이상
재정 자주도	90% 이상	40%	50%	60%
	85-90% 미만	50%	60%	70%
	80-85% 미만	60%	70%	80%
	80% 미만	70%	80%	90%

자료: 구인회 외(2009). 사회복지 지방분권 개선방안

건의 차이를 반영하지 못하고 있으므로, 지방자치단체의 재정 여력 차이에 따라 국고보조율이 상대적으로 결정될 수 있는 체계를 마련할 필요가 있다.

차등보조율 산정 시 보조율을 결정하는 주된 요인으로 작용하고 있는 사회복지비 지수의 적정성을 검토하고, 인구구조 등 정책 수요를 반영할 수 있는 방안을 모색할 필요도 있다.

또한 차등보조율을 적용할 때 시·군·자치구 간 자치권 범위 및 재정지출 구조의 차이를 반영할 필요가 있다.

총괄적으로 중앙정부 각 부처별 그리고 재정특성별로 차등보조율 적용대상 사업의 일관성있는 정비가 필요하다.

현재, 기초생활보장은 차등보조율 적용, 아동수당은 미적용되는 등 일관성이 부족하며, 보건복지부는 차등보조율 적용기준을 재정자주도와 사회복지비 지수를 사용하는 데 비해 고용노동부에서는 재정자립도를 사용하고 있다.

재정자주도와 사회복지비 지출 비율을 사용하는 차등보조율의 차등화 재정지표의 적정성 분석 후 대체지표의 개발이 필요하다. 재정자주도와 사회복지비지수는 지방세입 및 세출 기능에서 상대적 지수로서 객관적 절대 수준이 고려돼야 하는 정책지표로서는 적절하지 않으므로 지방재정 압박을 대표할 수 있는 차등화 지표 개발이 필요하다.

사회복지분야 국고보조사업에서 차등보조율제가 적용되는 사업은 기초생활보장 급여(생계급여, 주거급여, 자활급여, 해산급여, 장제급여, 교육급여), 영유아보육

료 및 가정양육수당지원, 보육돌봄서비스·육아 종합지원서비스 제공·어린이집 교원 양성 지원·어린이집 지원 및 공공형어린이집, 기초연금 등으로 많은 편이다. 지방자치단체의 재정여건을 고려하여 차등보조율제를 택하고 있기 때문에 효과를 거두기 위해서는 다음과 같은 개선이 필요하다.

첫째, 현재 차등보조 기준으로 재정자주도와 사회복지지수를 사용하는데 사회복지지수의 개선이 필요하다. 현재는 사회복지지수를 총세출예산대비 사회복지비지출의 비중으로 산출한다. 이 보다는 기초생활보장 수급자수, 노인인구수, 영유아 수와 같은 실질적인 수혜자 비중으로 산출한 지수를 사용할 필요가 있다.

둘째, 문턱효과를 감소시키기 위해 구분 구간을 현재의 재정자주도 구간을 세분화할 필요가 있다. 또한 인상보조율은 +10%, 인하보조율은 -10% 적용에서 ±20% 구간까지 적용하는 방안을 고려할 필요가 있다.

셋째, 차등보조를 적용시 인하단체가 많을 경우 보조금의 축소가 발생하는데 보조금 총액의 축소는 발생하지 않도록 해야 한다.

수도권 지자체에 대한 복지보조율도 일관성있게 정비할 필요도 있다. 주요 사회복지사업에서 서울특별시에 대해서만 절대적으로 낮은 수준의 기준보조율을 적용하는 것이 적절한 것인지를 평가할 필요가 있다. 80년대 중반에 설정된 것으로 이후 수도권의 사회 경제적 변화 혹은 인구이동 변화가 고려되지 않고 있다. 재정여건을 고려할 때, 기초복지에서 서울은 상대적으로 과소지원되는 한편, 경기도는 상대적으로 과잉지원되는 경향이 있다(이재원, 2021).

다. 기준보조율 근거를 개별 법률에 규정

기준보조율 근거를 개별 법률에 규정할 필요성도 있다. 대표적으로 의무성 사업의 보조율 법정화가 필요하다. 의무성 사업이란 정부의 정책에 따라 지방자치단체의 재량권이 전혀 없이 의무적으로 지방비를 부담해야 하는 사업으로,

사회복지 국고보조사업에서 많이 나타난다. 예를 들면, 기초연금은 정부의 방침에 따라 지방비를 부담하는 것이다. 이 경우 정부에서 국고보조율을 임의적으로 변경할 경우 지방자치단체는 지방비 부담의 압력이 더욱 커진다. 이를 방지하기 위해 주요 의무성 사회복지 국고보조사업에 대하여는 관련법에 국고보조율을 명시하여 규정할 필요가 있다.

즉 기준보조율과 차등보조율에 대한 근거규정을 현재 기획재정부 소관의 「보조금관리에 관한 법 시행령」 별표 1에서 분리하여, 해당 재정사업의 개별적인 근거법률에서 규정하도록 관련 법령을 개정할 필요가 있다.

현재는 기초연금 기준보조율만 「기초연금법」에서 규정하고 있다. 이를 통해 재정사업 소관 부처별로 정부간 재정관계를 운영하고 부처 수준에서 문제해결 중심으로 사업을 운영하여 보조사업에 대한 재원보장 책임을 강화할 수 있다.

기준보조율 규정을 중앙예산부처인 기획재정부에서 총괄 관리하면 중앙정부 재정부담 억제를 위한 국고적 관점에서 기준보조율제도를 운영할 수밖에 없다. 이는 각종 법률 심의에서도 국회의 기획재정위원회에서 재정관점으로 기준보조율 수준을 결정하게 되고, 개별 사업의 근거법률에서 기준보조율을 법률조항으로 분리 운영하면 해당 사업의 성과 중심으로 기준보조율 수준을 고려하게 된다. 국회 법률 심의과정에서도 사업별 소관 상임위원회에서 사업 중심으로 보조율 수준을 고려할 수 있게 된다. 또한 국회에서는 국비 수준만 관리하였으나 지방비 수준까지 관리할 수 있어 지방재정에 대한 통제도 가능하게 된다.

[3] 복지보조금 관련 법률 정비

정부 간 복지재정관계는 「지방교부세법」(기준재정수요, 부동산교부세), 「보조금관리 및 예산에 관한 법」(기준보조율, 차등보조율, 보조금관리행정), 「사회복지사업법」 등 개별 복지법령 등에서 분산 관리되고 있다.

사회복지기능이 예외 분야로 수행됐던 과거 정책 관리 특성들이 중앙과 지방 모두 중심 재정 부문으로 성장한 현재까지, 복지재정이 재정의 우선순위를 차지하는 상황을 고려하여 중앙·지방간 복지재정 파트너십을 마련하기 위해서는 보조금관련 법률을 분법하여 (가칭)「사회복지보조금 관리에 관한 법」을 신설할 필요가 있다.

특히, 현행「지방재정법」의 내용은 60년대 내무부가 전국 지자체를 수직적으로 관리 감독하기 위한 예산 및 재정규범 중심으로, 자치분권시대의 재정관련 기본법으로서 특성과 기능이 적절하지 않은 상태이다.「지방자치법」전부개정에 따라 지역의 다양한 형태의 자치분권에 대한 제도적 근거가 마련됐지만 현행「지방재정법」에서는 맞춤형 분권을 뒷받침할 수 있는 재정제도 근거를 제공하지 못하고 있다.

그러므로 관리 감독 특성 중심의「지방재정법」을 자치분권과 수평적 협력중심의 정부간 재정관계법률로 개편해야 한다. 지방정부의 재정운영을 후원 및지원하는 각종 조항에서 실질적인 책임과 권한을 법률로 규정해야 한다. 지방정부의 조례로서 운영하여 지역맞춤형 제도가 필요한 영역(예, 참여예산제, 성인지예산제 등)은「지방재정법」에서 제외하여 지자체의 자율 재량 영역으로 전환할필요가 있다.

즉「지방재정법」을 전부 개정하거나 분권특성별로 세 가지로 분법이 필요하다. 자치재정법(자치와 분권 원칙), 정부 간 재정관계법(중앙-광역-기초 간 수평협력의 지방재정조정), 재정건전성 관리법(지방정부의 부채와 채무 등 건전성 관리) 등이다. 또한 광역과 기초자치단체의 수평적 재정관계 정립을 위한 법률개정이필요하다. 기초자치단체 재정에 대한 광역자치단체의 관리 감독을 대폭 간소화하고, 중앙-기초 관계로 정부 간 재정관계를 단순화한다.

중앙정부가 법률로 정하는 복지보조사업을 결정할 때 지방자치단체의 참여도 공식화하여 복지파트너로서 지방의 위치가 자리매김될 수 있도록 하는 규정 마련도 필요하다. 예를 들면 정부간 복지재정관계 회의제도를 도입하는 방안을 고려해 볼 수 있다.

[4] 사회복지 분야 포괄보조방식 확대

포괄보조금이란 포괄적으로 규정한 사업을 대상으로 법정공식을 이용하여 배분함으로써 지방자치단체의 예산편성권과 집행권을 확대하여 다양한 사업에 대한 선택을 지방자치단체의 자율에 맡기는 보조금이라 할 수 있다.

포괄보조사업은 보조사업의 수행과 보조금의 운영에 대한 구체적인 이해관계가 지방자치단체에게 주어지는 것이 바람직하여 중앙정부는 기능상 넓은 범위에서만 이해관계를 가지는 보조사업일 경우, 포괄보조 대상사업으로 하는 것이 바람직하다.

이러한 관점에서 지방자치단체의 자율성과 주민선호, 그리고 지방자치단체간에 존재하는 사회, 경제, 정치 환경의 다양성 등의 요인들이 고려되는 것이 보조사업의 목적에 부합되는 보조사업은 포괄보조금 대상사업으로 채택하는 것이 바람직하다.

또한 보조금 배분방식의 관점에서 볼 때, 보조금의 특성, 정책목표 및 효과, 형평성 등의 고려요인으로 인해 일정 배분공식을 통하여 보조금을 배분하는 것이 합리적인 보조사업들은 포괄보조금을 적용하는 것이 바람직하며, 보조금의 배분과정에서 지방자치단체 간에 수평적으로 존재하는 재정력, 물가수준, 행정노력 등의 격차를 고려하는 것이 바람직한 보조사업들은 포괄보조금 대상사업으로 고려하는 것이 합리적이다(임성일 외, 1991).

이에 대해, 구인회 외(2009)는 사회복지포괄보조금의 설계에서 사업대상 인구집단별로 5개 부분으로 블럭화하는 방안을 제시한 바 있다.

- 취약계층보호사업 : 저소득층 대상의 자활사업
- 장애인서비스 : 장애인 대상 현금 급여를 제외한 각종 서비스 지원
- 노인서비스 : 노인 대상 현금 급여를 제외한 각종 서비스 지원
- 아동서비스 : 아동 관련 시설과 위탁서비스 등
- 기타복지사업 : 기타복지사업, 보건(한센 관련 국고보조사업은 별도로 미니블럭화), 전염병예방, 농어촌의료서비스 지원 관련 사업 등

또한 이상용(2006, 2010)은 포괄보조금 대상사업으로 선정된 34개 사업을 유형화 하여 3대 부문(기초생활보장 등)으로 구분하고, 패키지화가 가능한 사업을 묶어 7개 블록(기초급여 등)으로 하는 방안을 제시하였다.

표 7-17 포괄보조금 대상사업 제시안

부문(3): 블럭 1	분야(7): 블럭 2	대상사업(34) : 패키지
기초생활 보장	기초급여	국민기초생활급여, 자활근로, 자활후견기관 운영, 지역봉사업 운영 지원, 재활 및 사회적응 프로그램 강화, 의료급여
일반 사회복지	장애인 복지	의료재활시설 운영, 청각·시청각 장애인 지원, 정신지체인 지원, 장애인 생활시설 운영, 장애인직업재활시설 운영
	노인복지	기초노령연금, 치매상담센터 운영, 재가노인복지시설 운영, 노인일거리 마련사업, 노인그룹홈 기능보강, 노인보호(요양, 전문기관, 실비요양) 시설 운영, 노인보호 전문기관 운영
	아동복지	아동복지시설 운영, 그룹홈 운영, 지방아동보호전문기관 운영, 가정위탁지원센터 운영, 입양정보센터 운영
	보육복지	보육시설 종사자 인건비, 보육시설 차량 운행, 저소득층 아동 보육료 지원, 만5세아 보육료 지원, 장애아 무상 보육료
	모자복지	모자복지시설 운영, 저소득 모자가정 지원, 저소득부자가정 지원
보건의료	보건시설	정신용양시설 운영지원, 정신질환자 사회복귀시설 운영지원, 공립치매요양병원 지원

출처: 이상용(2010). 고령화의 변화 전망과 지방재정 정책

김재일 외(2011)는 부문별 포괄보조금(categorical block grants) 도입을 제안하였다. 현장의 집행을 맡고 있는 지방자치단체에게 일정한 자율성을 부여하는 것이 정책효과를 높이는 데 유효하다는 것이다. 이를 위해서는 사업 단위별로 세분화되어 있는 국고보조사업을 정비하여 부문별로 포괄지원 하는 것이 필요

표 7-18 포괄보조금 대상사업 제시안

포괄보조금 블록	대상사업
기초급여	자활근로, 자활후견기관 운영, 지역봉사사업 운영 지원, 재활 및 사회적응 프로그램 강화, 의료급여
장애인복지	의료재활시설 운영, 청각·시청각 장애인 지원, 정신지체인 지원, 장애인 생활시설 운영, 장애인직업재활시설 운영
노인복지	치매상담센터 운영, 재가노인복지시설 운영, 노인일거리마련사업, 노인그룹홈 기능보강, 노인보호(요양, 전문기관, 실비요양) 시설 운영, 노인보호 전문기관 운영
아동복지	아동복지시설 운영, 그룹홈 운영, 지방아동보호전문기관 운영, 가정위탁지원센터 운영, 입양정보센터 운영
보육복지	보육시설 종사자 인건비, 보육시설 차량 운행
모자복지	모자복지시설 운영, 저소득 모자가정 지원, 저소득부자가정 지원
보건시설	정신요양시설 운영지원, 정신질환자 사회복귀시설 운영지원, 공립치매요양병원 지원

출처: 김재일 외(2011). 중앙－지방의 사회복지 재정 분담제도 개선방안 연구

하다고 보았다.

　포괄보조금 복지사업에 대하여는 중앙정부와 지방자치단체간에 3~5년 단위의 계약을 체결하여 사업을 추진하되, 계약기간이 종료된 사업에 대하여는 엄격한 성과 평가가 이루어지도록 해야 한다는 것이다. 지방자치단체의 지방비 부담 여부에 대하여는 지방부담을 전제로 하고 있다. 여기서는 이상용(2010)의 제시한 안과 달리 현금 급여 지출이며 국가최저기준(national minimum)적 성격을 갖고 있는 국민기초생활보장급여, 기초노령연금(기초연금), 보육료 지원 등은 포괄보조금과는 별개로 운영하는 것이 타당하며, 시설 운영 등 현물 급여 성격의 보조금 사업은 거의 전부 포괄보조금으로 운영하는 것이 더 효율적이라고 하였다.

　사회복지 국고보조사업의 운영 개선으로 포괄보조금제도의 운영을 제시하는 선행연구는 많다. 사회복지 포괄보조는 사업성격이 유사한 사업끼리 묶어 포괄적으로 지원함으로써 지방자치단체의 자율성을 제고하자는 것이다. 다만

포괄보조금 도입의 국내외 사례를 보면 보조금 규모가 축소되는 경향이 있다. 사회복지 국고보조사업의 운영방식으로 포괄보조금제도를 도입할 경우 보조금 축소가 발생할 여지가 있어 도입에 신중해야 하며, 도입시 기존의 보조금 규모가 축소되지 않도록 설계해야 할 것이다.

〔5〕 지방재정부담심의위원회 운영 개선

현재 국고보조금 운용은 지방비부담협의를 하도록 「보조금의 예산 및 관리에 관한 법률」과 「지방재정법」에 규정되어 제도화되어 있다. 이는 중앙 각 부처로부터 지방비부담이 수반되는 사업 등이 자의적으로 편성운영 되는 경우 지방비부담이 과중하게 되므로 사전협의를 통해 적법하고 합리적인 범위 내에서 국가와 지방의 부담비율을 정하기 위한 것이다.

또한 「지방재정법」 제27조의 2에는 '국고보조사업의 국가와 지방자치단체 간, 시·도와 시·군·자치구 간 재원분담 비율 조정에 관한 사항'이나 '지방자치단체 재원분담에 관련된 법령 또는 정책 입안 사항 중 행정자치부장관의 요청에 따라 국무총리가 부의하는 사항'을 심의하기 위한 '지방재정부담심의위원회'를 두고 있다. 또한 「지방재정법」 27조의 6과 시행령 35조의 6에 의하면 총사업비 500억원 이상 지방비 부담 200억원 이상의 사업은 지방재정영향을 평가하여 기획재정부 장관에게 제출하도록 되어 있다. 지방비부담심위위원회의 효율화를 위해서는 재정이 되는 국고보조사업의 보조율 조정은 물론, 사회복지 사업 중 지방재정영향 평가대상사업의 보조율 결정도 지방비부담심의위원회의 심의를 거쳐 결정하도록 해야 한다.

그러므로 현행 중앙−지방 간 지방재정부담심의위원회의 역할을 강화하고, 지방재정부담심의위원회에 중앙−광역−기초가 모두 참여하는 방안을 검토할 필요성이 있다. 현재 중앙−지방 간 지방재정부담심의위원회가 설치·운영되고 있지만, 지방자치단체 의견이 전달·반영될 수 있는 메커니즘은 부족한 실정이다. 실질적인 재정 집행은 기초자치단체에서 이루어짐에도 불구하고, 비용에 대한 의사결정과정에서 기초자치단체가 목소리를 낼 수 있는 시스템이 갖추어져 있지 않다. 특히 복지사업 등에 관한 광역－기초 간 재원분담 과정에서 기초자치단체의 의견을 반영할 수 있는 제도적 장치가 부족하다. 이러한 측면에서 중앙－광역－기초가 공동으로 예산을 부담하는 사회복지 국고보조사업의 경우 반드시 기초자치단체와의 예산 협의를 거쳐 시행하도록 하는 제도(가칭 '광역－기초 간 지방재정부담심의위원회[1])를 마련할 필요성이 있다.

지방재정부담심의위원회 심의 결과와 예산편성 간 연계성 제고가 필요하다. 지방자치단체 국고보조사업의 지방비 부담 등을 심의하는 지방재정부담심의위원회의 심의 결과가 예산편성에 반영되지 않는 사례가 있고, 국고보조금 규모가 큰 사업이 심의위원회의 의견 일치 없이 추진되는 사례가 있으므로, 동위원회 심의 결과와 예산편성 간의 연계성 제고 방안을 마련할 필요가 있다.

[6] 사회복지 국고보조금 준칙제도 검토

중앙정부의 법률 규정을 통해 의무적으로 지방비를 분담해야 하는 기초복지사업의 재정규모가 지속적으로 증가하고 있다. 이에 따라 지방자치단체의 가용재원이 절대적으로 취약해지고, 지방재정 사업 전반에 대한 재원동원체계를 왜곡시키는 자치재정 위기 상황이 발생하고 있다.

기초자치단체의 가용재원에서 한계상황이 발생하면 현재의 정부간 복지재정관계 전체가 작동하지 못하여 복지수급권자들에 대한 사회안전망체계가 정상적으로 운영되지 못한다. 그러므로 대규모 복지재정지출이 수반되는 기초복지사업(예, 생계급여, 의료급여, 기초연금, 보육료, 아동수당, 장애인수당, 장애인연금)에 대한 지방비 부담규모 증가율이 지방세입의 일반재원 증가율을 초과하지 못하도

---

1) 21대 국회에서 이해식 의원은 '광역·기초 재정부담심의위원회 설치법'을 발의하였다. (2021.5.20.)

록 하는 재정준칙제도를 도입할 필요가 있다.

준칙대상의 복지사업비가 지방일반재원의 증가율을 초과할 경우, 중앙정부의 추가 보조를 의무적으로 명기하여 안정적으로 복지재정 사업이 운영되도록 하고 수급권자들에 대한 사회적 안전망을 유지해야 한다. 즉 현금급여성 대규모 복지재정사업에 대해 사업비의 전년대비 증가율이 지방재정 일반재원 증가율을 초과하지 못하도록 규정하는 복지보조금준칙제도 도입이 필요하다.

또한 정부는 지방비가 소요되는 사업 추진시, 지자체 부담 예산 및 산출내역을 국회에 의무적으로 제출하도록 해야 한다. 국가사업 추진에 따라 지자체의 재정부담이 증가함에도 국회가 이에 대한 영향을 판단하거나 논의를 할 수 없기 때문이다.[2]

〔7〕 국고보조사업의 총량제 검토

지방재정 건전성 담보 차원에서 국고보조사업의 총량제 등을 검토할 필요가 있다. 국고보조사업의 지방의 재정지출 증가 및 지방재정 징발의 주요인이 되고 있으므로, 지방이 지출하는 재정액 총량을 상정하는 방안 검토해 볼 수 있다. 현재 지방재정의 불필요한 지출을 막기 위한 감면총량제와 같은 유사한 개념을 국고보조사업에도 도입하는 방안이다.

〔8〕 보조사업 재정특성별 분류기준 정비 및 맞춤형 관리방식 적용

국고보조금제도는 기획재정부에서 총괄적으로 운영하고 80년대에 기본관리제도가 형성되었으며, 지방재정의 입장에서는 특별한 변화는 없었다. 그러므로 지방자치단체의 재정운영 자율과 재정압박 등의 관점에서 국고보조사업을

---

2) 21대 국회에서 전봉민 의원은 '국가재정법 일부개정법률안'을 통해 국가재정운용계획 수립 시 지자체 국고보조금 및 대응지방비 증가율과 산출내역에 대한 사항을 포함하도록 하고 국회에 제출하는 예산안 첨부서류에 사업별 대응지방비 내역을 추가하도록 하였다 (2021.6.8.)

유형화하고, 각 유형별로 관리방식들을 달리 적용하는 새로운 관리방식을 모색할 필요가 있다.

　1천여 개의 국고보조사업에 대해 지방비 부담의 의무 강도와 보조사업의 행정 및 재정적 특성을 고려하여, 국고부담금, 국고분담금, 국고지원금, 국고위탁금으로 유형화하고 각 유형별로 국고보조사업의 재원 관리 규정을 별도로 운영할 필요가 있다. 대표적인 예시로, 국고부담금 유형에서는 보조금 준칙제도 도입과 지자체의 의무적 사업이행 강화, 국고지원금은 정부간 성과계약체계 정립, 국고지원금 유형에서는 중앙정부의 사업 및 재원관리 주도성 강화, 그리고

표 7-19 국고보조사업의 유형별 재정관리제도 연계 방안

유형	주체와 관리수단	유형별 맞춤형 보조사업 재정관리제도 예시
국고 부담금	국회(입법부, 정치) 중앙 각 부처 행정안전부	국가의 기본 재정기능 및 국가 핵심 의제
		- 개별 법률에 기준보조율·차등보조율 조항 명기 - (가칭)국고보조금 재정 준칙 법제화(지방재정법) - 기재부 보조금연장평가 대상에서 제외 - 국고보조사업의 지방재정영향평가 정례화 - 지자체의 성실사업 집행 의무화
국고 분담금	기획재정부 행정안전부 지자체 재정부서	중앙·지방 성과계약체계의 파트너십 재정사업
		- 정부간 재정협의체 설치 대상 사업(지자체 기획예산부서 참여) - 보조금관리법률에 기준보조율·차등보조율 체계적 명시(법률 조항으로 명기) - 기재부 보조금연장평가에서 성과지표 요소 강화
국고 지원금	중앙 각 부처 지자체 사업 부서	중앙·지방의 상호선택 재량 영역
		- 중앙 각 부처별 기준보조율·차등보조율 일관성 체계화 - 공모사업에서 지자체간 약탈적 경쟁 방지 규정의 제도화 - 중앙 각 부처에서 재량적으로 보조사업 운영 - 지자체 신청주의 엄격 적용 - 기재부 보조금연장평가 핵심 대상 영역: 재정사업관리과정과 성과지표 등 포괄적인 관리체계 강화 - 지자체에서, 보조사업 성과 공개와 일몰여부 결정 등을 위한 조례를 통해 추가적 규율
국고 위탁금	중앙 각 부처 지자체 회계부서	중앙정부 각 부처 재량 영역
		- 재정위탁금 비용 산정 제도화(비용-경비 적합성 분석) - 지방자치단체 회계부서와 중앙 각 부처의 회계계약
(비고)		유형별 기준보조율과 차등보조율 체계의 일관성 정비 병행

출처: 이재원 외(2021). 국고보조사업의 재정 특성별 맞춤형 재정관리체계 정립에 관한 연구

국고위탁금에서는 지불정산의 회계제도 정비 등이 중요하다.

(9) 대응지방비에 대한 중·장기 추계 및 관리 필요[3]

정부 총지출 증가율과 비교했을 때 사회복지 분야 지방자치단체 국고보조사업 예산이 상대적으로 높은 증가율을 보이고 있으므로, 중·장기적 대응지방비 소요에 대한 추계를 실시하고 이를 바탕으로 체계적인 계획을 수립하여 국고보조사업을 추진할 필요가 있다. 정부가 예산안 편성 시 국회에 제출하고 있는 단년도 지방자치단체 국고보조사업의 대응지방비 소요 추계서에 대한 실효성을 강화하여 국회 예산안 심사 과정에서 대응지방비 부담의 적정성에 대한 논의가 함께 이루어질 수 있도록 하는 방안을 고려할 필요가 있다.

(10) 정부간 재정관계 조정의 정기적 점검 및 보완체계 제도화

부서의 재정 및 사업(업무)에서 국고보조사업의 비중이 높은 부처에서는 정부간 관계 업무를 전문적으로 운영할 수 있는 독립 부서 및 전문위원회 설치·운영될 필요가 있다. 지자체 기능 지원 진흥 활성화를 위해 정부간 관계체계 운영성과를 부처 핵심 성과지표로 설정하여 자체사업과 정부업무평가에 비중있게 반영하는 것이 필요하다.

또한 국고보조사업에 대해 정례적 지방이양 추진활동이 진행되어야 한다. 원칙적으로 지방이양 대상 국고보조사업을 선정할 때, 개별사업보다 기능군으로 식별하고, 중앙정부는 기능별로 결과지향적 성과가 제고될 수 있게 개별 사업의 관리 감독에서 프로그램(기능)의 지원 진흥으로 전환이 필요하다. 기획재정부의 보조사업연장평가에서 판정항목으로서 삭감/폐지 등과 함께 '지방이양'을 추가 포함할 필요가 있다.

---

3) 김우림, 2021

[11] 지속가능성 있는 복지사업에의 지출 필요[4]

복지사업부문 정책목표의 구체적인 설정과 검증을 통해 정책목표에 부합하는 복지사업 실행이 필요하다. 복지사업의 정책목표에 부합하고 지속가능성이 있는 사업에의 지출이 필요하다. 해당 지자체의 특성에 맞는 복지수요를 파악하여 자체사업을 발굴하고, 신설 사업시 시범사업 등을 통해 다양한 정책 실험을 할 수 있는 여건을 마련할 필요가 있다. 또한 시범사업 종료 후 심도있는 정책평가를 통해 단순한 선심성 현금지출만이 아닌, 정책목표에 부합할 수 있는 실효성 있는 자체사업 발굴이 필요하다.

[12] 복지분야에서의 지방정부 역할 설정

지방의 복지재정 건전성 담보를 위해 복지에 대한 미래 전략이 필요하다. 현재는 그때그때 직면하는 복지수요를 해결하기 위해 단순히 국비 지방비의 논의에만 국한되고 있는 실정이다. 그러나 복지지출은 지방재정의 상당부분을 차지하며, 앞으로 그 부담이 증가한다는 추계결과 고려하면, 복지영역에서의 지방의 역할과 기능에 대한 설정이 필요하다.

지방자치단체는 국가보조사업의 단순 전달자가 아니라 우리나라 복지제도 업그레이드 과정에서 필수적 역할을 수행하여야 한다. 지역의 특성과 수요를 적극적으로 반영할 수 있도록 현장성이 높은 복지 프로그램의 개발과 추진이 필요하다. 사업의 효과성을 주기적으로 점검하여 정책목표에 부합하도록 정책의 실효성을 제고하여야 한다.

[13] 광역시도 보조사업 운영체계 개선

광역시도 보조사업 운영체계도 개선이 필요하다. 보조사업도 가능한 역할

---

4) 김필헌 외, 2022

분담을 통해 광역과 기초 간 사무분담체계에 따라 전담구조를 가질 필요가 있다. 공동사무의 경우, 합리적인 재정분담비율을 설정하여야 한다. 광역과 기초 대표가 참여하는 거버넌스 체계(예, (가칭)광역-기초 재정부담심의위원회)에서 충분한 논의를 통해 사업을 추진해야 한다.

3) 세입 확충과 세출 분권 강화

복지재정분권 강화를 위해 이전재원보다 자체세입을 중심으로 한 지방재정 운용이 필요하다(김필헌 외, 2022). 늘어나는 재정지출을 이전재원 중심으로 해결하게 되면 스스로 지역현안을 해결하고자 자발적 책임을 지는 지방자치의 핵심가치와 상충된다. 자체세입 확충과 관련하여 다양한 연구가 논의되고 있는 특정장소분 개별소비세, 환경 관련 각종 부담금의 지방 이양, 지방소득세의 인상 등이 지속적으로 추진될 필요가 있다. 큰 틀에서의 정부단위간 세목 조정도 검토해 볼 필요가 있다. 향후 인구구조 변화 등을 감안할 때, 재산세 위주로 구축된 현 지방세체계는 재원의 신장성에 있어 한계가 있을 수 있으므로 개선이 필요하다.

4) 주민참여예산제도 운영 내실화

주민참여예산제도는 주민참여제도 중의 하나지만 동시에 복지재정분권과도 관련성이 높다. 지역의 복지재정에 대한 주민참여가 가능하기 때문이다. 또한 제도의 학습과정에서 지자체 예산편성 내역을 확인하고, 재정의 문제점을 파악하여 행정개혁을 촉진시킬 수 있다.

[1] 도입배경

주민참여예산제도(Citizen Participatory Budgeting: CPB)는 1989년에 브라질의 포르트알레그리(Porto Alegre)시에서 처음 실시된 이후 전세계로 확산되면서 정부예산 운영방식에 변화를 촉발시켰다.

주민참여예산제도는 주민이 예산과정(budget process)에 직접 참여하여 영향력을 행사하는 것으로 지방자치단체가 독점하던 예산편성 활동에 주민이 참여하는 것이 핵심이다. 지방자치단체의 예산과정에 주민이 참여할 수 있도록 제도적으로 보장하여 대의민주주의를 보완하고, 지방재정 활동의 민주성, 책임성, 투명성 등을 확보하는 제도이다.

우리나라의 주민참여예산제도는 지방자치단체에서 도입하여 중앙정부의 정책으로 확산된 대표적인 사례이다. 제도도입이 제안된 것은 2002년 민주노동당의 지방선거 선거공약이었고, 2004년 광주광역시 북구에서 주민참여예산제도가 최초로 도입되었다. 2011년 3월에는 지방자치단체의 예산편성에 주민참여를 의무화하도록 「지방재정법」이 개정됨으로써 의무규정으로 전환되었다.

〔2〕제도 개념5)

참여예산은 "시민들이 예산 편성과정에 직접 참여하여 그 내용을 제안하고 결정하는 것"이다.

첫째, 참여예산은 편성과정에 참여하는 것이다. 우리나라는 예산에 대한 편성권과 심의권이 나누어져 있다. 편성권은 단체장의 핵심적인 권한이고, 심의권은 시민의 대표기관인 의회의 권한이다. 참여예산은 선출된 대표로서의 단체장이 편성한 예산을 심의하는 것이 아니라 편성과정에서 시민들의 의견을 반영하는 제도이다.

둘째, 참여예산은 나와 우리 이웃에게 필요한 사업의 '내용'을 제안하는 것이다. 참여예산은 시민들에게 사업의 '금액'를 결정하라는 것이 아니라 어떠한 "정책의 방향과 사업의 내용"이 시민들에게 필요한지 그 '내용'을 제안하는 것

---

5) 서울특별시 시민참여예산학교, 2018

이다.

셋째, 참여예산을 참여예산답게 하는 것은 결정권한이 시민들에게 있다는 것이다. 참여예산에서 가장 중요한 것은 제안된 사업의 우선순위를 공무원이 아닌 참여하는 시민들이 결정한다는 점이다. 시민참여예산의 폭과 깊이는 '결정 권한'의 정도에 따라 결정된다.

따라서 참여예산을 통해 예산(정책)의 우선순위를 정하는 것은 한편으로는 불요불급한 사업을 제외하는 예산(정책)에 대한 경제적인 판단을 공유하는 과정 이기도 하고, 다른 한편으로는 참여하는 시민들이 '가치'를 공유하고 합의하는 정치적 과정이기도 하다.

참여예산을 통해 기대하는 것은 첫째, 낭비되는 '나쁜 예산'을 줄이자는 것이다. 둘째는 주민들의 삶을 질을 높이는 '좋은 예산'을 늘리자는 것이다. 셋째는 어떤 예산이 좋은 예산이고 나쁜 예산인지에 대한 판단을 주민들이 숙의하고 민주적으로 토론하고 결정하는 과정을 통해 풀뿌리 민주주의를 실현하고 주민자치 역량을 강화하자는 것이다.

〔3〕 문제점과 개선방안[6]

주민참여예산제도의 문제점은 제도에 대해 주민의 관심과 참여도가 낮고, 주민의 전문성을 강화할 정보제공이 미흡하다는 것이다. 그리고 주민참여예산 위원회 선정 시 대표성 문제, 주민참여예산제도를 운영하는 예산 범위의 제한, 타 주민참여기구 및 재정 제도와의 연계 부족, 공무원의 인식 문제 등이 제시된다.

개선방안은 다음과 같다. 주민참여예산위원회의 위원 구성 시 다양한 계층의 참여를 통한 대표성 강화, 예산 전 과정에서 주민참여의 범위 확대, 오프

---

6) 윤상규, 2022

관련 사례: 기초자치단체 예산 분석 민간기관 출범

국제신문. 2023. 7.1. 지자체 예산 분석 민간싱크탱크, '영도살림연구소' 출범

부산에서 처음으로 기초자치단체 단위의 예산을 분석하는 민간 싱크탱크 '영도살림연구소'가 출범했다. 영도살림연구소는 지난달 7월 29일 오후 6시 30분 창립강연회를 개최하며 '영도살림연구소'가 본격적으로 출범했다고 밝혔다. 이날 나라살림연구소 이상민 수석연구위원이 '영도구 예산분석과 개선방향'을 주제로 강연에 나섰다.

영도살림연구소는 나라살림연구소와 별개로 활동하는 민간 싱크탱크다. 부산 지역에서 지자체 단위 예산을 분석하기 위해 민간 싱크탱크가 출범하는 것은 영도살림연구소가 처음이다. 영도살림연구소는 주민들이 낸 세금이 기초자치단체 단위에서 적재적소에 사용됐는지 확인하고, 예산 사용에 있어서 주민의 입장이 적극 반영된 정책을 제안할 예정이라고 밝혔다.

이날 강의에서 이 연구위원은 지자체 단위의 예산을 분석하는 민간 싱크탱크 설립 취지에 공감했다. 그는 "재정과 예산을 어떻게 사용하는 지는 시민들의 삶에 직접적인 영향을 미친다"며 "그런 점을 감안할 때 지역과 동떨어진 연구기관에서 예산과 관련된 연구를 하는 것보다 지역 현실을 감안해 예산을 어떻게 사용하고 개선방안을 도모해가는 풀뿌리 단체의 존재가 더욱 중요하다"고 강조했다.

이미 영도살림연구소는 지난 4일 첫 연구활동으로 지방소멸대응기금에 대한 토론회를 열기도 했다. 영도구는 인구감소 지역으로 선정돼 정부로부터 지난해부터 올해까지 2년 동안 126억 원의 지방소멸대응기금을 받았다. 토론회에선 영도가 이 예산을 투입한 사업들이 사실상 인구유입책과 동떨어진 '구청 공약사업'에 가깝다는 비판의 목소리가 나왔다. 영도살림연구소는 타 지자체에서 '워케이션'을 기반으로 한 실질적인 인구유입책 마련했다는 점을 착안해, 영도구에 맞는 대책을 연구한 후 구에 제안할 예정이다.

권혁 영도살림연구소 소장(전 영도구 의원)은 "영도살림연구소의 주된 활동 방향은 영도구 예산과 관련된 활동이지만, 이 외에도 부산 남고 이전문제, 마을교육공동체 문제 등 지역 현안 전반을 다루고 해결책을 제안할 수 있는 단체로 거듭날 예정이다"고 말했다.

라인 공간뿐만 아니라 온라인 공간까지 확장하여 주민의 참여공간을 확보, 주민참여예산 교육의 다양성과 전문성 강화, 다양한 이해 관계자들의 의견 청취, 주민 직접 참여제도의 연계, 관계부처의 지원, 지역 특성에 따라 다양한 계층의 참여 유도, 광역자치단체와 기초자치단체 간 정책연대 강화 등이 제시된다.

3 복지행정분권 개선방안

1) 복지행정분권 개선방안

지방정부는 분담한 고유사무에 대하여 자율성과 책임성을 가져야 한다. 사무를 수행할 수 있는 적절한 수준의 조직과 인력을 확보하고, 사업집행에 대한 전반적인 권한을 부여받아야 한다. 또한 기획부터 집행까지 전달체계의 최종적 책임을 가져야 한다.

이를 위해 자치조직권의 재설계 방향은 현재의 낮은 자율성과 책임성 구조를 높은 자율성과 책임성 구조로 바뀌어야 한다.

하혜수(2017)의 경우, 자지조직권의 완전이양을 제안하고 있다.

복지행정분권은 지방정부의 역량 강화를 목표로 한다. 동시에 복지분권을 요구하는 당사자인 지자체의 역량 강화가 필요하다. 복지영역의 경우 특히 전문역량을 강화해야 한다. 분권은 되었으되 역량이 부족할 경우 오히려 복지문제를 심화시킬 수도 있기 때문이다. 복지분권에 대한 이해와 인식을 강화하고, 전문성 강화를 위한 교육체계를 마련하는 등 지방정부의 역량 강화가 요구된다.

그림 7-2 지방자치단체 자치조직권의 재설계 방향

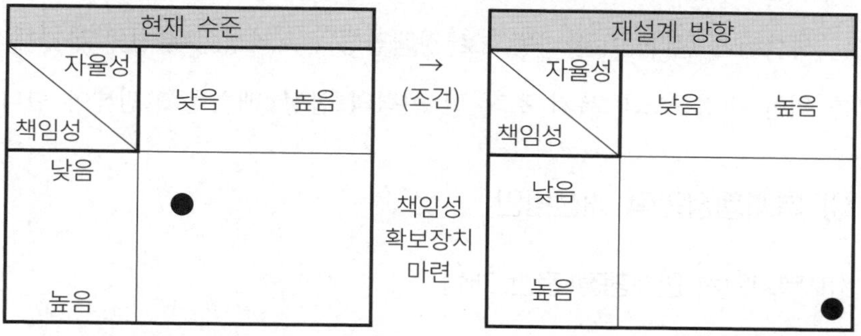

출처: 주재복 외(2019). 지방자치단체 조직관리제도의 발전적 개선방안 연구

- 일본과 영국의 경우에도 중앙정부에서 표준모델 제시 및 간접통제를 실시하고 있으나 원칙적으로 지방정부의 자율결정에 맡기고 있다.
- 지방정부의 기구 및 정원에 대한 통제권을 폐지하고 지방정부의 자율에 맡기도록 한다.
- 지방정부가 기구와 정원을 자율적으로 결정하면, 중앙정부는 사후 진단을 통해 문제점이 발견되면 공시하여 지방의회와 주민들이 통제하도록 유도하도록 한다.
- 지방정부의 자율적 통제가 어려운 경우 중앙정부의 이전재원과 연계시키는 재정적 통제를 도입할 수 있다.

2) 복지행정조직 개선방안

지방자치 실시 이후 지방자치단체에서 복지행정 기능의 지속적 증가 및 향후 증가 추세가 예상된다. 그런데 지자체의 조직·기구 및 인력 관련 제도가 중앙정부 차원에서 제시하는 기준의 범위에서 지방자치단체가 자율성을 가지는 형태이므로 중앙정부 차원의 기준에 대한 체계적인 재검토를 통해 복지행정 조직 및 인력에 대한 합리적 기준 제시가 필요하다. 기구설치 및 직급기준과 인건비 기준 하에서 구체적인 인력배분이 이루어지므로 복지행정조직 관련 기구설치 및 직급기준과 인력 충원 및 배분 등의 문제를 동시에 고려해야 한다.

이를 위해, 무엇보다 조직과 인력에 대한 체계적인 정보수집이 중요하다. 포괄적이고 체계적인 정보의 수집 및 분석과 상시적인 조직 및 인력진단의 지속적 실행을 통해 지방자치단체 복지행정 조직 및 인력의 합리화를 위한 기초자료를 생산해야 한다. 이를 바탕으로 정책집행의 효과성과 주민의 복지체감도 제고를 위한 적정규모의 복지 조직 및 인력의 산정·배치를 고민해야 한다.

3) 복지행정인력 개선방안

(1) 복지인력 인사행정 전반 개혁

복지전달체계는 지속적인 개편이 실행되어 왔으나, 여전히 인사행정 전반이 취약하다는 평가이다. 이를 위해 다음과 같은 개혁이 요구된다.

첫째, 업무량에 부합하는 적정 인력 배치가 필요하다. 업무분석 및 업무량 분석이 실시되어야 한다. 사회복지업무가 폭증하면서 업무의 경계가 불확실하고 업무량이 확대되어 인력이 요청됨에도 적정 인력 배치가 안 되어 있다는 평가이다. 업무는 많은데 인력이 적으면 업무를 소극적으로 할 수밖에 없으므로 업무량에 따른 적정 인력 배치가 요구된다.

둘째, 효율적인 인사관리체계를 마련할 필요가 있다. 채용, 배치 및 전보, 승진 및 보상, 역량 개발 등 종합적인 인사관리체계를 마련하고 실행해야 한다. 이를 위해서는 관련 법적 제도적 개선이 병행되어야 된다.

셋째, 서비스제공에 최적화된 전문성을 가진 인력을 확보해야 한다. 동시에 업무역량 강화를 위한 교육체계가 강화되어야 한다.

넷째, 복지업무 특성을 고려한 인사환경이 마련될 필요가 있다. 담당 공무원의 전문성을 활용하기 어려운 현 순환보직제의 근본적 개선이 필요하다. 그 외 복지영역별 전문담당제나 전문직위제 확대도 실시할 필요가 있다.

다섯째, 준공공인력 및 민간인력의 활용도 고민이 필요하다. 통합사례관리사 등 공무직의 처우도 강화할 필요가 있다.

〔2〕 기준인건비제도 개선

복지업무 수행을 위한 복지인력과 관련해서는 기준인건비 영역에서 다음과 같은 개선이 필요하다(김회성 외, 2022).

지자체 기준인건비 산정에 복지행정 수요를 체계적으로 반영할 필요가 있다. 복지 수요의 증가 및 복지 제도의 확충에 따른 업무량 증가를 체계적으로 반영하지 못하는 현행 기준인건비 산정 모형을 개편하여 지자체 사회복지담당 공무원 충원을 위한 재정적 기반을 확충하여야 한다.

현재 기준인건비 산정을 위한 10대 지표(① 인구, ② 면적, ③ 주간인구, ④ 65세 이상 인구, ⑤ 사업체 수, ⑥ 자동차 수, ⑦ 장애인 수, ⑧ 법정민원 수, ⑨ 외국인 인구,

⑩ 농경지 면적)에는 지자체 복지행정 수요가 일부(65세 이상 인구및 장애인 수)만 반영되는 한계가 있다.

기준인건비 산정모형에 복지행정 수요를 체계적으로 반영하기 위해 기초생활수급권자, 차상위계층 등 취약계층과 관련된 복지행정 수요 지표를 포함하여야 한다.

또한 차년도 기준인건비 산정 과정에서 사회복지담당공무원 전환·증원 배치 등을 통한 복지수요 고려 적정인력 확보 노력 수준을 평가하여 인센티브로 반영하는 것을 검토할 필요가 있다.

4) 복지조직 운영방식 개선과제[7]

그동안 복지분권에 대한 부정적인 인식의 바탕에는 복지분권을 위한 지자체 역량에 대한 회의적인 평가가 있었다. 우리나라의 지자체는 '그 행정의 전통과 역사에서 사회복지서비스를 주요한 임무로 간주해온 적도 없을 뿐만 아니라 역량을 형성하지도 역량을 형성할 생각도 하지 않아 사실상 그 업무를 담당할 능력이 없다'(남찬섭, 2009)는 평가까지 있었다.

그러나 반대로 생각해보면 사회복지 지방이양 등이 시도되기도 하였지만 그 결과와 그 이후 관련 정책에 있어서는 지속적으로 복지분권이 퇴행하고, 억제되어 온 결과라고도 할 수 있다. 지자체 예산에서 복지지출이 1/3을 넘어가고 있는 지금에도 자체예산은 그 중 1/10도 채 안 되고 있는 것이 현실이고, 이러한 환경에서 지자체가 복지를 자신의 주요한 임무로 인식하거나 역량을 형성해야 할 필요성을 느끼지 못하는 것은 어떻게 보면 당연한 일인 것이다.

지방자치의 역사가 1990년대부터 시작되었다고 할 때 관선체제에서 벗어나기 시작한 지자체 역시 주민의 권리를 인식하고, 복지에 대한 지자체의 역할

---

7) 김보영, 2021

과 책임을 발전시키기 위해서는 마찬가지의 과정이 필요하다고 할 수 있다. 중앙의 집행기구에 불과했던 지자체가 지역의 복지정책과 사업의 주체가 되기 위해서는 그만큼 이에 대한 지역의 정치적 요구에 직면하고, 이를 수행할 수 있는 제도적 개혁이 수반되어야 하는 것이다. 하지만 이러한 제도적 변화없이 지금까지 그래왔던 것처럼 확대되는 사회서비스까지도 중앙집중적으로 이루어진다면 지자체는 이에 대한 지역의 요구에 직면할 이유도 없고, 당연히 그러한 역할과 책임을 인식할 필요도 없는 것이다.

선행연구(김보영, 2021)의 기초 지자체 복지부서 종사자에 대한 FGI의 결과는 한편으로 이러한 현실을 입증해주고 있다. 연구에 따르면, 복지행정분권을 위한 기초 지자체의 과제로 복지에 대한 지자체 책임과 역할의 제도적 확대를 통한 지자체 내 복지정책의 우선순위 향상, 경험과 전문성을 갖춘 복지부서장이 배치 등 적절한 인사관리의 정상화, 현장중심의 교육훈련에 대한 적극적 지원, 시설관리 업무의 효과적인 분담, 복지직 신규 인력에 대한 집중교육 등의 과제가 제안되었다.

가정 먼저, 핵심적으로 개선이 되어야 하는 부분은 복지부서의 부서장은 그에 걸맞은 경험과 전문성을 가진 사람을 배치하는 정상적인 인사관리라고 할 수 있다. 현재와 같이 직렬에 대한 구분과 연공서열에 기반을 둔 관행적인 인사관리체계는 특히 복지부서에 있어 부서장의 심각한 직무태만 문제를 야기하고 있고, 이로 인해서 복지역량의 핵심이라고 할 수 있는 정책총괄이나 기획기능이 제대로 작동하지 않는 문제가 나타나고 있다. 그리고 이러한 직무태만에도 불구하고 승진에서 우선하다 보니 조직문화를 저해하고, 오히려 직무에 성실한 구성원에 박탈감을 주고 있으며, 조직갈등의 원인이 되고 있다.

물론 이러한 문제로 인해서 일부 일선 복지팀의 경우 복지부에서 복지직 공무원을 임명할 것을 독려하거나 보고하도록 하고 있지만 정작 현장에서는 허위로 보고하거나, 보고와 다르게 임명하는 경우까지 나타나고 있다.

따라서 이러한 기존의 역기능적인 인사관행을 실질적으로 혁파할 수 있는 보다 근원적인 대안의 모색이 필요할 것으로 보인다. 이에 대한 개선이 이루어지지 않는다면 개인 역량이 조직 역량으로 발현될 수 있도록 하는 인적자원관리를 기대하기는 어려울 것이다.

그 다음 고려되어야 하는 것은 현장중심의 교육훈련에 대한 적극적인 지원이다. 살펴본 바와 같이 이미 현장의 복지인력들은 복지분권에서 지자체에 필요한 기획이나 협력적 역량에 대한 인식이 높고, 필요성을 느끼고 있었다. 그리고 현장에서 축적된 역량들이 서로 공유되고 학습되는 것이 가장 효과적이라는 의견이 지배적이었고, 중앙집중식, 지침전달식 교육에 대한 불만이 높았다. 그렇기 때문에 공공 복지인력의 교육훈련에 있어서도 중앙집중의 방식을 벗어나서 분권적 방식으로 방향이 전환될 필요성이 있다.

사실 통합사례관리나 지역사회 통합돌봄과 같은 사업의 경우에도 중앙중심의 통일적인 기법이나 사업으로 정형화될 수 있기보다는 지역마다 다양한 환경과 상황에 맞는 개입과 접근이 중요해지고 있기 때문에 이러한 경험과 사례에 대한 공유가 더욱 중요해지고 있다. 따라서 현장 중심의 소모임을 통한 교육을 더욱 활성화시키고 공식화하면서, 이를 통해서 다양한 경험과 사례가 축적되고 공유될 수 있도록 하는 교육의 전환이 요구된다.

시설관리 업무의 경우에는 좀 더 효과적인 분담에 대한 고려가 필요한 것으로 보인다. 시설관리 업무는 설계, 인허가, 행정처분과 같이 다른 복지업무와는 성격이 다른 만큼 복지직 공무원이 수행하기보다는 행정직 공무원에 더 적합하다는 의견도 적지 않았다. 복지부서 안에서도 행정직 공무원이 주로 담당하는 시설팀과 같은 시설관리 전담 부서를 별도로 설치하여 복지사업부서가 시설관리에 매몰되는 문제를 해결할 필요도 있다.

5] 복지행정 제도적 개선방안

복지행정의 조직 및 인사 관리 측면에서의 총괄적 제도적 개선 방안은 다음과 같다(김회성 외, 2022).

첫째, 관련 법적 제도의 체계화가 필요하다. 지방자치단체 복지행정 관련 조직 및 인력에 관한 법적 제도의 체계화 및 구체화를 위해 다음과 같은 다양한 방안이 모색될 필요가 있다.

- 「사회보장기본법」에 지방자치단체를 포함한 복지행정 조직 및 인력에 관한 별도의 장을 신설하여 규정하는 방식
- 현재 사회복지 전담기구 및 사회복지 전담공무원을 규정하고 있는 「사회복지급여법」의 시행령 및 시행규칙 등을 통해 독립적인 방식으로 지방자치단체 복지행정 조직 및 인력에 관해 규정하는 방식 등
- 지방공무원 관련 법령 및 지방자치단체의 행정기구와 정원기준 등에 관한 규정을 통해 관련 내용을 포함하는 방식
- 위에서 제시한 개별 법령의 수준에 맞게 분산적으로 배치하는 방안 혹은 단일 법령에 포괄적으로 제시하는 방안 등

- 국가 및 지방자치단체의 복지행정 조직 및 인력에 대한 정의 규정 신설
- 국가와 지방자치단체의 책임으로 국가 및 지방자치단체 복지행정 조직 및 인력의 종합적·체계적 배치와 효율적 운영의무 신설
- 보건복지부의 사회보장 기본계획 및 지방자치단체의 사회보장에 관한 지역계획에 복지행정 관련 조직 및 인력에 관한 사항 포함
- 사회보장위원회 심의 내용에 국가와 지방자치단체 복지행정 조직의 신설·폐지·통합 및 복지행정 인력의 확충·감축·재배치 등 관리방안 포함과 지역사회보장위원회 관련 조례에 해당 내용 포함 권고
- 국가와 지방자치단체 및 중앙행정기관의 장과 지방자치단체의 장이 사회보장제도를 신설하거나 변경할 경우, 협의 및 조정 사항에 복지행정 관련 조직 및 인력에 관한 사항 포함
- 복지행정 조직 및 인력에 관한 중기기본계획 및 연도별 시행계획 등 수립 : 보건복지부장관의 수립 및 사회보장위원회의 심의·확정, 지방자치단체장 수립 및 지역사회보장위

원회 심의·확정과 보건복지부 장관 보고 등
- 복지행정 관련 조직 및 인력에 관한 정책목표 및 방향
- 복지행정 관련 조직 및 인력의 현황과 수요전망
- 복지행정 조직의 신설·폐지·통합 및 복지행정 인력의 확충·감축·재배치 등 관리방안
- 복지행정 관련 인력의 역량강화를 위한 교육 등 지원방안
- 복지행정 인력의 직무환경개선방안
- 복지행정 관련 조직 및 인력 정책 기반조성 방안 등 포함

둘째, 지방자치단체 복지행정 관련 조직 및 인력에 대한 법적 규정 신설 등을 통한 제도적 보장이 강화될 필요가 있다.

셋째, 정보 수집 및 진단·조정의 제도화가 필요하다. 지방자치단체 복지행정 관련 조직 및 인력에 대한 정기적이고 체계적인 정보 수집 및 진단·조정의 제도화가 실시될 필요가 있다.

넷째, 기준인건비 산정 모형이 개편될 필요가 있다. 지방자치단체 기준인건비 산정에 복지행정 수요를 체계적으로 반영하고, 복지행정수요 대응 노력에 대한 인센티브가 제공될 필요가 있다.

다섯째, 사회복지 전담공무원의 전문성 강화가 필요하다. 사회복지 전담공무원과 담당공무원 간 역할의 명확한 구분 및 사회복지 전담기구 직위 조건 등의 명확화 및 제도화가 필요하다. 이를 위해 세부적으로 다음과 같은 사항이 검토될 필요가 있다.

- 사회복지 담당공무원의 고유 업무 지정이 필요하다. 현행 「사회복지급여법 시행규칙」에 제시된 사회복지 전담공무원의 업무를 구체화하여 사회복지 담당공무원 업무와의 분리를 보다 명확히 하고, 사회복지 전담공무원의 고유 업무를 제도적으로 명시할 필요가 있다.
- 관리직의 사회복지 필수직위제 도입이 필요하다. 5급과 6급 직위에 적용되는 사회복지직 단수 적정 정원 책정 기준을 마련하여 사회복지 전담기구

의 팀장급 이상 직위에 사회복지 전담공무원에게만 배정토록 사회복지 필수직위제의 도입이 필요하다.

- 이행관리를 위한 지자체 합동평가 활용이 필요하다. 찾아가는보건복지팀장의 사회복지직 배치 등을 지방자치단체 합동평가 지표에 반영하는 방안을 검토할 필요가 있다.

- 사회복지 별도정원제 실시가 검토될 필요가 있다. 현재 기준인건비 제도에 기초하여 이루어지고 있는 공무원 총정원 관리방식이 이외에 사회복지직렬을 분리하여 별도로 정원을 관리하는 사회복지 별도정원제의 도입이 검토될 필요가 있다.

여섯째, 직위·직급별 교육훈련이 대폭 강화될 필요가 있다. 사회복지직, 행정직 등 사회복지 담당공무원의 전문성 강화를 위한 직급·직위별 체계적인 교육훈련의 제도화가 요구된다.

- 시도별로 사회복지공무원 전담교육기관을 설치·운영(한국보건복지인재원의 지원 확대 혹은 별도 설립 등)할 필요가 있다.

- 지방자치단체 사회복지 담당공무원 신규자를 대상으로 한 교육훈련과정을 신설할 필요가 있다.

- 사회복지 전담기구 관리자 대상 슈퍼비전 등에 관한 체계적 교육을 위한 리더십 전문과정을 신설할 필요가 있다.

- 사회복지 담당공무원 대상 장기교육훈련 과정이 신설될 필요가 있다.

- 사회복지 전담기구 관리자 등 직위에 사회복지 교육 필수이수제 도입이 필요하다.

일곱째, 사회복지담당공무원에 대한 단계적인 인력 확충이 필요하다. 사회복지담당공무원 증원 소요인력을 단기간에 모두 충원하는 것은 현실적인 어려움이 예상되는바, 시군구 본청 및 읍면동에서 증원 요구도가 높은 업무영역을 중심으로 단계적으로 충원하는 방안을 검토할 필요가 있다.

여덟째, 시군구 복지 직제 설치 기준 마련 및 조직 모형 가이드라인을 제시하여 이를 참고로 조직개편이 이루어질 수 있도록 조치가 필요하다.

— 기초지자체 복지행정 조직은 주요 기능을 중심으로 복지대상자 규모에 따라 시군구 내 탄력적 편성이 필요하다. 주요 기능으로는 ▲정책 총괄 및 조정, ▲사회서비스 제공, ▲사업 집행 및 관리, ▲이용자 지원 및 관리 등이 대표적이다.

4 복지정치분권 개선방안

정치는 복지와 가장 밀접한 관계를 가지는 영역임에도 불구하고 비정치적인 것이 바람직한 것으로 잘못 이해하는 경우가 있다. 복지를 강화하기 위해서는 정치과정에서 복지 가치에 보다 집중하는 노력이 필요하며, 지역의 복지정책 결정과 실행에 지역주민이 적극 참여하는 정치적 분권도 강화할 필요성이 있다. 지역복지 강화에 따른 적극적인 주민참여가 요구되고, 지역사회보장협의체 등 민관협력 체계의 내실화도 필요하다.

1) 복지정치분권과 주민참여

지방정치에서 주민참여의 중요성은 매우 중요하다. 민주주의는 자기결정성을 근본으로 하는데 참여가 없는데 어떻게 자치능력이 만들어질 수 있겠는가(정현주, 2019). 참여는 필수적으로 권력이동을 수반한다(김종해, 1998; 2004). 주민참여를 통한 지방권력에 대한 감시와 견제 필요가 필요하고, 또한 주민들의 의사를 직접적으로 반영할 수 있기 때문이다. 즉 지방자치단체의 정책결정과정이

표 7-20 정치적 분권과 주민참여의 관계

중앙정치	소통 → ← 참여 (상호 대등한 관계)	국 민
감시와 견제 ↑↓ 분권과 소통 (수직적 권한배분 : 정치적 분권)		* 중앙정치와 지방정치는 위계적인 종속관계가 아니라 감시와 견제 및 분권과 소통의 관계가 되어야 한다.
지방정치	소통 → ← 참여 (상호 대등한 관계)	지역주민
지방정부　견제와 균형　지방의회 　　　　　　↔		* 지방정치와 지역주민은 상호 대등한 관계 * 결국 정치라는 것은 민(民)과 소통과 참여의 관계가 되어야 한다

출처: 하세헌 외(2012). 지방정치와 주민참여에 관한 이론적 고찰

주민들의 일상과 현실로부터 유리되는 것을 방지하는 것이다. 또한 '정치적 분권'은 중앙과 지방이 위계적인 종속관계가 아니라 감시와 견제 및 분권과 소통의 관계가 되어야 함을 전제로 한다.

공공사무의 성과에 따라 주민들이 정치적 판단이 가능하도록 구조가 개편되어야 한다. 복지분권의 최종적 도착점은 주민참여와 공공에 대한 주민통제이다.

그 중에 주민이 복지분권을 지지할 수 있도록 역량강화 및 공감대 형성이 핵심 과제이다. 한마디로 주민들의 복지분권에 대한 인식과 이해가 강화되어야 한다. 현재 복지분권을 포함하여 지방분권 혹은 자치분권에 대한 일반 시민의 인지정도가 낮은 수준이다. 관련 주요의제들이 전문가나 관계자가 아니면 그 의미를 이해하지 어려운 전문적인 내용이 있어 일반 시민이 체감하지 어려운 측면이 있다. 지방분권 문제를 중앙정부와 지방정부 간 '관과 관의 문제'로 이해하는 경향도 있다. 그렇기에 주민들이 이에 대한 인식과 이해를 확대할 수 있도록 지원이 필요하다.

관련 사례: 복지분권 주민참여 사례

부산일보, 23. 3. 20. "아이 키우기 좋은 동네로" 주민 발의 조례 부산 첫 제정

주민이 자발적으로 참여해 조례를 직접 만들고 발의한 조례안이 제정된 사례가 있다. 부산 동래구의 '아동돌봄통합지원 조례'안이 23. 3. 20일 구의회에서 가결됐다. 조례안의 동래구의회 통과가 가진 의미는 매우 크다.

2022년 1월 주민조례발안에 관한 법률(주민조례발안법)이 시행된 이후 부산에서 제정된 최초의 조례이다. 이는 지역 주민들이 뜻을 모으고 힘을 합칠 경우 지역을 주도적으로 바꿔 나가고 발전시킬 수 있다는 점을 보여 주는 좋은 사례이다. 풀뿌리 민주주의인 지방자치제의 정착에 대한 기대감도 높인다.

동래구 아동돌봄통합지원 조례 제정이 가능했던 건 주민조례발안법 덕분이다. 이 법 시행으로 지역민이 조례안을 만들면 지방자치단체장을 거치지 않고 지방의회에 바로 제출할 수 있다. 지방자치제 안착과 주민 참여 확대를 위해 조례 발의에 필요한 절차와 요건을 대폭 간소화한 것이다.

이번에 제정된 조례는 아이 키우기 좋은 동네를 만들겠다는 지역민의 강한 의지를 담고 있다. 지자체가 여러 부서에 나뉜 18세 미만 아동 돌봄정책을 하나로 합쳐 통합지원 종합계획 수립, 실태조사 등으로 실효적인 제도를 마련하라는 내용이다. 주민들 스스로 시급성을 감안하고 눈높이에도 맞춘 조례인 것이다.

한편, 주민 발의로 제정된 조례가 부산에서 처음 탄생하는 데 1년 2개월이나 소요된 사실을 곱씹어 볼 필요가 있다. 이 기간에 동래구 아동돌봄통합지원 조례 말고는 주민 조례 제정 건수가 전무하다는 것은 주민조례발안법이 사실상 유명무실하다는 방증이기도 하다.

원인은 다양하다. 제도에 대한 홍보가 미진해 국민 다수가 제도의 중요성과 장점을 제대로 인식하지 못하는 실정이다. 지자체와 지방의회의 관심과 지원도 미흡해 주민의 조례안 발의 역량이 떨어지는 것으로 지적된다. 동래 구민이 이뤄낸 조례 제정으로 풀뿌리 민주주의의 기대가 커졌지만, 여전히 주민주권 강화 차원에서 갈 길이 멀어 보이는 이유다. 주민 조례안 발의가 쉬워졌으므로 정부와 지자체, 지방의회가 제도 활성화를 위한 방안을 적극 모색할 때다. 이를 위해 지역민이 지역 특성을 반영하고 주거와 생활에 도움이 되는 사안을 발굴해 조례 발의로 연결하는 능력을 키우는 교육과 지원이 무엇보다 절실하다. 이렇게 되면 주민 생활 불편과 민원을 많이 해소하며 지역 발전 효과를 높일 수 있다.

가뜩이나 지역 기초의원들은 주민 삶의 질과 직결된 조례 제정에 소홀하거나 제정한 조례 상당수도 다른 곳에서 베껴 쓸모가 없다는 지적을 받아 왔다. 따라서 시민 스스로도 지자체와 지방의원들이 이해관계에 얽혀 등한시한 분야의 어젠다를 찾고 논의해 조례로 만들려는 열의를 가져야 마땅하다. 앞으로 주민 조례 발의를 활성화하는 노력이 요구된다.

2) 복지정치분권과 지방선거

[1] 지방자치, 지방선거의 정상화[8]

지방자치의 성과에 대해서는 상반된 평가가 존재한다. 긍정적인 입장에서는 과거에 비해 지역주민의 욕구나 현안에 대하여 적극적인 단체장과 의원이 많아졌다는 점을 지적한다. 주민이 직접 선출하게 되면서 직접적인 이해관계가 형성되고 그것이 투표나 지지로 연결되는 구조를 가졌기 때문이다.

반면, 부정적인 입장에서는 지방자치의 핵심은 주민참여에 있는데, 실질적인 풀뿌리 민주주의의 실현이나 내실있는 제도화가 아닌 다분히 형식적인 제도화에 그치고 있다는 점을 지적한다. 특히 지방분권과 균형발전의 관점에서 본다면 중앙정부에 의존성이 크고, 지역격차나 지역소멸이 심화되고 있기에 지방자치의 한계가 해소되지 못하고 있다고 평가한다.

필자는 두 가지 입장이 모두 현재의 지방자치의 모습을 입체적으로 보여준다고 평가한다. 한쪽은 느리지만, 천천히 변화하는 모습을 가지고 있고, 다른 한쪽은 여전히 큰 변화없이 예전의 모습을 그대로 가지고 있기 때문이다. 물론 후자의 모습은 상상외로 견고하고 튼튼한 모습을 가지고 있다.

지방자치의 내실화를 위해서는 좋은 단체장과 의원을 뽑을 수 있는 제도부터 만들어져야 한다. 우선, 중앙정치의 종속화 현상을 극복할 필요가 있다. 따라서 지방선거에서 정당공천제 폐지가 필요하다. 정당공천제에 대한 찬반 논쟁이 오랫동안 있었다. 정당공천제의 순기능이 없는 것은 아니지만 역기능이 너무 크다. 공천과정상의 문제, 지방선거의 중앙예속화, 시민선택권 제한 등 선거과정상의 문제가 있고, 선거 이후에는 정치적 성격이 낮은 지방행정에 정당이 개입하므로 지방행정의 비효율성을 일으킨다. 뿐만 아니라 의회의 집행부

---

8) 김이배, 2022

견제기능이 약화되며, 책임정치의 구현도 어렵다.

정당공천제 폐지가 어렵다면, 정당참여로 인한 부작용을 줄이기 위해서 정당의 지방분권화도 필요하다. 중앙당 중심이 아닌 지역정당도 허용되어야 한다. 공천기준도 명확히 제시되어야 하고, 광역은 정당공천을 허용하되 기초는 배제하는 방식 등 유연한 적용도 필요하다. 개인적으로 정당공천은 폐지하되 후보자가 지지하는 정당을 사전에 의사표시하도록 하는 방안이 좋지 않을까 생각해 본다. 정당공천제의 문제가 독점적인 공천권에서 파생되는 것이므로 중앙정치에 종속되지 않으면서도 후보자의 정치성향을 파악할 수 있는 장점이 있다. 유권자는 후보자의 성향을 판단할 수 있으므로 지지여부에 도움이 된다.

지역정당의 필요성과 운영방안

- 지역정당이란 '전 국가적인 국민의사 형성과정에의 참여는 이차적인 목적에 지나지 않고 주로 지역문제의 해결 내지 지역적 의사 형성에 참여하는 것을 주목적으로 하는 정치적 결사체'를 말한다
- 우리나라는 정당 설립에 많은 제약이 따르고 있는데, 특히 정당법에 따라, 중앙당의 수도 소재 규정, 5개 이상 시·도당 보유 규정, 각 시·도당의 1,000명 이상 법정당원 수 규정은 그야말로 지역 차원에서의 정당 등록을 원천 봉쇄해 지역의 이해관계를 대표하는 정당의 출현을 막겠다는 중앙정치의 강력한 의지가 반영하고 있다.
- 지방자치제도가 제대로 정착되기 위해서는 지역주민의 의사가 가장 잘 반영될 수 있는 정당제도와 선거제도가 마련되어야 한다.
- 하지만 현행 정당제도는 헌법과 정당법 및 공직선거법에 따라 국가정당제도 중심으로 제도화되어 있고, 중앙정당의 지방조직은 중앙당의 지시와 통제로 자율성이 상실되고, 이들을 통한 지방선거는 단순히 중앙당의 '대리전' 성격을 크게 벗어나지 못하고 있다.
- 따라서 정당의 내부조직과 운영방식이 보다 민주화되고 제도화되기 위해서는 무엇보다도 대중적 기반을 둔 지역정당 조직의 확충과 활성화가 전제되어야 한다.
- 이를 위해 지역정당이 설치될 수 있도록 정당법이 개정될 필요가 있고, 국회의원선거나 대선과 같은 국정선거는 제외하더라도 지방선거에서는 다양한 정치집단의 선거참여를 허용하도록 하고, 지역정당 대신 주민자치정당으로 수정하던지, 전국정당과 달리 국고보조금을 지급하지 않는 방안도 고려할 필요가 있다.

출처: 고선규 외(2018), 차재권 외(2021), 윤현식(2023), 복지국가소사이어티 외(2023) 등

(2) 지방선거 그리고 복지운동 과제

6장에서 지방선거에서 복지정치가 원만하게 작동되지 않는 이유를 살펴보았다. 지방선거는 하루만에 끝나지만, 지역복지는 그렇지 않으므로 지방선거와 관련하여 복지운동 차원에서 다음과 같은 고민이 필요하다.

첫째, 지역 현안과 지역의 장기적 전망을 고려한 복지의제들을 발굴하고 이를 적극적으로 논의하여야 한다. 특히 지역사회보장계획 수립과 연계하여 여기서 논의되는 복지의제들이 향후 후보자의 공약에 반영될 수 있도록 해야 한다.

둘째, 매니페스토(manifesto) 운동을 적극적으로 실천해야 한다. 구체적인 예산과 추진 일정을 갖춘 공약이 제시될 수 있도록 하고, 향후 당선되었을 경우, 공약이행에 대한 철저한 평가가 이루어질 수 있도록 관심을 가질 필요가 있다. 지방자치는 선거가 끝난 후부터가 중요하다. 이와 관련하여 가능한 지방선거를 계기로 연대조직이 운영될 필요가 있다. 또한, 지방선거를 계기로 만들어진 지역복지 연대조직들이 일회성으로 끝나는 것이 아닌 지방정부의 복지정책 이행 점검과 평가 그리고 정책 제안과 관련 운동으로 퍼지도록 노력해야 한다.

셋째, 복지관계자들은 지방선거를 계기로 지방자치, 복지분권, 선거제도 개편 등 일상과 관련된 거시적인 과제에 대한 충분한 이해와 인식 그리고 학습이 진행될 수 있도록 관심을 가질 필요가 있다. 의외로 복지계는 지방정치 과정을 방관자적인 입장에서 관망하는 자세로 임하는 경우가 많다. 주요 의사결정을 하는 위원회나 기구에 참여하는 것도 남의 영역이라고 생각하여 자제하는 경우가 많은데, 핵심적인 의사결정 과정에 참여해야만 복지에서 원하는 의사결정을 내릴 수 있다. 복지관계자는 모두가 바쁘므로 서로서로 이러한 역할의 분담이 필요하다.

넷째, 일반 주민들이 복지의제에 적극적으로 참여할 수 있도록 공감대를 형성하는 전략이 필요하다. 앞에서 언급한 지방자치, 복지분권, 선거제도 개편 등은 사실 전문가나 관계자가 아니면 그 의미를 이해하기 어려운 전문성을 가진 내용이 많아 일반 주민들이 쉽게 체감하기 어려운 측면이 있다. 특히 지방자치는 직접적으로 나와는 관련 없는 이야기라거나, 복지분권 문제는 중앙정부와 지방정부간의 이른바 '관과 관의 문제'로만 이해한다든지 하는 것이다. 그렇기에 무관심한 시민들을 얼마나 설득해 내느냐가 주민력을 고양하는 데 가장 중요한 단계이다. 이를 위해 먼저 시군구와 읍면동 지역사회보장협의체 위원들에 대한 적극적인 교육이 실행될 필요가 있다.

다섯째, 지역에서는 마땅히 좋은 후보가 없다며 자포자기하지 말아야 한다. 지역 인사들이 대체로 복지에 대한 이해도 부족하고, 뭔가 잘하지 못할 것 같다는 것이다. 하지만 지역경영은 단기간에 끝내는 과제가 아니라 우리가 사는 동안 지속해야 할 과제이므로 좋은 정치인을 눈여겨보고 그가 성장하도록 지지하고 지원하는 행위가 필요하다. 좋은 후보를 배출하는 것은 시간이 소요된다.

여섯째, 복지공약을 달성한 것에 대해 보다 체계적인 평가가 필요하다. 다른 공약과 달리 복지공약을 달성하게 되면 주민들의 평가가 너무 일시적이다. 공약달성에 투자한 노력에 비해 그것이 가져온 편익을 과소평가하는 경우가 많다. 평가의 어려움이 존재하지만 누군가 복지공약을 제시하고 달성하였다면 복지계는 적극적으로 평가할 필요가 있다.

마지막으로 선거가 끝나고 당선이 되면 복지계는 단체장, 의원과 자주 만나서 이야기를 나누어야 한다. 생각이 다르더라도 자주 만나고, 현안을 나누고, 같이 밥을 먹어야 한다. 복지의 중요성을 이야기하고 단체장이 복지에 대한 어떤 생각과 구상이 있는지 물어야 한다. 관련 의견이 없다면 복지계가 만들어 주어서라도 소통과 협력을 위한 계기를 마련해야 할 것이다.

3) 복지정치분권과 지역사회보장협의체

지역 내 복지정치분권의 핵심기구로 지역사회보장협의체가 구성되어 있다. 시군구와 읍면동에 설치되어 있는데 여기서는 각각의 역할과 기능을 살펴본다.

우선, 복지정치분권 관점에서 시군구 지역사회보장협의체의 역할과 기능은 다음과 같이 정리할 수 있다.

첫째, 지역 주민의 복지 의제 설정 및 정책 결정 참여 보장이다. 지역사회보장계획 수립 과정에서 주민 의견수렴 및 참여 확대, 지역 복지 현안과 정책에 대한 주민 직접 참여와 의사결정권 부여이다.

둘째, 지역사회 복지 거버넌스 구축을 통한 주민 권한 강화이다. 공공, 민간, 주민 등 다양한 행위자가 협력하는 거버넌스 체계를 구축하고, 주민대표 및 민간위원의 실질적인 정책 결정 참여 기회를 제공한다.

셋째, 지역사회 기반 복지 민주주의를 실현한다. 중앙정부 주도가 아닌 지역사회 차원의 복지 의제 설정 및 정책 결정을 주도하고, 주민 참여를 통한 복지정책의 민주적 정당성을 확보한다.

넷째, 주민 복지 역량 강화 및 권리 신장이다. 정책 참여를 통해 주민의 복지 인식 제고 및 역량을 강화하고, 정책 수립－집행－평가 전 과정에서 주민의 권리를 대변한다.

마지막으로 지역사회 복지 책임성 및 반응성 제고이다. 주민 참여로 지역사회 복지 수요에 대한 정책의 반응성을 향상시키고, 정책 결정 과정의 투명성과 책임성을 확보한다.

요컨대 복지정치분권 차원에서 지역사회보장협의체는 지역 주민의 복지 의제 설정 및 정책 참여를 보장하고, 민주적 거버넌스를 통해 주민의 복지 역량과 권리를 신장하며, 정책의 책임성과 반응성을 높이는 기능을 수행할 필요가 있다.

덧붙여, 협의체의 기능강화와 관련하여 중앙정부와 광역시도, 기초지자체 차원에서의 정책 과제가 있다(김회성 외, 2020). 첫째, 운영 지침 등에 협의체 운영 기능을 명확히 해야 한다. 둘째, 협의체 운영의 과정적 측면을 활성화하기 위해 사무국 사무를 명문화하는 것이 필요하다. 협의체의 전반적 운영 효과성 및 실무분과 활성화에 사무국이 '신경망'의 역할을 할 수 있도록 사무국의 필수 사무를 정립해야 한다. 셋째, 중앙·광역 차원에서 시군구에 경상비와 사업비, 인건비를 포함한 협의체 운영 예산을 적극 지원해야 한다. 넷째, 보건복지부가 현재 매해 진행하고 지역복지사업평가를 환류와 학습에 초점을 두고 지속적 개선과 혁신을 유도하는 형성 평가 방식(formative evaluation)을 중심으로 개편할 필요가 있다. 이러한 평가체계 개편에 운영 주체로서 광역시도의 권한과 책임을 강화해야 한다. 다섯째, 지자체의 환경과 여건을 고려해 지역 균형 발전 시각에서 협의체 지원 방안을 강구할 필요가 있다. 예산 지원과 전담 인력 확충 등의 행재정적 지원뿐만 아니라 협의체의 전문성 제고를 위한 지원 방안에 있어 지자체 유형별 격차를 고려해야 한다. 여섯째, 협의체에서 진정한 민관 협력의 관계 구도 형성을 위한 지자체의 의지와 노력이 강화될 필요가 있다. 민간 협력 수준에 대한 지자체 공무원(공공위원)과 민간 서비스 기관(민간위원)간의 인식상의 괴리가 크며, 특히 지자체는 민간 기관 고충 해결과 중재자로서의 역할에 보다 적극적으로 나서야 할 것이다. 끝으로, 실무분과 운영 활성화를 위한 정책적 노력이 강화될 필요가 있다. 특히, 통상 복지 대상자별로 조직화된 실무분과 간에서 이른바 '칸막이 현상'이 나타나고 있는 것으로 확인되어, 실무분과 간 정보 공유 및 의사소통 등을 활성화해 분과 간 상호작용 수준을 제고해야 한다.

다음으로 복지정치분권 관점에서 읍면동 지역사회보장협의체의 역할과 기능은 다음과 같이 정리할 수 있다.

첫째. 주민 참여 기반의 읍면동 단위 복지의제 발굴 및 정책 제안이다. 지역주민의 복지 욕구와 현안을 직접 발굴하고 정책화 할 수 있는 채널로서 주민들의 실제 삶의 현장에서 체감하는 복지 이슈에 대한 반영이다.

둘째, 읍면동 차원의 복지 민주주의 실현이다. 읍면동 단위에서 주민 직접 참여를 통해 복지 정책에 대한 의사결정을 실시하고, 주민자치의 실질화로 지역복지 거버넌스의 민주성를 제고한다.

셋째, 일선 복지전달체계와의 연계를 통한 주민 참여 및 권리 대변의 대변이다. 동주민센터 등 최일선 복지서비스 전달창구와 협력하고, 현장의 복지대상자 및 주민의 의견을 수렴하고 권리를 대변한다.

넷째, 지역사회 내 복지 자원 발굴 및 연계의 활성화 이다. 지역 내 공공, 민간 복지자원의 현황을 파악하고 발굴하며, 지역사회 기반 자원 연계를 통해 효율적인 복지서비스 제공에 기여한다.

마지막으로 읍면동 단위 복지정책의 모니터링 및 환류 이다. 하위 단위에서 복지정책 집행의 모니터링 및 평가를 실시하고, 주민 입장의 정책 평가 의견을 상위 정책 단위로 환류한다.

요약하면, 읍면동 지역사회보장협의체는 주민 참여를 기반으로 하는 복지 민주주의 실현, 최일선 전달체계와 협력을 통한 주민 대변, 지역자원 연계, 정책 모니터링과 환류 등의 기능을 수행하여 복지정치분권을 실현하는 데 중요한 역할을 할 수 있다.

덧붙여, 읍면동 지역사회보장협의체의 고유성과 지향성이 실질적으로 구현되기 위해서는 법적·제도적 측면에서 기능과 역할의 재정립뿐만 아니라 협의체의 운영이 활성화되기 위한 실효성 있는 지원체계를 마련해야 한다. 이를 위해 지원 과제를 세분화하면 다음과 같다(김회성 외, 2021). 첫째, 읍면동 협의체 행·재정적 지원 강화를 위해 ① 사업비, 경상운영비 등 읍면동 협의체 운영예산 확충, ② 시군구 협의체 전담인력 충원, ③ 시군구와 읍면동 협의체 관련 담당공무원의 역할과 책임 명확화가 필요하다. 둘째, 시군구 협의체·읍면동 협의체 연계·협력 촉진을 위해 ① 읍면동 협의체 연합회 구성·운영, ② 읍면동 협의체의 시군구 협의체 참여 다각화, ③ 읍면동 협의체와 시군구 협의체 협업사업의 추진이 필요하다. 끝으로 읍면동 협의체 위원의 역량 제고를 위해 ① 읍면동 협의체 위원 교육 및 컨설팅의 체계적 지원, ② 지역복지리더 육성 지원 방안이 필요하다.

읍면동 협의체의 운영 활성화를 위한 지원체계 외에도, 중앙정부 차원에서 검토되어야 할 제도적 측면의 정책 과제로 읍면동 협의체와 주민자치(위원)회 간의 연계·협력 강화와 지역사회보장 관련 유사 계획의 통합을 통한 효율화가 요구된다.

복지분권 관점에서 복지영역 주민참여 영역은 지역사회보장협의체 중심으로 이야기 하거나 민관협력 중심으로 이야기하는데, 일반 주민참여 영역은 어떻게 설정하는 것이 바람직할까? 주민참여 추구가치가 취약계층을 위한 것이면 읍면동 협의체에서, 지역주민 일반을 위한 것이면 주민자치회가 적절하다고 본다. 읍면동 단위에서는 협의체와 주민자치회가 영역에 따라 나름의 분화도 있지만 두 조직 간에 협력체계를 마련하는 것이 바람직하다.

4) 복지정치분권과 주민조직화

본래 사회복지영역에서 자치적 활동은 지역사회복지 활동이나 주민조직화의 강조에서 드러난다.

주민조직화는 지역사회주민들을 다양한 지역문제 해결 과정에 참여토록 하기 위해 조직화하고 인적자원화하여 궁극적으로 지역주민의 삶의 질을 향상토록 하는 활동을 의미한다. 주민조직화 과정을 통해 지역주민의 역량을 개발하여 스스로가 지역사회의 문제를 집단적으로 해결할 수 있도록 하는 것이 중요한 목표이다(엄태영, 2020).

표 7-21 사회복지관의 사업

지역조직화 기능	복지 네트워크 구축	지역 내 복지기관·시설들과 네트워크를 구축함으로써 복지서비스 공급의 효율성을 제고하고, 사회복지관이 지역복지의 중심으로서의 역할을 강화하는 사업 - 지역사회연계사업, 지역욕구조사, 실습지도
	주민 조직화	주민이 지역사회 문제에 스스로 참여하고 공동체 의식을 갖도록 주민 조직의 육성을 지원하고, 이러한 주민협력강화에 필요한 주민의식을 높이기 위한 교육을 실시하는 사업 - 주민복지증진사업, 주민조직화 사업, 주민교육
	자원 개발 및 관리	지역주민의 다양한 욕구 충족 및 문제해결을 위해 필요한 인력, 재원 등을 발굴하여 연계 및 지원하는 사업 - 자원봉사자 개발·관리, 후원자 개발·관리

출처: 사회복지사업법 시행규칙 〔별표 3〕

주민조직화의 목표는 크게 5가지로 지역문제 해결, 지역 내 불평등 해소, 민주주의의 가치 향상, 주민들의 일상생활 향상, 지역사회 강화이다. 주민조직화 과정을 보면 공동체 의식 함양, 지역문제 이슈화, 지역주민 결집, 지역사회 리더 발굴 및 육성 등의 순서를 가진다.

주민조직화의 강조는 공공과 민간 구분 없이 활용이 가능하다. 주민자치적 활동과 주민조직화 과정은 부분적으로 상이한 부분이 있으나 대체적으로 대동소이하다고 볼 수 있다. 주민조직화 과정은 부분적으로 정치적 과정을 포함하므로 주로 공공보다 민간영역에서 활용되어 왔다. 대표적으로 사회복지관은 3대 기능(서비스제공기능, 사례관리기능, 지역조직화기능)을 수행하면서 지역조직화 기능을 강조하고 있다. 보건복지부 관련 지침에 제시된 사업내용을 살펴보면 다음과 같다(보건복지부, 2023).

그런데, 사회복지 영역에서의 주민조직화 활동은 일반적인 주민자치의 관점과는 구분되는 특징이 있는데 그것은 사례관리기능이나 서비스제공기능처럼 수혜자를 대상화시키는 한계가 있음이 지적되어 왔다. 공급자 관점의 계획과 권리가 아닌 시혜적 관점으로 보편적 접근의 장애가 있다는 것이다. 또한 사회복지환경이 다소 체제유지적이고 보수적인 관점에서 사업을 실행하여 개혁적 특성을 견지하지 못했다는 평가도 있다. 다소 도구적인 관점에서 주민조직화 활동을 해왔다는 것이다. 물론 주민자치 영역도 그러한 특성을 분명 가지고는 있다. 하지만 자치영역은 민주주의의 강조, 주민정치의 강조 등 지역사회를 민주주의의 실현의 공간으로 간주하는 데 비해 사회복지에서는 문제해결의 공간으로 초점을 둔 것이다. 그러므로 향후 사회복지의 주민조직화도 이러한 민주주의적 관점과 주민정치의 중요성을 기반으로 지역사회문제를 해결해나가는 전략이 요구된다고 할 것이다.

그러므로 앞으로는 사회복지관뿐만 아니라 다수의 사회복지 실천현장에서는 주민조직화 전략을 보다 강화할 필요성이 있고, 이는 필연적으로 자치분권과 연결되는 실천방식임을 인식할 필요가 있다. 또한 이러한 실행을 통해 주민교육을 강화하고, 주민의 인식을 드높여, 주민주도적인 사업실시가 요구된다(김이배 외, 2015).

5) 복지분권에서의 민간 사회복지기관의 역할

지금까지 복지분권 과정에서 민간 사회복지기관의 역할에 대해서는 크게 언급이 없었다. 분권 과정이 공공행정내에서 진행되는 것으로 이해해 왔기 때문이다. 하지만 분권은 지역의 이해관계자들이 적극 참여하는 것을 필수적인 요소로 하고, 특히 복지분야의 경우, 민간영역에서 주민 이외에 민간기관이 매우 중요한 기능을 수행하므로 민간기관의 역할을 빠트리면 안 된다.

복지분권과 민간기관의 관련성은 어떻게 될까? 기본적으로 현재 복지분권이 적절하지 않기 때문에 지방정부가 민간기관을 지원해 줄 여력이 부족하다. 또한 복지분권에 대한 인식이 부족하기 때문에 민간기관에 대한 협력도 미흡하다. 시설의 설치와 운영 그리고 관리와 평가 모든 영역에서 개선의 측면이 있다. 제대로 된 복지분권이 된다면 이러한 문제들을 해소할 수 있게 된다. 사무에 대한 책임성이 명확하기에, 재정에 대한 지원여력이 확보될 수 있기에, 전문

그림 7-3 지역 복지기관의 중간조직으로서의 역할

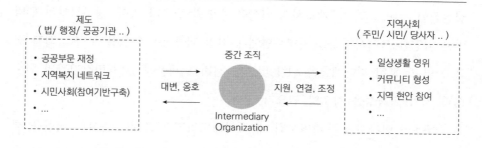

출처: 김은정(2014). 사회서비스 재정의 지방화에 따른 지역의 대응방안

적인 조직과 인력으로 민간을 지원해줄 수 있기 때문이다. 물론 분권만으로 모든 것을 해결할 수는 없을 것이다. 중앙정부가 명확히 책임져야 할 부분도 있기 때문이다.

김은정(2014)은 지역복지기관은 사회서비스 공급주체로서 이용자의 참여를 확대시키고, 정책설계 주체로서 공공부문과의 균형적 거버넌스를 형성하며, 협력 네트워킹의 주체로서 지역 내 광범위한 민간기관과의 유대를 강화하고, 커뮤니티 활성화 주체로서 당사자 주의에 입각한 중간조직의 역할을 확대할 것을 제안했다. 한마디로 민간 사회복지기관은 복지분권 노력에 적극적인 참여를 해야 한다는 것이다.

동시에 지역 내 공공이 아닌 주요 이해당사자이므로 복지분권의 각 쟁점에 대해 충분한 이해 속에 사업을 실시할 필요가 있다.

복지분권 과정에서 민간 사회복지기관은 서비스 전달, 지역복지네트워크 구축, 정책모니터링, 일자리 창출, 재원조달 등 다차원적인 역할을 수행할 필요가 있다. 지자체와 민간영역이 적절하게 역할을 분담하되 유기적인 협력체계를 구축하는 것이 복지분권의 주요 과제중의 하나라고 할 수 있다.

복지분권 과정에서의 민간 사회복지기관의 역할을 정리하면 다음과 같다.

우선, 복지분권 추진에 따라 지방정부의 복지서비스 기획 및 제공 기능이 강화될 것으로 예상된다. 이에 따라 민간 사회복지기관은 지방정부와 협력하여 실질적인 서비스 전달체계로서의 역할을 수행할 필요가 있다. 정부로부터 위탁 받은 다양한 복지서비스를 지역주민에게 직접 제공하는 역할을 보다 강화할 필 요가 있고, 특히 취약계층을 위한 맞춤형 서비스 제공에 있어 민간기관의 전문 성과 지역 밀착성을 강조할 필요가 있다.

아울러 민간기관은 지역사회 내 복지네트워크 구축에도 중요한 역할을 해 야 한다. 지자체, 유관기관, 지역주민 등 다양한 이해관계자들과 협력체계를 구 축하여 공공과 함께 통합적인 지역복지 전달체계를 만들어나가야 한다. 특히 시군구지역사회보장협의체뿐만 아니라 읍면동 단위의 경우, 지역복지 자원이 적으므로 읍면동지역사회보장협의체에서 주도적인 역할을 수행할 필요가 있다.

또한 민간기관은 복지정책 집행과정을 모니터링하고 피드백을 제공함으로 써 정책 개선에 기여할 수 있다. 현장에서 정책을 직접 수행하면서 발견되는 문 제점과 개선안을 제시하여 지역 실정에 맞는 정책을 만들어가는 데 도움을 줄 수 있다. 나아가 지역복지 의제설정 및 정책참여 확대를 통해 민주적 정책과정 을 만들어가는 데도 일조할 수 있다. 특히 주민을 상대로 한 자치와 복지관련 역량 강화 교육 등 공공이 할 수 없는 부문을 지원해야 한다.

더불어 사회서비스 제공 인력 고용, 자원봉사 활성화, 전문 복지인력 양성 등을 통해 복지분야 일자리 창출에 기여할 수 있다. 사회서비스 수요 증가에 따 른 새로운 일자리 제공 및 재교육 기회를 마련하는 데 기여해야 한다.

마지막으로 민간기관은 지역 밀착형 재원조달 및 운용에도 역할을 할 수 있다. 지역기업, 주민 등의 후원활동 촉진, 복지재단 운영 등을 통해 민간재원 을 발굴하고 운용함으로써 정부 재정을 보완하는 역할을 수행할 수 있다. 이를 통해 지역 내 복지자원을 효과적으로 발굴하고 연계할 수 있다.

현재 복지영역에서 민간기관은 일부 기관을 제외하고는 완전한 민간으로 보기는 어렵다. 정부 기능을 대리하는 준공공적 성격이 강하므로 공공성에 부합하여 운영될 필요가 있다. 동시에 복지정치분권의 관점에서 본다면 지역정치의 적극적인 참여자로 활동할 필요가 있다. 공공성을 가지면서도 동시에 민간의 주요한 한 축으로 공공에 대한 감시와 통제를 수행해야 한다.

5 소결

이번 장에서는 복지분권의 개편 방향을 살펴보았다. 복지사무분권, 복지재정분권, 복지행정분권 그리고 복지정치분권을 중심으로 살펴보았는데, 다소 내용이 많은 부분으로 이를 도표[9])로 정리하면 〈표 7-22〉, 〈표 7-23〉, 〈표 7-24〉, 〈표 7-25〉와 같다.

표 7-22 복지사무분권의 방향

	현재(As-Is)	미래(To-Be)
사무배분 원칙	상호 경합·동일 사무의 병렬적 분포	보충성 원칙(기초자치단체 우선) 적용
사무 이양	예산 중심의 선별적 사무 이양	기능 중심(단위) 지방 이양
역할 분담	소득보장과 사회서비스 모두 위임사무·공동사무 중심으로 책임성 부재	소득보장은 국가사무로, 사회서비스는 자치사무로 설정
광역과 기초	광역자치단체와 기초자치단체의 역할 중첩 및 모호성	광역자치단체는 조정·통합·연계, 기초간 격차/불평등 완화 및 질·성과관리 기초자치단체는 일상생활 직접지원업무
개선 방향성	- 복지사무분권의 핵심은 '과감한 지방이양'과 정부간 '기능중심의 역할분담' - '중앙-지방' 구조에서 '중앙-광역-기초'의 구조로 전환 - 유사 사무를 중앙, 광역, 기초가 경합적으로 시행하는 비효율과 낭비 제거 시급	

---

9) 도표는 한국보건복지인재원 찾아가는복지 읍면동장 과정의 '지방분권과 복지리더십'의 자료집(정원홍·김은정·김이배, 2022)의 내용을 참고하였다.

표 7-23 복지재정분권의 방향

	현재(As-Is)	미래(To-Be)
세입분권	국세와 지방세 비율이 75:25 수준으로 취약. 지방재정자립도 매우 낮음	세입측면에서 자주재원의 확대, 이전(의존)재원의 축소.
보조사업 운영	국고보조사업 비중이 절대적 국비-시도비-시군구비 기계적 적용 의무(강제)부담으로 지방복지재정 경직	국고보조사업 전면적 개편, 국가사무(전국적·보편적사업)는 전액국비, 자치사무는 전액 지방비, 공동사무는 부담비율 재정비, 포괄보조금제 실시
협의구조	중앙주도, 지방 배제	파트너십에 기반한 협의구조 운영
광역과 기초	광역보조사업 다양화와 분담비율 비합리	광역-기초 간 분담비율 합리화
개선 방향성	- 복지재정분권과 복지사무분권의 일관성 확보 - 단기적으로 국고보조사업 구조개혁 및 재정분담 원칙 재정비 - 중장기적으로 세원 이관(세입구조개혁) 실행	

표 7-24 복지행정분권의 방향

	현재(As-Is)	미래(To-Be)
자치 조직권	중앙정부의 통제, 규제 : 폐쇄적 조직형성권	지방자치단체의 자율과 책임 : 개방적 조직형성권 강화
정원관리	기준인건비제도에 의한 정원 관리	단기적으로 기준인건비 제도 개선, 중장기적으로 행정수요를 고려한 지자체 자율적 운영
전문성과 역량	인력확보와 양성에 있어 부실한 운영 및 지역 간 격차 확대	지자체 정책역량의 전반적 강화 필요 전문성과 역량 제고를 위한 교육훈련체계 내실화
복지인력	경직적 관료제 조직운영, 비합리적 인사관리, 불충분한 인력배치, 정체성 모호	전문적 관료제 조직운영, 합리적 인사관리, 적절한 인력배치, 전문성 강화
개선 방향성	- 중앙의 통제와 규제 방식에서 지자체의 자율성과 책임성을 확보하는 방식으로 변화 - 합리적인 조직구성과 적절한 수준의 인력확보, 사업 전반에 대한 권한을 가지고 기획, 집행, 서비스 전달 등에 최종적 책임을 가져야 함 - 자치분권형 성과평가체계 구축 및 질관리체계 마련	

표 7-25 복지정치분권의 방향

	현재(As-Is)	미래(To-Be)
주민참정	형식적인 주민참정 운영	실질적인 주민참정 운영
지방선거	중앙정치중심 운영체계	지방정치중심 운영체계
주민자치	형식적인 주민자치 운영	실질적인 주민자치(주민자치회) 운영 주민의 자치역량 강화
복지정치	미진한 복지정치 참여 지원 중심형 지역사회보장협의체 운영	적극적인 복지정치 참여 및 복지운동 사회적 연대 강화형 지역사회보장협의체 활성화
개선 방향성	- 형식적 운영에서 실질적 운영으로 내실있는 질적 변화 요청 - 중앙에 통제받지 않는 지역단위 자율적 정치참여구조 마련 - 복지정치 참여 확대 및 지역사회보장협의체 기능 강화 - 복지분권의 최종 도달지점은 주민참여와 주민통제임	

집권적 중앙－지방정부의 관계를 중앙－광역－기초의 유연한 복지분권 체제로 전환하려면 앞에서 언급했듯이 복지사무분권(기능 재조정), 복지재정분권(세원 재배분과 국고보조사업 개혁), 복지행정분권(지자체 자율성과 책임성 확보), 복지정치분권(주민자치와 복지정치 참여확대)을 조화롭고 끈질기게 추진할 필요가 있다.

08

복지분권과 사회서비스

CHAPTER 08에서는 사회서비스 영역의 분권을 중심으로 살펴본다. 돌봄을 중심으로 하는 사회서비스는 지방정부의 역할강화와 분권의 필요성이 적극적으로 요청되고 있다. 최근까지 다양한 선행연구에서 중앙과 지방의 사회복지 역할 분담을 제안해 왔는데 돌봄과 같은 사회서비스는 지방정부가 주도적으로 수행하는 것이 효과적이라고 제안한다. 이를 실행하기 위해서는 사무이양, 재정체계 개편, 전달체계 구축 등이 요청된다. 사회서비스의 특성상 지역중심성이 강조되므로 이를 실행하기 위해서는 복지분권이 필연적으로 요청되는 것이다.

1 사회서비스의 기본적 이해

사회서비스 분야의 분권을 이야기하기 전에 우선적으로 사회서비스에 대한 기본적인 사항을 이해할 필요가 있다.

1) 사회서비스의 개념

사회서비스란 개념은 국가별, 학자에 따라 다양하게 정의되고 있어 포괄하는 범위도 다양하다. 한마디로 사회서비스에 대한 개념 정의는 쉽지 않다.

광의의 사회서비스는 개인 또는 사회 전체의 복지 증진 및 삶의 질 제고를 위해 사회적으로 제공하는 서비스로서 사회복지, 보건의료, 교육, 문화, 주거, 고용, 환경 등을 폭넓게 포함한다.

협의의 사회서비스로는 노인, 아동, 장애인 등을 대상으로 한 돌봄 서비스를 총칭하고 있다.

우선, 법적 개념을 살펴보면, 「사회보장기본법」 제3조(정의)에는 사회보험, 공공부조 그리고 그 나머지를 사회서비스로 지칭하고 있다.

사회서비스	"사회서비스"란 국가·지방자치단체 및 민간부문의 도움이 필요한 모든 국민에게 복지, 보건의료, 교육, 고용, 주거, 문화, 환경 등의 분야에서 인간다운 생활을 보장하고 상담, 재활, 돌봄, 정보의 제공, 관련 시설의 이용, 역량 개발, 사회참여 지원 등을 통하여 국민의 삶의 질이 향상되도록 지원하는 제도를 말한다.

표 8-1 생애주기별 사회서비스 사업 예시

임신·출산	영·유아	아동·청소년	중고령	노인	죽음
난임지원 고위험 임산부 지원 산모, 신생아 건강관리	보육 서비스 아이돌보미	지역아동센터 드림스타트 방과후 돌봄 놀이 문화 심리상담 영양, 신체활동	사회서비스 일자리(장애인, 자활 등) 노후설계 지원 운동 등 건강관리	장기요양 노인 돌봄 치매 돌봄 노인일자리 지역통합 돌봄 노인건강관리	호스피스 장사

법상 개념은 광의의 개념을 제시한 것으로 판단되며, 협의의 개념으로는 대표적으로 돌봄서비스가 제시된다.

또한 사회서비스는 소득보장으로 채울 수 없는 복합적 욕구에 대한 지원을 포함하여 최근에는 생애주기별 사회서비스 제공으로 임신·출산 지원부터 노후·임종·장사까지 전 생애주기를 포괄하고 있다.

한편에서 사회서비스 개념 자체가 매우 모호하여 이해하기 어렵기 때문에 이해하기 쉬운 용어로 '공공 돌봄'이란 용어를 제안하기도 한다(박세경 외, 2021b).

여기서 돌봄은 사전적으로 "관심을 가지고 보살핌" "건강 여부를 막론하고 건강한 생활을 유지하거나 증진하고, 건강의 회복을 돕는 행위"로, 의식주의 해결 등 일상생활에 필요한 도움을 지원하는 노동활동, 각종 공식적·비공식적 서비스를 관리하는 활동, 관심과 배려, 친밀감 등의 정서·관계적 지원을 포괄하는 통합적인 행위(양영자, 2018)로 정의될 수 있다.

사회서비스는 전통적인 사회복지서비스의 부분적으로 차이가 있다. 이를 간략하게 비교·정리하면 〈표 8−2〉와 같다.

표 8-2 전통적 사회복지서비스와의 차이

구분	사회복지서비스	사회서비스
공급주체	국가	국가 외 제3섹터(지역사회 기반)를 포함한 다양한 주체
대상	수급자 등 빈곤층에 한정	서민, 중산층까지 확대
서비스 내용	기본적 생활보장서비스	기본적 생활보장 이외에 일상생활 지원·인적자본 확충 등 다양한 서비스
재정지원 방식	공급자 지원	수요자 지원
비용 부담	전액 국비지원	본인 일부부담
품질 관리	국가	국가, 지자체, 제공기관

출처: 보건복지부 홈페이지(2023.3) 내용을 참고하여 수정함

그러나 이러한 구분도 명확한 것은 아니다. 분명한 것은 사회복지서비스에서 사회서비스로 나아가고 있다는 것이다.

2) 사회서비스의 특성과 맥락

[1] 사회서비스의 특성

사회서비스는 소득보장과 함께 사회보장제도의 양대 축으로, 다양한 사회적 위험으로부터 국민의 삶의 질을 보장하는 기능을 수행한다.

휴먼서비스의 특징은 표준화하기 힘든 개별적인 속성을 가지며, 분리가 불가능한 하나의 전체적인 성격을 가지며, 서비스 공급에 따른 결과가 가시적으로 명확하게 드러나지 않는 성격을 가진다. 또한 서비스 공급과정에서 소비자가 참여하거나 혹은 공동생산적 성격을 가지고 있다.

표 8-3 현금-이전(transfer) 서비스와 휴먼서비스 속성에 부합되는 공급체계의 특징 비교

현금-이전 서비스		휴먼서비스	
기계적 관료조직 (정부) -	표준화	개별성	- 유연적 참여조직 (거버넌스)
	세분화	전일성(全一性)	
	결과의 가시성	결과의 비가시성	
	공급자 위주 생산	소비자 참여와 공동생산	

출처: 김영종(2012). 한국 사회서비스 공급체계의 역사적 경로와 쟁점, 개선 방향

(2) 사회서비스 정책의 맥락

우리나라 사회서비스 정책은 역사적인 측면이 있다. 김영종(2017)에 따르면, 사회서비스 공급방식에 따른 구분으로 1961년을 기점으로 한 수용시설 위주의 1세대 사회서비스 정책이 그리고 1987년을 기점으로 한 사회복지관 사업으로 대표되는 2세대 이용시설 서비스 정책이 그리고 2006년 기점의 바우처 방식의 보편적 사회서비스 정책의 시기로 발전되어 왔음을 제시한다. 최근의 사회서비스 정책들은 생애주기별로 전문화된 개별서비스의 확장이 진행되고 있다(조성은 외, 2019).

표 8-4 시기별 주요 사회서비스 정책 개요

구분	시기		내용
공급 방식	사회서비스의 1세대(1950~1970년대)		생활시설 원조 방식
	사회서비스의 2세대(1980~2000년대 중반)		이용서비스 원조 방식
	사회서비스의 3세대(2000년대 중반 이후 ~)		바우처 방식
시기	정책명	내용	
2006	사회서비스 확충 전략 발표	기획예산처는 정부합동 태스크포스(TF)인 '사회서비스 향상기획단'을 설치하여 관련 정책을 총괄	
2007	사회서비스 전자이용권(바우처) 사업	노인돌보미사업(노인돌봄종합서비스), 장애인활동보조지원사업, 지역사회서비스 투자사업 등을 시작으로 전자이용권 운영	
2008	노인장기요양보험	노인장기요양보험법에 따라 시행	
2011	사회서비스이용권법	사회서비스 이용 및 이용권 관리에 관한 법률 제정(8월)	
2012	사회보장기본법 전면개정	사회서비스 사업운영과 관리를 위한 체계가 마련	
2013	포괄보조제도 도입	일부 사업을 포괄보조로 재정 배분 방식을 전환하여, 지자체가 사업 기획 및 운영의 자율성을 가질 수 있도록 추진	
2018	지역사회통합돌봄	커뮤니티 케어 정책 시행. 시범사업 추진	
2018	사회서비스원	광역 지자체별 사회서비스원 설립 추진. 공공성 강화	
2022	사회서비스원법	사회서비스 지원 및 사회서비스원 설립·운영에 관한 법률 제정. 사회서비스 기본계획 수립	
2023	사회서비스 기본계획 수립	제1차 사회서비스 기본계획(2024~2028) 발표	

출처: 저자 작성

사회서비스에 대한 본격적 정책 논의는 2000년대 중반 신사회적 위기에 대한 인식과 위기에 대응하기 위한 대안을 모색하는 과정에서 사회투자론(social investment)에 근간을 두고 시작되었다(이재원, 2012). 또한 2006년 참여정부 때 범부처간 사회서비스 관련 정책조정을 담당할 '사회서비스향상기획단'의 발족을 필두로, 사회서비스 시장의 확대는 일자리 정책의 일환으로 다루어졌다.

2007년부터는 전자바우처가 본격적으로 운영되었고, 2008년에는 노인장기요양보험제도가 시행되었다. 관련 법적 근거도 「사회서비스이용권법」과 「사회보장기본법」 전면개정에 따라 사회서비스 사업운영과 관리를 위한 체계가 마련되었다. 2013년에는 지역자율형 사회서비스투자사업에 개별보조금 방식이 아닌 포괄보조금 방식이 적용되었다. 이후 전자바우처 사업이 지속적으로 확대되었고, 문재인 정부에 와서는 지역사회통합돌봄, 사회서비스원 등의 사업이 추진되었다. 그러나 이러한 사업들은 윤석열 정부에 와서는 대폭 조정 또는 축소되는 과정에 있다.

지난 10여 년간 사회서비스 정책 추진은 정권별로 세부 내용의 변화는 있었으나, 사회서비스 시장 형성 및 산업화, 사회서비스 일자리 창출, 사회서비스 품질 제고의 정책 지향성은 일관되게 유지되어 왔다(안수란 외, 2018).

3) 사회서비스 정책의 내용과 특징

사회서비스 정책의 범위나 내용은 다양하지만 그 중에 대표적인 돌봄 관련 사회서비스 정책을 정리하면 〈표 8-5〉와 같다.

표 8-5 돌봄 관련 사회서비스 주요 정책

구분	돌봄 서비스 내용
아동	- 영유아 보육서비스(유치원, 어린이집) - 아이돌보미서비스(재가돌봄)

구분	돌봄 서비스 내용
	- 초등돌봄: 방과후학교, 초등돌봄교실, 지역아동센터, 다함께돌봄, 청소년방과후 아카데미
노인	- 노인장기요양보험: 1~5등급. 시설급여, 방문요양, 방문목욕. 방문간호, 주야간보호 등 재가급여 선택 - 노인맞춤형돌봄서비스: 각종 노인 관련 돌봄서비스 통합적 제공 - 각종 지역사회 통합돌봄 서비스 및 연계사업
장애	- 장애인활동지원서비스(활동보조) - 장애아가족양육지원서비스, 발달장애인 주간활동서비스, 발달장애인 방과후 활동서비스, 발달장애인 가족휴식지원서비스, 발달장애인 부모상담서비스 - 언어발달지원서비스, 발달재활서비스
기타	- 산모신생아건강관리서비스 - 가사간병 방문지원서비스

그 외 다양한 사회복지시설도 사회서비스 영역의 중요한 한 축이다.

표 8-6 사회복지시설의 종류

소관부처	시설종류	세부종류	
		생활시설	이용시설
보건복지부	노인복지시설	• 노인주거복지시설 • 노인의료복지시설 • 학대피해노인전용쉼터	• 재가노인복지시설 • 노인여가복지시설 • 노인보호전문기관 • 노인일자리지원기관
	복합노인복지시설	• 농어촌에 지역에 한해 「노인복지법」제31조 노인복지시설을 종합적으로 배치한 복합노인복지시설을 설치·운영가능	
	아동복지시설	• 아동양육시설 • 아동일시보호시설 • 아동보호치료시설 • 자립지원시설 • 공동생활가정	• 아동상담소 • 아동전용시설 • 지역아동센터 • 아동보호전문기관 • 가정위탁지원센터
	장애인복지시설	• 장애유형별거주시설 • 중증장애인거주시설 • 장애영유아거주시설 • 장애인단기거주시설 • 장애인공동생활가정 • 피해장애인쉼터	• 장애인지역사회재활시설 • 장애인직업재활시설 • 장애인의료재활시설 • 장애인생산품판매시설
	어린이집		• 어린이집
	정신보건시설	• 정신요양시설 • 정신재활시설중 생활시설	• 정신재활시설중 이용시설

소관부처	시설종류	세부종류	
		생활시설	이용시설
	노숙인시설	• 노숙인자활시설 • 노숙인재활시설 • 노숙인요양시설	• 노숙인종합지원센터 • 노숙인일시보호시설 • 노숙인급식시설 • 노숙인진료시설 • 쪽방상담소
	사회복지관		• 사회복지관
	지역자활센터		• 지역자활센터
	다함께돌봄센터		• 다함께돌봄센터
질병관리청	결핵·한센시설	• 결핵·한센시설	
여성가족부	성매매피해지원 시설	• 일반지원시설 • 청소년지원시설 • 외국인지원시설 • 자립지원공동생활시설	• 자활지원센터 • 성매매피해상담소
	성폭력피해보호 시설	• 성폭력피해자보호시설	• 성폭력피해상담소
	가정폭력보호시설	• 가정폭력피해자보호시설	• 가정폭력상담소 • 긴급전화센터
	한부모가족복지 시설	• 모자가족복지시설 　(기본, 공동, 자립) • 부자가족복지시설 　(기본, 공동, 자립) • 미혼모자가족복지시설 　(기본, 공동) • 일시지원복지시설	• 한부모가족복지상담소
	다문화가족지원 센터		• 다문화가족지원센터
	건강가정지원센터		• 건강가정지원센터
	청소년복지시설	• 청소년쉼터 • 청소년자립지원관 • 청소년치료재활센터 • 청소년회복지원시설	

출처: 보건복지부(2022). 사회복지시설 관리안내

　　한국의 사회서비스 정책은 다음과 같은 특징을 보인다.

　　첫째, 역사적으로 수용 및 생활시설 중심의 1세대 사회서비스 정책 과정에서 인권유린의 문제가 있었고, 사회복지관 사업으로 대표되는 2세대 이용시설

서비스 정책의 경우, 민간위탁과 운영비 보조에 정부역할이 한정되었으며, 2006년 기점의 바우처 방식의 보편적 사회서비스 정책의 경우도 서비스 공급단가 최소화 및 서비스 책임성을 민간의 경쟁과 효율성의 문제로만 접근하였다. 한마디로 사회서비스 확대과정에서 정부의 역할은 제한적 개입방식을 특징으로 한다.

둘째, 정부는 현재 사회보장정보시스템(행복e음)을 통해서 현금성 급여를 포함하여 총 208종의 복지서비스가 제공되고 있으며, 범정부를 통해서 31종의 서비스를 포함하여 239개의 서비스를 제공하고 있다. 이러한 급여의 특징은 하나의 서비스 급여제도 안에 다양한 구성요소가 있는 것이 아니라, 같은 욕구에 대해서도 서로 다른 작고 큰 급여가 산발적이고 파편적으로 존재하고 있어 어떠한 문제가 있을 때 다면적 욕구에 대한 포괄적 지원을 받을 수 있는 것이 아니라 욕구에 해당하는 급여를 일일이 찾아서 신청하고, 확보해야 한다(박세경 외, 2021c). 그렇기에 주민의 만족도와 체감도는 높지 않다.

셋째, 이러한 사업들은 부처간, 사업별로 분절적인 방식으로 사업이 추진되고 있다. 한마디로 한국의 사회서비스의 정책과 제도에서 특징은 분절성과 파편성이라고 정리할 수 있다. 이러한 성격 때문에 서비스에 대한 책임성이 모호하다. 서비스 전달체계가 욕구나 대상에 따라 단일한 주체에 의해서 구성되어 있지 않고, 같은 대상, 같은 욕구에 대한 서비스라도 종류나 과정에서 서로 다른 주체와 체계로 분절되어 있다. 무엇보다 공공전달체계의 조직과 인력체계가 미비하여 서비스질관리 수준이 낮고, 인력의 전문성도 낮은 상황이다. 주민 입장에서는 권리보장을 요구할 대상이 누구인지를 파악하기 어렵고, 중앙-광역-기초자치단체는 복잡한 전달체계와 분절적인 사무집행으로 사회보장 공백에 대한 책임을 회피하고 있다.

즉, 사회서비스 확대과정에서 정부의 제한적 개입, 서비스의 파편성, 전달체계의 분절성 그리고 최종적으로 이로 인한 책임성의 모호가 한국 사회서비스의 특징이라고 요약할 수 있다.

2 복지분권과 사회서비스

1) 사회서비스 현황과 문제점

지방자치단체의 주민 복리를 위한 사무 중 노인돌봄이나 아동보호와 같은 사회서비스 수요는 폭발적으로 증가하고 있으나, 중앙집권적 체계는 지역의 주민생활의 위기와 맞물린 사회문제에 적절히 대응하는 구조를 가지고 있지 못하다.

사회서비스 보장률이 낮은 이유는 지방자치단체 적극적 대응이 부족하기 때문이기도 하지만, 복잡하고 다양화되어 있는 특수욕구에 지방자치단체가 자율성을 가지고 유연하게 대처하는 것이 어렵기 때문이다.

특히 사회서비스 전달체계의 분절성, 급여의 파편성 그리고 그에 따른 비책임성의 구조는 개별대상자를 중심으로 서비스를 구성할 수 있도록 하는 지자체의 권한이 중요하지만 그런 권한이 부여되지 못한 실정이다(박세경 외, 2021a).

또한 주민들의 복지체감도가 낮은 이유는 복지제공자와 복지수혜자의 상호적 관계가 가시적이지 않기 때문이다. 복지 규모는 증가하였지만 지방자치단체의 재량이 없는 국고보조사업 행정사무로 인하여 제공자의 적극적 인센티브나 수혜자의 욕구 표출이 없는 상태이다. 재량이 없는 복지사무로 인하여 지방자치의 가치가 훼손되고 행정의 비효율성의 문제가 야기되며 주민들의 요구에 반응하는 책임 정치가 어렵다.

지방자치단체는 중앙정부 국고보조사업에 대부분의 복지재원을 지출하면서 과중한 재정부담으로 인해 반복지적인 태도를 가지고 있으며, 적은 재원을 가지고 자체사업에 지출하면서 소액의 다양한 사업방식으로 대응하고 있다.

복지사무는 국가사무, 공동사무, 자치사무의 경계가 불분명할 뿐 아니라,

책임 및 집행의 복잡성으로 인하여 비효율성이 매우 높다. 행정의 깔때기 현상으로 인하여 기초자치단체의 경우 복지사무의 수가 매우 많을 뿐 아니라, 사업예산이 적은 소규모 사업까지 집행과 관리가 각기 독립적으로 수행하고 있어, 업무의 부담이 한계에 도달한 상태이다.

지방자치단체의 자치사무도 지역사회보장의 수준을 높이려는 체계적 대응이 아니라, 주민과 단체장의 개별적 요구에 대응하여 산발적이고 소규모로 신설되는 경향이 이어지면서 복지사무를 더욱 복잡하게 만들고 있다.

2) 사회서비스 분권의 필요성

사회서비스 분권의 필요성은 다음과 같다.

첫째, 사회서비스의 특성 때문에 지방정부의 역할 강화가 요구되기 때문이다. 사회서비스는 표준화된 기준으로 적절하게 욕구나 문제를 규정하거나 대응하기 어려운 특성이 있다. 그렇기 때문에 이를 효과적으로 관리하고 수요자에게 적절하게 연결하기 위해서는 개인과 가족에 대한 공적지원을 통합 관리할 수 있는 지방정부의 역할이 강조된다.

사회서비스는 그 속성상 전국적으로 통일적인 접근이 어렵고 오히려 각 당사자의 욕구를 기반으로 통합적 접근이 이루어져야 하므로 지역을 중심으로 접근할 수밖에 없는 영역으로 지방의 책임과 역할을 강화하는 것이 필수적이다.

둘째, 생활공간과 지역사회의 문제이기 때문이다. 소득보장 등은 전 국민에게 상대적으로 균일하게 적용되는 문제이기 때문에 중앙의 정치적 쟁점이 되고 중앙정부 중심으로 책임성이 부여되지만, 지역생활보장과 같은 사회서비스는 생활공간상의 문제이므로 지역사회의 문제이자 지방정부가 책임질 수밖에 없다.

셋째, 사회서비스에 대한 책임성을 강화할 수 있다. 책임성 측면에서는 지방자치단체가 사회서비스 보장에 대한 책임을 명확하게 가질 수 있다. 사회서비스 제공에 대한 책임성 강화와 더불어 전반적인 업무수행 방식의 변화도 가능하다.

공간적인 측면에서 지역단위 주민들의 복합적 욕구를 고려한 서비스 제공과 연계가 가능하다. 소위 근거리 및 지역밀착형 사회서비스가 강화되어 주민들의 복지체감도가 증진될 수 있다. 중앙정부 단위에서 파편적·분절적으로 제공되는 사회서비스를 지역에서는 통합적으로 제공하는 것이 가능하다.

넷째, 사회서비스에 대한 주민참여가 가능하다. 사회서비스의 속성상 지역에서 생산되고 지역에서 소비되는 특성을 가진다. 그러므로 적극적인 주민참여가 요청되며, 주민참여의 실질화를 위해서 사회서비스분권이 요청된다. 주민들의 복지수요에 대응하는 사회서비스를 제공하기 위해서는 '지역주민의 참여를 통하여 그들의 의사에 기초하여 자주적으로 처리되는 것'이라는 주민자치적 성격을 요구한다. 동시에 주민참여를 통해 수혜자중심의 복지체계 구축이 가능하며, 공동체적 사업운영도 가능하게 된다.

3) 사회서비스 분권적 경험과 의미

사회서비스 분야에서 분권적인 사업추진을 통한 성과를 살펴보면, 우선 문재인정부에서 추진되었던 지역사회 통합돌봄 사업의 경험이 있다. 사업은 2019년부터 2022년까지 16개 기초지자체에서 지역 주도로 모형을 개발하기 위한 선도 사업으로 진행되었다.

지역사회 통합돌봄은 "주민들이 살던 곳(자기 집이나 그룹 홈 등)에서 거주하면서 개개인의 욕구에 맞는 서비스를 누리고 지역사회와 함께 어울려 살아갈 수 있도록 주거, 보건의료, 요양, 돌봄, 독립생활의 지원이 통합적으로 확보되는 지역 주도형 사회서비스 정책"으로 정의된다(보건복지부, 2018). 중앙집권적으로 제각기 진행하던 '주거, 보건의료, 요양, 돌봄, 독립생활의 지원' 등을 '지역 주도형 사회서비스 정책'을 통하여 개개인의 욕구에 맞는 서비스를 '통합적으로 확보'하도록 한다는 방향을 표방한 것이다.

이 지역사회 통합돌봄에서 주목할 만한 점은 중앙정부에서 일괄적인 사업 모델이나 지침에 따라 일방적인 개편을 시도하는 것이 아니라 '지역 주도형' 정책을 표방하면서 '선도사업'이라는 이름으로 '지역 실정에 맞는 서비스를 발굴하고 제공 모델을 검증·보완하여 다양한 커뮤니티케어 모델 개발' 방식으로 추진했다는 점이다. 한마디로 분권적인 방식으로 사업을 실행했다는 것이다.

우리나라 지역복지 역사상 최초로 돌봄이 필요한 주민이 지역에서 살 수 있도록 통합적인 돌봄을 하라는 과업만을 부여한 채, 정책 기획이나 서비스 설계, 대상자 선정 등에서 중앙정부의 지침에 의하지 않고, 지역 스스로 만들어서 시행하도록 한 최초의 정책모델이라고 할 수 있다(김보영. 2023). 또한 이러한 선도사업 이외에도 여러 지역에서 유사한 사업이 실행되었는데, 서울시에서는 돌봄SOS센터 사업을 실시하기도 하였다.

분권적 사업 실행을 통해 지자체 복지정책과 행정에서 나타난 변화와 관련해서 관련 사업에 참여한 일선 읍·면·동 공무원과 시·군·구 본청 관리자들을 인터뷰한 연구(최지선 외, 2021)를 보면, 공무원들은 주민의 욕구에 기반하여 서비스를 설계하고, 관리자들은 사업에 대한 주도성과 부서 간 협력과 협상을 이끌어 내는 경험들을 진술하였다. 민간 기관과의 관계에서도 단순한 관리를 넘어 서비스의 질적 보장을 위한 기준을 세우는 등 능동적 관리가 나타나기도 하였다. 기존의 모습과는 질적으로 다르게 스스로 기획하고, 욕구를 진단하고, 서비스를 설계하는 모습이 나타났다. 또한 민간기관 간에는 실질적인 협력과 네트워크 활성화를 경험하기도 하였다(이용갑 외, 2020). 지역에서 중앙의 지침을 단순히 집행하는 방식으로 사업이 이루어진 것이 아니라, 분권화된 조건에서 주민의 욕구와 상황에 맞는 포괄적 접근이 가능했던 것이 차별화된 이용자 경험을 만들어 냈다고 볼 수 있다(김보영. 2023).

4) 외국의 사회서비스 운영 특징

서구 여러 나라 돌봄정책의 경우, 각 나라의 역사적이고 제도적인 특징에 따라 다양하지만 당사자 중심의 통합성, 서비스 설계의 유연성, 서비스 구성의 다양성, 지방정부 중심의 책임성과 같은 공통 요소가 있음을 제시한다(유동철 외, 2018).

당사자 중심의 통합성은 돌봄을 위해 필요한 서비스의 신청과 제공과정이 각 서비스별로 분리되어 있는 것이 아니라 욕구를 가진 당사자를 위해 통합적으로 운영되는 것을 의미한다. 서비스 설계의 유연성은 각 서비스가 개별적인 급여로 경직된 형태로 고정되어 있는 것이 아니라 필요에 따라 다양한 형태로 변형될 수 있다는 것이다. 서비스 구성의 다양성은 서비스의 종류가 다양하여 지역사회 생활에서의 필요와 욕구에 따라 서비스를 선택적으로 구성하는 것이 가능하다는 것이다. 지방정부 중심의 책임성은 앞선 유연하고 통합적인 서비스 설계가 가능하기 위해서 당사자 개개인의 서비스에 대한 일선의 수급자격 및 내용을 결정권을 행사할 수 있도록 지방정부에 부여된 책임 아래 수행된다는 것이다.

3 사회서비스 분권 방향

1) 사회서비스 분권 방향

사회서비스 분권 실행을 위해서는 중앙-지방 간 역할분담이 필요하다.

표 8-7 사회서비스 분권 관련 중앙-지방 역할분담 방안

구분	역할분담 내용
중앙정부	- 선제적 인프라 투자 역할 - 공공 프로그램 개발 플랫폼 운영

구분	역할분담 내용
	- 성과 관리체계 마련
지방정부	- 효과·효율적인 전달체계 구성과 운영 - 공공조직 운영과 인력 확보 - 민간사회서비스기관 역할 재구조화

출처: 박세경 외(2021c). 사회서비스 복합·다중 욕구의 현황과 대응 전략

사회서비스의 분권화·지역화는 모든 사회서비스 정책을 지자체에 떠넘긴다는 의미가 아니라, 중앙정부와 지자체 간에 역할분담을 재조정하고, 그에 따른 책임을 재조정하는 것을 의미한다. 복지분권은 중앙정부의 책임과 권한을 줄여서 지방자치단체의 그것들을 늘리는 변화로 이해되기 쉬운데, 이를 경계할 필요가 있다.

예컨대, 돌봄을 중심으로 하는 서비스들은 지역 현장에서 제공하지만, 초기 기반 마련(제도화, 법적 근거, 재원, 인프라 등)은 중앙정부의 견인이 필요불가결하다. 따라서 복지분권은 복지국가를 이뤄 갈 주체들의 책임과 부담의 양적 조정이 아닌, 각 주체들이 담당할 역할 변화에 방점을 두어야 한다(강혜규, 2022).

우선, 중앙정부의 역할이다. 공공 영역에서 돌봄 인프라를 확충하는 역할은 지방자치단체보다 국가여야 한다.

첫째, 국가는 부족한 돌봄 시설 분야에 선제적인 인프라 투자 역할을 해야 한다. 현재 지역사회의 돌봄 인프라는 매우 부족하다는 평가이다. 또한 지방자치단체는 재정적 여력이 없기 때문에 공공 돌봄 인프라 설치의 주체가 되기도 어렵다. 한편 오늘날 사회서비스가 시장화된 주요한 이유 중 하나는 노인요양시설과 어린이집 등의 공공 인프라를 확충하지 않은 상태에서 개인이 인프라에 투자하는 방식의 공급자 수만 증가시켰기 때문이다. 그렇기에 국가는 지역별 공공 인프라 확충계획을 수립하고, 지원 재정을 국고보조사업으로 편성해야 한다.

둘째, 국가는 사회서비스(공공 돌봄) 상품이 개발되는 플랫폼이어야 한다. 급격하게 변화하는 환경에서 공공이 직접 돌봄 상품을 개발하여 제공하기는 어

렵다. 돌봄은 표준화된 상품이 되기 어렵고, 또한 같은 돌봄이라 하더라도 누가 언제, 누구를 대상으로 제공하는지에 따라 전혀 다른 결과를 가진다. 수많은 종사자와 수많은 이용자가 서로 다른 이해관계에서 맞춤형 서비스를 생산할 수 있는 하나의 플랫폼이 있어야 한다. 또한 첨단기술을 활용한 돌봄서비스의 혁신은 국가 차원의 지원을 필요로 한다. 이러한 플랫폼은 국가 이외의 기관이나 단체가 형성하기 어렵다.

셋째, 국가는 공공 돌봄의 최종 목적인 지역사회 성과 중심의 관리체계를 갖추어야 한다. 국가는 사회보장에 관한 법제에 따라 최종적인 성과 책임을 갖는다. 지역사회의 돌봄의 성과관리를 중심으로 항시적인 모니터링을 수행하고, 지역별 격차가 국민의 돌봄을 받을 권리를 침해하지 않도록 적극적으로 개입하는 역할을 수행해야 한다.

다음으로 지방자치단체의 역할은 전달체계의 효율적인 운영이다.

첫째, 무엇보다 효과적이고 효율적인 전달체계 구성과 운영의 책임이 있다. 특히 기초자치단체는 주민들이 접촉하는 단일하고 통합적인 창구로서 돌봄의 최일선 책임기관이다. 이러한 역할 모형은 지방이양 사회서비스 전달체계의 단순화와 통합화로 제시된 바 있다(이태수 외, 2019).

둘째, 지방자치단체의 책임으로 공공조직과 인력 확보이다. 공적 책무를 지닌 돌봄 인력의 확보, 신뢰할 수 인적 자원을 확보해야 하며, 이를 위한 중요한 과제가 돌봄 노동에 대한 사회적 인정을 향상시키는 것이다.

셋째, 민간 사회서비스 기관의 역할 재구조화 노력이다. 공공이 돌봄의 모든 것이 될 수 없다. 공공 돌봄이 확장된다 하더라도, 돌봄은 가족과 지역사회 그리고 사회구성원의 상호적 윤리를 통해 함께 풀어야 할 과제이다. 따라서 지방자치단체는 돌봄 전반의 규제자, 촉진자, 그리고 여건조성자로서 역할을 수행하고, 돌봄의 비공식 그리고 시장 영역에 공동체적 윤리를 함께 부여하는 노력을 수행해야 한다. 지역의 사회서비스원과 함께 민간 사회서비스 기관이 건강한 역할을 수행하도록 지원하고 변화를 이끌어야 한다.

이러한 주제와 관련하여, 기초자치단체를 대표하는 '대한민국시장군수구청장협의회 복지대타협 특별위원회'에서는 향후 중앙－지방 역할분담과 관련하여 사회서비스 분야를 기초정부가 분담하는 것을 제안(2020.5)(복지대타협 특별위원회, 2020)하고 있다. 주요 내용을 정리하면 다음과 같다.

첫째, 전국민 대상의 보편적 사회보장 급여는 중앙정부가 전담하도록 하고, 지역주민이 체감하는 사회서비스에 대한 통합적 공급은 기초정부가 담당할 수 있도록 고유사무(자치사무)로 정립할 필요가 있다.

둘째, 기초정부는 지역사회 문제를 주도적으로 발견하여 해결하고, 주민생활의 안전과 일상생활 유지를 위한 사회서비스를 전담하는 총괄·조정 기능을 강화할 필요가 있다. 사회서비스는 지역사회의 다양한 주체들 간의 협력적 네트워크를 통해 운영되는 체계이기 때문이다.

셋째, 기초정부의 사회서비스 권한이양을 위한 재원을 마련하기 위하여 재정분권과 국고보조사업의 전면적 개편이 필요하다. 지방정부가 사업기획과 실행을 담당하는 것이 타당한 사업은 포괄보조방식을 통해 운영될 필요가 있다.

넷째, 기초정부의 복지 인력과 조직은 취약한 수준이므로 인력의 확충과 조직개편이 필요하다. 사회서비스 제공인력의 전문성을 확대하고, 기초정부 내 사회서비스 사무의 총괄 기획·조정 및 사례관리를 전담하는 조직(예, (가칭) 사회서비스정책국(과))의 신설 운영이 필요하다.

다섯째, 기초정부는 사회서비스의 통합적 관리와 서비스 제공 질(quality) 관리를 강화하여 성과기반 복지행정을 수행할 필요가 있다. 기초정부 복지행정이 주로 중앙정부의 정책을 단순 집행하는 수준에 그치고 있기에 사회서비스의 제공과 사후관리 전체과정에 대해 책임성에 입각하여 운영할 필요가 있다.

2) 사회서비스 사무분권 방향

[1] 사회서비스 지방이양 필요성과 절차

사회서비스 영역의 중앙-지방 역할분담과 관련하여 중앙이 가진 사회서비스 사무들의 지방으로의 기능이양이 요구된다. 이러한 이양의 필요성은 기능의 효율성, 지방정부의 책임성 등을 강화하기 위해서이다.

기능이양은 중앙정부에서 지방자치단체로 특정의 기능에 대한 권한의 법적 변경을 초래하는 일련의 법률적 행위를 뜻한다. 기능이양 원칙은 보충성의 원칙을 가장 일반적으로 적용하고, 이양기준은 단위사무의 개념이 기본적으로 존재하지 않기에 기능을 단위로 이양대상을 판별한다. 기능단위의 결정은 기존 사례를 대상으로 관련 분야 전문가의 의견수렴을 거쳐 확정한다.

지방이양 모델(절차)

① 기준단위 설정: 개념정의. 중앙부처 직제의 담당
② 기초자료 작성: 이양사무 발굴. 소관부처 조사표조사→전문위원 1차검토→전문위원 추가발굴(1차 제외분)
③ 이양기능 검토: 이양대상 검토. 소관부처·지자체 의견수렴→전문위원 1차검토→관련 분야 전문가 워크샵
④ 소관부처 설명: 이양대상 잠정결정. 전문위원회 심의→소관부처·지자체 합동설명→전문위원회 결정
⑤ 이양기능 확정: 이양결정. 전문위원회 보고→본위원회 결정→해당부처 통지
⑥ 후속조치 검토: 인력 및 재원 동시이양 결정
⑦ 이양상황 검토: 연도별 점검. 매년 12월 전년도 이양결정 기능의 이양상황 점검

출처: 금창호(2018). 기능중심 중앙권한 지방이양 추진방안 연구용역. 기능중심 지방이양 방안 마련 TF 회의자료

[2] 보건복지부 업무의 이해

사회서비스 업무의 경우, 현재 보건복지부가 주도적인 역할을 하고 있기 때문에 우선적으로 보건복지부의 업무를 이해할 필요가 있다.

보건복지부에서는 보건복지에 관한 기능을 수행하기 위해 사회복지정책실, 인구정책실, 장애인정책국, 연금정책국, 사회보장위원회사무국, 보건의료정책실, 건강보험정책국, 건강정책국, 보건산업정책국 등을 두고 있다. 각 실·국별로 운영 중인 과(課) 조직들을 살펴보면 〈표 8-8〉과 같다.

표 8-8 보건복지부의 보건복지기능 관련 조직구성·운영 현황

실·국명		과명
사회복지 정책실	복지정책관	복지정책과, 기초생활보장과, 자립지원과, 기초의료보장과
	복지행정지원관	지역복지과, 급여기준과, 복지정보기획과, 복지정보운영과
	사회서비스정책관	사회서비스정책과, 사회서비스사업과, 사회서비스자원과, 사회서비스일자리과
인구 정책실	인구아동정책관	인구정책총괄과, 출산정책과, 아동복지정책과, 아동권리과, 아동학대대응과
	노인정책관	노인정책과, 노인지원과, 요양보험제도과, 요양보험운영과, 치매정책과
	보육정책관	보육정책과, 보육사업기획과, 보육기반과
장애인정책국		장애인정책과, 장애인권익지원과, 장애인자립기반과, 장애인서비스과
연금정책국		국민연금정책과, 국민연금재정과, 기초연금과
사회보장위원회사무국		사회보장총괄과, 사회보장조정과, 사회보장평가과
보건의료 정책실	보건의료 정책관	보건의료정책과, 의료인력정책과, 의료자원정책과, 간호정책과, 의료기관정책과, 약무정책과
	공공보건정책관	질병정책과, 공공의료과, 응급의료과, 생명윤리정책과, 혈액장기정책과
	한의약정책관	한의약정책과, 한의약산업과
건강보험정책국		보험정책과, 보험급여과, 보험약제과, 보험평가과
	의료보장 심의관	예비급여과, 의료보장관리과
건강정책국		건강정책과, 건강증진과, 구강정책과
	정신건강 정책관	정신건강정책과, 정신건강관리과, 자살예방정책과
보건산업정책국		보건산업정책과, 보건산업진흥과, 의료정보정책과, 보건의료데이터진흥과
	첨단의료 지원관	보건의료기술개발과, 재생의료정책과

출처: 보건복지부 홈페이지(http://www.mohw.go.kr).

[3] 사회서비스 지방이양 기능 도출

보건복지부 기능은 지방자치단체와 대부분 중첩이 나타날 수밖에 없다. 이는 보건복지부가 별도의 특별지방행정기관을 가지지 않기 때문이다. 특히, 복지행정은 일반행정과 밀접하게 연관되어 있어 지방자치단체를 통하지 않고서는 효율적인 복지서비스 제공이 불가능하다는 점도 기능중첩에 큰 영향을 준다. 따라서 많은 분야에 대한 밀도 있는 검토가 필요하다. 또한, 보건복지부의 기능 이양 검토는 중첩성과 함께 복지의 성격을 고려해야 할 필요가 있다.

기능을 보다 구체적으로 살펴보면, 보건의료정책실은 병·의원, 의사, 한의사 등에 관한 업무를 수행하고 있다. 따라서 대부분의 기능이 국가적 기능이다. 다만, 병·의원의 관리와 관련해서는 지방자치단체가 수행하고 있으므로 이를 다루는 보건의료정책관의 업무를 살펴볼 필요가 있다. 사회복지정책실, 연구정책실, 건강정책국 등은 지방자치단체와 기능이 밀접하게 연계되어 있으므로 전분야에 대한 기능 검토를 실시할 필요가 있다.

서왕진 외(2017)의 연구에 따르면, 중앙정부와 서울시 간 기능이 중첩되는 업무 중 지방이양이 필요한 보건복지부의 업무는 약 42개 기능으로 정리되었다.

표 8-9 지방이양 대상기능 목록

연번	부처명	과명	지방이양 대상기능
1	보건복지부	지역복지과	읍면동 복지허브화, 읍면동 복지센터
2			복지전달체계개편(지자체)
3			지역복지사업 평가
4			지역사회보장협의체
5			지자체 복지인력 확충 및 관리
6			허브화 현장소통 및 우수사례 발굴 및 보급
7			시·도 사회보장위원회
8			시·군·구, 읍·면지역 사회보장협의체
9		사회서비스정책과	사회서비스 품질관리

연번	부처명	과명	지방이양 대상기능
10		사회서비스사업과	가사간병 방문 지원사업
11			지역사회서비스 투자사업
12			지역자율형 사회서비스 투자사업 및 현장점검
13		사회서비스자원과	사회복지시설 평가
14			민간전달체계 개선
15			사회복지관 지원 · 육성
16			사회복지시설 안전점검 · 관리
17		사회서비스 일자리과	지역축제 연계 나눔 활성화
18			사랑나눔실천운동(지자체)
19			나눔문화확산 및 혁신홍보(지자체)
20			기부식품 제공사업
21			사회서비스종사자처우개선(지자체)
22		아동권리과	지역아동센터 운영지원
23			방과 후 돌봄 연계체계 구축 · 운영
24			결식아동 급식지원
25		노인정책과	독거노인 응급안전 돌봄서비스 운영
26			노인여가
27		노인지원과	노인일자리 사업
28		보육정책과	직장 · 공공형 어린이집 운영 · 관리
29		보육사업기획과	시간제보육사업
30			맞춤형 보육 자격관리 · 사후관리
31		보육기반과	어린이집 평가인증
32			부모모니터링단, 부모참여
33			어린이집 안전업무
34			어린이집 반편성, 운영시간
35			어린이집운영위원회 설치
36			시간연장형 및 방과 후 어린이집
37			어린이집 지원 · 지도 · 점검, 기능보강
38			어린이집 환경개선 · 융자지원
39			급식위생, 안전, 건강, 통학차량
40		건강증진과	금연지원사업, 금연캠프
41			보건소 금연클리닉 관리 및 운영
42			찾아가는 금연지원서비스

주: 직제는 예전 직제를 따름
출처: 서왕진 외(2017). 국가−지방자치단체 기능배분 체계 개선방안− 서울특별시를 중심으로

〔4〕 사회서비스 지방이양 내용

사회서비스 중 지방이양의 내용을 살펴보면 다음과 같다.

우선 노인돌봄의 포괄적 기능이양이다. 노인돌봄에서 핵심적인 가치인 '지역사회에서 나이들어감(Aging in Place)'은 노인의 존엄한 삶을 유지하기 위해 지역사회 차원의 의료/돌봄/생활지원의 포괄적인 체계 구축을 필요로 한다.

시군구가 공적으로 신청을 받은 노인돌봄 수요를 책임지기 위해서, 장기요양－노인맞춤돌봄－노인일자리－노인여가문화(복지관)－지역사회통합돌봄사업 및 사회서비스원 종합재가센터 등 자원을 연계할 수 있도록 관련 기능을 이양받을 필요가 있다.

아동돌봄의 포괄적 기능이양도 필요하다. 아동 돌봄은 단순 보육에서 나아가 교육과 보호 그리고 발달의 개념이 더욱 강조되고 있다. 보육의 경우, 지방자치단체의 책임은 보육료 지원이 아닌 보육 환경에 대한 투자와 관리감독이다. 기초지방자치단체가 학령기 아동 돌봄과 발달지원 서비스를 통하여 아동돌봄의 책임성을 강화해야 한다.

다음은 장애인돌봄의 포괄적 기능이양이다. 장애인복지의 목적 중 하나인 정상화를 유지하기 위해서, 지역사회는 대형시설이 아니라 소규모의 케어홈, 너싱홈 등 주거서비스를 제공해야 한다. 또한 지역사회 지원서비스가 함께 제공되어야 하는데, 이는 자신의 집에서 재가서비스를 받거나 이동지원, 의사소통지원, 고용지원 등을 통한 일상생활이 가능하도록 하는 것이다. 노인돌봄과 마찬가지로, 장애인에게 요구에 맞는 적절한 서비스 연계를 할 수 있는 공적 권한이 기초지방자치단체에 주어져야 한다.

그 외 사회복지서비스의 포괄적 기능이양도 필요하다. 노인, 아동, 장애인 이외에도 전통적인 사회복지서비스 이용자들이 있다. 저소득층, 자활참여자, 노숙인, 한부모 가정 등이다. 2005년 이후 상당수 사회복지서비스는 보통교부세를 통해 지방자치단체 자치사무로 이양되었으나, 여전히 일부는 국고보조사업으로 남아있다. 지역사회 저소득층을 대상으로 하는 사업들은 기초자치단체의 재량이 매우 중요한 사업이므로 지방이양이 필요하다.

3) 사회서비스 재정분권 개편방향

(1) 사회서비스 재정체계 현황

현행 사회서비스 재정체계 현황을 간략히 살펴보면 〈표 8−10〉과 같다.

표 8-10 사회서비스 재정방식별 재원 및 서비스

재정방식	재원		대표적 사회서비스
국고보조금 방식	국비 지방비	개별보조	대부분의 사회서비스. 2007년 바우처 방식으로 도입된 사회서비스(노인돌봄, 장애인활동지원, 여타 지역사회서비스 등) 민간기관에 의한 서비스(민간이전사업)
		포괄보조	지역자율형 사회서비스투자사업, 지역통합건강증진사업
지자체 재원	지방비	자체재원	경로식당, 지역 수요에 기반한 각종 자체사업
		분권교부 (폐지)	2005년 지방이양된 64개 사회서비스(3개 사업은 국고로 환원)
사회보험 방식	사회보험료 본인부담금 국비		보건의료서비스 노인장기요양서비스 고용지원서비스(고용보험), 근로자 지원서비스(산재보험) 등
민간재원 방식	민간기부금 이용료		사회복지공동모금회, 공익재단이나 기업재단, 기업사회공헌활동, 자원봉사 등을 통한 사회서비스

출처: 박세경 외(2020). 생애주기별 사회서비스 확충 전략

국고보조금 방식은 정부와 지자체가 재원을 부담하지만, 중앙정부가 적용대상, 서비스 내용, 제공방식 등을 주도적으로 결정하며 사업에 대한 행정관리와 성과관리의 책임도 최종적으로는 중앙정부에게 있다.

지자체 재원으로 하는 지역사업은 자체재원과 지방교부금과 같은 일반재

원을 통해 자율적으로 사업을 운영하는 방식이다.

사회보험을 재원으로 하는 사회서비스는 정부의 일반예산과는 별도로 가입자의 보험료를 기초로 하는데, 중앙정부의 권한하에서 전국 단위의 표준적 방식이 적용된다는 특성을 가진다.

(2) 사회서비스 재정체계 개편방향

현행 사회서비스 재정체계는 사회서비스 관련 재정지출을 확대하고 있음에도 불구하고 효과성이나 책임성을 강화하기 힘든 구조이다. 복지분권에 입각하여 사회서비스 재정체계를 개선할 필요성이 있다. 사회서비스 재정체계 개편의 방향은 다음과 같다.

첫째, 다양한 재정지원방식으로 인한 사회서비스 분절성을 해소한다.

사회서비스 사업별, 재원별 재정통합은 현실적으로 어려움이 있다. 따라서 해결하고자 하는 사회적 문제, 노인돌봄서비스, 아동돌봄서비스 또는 아동보호 등과 같이 대응하고자 하는 서비스 욕구가 유사한 기능을 중심으로 재정연계를 하는 것이 필요하다.

예를 들어, 노인돌봄을 위한 포괄재정은 기본적으로 국고보조사업의 국비, 지자체 재원뿐만 아니라 건강보험재정과 노인장기요양보험재정을 포함하여 노인돌봄에 필요한 사업을 포괄적으로 연계하는 것이 필요하다.

둘째, 지자체의 재정 재량권을 부여하여 사회서비스에 대한 지역의 책임을 강화한다.

중앙정부 차원에서 연계된 재정을 지방자치단체의 '통합재정'으로 마련하여 지자체가 재량권을 가지고 활용할 수 있도록 한다.

예를 들어, 노인돌봄을 위한 포괄재정은 국비, 지방비, 건보재정을 장기요양보험재정 내 '지역돌봄계정'에 재정일원화하고, 지자체가 공공부문 돌봄재정 지출을 관리하도록 하여 개별화된 돌봄재정을 시군구 중심으로 통합화하고, 재정지출을 효율화 할 수 있도록 지역사회 통합돌봄 관련 급여의 일부를 지자체 통합재정으로 이전하는 것이 필요하다.

셋째, 사회서비스 지출에 대한 성과관리 및 지출의 효율화를 지향한다.

지자체가 재량권을 가지고 관련 서비스를 자율적으로 활용하되, 이에 대한 책임을 담보할 수 있도록 성과관리 체계를 마련해야 한다. 지자체는 사업에 대한 기획 및 집행, 중앙정부는 성과관리 및 지역 간 조정 등으로 재정책임에 대한 역할을 분담한다.

넷째, 사회서비스 분야에 포괄보조금 방식이 확대되어야 한다.

지방자치단체가 사회서비스에 대한 책임을 갖고, 지역의 문제를 해결하기 위해서는 국고보조사업으로 인한 재정부담을 줄이고, 지역이 책임져야 할 사회서비스 사업에 재량권을 가질 수 있는 지역분권적인 재정체계 마련이 필요하다. 포괄보조방식은 사업에 대한 지자체의 자율권을 부여하면서 중앙정부가 전반적인 사업 성과관리를 함으로써 목표했던 성과를 관리하기에 용이하고, 개별보조사업과 같이 소규모 사업까지 불필요하게 중앙정부가 관리하지 않아도 되기 때문에 행정적으로 효율적이다.

4 사회서비스 전달체계 구축방향

사회서비스 행정분권은 효율적인 전달체계를 구축하는 것과 관련된다.

1) 사회서비스 전달체계 현황

사회서비스 전달체계는 사회서비스를 이용자에게 제공하는 과정에서 정부와 민간부문이 모두 포함된 기관·시설 그리고 이들을 연결하기 위해 만들어진 조직적 체계이다(전용호, 2015).

여기서는 아동, 노인, 장애인 대상 전달체계와 지자체 전달체계를 살펴보고자 한다.

아동의 경우, 보건복지부 아동분야 사업안내(2023)를 보면, 아동보호, 가정입양, 가정위탁, 소년소녀가정 지원, 결연사업, 아동복지시설 운영, 아동복지교사 지원, 보호아동 자립지원, 디딤씨앗통장, 경계선지능아동 맞춤형 사례관리서비스, 자립수당, 시도 자립지원전담기관 설치 및 운영, 아동학대예방 및 피해아동 보호, 실종아동 보호 등의 사업을 추진하고 있다. 전반적으로 보건복지부-시도-시군구로 이어지는 행정체계와 영역별 중앙 및 시도, 시군구 단위의 각종 센터와 시설 등이 직접적인 서비스를 제공하고 있다. 행정기관이 아닌 민간기관들은 상당부분 민간위탁 방식으로 대행하는 구조를 가지며, 2019년 설립된 아동권리보장원이 아동정책의 종합적인 수행과 지원을 행하고 있다. 이를 보면 행정체계 측면과 민간기관 측면으로 구분하여 개선논의가 진행되고 있음을 알 수 있다.

노인의 경우, 보건복지부 노인보건복지 사업안내(2023)를 보면, 노인요양, 치매 및 건강보장, 노인 사회활동 및 여가활동, 노인돌봄 및 지원서비스 등으로 크게 구분되고, 이중 주요 사회서비스로는 노인장기요양과 노인일자리가 언급되며, 노인돌봄도 중요한 업무로 간주되고 있다. 노인복지서비스 전달체계는 재정지원 방식에 따라 크게 세 가지로 구분되는데, 사회보험방식(예, 장기요양보험), 국고보조금 방식(노인일자리 및 사회활동 그리고 바우처로 지원하는 서비스) 그리고 지자체로 지방이양된 노인복지시설 서비스 이다. 그러나 재정방식으로는 사회서비스의 구분이 명확하지 않은데, 사업에 따라 중앙과 지방간 통제와 권한이 뒤섞여 있기 때문이다. 특히 지자체는 업무수행 과정에서 관리 감독자에 불과하고, 서비스 공급기관인 민간이 실질적인 책임기관의 성격을 가지기에 공공성이 취약하다는 평가를 받는다. 무엇보다 노인돌봄의 요구가 강해지면서 건강보험공단의 장기요양업무와 지자체의 돌봄서비스가 연계구조를 가져야 하는데 그렇지 못한 상황이며, 서비스통제자 또는 조정자로서의 지자 역할이 취약하다는 평가이다.

　장애인의 경우, 보건복지부 장애인복지 사업안내(2023)를 보면, 연금수당(3), 보육·교육(8), 의료 및 재활지원(16), 서비스(16), 일자리 융자지원(20), 공공요금 등(15), 세제혜택(12), 지역사회 복지사업(재활시설) 및 기타(17)로 8개 분야 107개로 분류하고 있다. 이를 보면 사업수도 많지만, 성격을 전혀 달리하는 사업들이 망라되어 전달체계 또한 복잡하게 구성되어 있음을 알 수 있다. 중앙정부 단위 부처별로 다양한 사업을 수행하고 있고 이 때문에 지자체의 역할이 필요하지 않는 사업도 많다. 서비스 종류가 많아 이를 조정하는 기능도 취약하다. 국민연금관리공단이 장애인복지서비스 수급자격을 결정하고 있어 전달체계에서 중요한 위치를 차지하고 있는 것도 특징적이다. 전통적으로 장애인복지서비스는 장애인복지시설이 중요했으며 상당수가 민간비영리법인에게 운영을 위탁하는 구조이다. 종합하면, 다양하고 혼란한 서비스와 복잡한 전달체계 상황에서 이를 전체적으로 통합하고 조정하는 체계가 취약하다.

　지자체의 경우, 사회서비스 정책 확산에 따라 거의 모든 영역에서 변화가 진행되고 있는데, 그 이유는 사회서비스의 확대와 사례관리의 확산 그리고 관련 정책의 확대가 주된 이유이다. 강혜규 외(2019)는 지자체 사회서비스 전달체계의 현황과 개편 방안을 연구하였는데, 복지기획·정책 및 시설, 희망복지지원, 노인, 장애인, 아동·드림스타트·보육, 청소년, 여성·가족·다문화, 읍면동 맞춤형복지팀 등의 영역에서 상당한 애로점이 발생하고 있고, 조직개편, 인적자원 확충 및 역량 유지, 주체 간 역할분담이 고려되어야 하며, 지역주도성, 통합성, 접근성, 공공성, 효율성 등의 가치가 요구된다고 하였다.

　이러한 사회서비스 전달체계 연구들은 공통적으로 시군구의 역할강화를 핵심적인 과제로 제시하고 있는데, 그 이유는 다양한 서비스들이 결국 지역에서 모아지고 공급될 때, 조정기능과 책무성이 핵심이기 때문으로 정리된다. 즉 공공이 서비스에 대한 최종적 책임을 져야 하고 그러한 서비스들을 조정할 수 있는 권한이 부여되어야만 작동할 수 있다고 본다.

2) 사회서비스 전달체계 구축방향

한국의 사회서비스 전달체계는 전 과정, 즉 정보제공 및 신청접수, 이용자 선정 및 서비스 결정, 서비스 제공과 품질관리, 서비스 평가와 욕구해결 확인이라는 일련의 과정에서 공공의 책임성 그리고 정부 간 역할분담이 매우 불분명한 문제가 있다. 그러므로 향후 분권기반 사회서비스 전달체계는 이러한 문제를 해소하는 방향으로 설계되어야 한다.

이태수 외(2019)는 한국의 사회서비스 전달체계에 대한 개편 기본원칙은 공공성 강화, 지역사회중심의 보호, 그리고 이용자 권한 확보 세 가지로 제시한다.

이를 보면, 개편의 방향은 첫째, 주민의 사회보장급여와 서비스에 대한 수급권을 지방자치단체가 보장하고 책임지는 책임성과 공공성에 입각해야 추진되

표 8-11 전달체계 개편의 기본원칙과 방향

	전달체계 과정	현재 문제	개편 방향
공공성 강화	정보제공과 신청접수	비접근성	원스탑 게이트 구축
	이용자 선정과 서비스 결정	비형평성, 임의성	공공의 조치권 행사
	서비스 제공과 품질관리	비연속성, 비적정성	인프라 확충과 품질관리
	서비스 평가와 욕구해결	비책임성	이용자 욕구충족 평가
지역 사회 보호	정보제공과 신청접수	단편성, 중복과 누락	통합사례관리 강화
	이용자 선정과 서비스 결정	명시적 의뢰체계 부재	보장기관 조정기능 강화
	서비스 제공과 품질관리	과다경쟁과 저품질	서비스 계약관리와 육성
	서비스평가와 욕구해결	성과와 책임배분 모호	지역사회보장 성과평가
이용자 권한 보장	정보제공과 신청접수	배제, 대상화	이용자 정보접근성 강화
	이용자 선정과 서비스 결정	비적합성, 종속성	자기결정권 강화
	서비스 제공과 품질관리	비인격성	공동생산
	서비스평가와 욕구해결	절차적 권리성 미비	이의제기 권한 강화

출처: 이태수 외(2019). 문재인 정부 사회서비스 전달체계 개편의 쟁점과 과제

어야 한다. 그리고 이를 위한 전제조건은 지방자치단체의 권한을 강화해야 한다. 지방자치단체가 사회서비스 수급권자를 지정하고, 욕구에 따른 급여를 결정하고, 다양한 서비스를 조정 및 통합하여 사회서비스 급여가 효과적으로 집행되도록 권한을 행사해야 한다. 이를 위해서는 지방자치단체가 전문성에 기반한 조직운영과 전담인력, 예산을 확보해야 한다.

둘째, 지역사회 중심보호의 원칙이다. 이 원칙은 이용자의 개별화된 욕구에 부합하는 개별화된 급여가 다양한 지역 내 서비스 제공자들의 협력아래 통합적으로 제공되는 것을 의미한다. 이 원칙은 지방자치단체가 사회서비스를 지역사회 통합사례관리 모형에 기반하여 이용자의 개별화된 욕구에 따라 포괄적인 서비스 제공계획을 마련하고, 서비스 구매 및 조정 등 다양한 역할을 수행하는 것이다.

셋째, 이용자 권한의 보장이다. 이용자의 권한은 선택권과 참여로 정리할 수 있는데, 선택권은 사회서비스의 정보접근성을 강화하고, 서비스 양과 내용에 있어서 이용자의 욕구기반 선택을 뜻하며, 참여는 자기결정권의 행사를 통해 서비스 계획과 제공의 과정에서 의사결정 과정에 참여하는 것을 말한다.

표 8-12 사회서비스 역할 강화를 위한 지역 전달체계의 방향

	그간의 전달체계	향후 방향
운영 방향	• 개별 공적급여제도 중심 대상자 지원 • 영역·기관별 분절적 운영 • 시설보호 중심 조치 • 관 주도	• 이용자 욕구 중심 급여·서비스 조합 • 포괄적, 통합적 서비스 대응 • 커뮤니티케어 중심 지원 • 민관 거버넌스 강화
주요 대상	• 사회보장제도 수급 신청자 • 위기 가구	• 보편적 사회서비스 수요자
주요 기능	• (시·군·구) 예산집행 중심의 사업 관리, 지역사회보장계획 수립·운용의 실효성 미흡 • (읍·면·동) 대상자 발굴 및 선정 중심	• 지역 단위 서비스 수요·공급 관리 • 서비스 부문별 적정 수준 확충을 위한 지역 방안 마련 • 서비스 제공을 위한 지역 기반 협력 체계 마련, 연계·의뢰 활성화 • 민간, 주민 주도의 지역 역량 강화

출처: 강혜규 외(2019). 사회서비스 정책 전망과 과제

특히 지역중심의 사회서비스 전달체계 개편은 지역 단위 서비스 수요·공급 관리, 서비스 부문별 적정 수준 확충을 위한 지역 방안 마련, 서비스 제공을 위한 지역 기반 협력 체계 마련, 연계·의뢰 활성화, 민간, 주민 주도의 지역 역량 강화 등의 과제도 고려해야 한다.

CHAPTER

09

복지분권 실행을 위한 중장기 과제

CHAPTER 09에서는 향후 복지분권 실행을 위한 중장기과제를 살펴본다. 실질적인 분권실행의 기본적인 토대인 분권형 헌법개정, 재정민주주의를 위한 재정권력 개혁, 복지분권형 정부 간 관계 설정, 지방자치단체의 책임성 강화 그리고 인구구조 변화와 지방소멸 대응에 대한 분권적 대응방안을 제안한다.

1 분권형 헌법개정

분권형 국가를 지향하는 지방분권개혁이 실질적인 효과를 거두기 위해서는 지방자치의 범주를 제한하고 있는 「헌법」을 개정해야 한다. 현행 「헌법」의 지방자치 조항은 중앙집권적 분산체제라는 과도기적 형태를 보장할 뿐, 자치분권공화국에 걸맞은 자치권을 보장할 수 없다. 본질적인 한계를 안고 있기 때문이다. 「헌법」이 부실하므로 지방자치제가 국회에 종속되어 있는 결과를 가진다 (정현주, 2019).

우리나라 「헌법」 제117조 제1항에서는 '지방자치단체는 주민의 복리에 관한 사무를 처리하고, 재산을 관리하며 법령의 범위 안에서 자치에 관한 규정을 제정할 수 있다'고 규정하고 있다. 또한 「헌법」을 이어받은 「지방자치법」 제22조에서도 '지방자치단체는 법령의 범위 안에서 그 사무에 관하여 조례를 제정할 수 있다'고 지방자치단체의 자치입법권을 제약하고 있다.

「헌법」 제50조에는 '조세의 종목과 세율은 법률로서 정한다'라고 규정하고 있다. 지방정부는 지방세의 세목선택권, 과표결정권, 세율결정권이 제한되어 있다. 기능배분에 따라 세출권한이 주어지더라도 근본적으로 세입권한에 제약이 있어 공공서비스의 수혜와 그 비용의 부담이 대응관계를 가질 수 없다. 따라서 국민의 공평한 조세부담을 고려하여 일정한 제한은 설정하더라도, 자치조례로 세목선택, 과표 및 세율을 결정할 수 있어야 자치재정이 가능해진다. 개헌이 필요한 이유이다.

분권형 헌법개정안은 여러 기관에서 실시되었다(이국운 외, 2015; 권자경, 2019 등).

지방분권형 개헌의 요구내용은 다양하지만 요약하면 다음 네 가지로 압축할 수 있다.

첫째 지방자치단체를 '지방정부'로 개칭하고, 제117조와 제118조의 내용을 종합하여 기능배분원칙과 세원배분원칙 등 자치분권의 기본 틀을 분명하게 규정해야 한다.

둘째 자치입법권을 확실하게 보장해야 한다.

셋째 자치재정권을 강화하기 위해서 프랑스의 헌법개정에서와 같이 지방자치단체가 법률이 정하는 바에 따라 자유롭게 처분할 수 있는 재원의 보유 및 조세징수권을 명시해야 한다. 즉 헌법에 '지방자치단체에게는 재정책임성이 발휘될 수 있도록 적절한 자주재정권을 보장하여야 한다'고 포괄적인 자주재정권을 선언하고 동시에 '이중과세가 아닌 한에 있어서 조례로서 세목과 과세표준 그리고 세율을 결정할 수 있다'는 조항을 명시해야 한다.

넷째 지역 간 경제력 격차를 반영하여 「헌법」에 '지방자치단체 간 재정력 불균형을 해소하기 위해 중앙정부는 적절한 재정조정제도를 마련하여야 한다'라고 중앙정부의 재정조정책임을 명시해야 한다.

그 외 시민사회가 요구하는 지방분권개헌안의 핵심 내용을 간략히 요약하면 다음과 같다.

시민사회가 요구하는 지방분권개헌안의 핵심 내용

① 헌법 전문과 제1조 제3항에 대한민국은 지방분권국가임을 명시한다.
② 기본권 조항에서 모든 국민은 헌법과 법률에 의해 주민으로서의 자치권을 가진다고 선언한다.
③ 지방자치단체를 지방정부로 개칭하고, 지방정부의 종류는 광역지방정부와 기초지방정부로 구분하고, 법률로써 광역은 시·도, 기초는 시·군·구로 규정한다.
④ 중앙정부와 지방정부 간, 지방정부 상호 간의 권한의 배분은 보충성의 원리에 기초하여 배분한다고 규정한다.
⑤ 입법권의 귀속과 법률의 종류에 관해서 국회는 중앙정부의 법률을 입법하고, 광역자치의회는 광역지방정부의 자치법률을 입법하고, 기초자치의회는 기초자치정부의 법률을 입법한다고 규정하고, 법률의 우선순위는 중앙정부의 법률, 광역지방정부의 자치법률, 기초정부의 자치법률 순이며, 헌법에 별도로 규정한 자치입법 사항에 대해서는 그 자치법률이 우선하는 것으로 한다.
⑥ 국회와 광역자치의회, 기초자치의회는 헌법에서 규정한 입법권을 행사한다.
⑦ 행정권한의 배분도 광역지방정부와 기초지방정부는 각각의 의회가 제정한 자치법률에 따른 고유사무와 법률로 위임된 위임사무를 집행하고, 법률로 위임된 사항에 대하여 규칙을 제정할 수 있도록 규정한다.
⑧ 지방정부의 과세자주권과 자주재정권을 구체적으로 규정한다. 즉 국세와 지방세의 범주를 명확히 규정하고 주요 세원에 대한 공동세 내지 세원공유를 허용하고, 고유한 지방세로서의 재산세 등을 규정한다. 중앙정부와 지방정부, 지방정부 상호 간의 위임사무에 대해서는 위임하는 정부가 모든 비용을 부담하고, 지방정부 간의 재정격차를 시정하는 것을 중앙정부와 지방정부 상호 간에 의무화하는 재정조정제도의 설치를 규정한다.
⑨ 지방의회와 지방정부 집행기관의 조직은 그 지방정부의 의회에서 제정하는 자치법률로 한다.
⑩ 국회를 상원(지역원)과 하원(민의원)으로 구성하고 상원은 지역을 대표하고, 하원은 국민을 대표하며, 지역대표는 편중되지 않도록 구성하고, 하원은 인구비례로 구성하도록 한다.
⑪ 직접민주주의제도의 확장을 위해 국민발안제, 국민투표제, 국민소환제 등을 도입한다.
⑫ 헌법 개정을 국민이 직접 제안할 수 있는 국민발안제를 도입하여 헌법개정의 유연성을 보장한다.
⑬ 지방자치와 지방분권을 강화하기 위해 지방정부의 대표가 고루 참여하는 중앙-지방협력회의를 설치한다.

출처: 이재은(2018). 왜 지방분권개헌이 시급한가?

2 재정민주주의를 위한 재정권력 개혁

자치분권 강화와 복지분권 강화를 위해 재정권력 해체가 필수적이다(김영순, 2021; 이창곤, 2022; 김철, 2022 등).

'모든 정책은 재정으로 통한다'는 말처럼, 재정이라는 정책의 생살여탈권을 쥔 중앙부처의 기획재정부는 대한민국 정책생태계의 주요 정책결정자 가운데 대통령과 그 비서실 다음으로 막강하다.

동시에 한국의 복지정책에서 가장 큰 영향을 끼친 부서 역시 예산부처이다. 예산청, 기획예산처, 기획재정부 등 예산부처는 예산의 규모와 우선순위를 결정하는 부서로서 일반 부처들보다 우위에 있었고, 거의 모든 중요한 복지정책 결정에 관여해 영향력을 행사하였다(김영순, 2021). 또한 복지분권을 포함한 재정분권 논의에서 가장 큰 문제는 기재부의 적극적 반대를 포함한 소극적 태도였고(이재원, 2020), 사실상 반분권연대의 핵심적인 위상을 가지고 있다.

기획재정부는 사실상 이명박, 박근혜 정부는 물론 문재인 정부의 국정운영을 좌지우지했으며, 정책 대부분을 결정해 왔다. 기재부가 청와대와 국무총리의 지휘를 받고, 당정 및 국회 결정을 따라야 하는 위치에 있음에도 불구하고, 당정 합의나, 총리 결정에 대해 소극적·부정적인 행태를 보이는 배경에는 기재부로 대표되는 경제관료권력에 집중된 막강한 기능과 권력이 있기 때문이다.

힘이 약한 부서는 강한 부처들의 요구를 사전에 수용함으로써 갈등의 소지를 줄이고 그들 부처로부터 최소한의 협조나마 보장받고자 하였는데 복지정책의 경우, 보건복지부의 태도도 유사했다고 볼 수 있다. 그 결과, 재정 건전성 논리를 앞세운 예산부처의 영향력은 정책 수립의 거부점으로 작용하거나 또는 '디테일 속의 악마'가 되어 두고두고 복지정책의 본래 목적을 훼손하는 경우가 적지 않았다. 주요 쟁점들이 법령인 시행령과 시행세칙 제정 과정에서 기획예산처의 의도대도 결정되거나 반영되는 것이 대표적인 사례들이다(김영순, 2021).

이른바 '시행령 정치'를 해 온 것이다. 현재의 기재부는 예산의 기획과 편성권을 모두 가지고 있다. 개별 부처의 장관은 예산권을 가지고 있지도 않다(이창곤, 2022). 재정민주주의의 시선에서 보면, 예산의 삭감과 조정 등 기재부 의사결정 과정이 베일에 싸여 있다는 점도 근본적 문제이다. 각 부처 예산편성과 예산요구서 명세는 물론 협의·조정 과정 등 모든 과정이 깜깜이다. 예산 편성을 둘러싼 부처와 기재부 사이 '밀당' 과정에서 어떤 정책의 예산이 어떤 이유로 깎이거나 사라졌는지 외부에서는 아무도 모른다. 그 정도가 심해 '이 나라가 기재부의 나라냐'라는 비판이 나오고 있는 것이다.

그나마 국회가 예산안을 심의한다지만 촘촘한 검증과는 거리가 멀고, 「헌법」(제57조)에서는 국회도 정부 동의 없이 정부가 제출한 지출예산 각항의 금액을 늘리거나 새 비목을 설치할 수 없도록 하고 있다. 재정의 급팽창을 막기 위한 '재정규율 장치'라지만, 달리 보면 예산안을 확정하는 국회조차 기재부가 애초 마련한 틀의 범위를 크게 넘어서기 어렵다는 뜻이다. 민주주의 사회에서 공적 권력의 결정은 시민에게 공개돼야 하며, 감시와 견제를 받아야 한다. 기재부의 예산 편성 과정도 예외일 수 없다. 투명한 공개와 재정권력의 민주적 통제는 재정민주주의의 기본적 요체다(이창곤, 2022).

또한 최근 대부분의 정부 정책은 '관계부처 합동'이라는 이름으로 발표되지만, 주무부처장관은 뒷전이고 기재부장관이 주도하고 있다. 부동산 정책 발표도 국토교통부 장관은 배석할 뿐 경제부총리가 주관하고, 노동·사회정책 또한 마찬가지이다.

심지어, 지난 30년간 보수 정당이 집권하면 기재부는 세수를 과잉 예측해서 감세가 아무 문제가 없다는 분위기를 만들고, 반대로 진보 정당 집권기에는 과소 예측으로 재정 확대의 싹을 자르려고 했던 정치적 경향까지 보이고 있다(신현호, 2023). 국가 관료질서 내에서 과도한 권한을 남용하고 있는 기획재정부는 사회경제체제의 전환을 가로막는 상징이라 해도 과언이 아니다. 주택, 의료,

돌봄, 사회보장, 에너지, 교통 등 필수서비스에 대한 국가책임 강화가 필요한 상황임에도 관련 예산 증액을 거부하고 있는 것이 대표적이다. 이에 기획재정부의 횡포와 독선을 이대로 뒤서는 안 된다는 공감대가 높아지고 있으며, 비대한 관료권력 축소의 핵심으로 모피아 해체, 기획재정부 해체, 예산과 재정 분리 논의가 제기되었다.

사회정책 결정에 있어 경제재정부처 개입을 최소화할 수 있도록 기획재정부의 예산기능과 재정기능을 분리하는 정부조직 개편은 기재부 권력 해체의 필수요건이다. 또한 국민참여예산제의 심화, 탑다운 예산제도 등 국민이 직·간접적으로 예산 결정에 참여할 수 있는 방안도 모색될 필요가 있다.

국정운영에서 사회정책이 경제정책의 우위에 서도록 하고, 예산에 대해 민주적 결정이 이루어지며, 정부관료제 의사결정체계 전반에 걸쳐 민주적 지배구조가 확립되지 않는 한 기재부 권력은 해체되지 않을 것이다. 관료권력을 축소시킬 수 있는 인적 쇄신이 중요하다. 예산·재정정책에 직업관료 대신 정치인과 민간 전문가를 적극 활용할 필요가 있다. 재정민주주의를 확보하지 않으면 복지분권도 요원하고 복지국가는 더더욱 요원하다.

3 복지분권형 정부간 관계 설정

복지분권을 실행하기 위해서는 합리적인 정부 간 관계 설정이 요청된다. 중앙정부와 광역지방정부 그리고 기초지방정부 간의 유기적인 관계를 유지하고 역할분담을 명확히 할 필요가 있다.

1) 중앙정부의 역할

한국의 경우, 복지국가의 발전과정에서 중앙정부의 역할이 매우 중요하다.

서구 복지국가의 경우, 세계 제2차대전 이후에 복지투자가 이루어져 1970~80
년대에 기본적인 제도를 확립하였던 것과 달리, 우리나라는 2000년대 이후에
본격적인 복지투자가 진행되어 왔다. 그럼에도 불구하고 OECD국가군 중에서
는 하위권에 머물고 있어 향후 복지국가로 발전하기 위해서는 중앙정부의 역할
이 보다 강화될 필요가 있다.

즉, 복지분권을 추진한다고 하더라도 지방정부의 기능이 강화되는 것에 그
치는 것이 아니라 중앙정부의 기능도 강화되어야 하는 것이다. 중앙정부의 기
능강화와 지방정부의 역량강화가 서로 상호보완적인 방식으로 발전되어야 하
며, 이를 위해 보다 중앙정부가 강화되어야 할 측면과 중앙정부 기능 중 지방으
로 이양해야 할 부분 그리고 지방정부가 강화되어야 할 측면이 체계적으로 검
토되어야 한다.

전국적이고 보편적인 성격의 사회보장업무는 중앙정부가 더욱 책임지고
사업을 수행할 필요성이 있다. 지방정부가 할 수 없는 업무, 지방정부를 포괄적
으로 지원해야 하는 업무, 지방정부의 격차를 해소할 수 있는 업무 등을 수행해
야 한다. 중앙정부의 역할 변화가 요청되는 것이다.

이를 위해 추가적으로 몇 가지 과제를 정리하면 다음과 같다.

복지분권 강화를 위한 중앙정부의 개선 과제

- 복지분권에 대한 철학과 가치가 충분히 논의되고 국정운영방향과 국정전략에 반영되어
  야 함
- 사회부총리직을 현행 교육부장관에서 보건복지부장관으로 변경이 필요함
- 사회보장위원회의 복지분권 기능강화가 필요함
- 복지사무, 복지재정, 복지행정을 총괄적으로 조정하는 중앙기구 운영(중앙-광역-기초가
  참여)이 요청됨
- 복지분권 실행을 위한 상세 로드맵 구성 및 실행이 요청됨
- 중앙-지방협력회의(기구) 운영에 있어 복지부문에 대한 적극적 고려가 필요함
- 복지관련 중앙단위 주요 의사결정 위원회(예, 중앙권한이양 전문위원회 등)에 복지전문
  가가 적극 참여할 수 있도록 조치가 필요함
- 복지분권 관련 연구 강화가 필요함. 한국보건사회연구원, 지방행정연구원, 지방세연구
  원, 광역단위 연구재단 등의 협력이 요청됨

- 복지분권에 대한 철학과 가치가 충분히 논의되고 국정운영 방향과 국정전략에 반영되어야 한다.

　지난 정부에서 연방제 수준의 분권국가 논의가 있었다. 그런데 중앙정부 단위에서 이에 대한 철학과 가치가 충분히 논의되지 않았다. 지방자치시대에 지방분권형 국가경영체계에 대한 논의가 단순히 형식적인 수준에서만 논의되고 내실있는 논의가 이루어지지 못했다. 또한 이를 실행하는 과정에서도 단순히 재정규모나 양적인 측면 또는 지표의 변경 수준에서만 논의되고 그것이 어떠한 사회를 지향하고, 어떠한 나라를 만들 것인지에 대한 논의까지 발전하지 못했다. 결국 국정운영의 방향이나 국정전략까지 실질적으로 반영되지 못하는 구조였다. 왜 복지분권이 필요하고 현재의 문제가 무엇이고, 어떻게 개선하면 좋을지 충분한 논의가 있어야 한다. 그리고 그것이 어떤 긍정적인 효과를 가져오는지 충분히 검토되고 이해될 필요가 있다. 이러한 결과들이 구체적으로 국정운영과 국정전략에 반영되어야 한다.

- 사회부총리직을 현행 교육부장관에서 보건복지부장관으로 변경이 필요하다.

　현재 우리나라는 국무총리 아래 부총리를 두고 있으며, 기획재정부장관과 교육부장관이 각각 경제부총리와 사회부총리를 맡고 있다. 그런데 부총리 겸 교육부장관은 교육·사회 및 문화 정책 조정기능을 원활히 수행하기 위하여 교육·사회 및 문화 관계장관회의(사회관계장관회의)를 설치하고, 그 운영을 하고 있는데 교육부 장관이 사회정책을 조정하는 것은 합리적으로 보이지 않는다. 사회변화에 따른 사회정책의 중요성을 고려할 때, 보건복지부 장관이 사회부총리를 맡는 것이 합당하다. 실제 수차례 개최한 사회관계장관회의 안건을 보면 상당수가 복지 관련 사회정책이다. 사회정책을 잘 아는 부처의 장관이 사회부총리를 맡는 것이 합당하고 실제 안건 실행도 효율적이게 된다.

교육·사회 및 문화 관계장관회의 규정(대통령령)

제2조(설치 및 기능) ① 주요 교육·사회 및 문화 정책을 종합적인 관점에서 일관성 있게 수립·추진하고, 교육·사회 및 문화 정책과 관련하여 정부부처 간의 협의가 필요한 현안사항 및 주요 정책 또는 관련 중장기계획에 관한 사항을 효율적으로 협의·조정하여 교육·사회 및 문화 분야의 발전을 뒷받침하기 위하여 교육·사회 및 문화 관계장관회의(이하 "회의"라 한다)를 둔다.

② 회의는 다음 각 호의 사항을 협의·조정한다. <개정 2019. 9. 24.>

1. 교육·사회 및 문화 분야의 동향 점검 및 발전방향 설정 등 교육·사회 및 문화 정책 운영 전반에 관한 사항
2. 교육·사회 및 문화 정책 중 해당 정책과 소관 업무상 관련이 있는 정부부처(이하 "관계 부처"라 한다) 간의 협력, 역할분담 및 조정이 필요한 사항
3. 교육·사회 및 문화 정책에 대한 국가 차원의 중장기 전략 수립에 관한 사항
4. 교육·사회 및 문화 정책에 대한 종합적인 효과 분석과 관계 부처 간의 협력이 필요한 홍보에 관한 사항
5. 그 밖에 부처의 장이 제출하는 교육·사회 및 문화 분야에 관한 안건 및 보고사항

– 사회보장위원회의 복지분권 기능강화가 요청된다.

사회보장에 관한 주요 시책을 심의 조정하기 위하여 국무총리 소속의 사회보장위원회가 있다. 위원회는 ① 사회보장 증진을 위한 기본계획, ② 사회보장 관련 주요 계획, ③ 사회보장제도의 평가 및 개선, ④ 사회보장제도의 신설 또는 변경에 따른 우선순위, ⑤ 둘 이상의 중앙행정기관이 관련된 주요 사회보장정책, ⑥ 사회보장급여 및 비용 부담, ⑦ 국가와 지방자치단체의 역할 및 비용 분담, ⑧ 사회보장의 재정추계 및 재원조달 방안, ⑨ 사회보장 전달체계 운영 및 개선, ⑩ 사회보장통계, ⑪ 사회보장정보의 보호 및 관리, ⑫ 신설변경협의조정, ⑬ 그 밖에 위원장이 심의에 부치는 사항 등 광범위한 기능을 가지고 있다. 특히 복지분권과 관련해서는 ⑦ 국가와 지방자치단체의 역할 및 비용 분담과 ⑫ 신설변경협의조정 등이 직접적으로 관련된다. 그럼에도 불구하고 ⑦의 기능은 거의 수행하지 않고 있다. 그러므로 향후 사회보장위원회의 복지분권 기능을 강화할 필요가 있다. 또한, 사회보장위원회 중장기 발전전략 연구(최현수 외, 2021)에 제시된 것처럼, 복지분권 강화를 위한 역할 및 기능조정의 필요성이 요구된다.

- 복지사무, 복지재정, 복지행정을 총괄적으로 조정하는 중앙기구 운영(중앙-광역-기초가 참여)이 요청된다.

　　앞에서 언급한 사회보장위원회의 복지분권 기능을 강화되기 위해서는, 무엇보다 복지사무, 복지재정, 복지행정을 총괄적으로 조정하는 조직 운영이 필요하다. 여기에는 중앙-광역-기초가 모두 참여할 수 있도록 하고, 지방재정부담심의위원회와 협력구조를 가질 수 있도록 한다. 2023년 현재 사회보장위원회 운영구조는 기초자치단체 입장을 전혀 반영하지 못하는 구조로 운영되고 있다. 6개 전문위원회 90명의 위원중 광역자치단체를 대표하는 사람은 2명이 배정되어 있으나 기초자치단체는 전무한 실정이다. 상당수의 복지사업이 기초자치단체를 통해 실행되고, 신설변경협의 안건의 상당수가 기초자치단체임에도 기초자치단체가 참여하지 못하는 구조이기 때문에 개선이 요청된다.

- 복지분권 실행을 위한 상세 로드맵 구성 및 실행이 요청된다.

　　역대 정부는 일정 정도 분권에 대한 상세 과제와 로드맵을 제시하여 사업을 실행해왔다. 하지만 복지분권 영역은 적극적으로 고려되지 못했다. 그러므로 복지분권 실행을 위한 구체적인 계획안이 제시될 필요가 있고, 이와 관련된 실행계획이 구성될 필요가 있다. 사회보장위원회는 사회보장계획을 매 4년마다 수립하도록 되어 있고, 제3차 사회보장기본계획(2024~2028)이 수립되었다. 가능하다면 기본계획 하위 단위에 관련 계획을 포함하여 실행할 수 있도록 조치가 필요하다.

- 중앙-지방협력회의(기구) 운영에 있어 복지부문 적극적 고려가 필요하다.

　　중앙정부와 지방정부의 중요한 협력기구로 중앙-지방협력회의가 가동중이다. 회의에서는 중앙과 지방이 협력해야 할 다양한 과제를 다루고 있는데, 이에 복지부문에 대한 협력을 적극적으로 고려할 필요가 있다. 복지사무와 복지재정 등에 대한 정책조정과 협력이 요구된다.

「중앙지방협력회의의 구성 및 운영에 관한 법률」(약칭: 중앙지방협력회의법)

> 제2조(중앙지방협력회의의 기능) 중앙지방협력회의(이하 "협력회의"라 한다)는 다음 각 호의 사항을 심의한다.
> 1. 국가와 지방자치단체 간 협력에 관한 사항
> 2. 국가와 지방자치단체의 권한, 사무 및 재원의 배분에 관한 사항
> 3. 지역 간 균형발전에 관한 사항
> 4. 지방자치단체의 재정 및 세제에 영향을 미치는 국가 정책에 관한 사항
> 5. 그 밖에 지방자치 발전에 관한 사항

- 복지관련 중앙단위 주요 의사결정 위원회(예, 중앙권한이양 전문위원회[1] 등)에 복지전문가가 적극 참여할 수 있도록 조치가 필요하다.

 복지와 관련된 주요 의사결정기구에 복지전문가들의 참여가 부족한 실정이다. 관행적으로 이루어져 온 측면도 있고, 복지분야 전문가가 부족한 측면도 있다. 보다 전문적이고, 가치에 입각한 정책결정을 위해서는 복지전문가의 참여가 반드시 필요하다. 지방복지재정의 경우, 지방재정 전공자들만 참여하므로 재정관리 측면이 강조되고 복지재정 본래의 지향성은 축소된 채로 논의되는 경우가 많다. 복지관련 의제에 복지전문가가 적극 참여할 수 있는 구조가 필요하다.

- 복지분권 관련 연구 강화가 필요하다.

 현재 분권관련 연구기관들이 다양하게 있다. 중앙단위에는 한국행정연구원, 한국보건사회연구원, 한국지방행정연구원, 한국지방세연구원 등이 있고, 지역에는 광역단위 연구기관들이 있으며, 기초단위에는 시정연구원이 있다. 이러한 여러 기관에서는 일반적인 자치분권 연구만 수행하는 것이 아니라 다양한 복지분권 연구를 수행할 필요가 있다. 또한 기관 간 연계협력 구조를 만들어 시너지 효과가 발휘될 수 있도록 운영이 필요하다.

---

1) 자치분권위원회의 제4기(21.7.29 – 22.7.28) 중앙권한이양전문위원회 중 제1전문위원회(행정·복지·환경분야) 위원 13명중 복지전문가는 1명도 없다. 이러한 경향은 다른 위원회에서도 유사한 경향을 보인다.

2) 광역자치단체의 역할

지방자치단체 중 광역자치단체의 역할과 기능에 대한 선행연구(문순영, 2008; 한부영 외, 2016; 강영주 외, 2019; 정홍원 외, 2020 등)가 있다. 공통적으로 광역자치단체의 역할이 모호하며 기능재조정이 요청된다고 제언한다.

앞부분에서 정부 간 역할에 대해 언급한 바 있지만, 사회보장에서 광역자치단체의 역할을 세부적으로 논의하면 크게 자치행정의 효율성, 지역 간 조정 그리고 지역의 정책참여 차원으로 정리할 수 있다(김가희 외, 2022).

먼저 지방행정의 효율성 차원에서 살펴보면 광역 지자체는 시·도 단위 사회보장정책의 총괄 및 필요한 사회서비스의 추진, 기초 지자체의 사회보장사업에 대한 지도·감독 및 평가, 정책과 인력의 전문성에 대한 지원 등을 말할 수 있다. 기초 지자체의 관할 지역범위를 넘어서는 등 기초 지자체 차원에서 추진하기 부적합하거나 감당하기 어려운 광역 차원의 사회보장 정책을 추진하고 사회서비스 공급을 담당하며, 광역 차원에서 일관성 있게 추진해야 하는 정책을 제시하고 이끌어가는 기능과 역할이 필요하다.

또한 중앙정부의 정책적 차원이나 보편적인 기본권 보장, 인권보호, 안전 등 전국적 차원에서 일정 수준의 일관성을 유지하거나 관리가 필요한 사회보장 정책이나 서비스의 경우에도 중앙정부가 직접 전국 시·군·구를 상대하기보다는 시·도 지자체가 관할 지역의 시·군·구에 대해 지도·감독의 역할을 수행하거나 평가를 통해 관리하는 역할을 더욱 효과적으로 수행할 수 있다.

마지막으로 시·군·구의 경우 사회보장사업에 필요한 전문성을 충분히 확보하기 어려운 부분이 있으므로 시·도 차원에서 이를 보완하고 컨설팅, 교육·훈련 등 지원하는 역할에 대한 필요성이 있다.

그 다음 지역 간 조정의 차원에서 보면 특히 사회보장영역에서 지역 간 격차의 문제는 사회보장 영역에서 더욱 두드러지게 나타날 수 있는 부분이므로 이에 대한 시·도의 기능과 역할의 필요성은 더욱 크다고 할 수 있다. 따라서 예산 등의 자원과 인프라의 배분, 사회보장사업의 기초 지자체 간 조정과 연계·협력, 인접 시·도 간 사회보장사업에 대한 연계·협력 등이 그것이다. 우리나라는 아직 재정체계에 있어서 지자체의 자체재원보다 중앙정부가 지자체에 할당하는 몫이 크기 때문에 광역 지자체는 기초 지자체 간의 욕구와 지역적 환경에 따른 차이를 반영하여 적절하게 배분해야하는 역할이 중요하다.

또한 사회서비스의 경우 공급 인프라 역시 지역 간 편차가 크게 발생할 수 있는 부분이므로 이 역시 광역 지자체의 역할이 요구되는 부분이다. 또한 행정에서처럼 일부 기초 지자체에 업무 등 부담이 편중되거나 지역 간 역할의 조정이나 연계, 협력이 필요한 경우 광역 지자체가 그 역할을 수행해야 한다. 관 내 기초 지자체간 협력뿐 아니라 인접 시·도 차원의 연계와 협력 역시 시·도에서 수행해야 하는 기능이라고 할 수 있다.

마지막으로 지역의 정책참여 차원에 있어서는 중앙─기초 지자체 간 정책협의, 지역 욕구의 공공 재정 반영 창구, 시·도 차원의 민관 거버넌스 운영 등의 기능과 역할이 필요하다. 기본적으로 시·도는 중앙의 정책이 시·군·구로 전달되는 통로임과 동시에 반대로 시·군·구의 정책적 요구나 의견이 중앙으로 전달될 수 있는 통로이기도 하다.

특히 최근 대통령과 국무총리 등 중앙정부와 시·도 지사가 참여하는 중앙지방협력회의가 법제화됨에 따라서 이러한 기능과 역할은 더욱 중요해지고 있다. 지역적 욕구의 특수성이 큰 사회서비스 영역에서는 국가가 일관된 기준으로 파악하기 보다는 지역에서 진단된 욕구가 국가 예산 등 재정에 반영될 수 있도록 하는 역할이 핵심적일 것이다.

또한 사회서비스에서는 지자체뿐만 아니라 공단 등 별도의 전달체계를 갖추고 있는 경우도 많고, 서비스 공급에 있어서는 민간영역의 역할이 크며, 보건의료, 교육, 고용, 주거, 환경 등 다양한 영역을 포괄하고 있으므로 이와 같은 다양한 주체들이 함께 참여하는 시·도 차원의 거버넌스 운영의 필요성 역시 크다고 할 수 있다. 이와 같은 사회보장에서의 시·도의 기능과 역할을 정리하면 〈표 9-1〉과 같다.

표 9-1 사회보장에서의 광역 지자체의 기능과 역할

광역 지자체의 기능과 역할의 차원	사회보장에서의 기능과 역할
자치행정의 효율성	• 시·도 단위 사회보장정책의 총괄 및 필요한 사회서비스의 추진 • 기초 지자체의 사회보장사업에 대한 지도·감독 및 평가 • 정책과 인력의 전문성에 대한 지원
지역 간 조정	• 예산 등의 자원과 인프라의 배분 • 사회보장사업의 기초 지자체 간 조정과 연계·협력 • 인접 시·도간 사회보장사업에 대한 연계·협력
지역의 정책참여	• 중앙-기초 지자체간 정책협의 • 지역 욕구의 공공 재정 반영 창구 • 시·도 차원의 민관 거버넌스 운영

출처: 김가희 외(2022). 지역사회보장 기반 강화를 위한 시·도 사회보장위원회 운영현황 분석과 과제. 한국보건사회연구원

이에 따라 시·도 사회보장위원회의 기능과 역할을 정리하면 〈표 9-2〉와 같다.

표 9-2 시·도 사회보장위원회의 기능과 역할

기능	역할
협력적 연결망 구축과 협영 기능	• 시·도 단위 민관 연결망 형성 및 협력관계 구축 • 기초 지자체 사회보장사업에 대한 진단과 협의 • 사회보장 영역별, 지역별 의견 수렴 및 시·도 사업반영 • 시·도단위 사회보장 의제 설정과 협력적 대응 활성화
지역 욕구 진단 및 지역 간 조정 기능	• 지역별 사회보장 욕구 파악 및 수요 진단 • 기초 지자체간 사회보장사업 연계·협력과 조정 • 시·도 단위 사회보장사업 개발과 욕구 대응 • 인접 시·도간 사회보장사업에 대한 연계·협력 촉진
기초 지자체 전달체계 지원 기능	• 시·도 단위 민관 전달체계간 연계체계 구축 • 기초 지자체 사업과 인력에 대한 전문성 지원 • 시·도 단위 사회보장영역간 공동협력사업 활성화 • 시·도 단위 지역사회 자원개발과 지역 간 공유

출처: 김가희 외(2022). 지역사회보장 기반 강화를 위한 시·도 사회보장위원회 운영현황 분석과 과제. 한국보건사회연구원

3) 기초자치단체의 역할

226개 시군구 기초자치단체는 지방자치와 복지분권의 가장 중요한 행정단위이다. 1지붕 3가족이라고 부를 만큼 인구나 재정여건 등이 판이한 실정이지만, 지역주민의 생활공간으로서 행정적 단위로 매우 중요한 위치를 차지하고 있다. 대부분의 복지사업이 시군구와 읍면동을 통해 주민들에게 전달되고 있고, 풀뿌리민주주의의 공간으로 그리고 대면접촉이 가능한 일상생활의 공간으로 작동된다.

복지사무분권의 관점에서 기초자치단체는 보충성의 원칙을 통해 기초자치단체가 우선적으로 사무를 배분받으며, 사회서비스는 자치사무로 설정하여 책임감있게 업무를 수행할 필요가 있다. 기초를 옭죄는 중앙과 광역의 여러 가지 규제들을 벗어버리고 자율성과 책임성에 기반하여 내실있는 사무 실행이 요청된다.

복지재정분권의 관점에서는 기본적으로 세입분권과 세출분권이 이루어져야 한다. 지역간 재정여건의 차이가 크므로 차등분권이 요청되며, 복지사업의 경우, 복지사무분권에 따라 복지재정분권과 일관성있게 개선될 필요가 있다. 국고보조사업의 전면적 개편에 따라 재정분담 원칙을 재설정하고 이에 따라 경직된 복지재정 운영을 해소하며 재정에 대한 책임성을 가지고 복지사업을 실시할 필요가 있다. 국고보조사업에 강제적으로 동원되었던 재원들이 지역주민을 향한 자체사업에 사용되어야 하며, 자체사업 실행을 위해 사업기획력이 강화될 필요가 있다. 자치구의 경우, 재정력이 매우 취약하므로 보통교부세의 자치구 직접교부도 필요하다.

복지행정분권의 관점에서는 조직과 인력 운영에 있어 자율성과 책임성을 가질 필요가 있다. 지자체 조직과 인력 운영에 중앙의 구조적인 규제가 존재하기는 하지만, 가지고 있는 권한도 충분히 활용하지 못한 것으로 평가된다. 적정

인력 배치와 합리적인 인사행정이 요구된다. 분권을 실행하기 위한 공무원의 역량강화도 필수적이다. 분권을 통해 권한을 확보한다면 이에 따른 책임성도 강화될 것이다.

복지정치분권의 관점에서는 주민참정과 지역정치 과정이 실질적인 방식으로 변화되어야 하고, 주민자치도 내실화되어야 한다. 복지영역은 적극적인 복지정치 참여가 요청되고, 이 과정에서 지역사회보장협의체가 중요한 역할을 수행할 필요가 있다. 무엇보다 복지분권의 최종 도달지점은 시군구 내에 거주하는 주민참여와 주민통제임을 분명하게 인식할 필요가 있다.

이를 위해 주민들의 자치역량과 민간부문의 역량강화가 요청된다. 구체적으로 교육이 강화될 필요가 있다. 복지분권 정보에 대한 교육자료 공급(예, 유튜브 등을 통한 학습자료 공급), 복지분권 확산을 위한 조직운영(예, 복지분권대학) 및 강사 등 인력운영, 지역사회보장협의체 등을 통한 주민복지참여 강화, 지역 역량에 따른 마을복지계획 수립 확대, 주민이 권력을 행사하고 관여할 수 있도록 다양한 제도적 장치 마련, 자치분권(지방자치, 주민자치, 주민참여예산제 등) 과제에도 복지부문이 적극적 참여가 가능하도록 하고, 자치경찰제 운영에 따른 복지부문 참여도 필요하다.

복지분권이 성공하기 위해서는 주민들이 공감하고 동의를 해야 질적인 변화를 만들 수 있다. 복지분권의 비전과 당위성 그리고 필요성에 대한 광범위한 공감과 실천이 있어야 비로소 복지분권국가로 나아갈 수 있다. 권위주의적 관치행정과 타율적 행정에서 벗어나 자율적 참여와 능동적 참여가 있어야 진일보한 복지분권국가가 될 수 있다.

4 지방자치단체의 책임성 강화

분권의 기본적 전제는 지방자치단체가 지역의 욕구와 선호를 잘 인식하고 있고, 주민에 대한 대응력이 높다는 것이다. 또한 분권을 주장하는 지방정부가 분권을 통해 지향하는 가치나 효율성 및 효과성을 달성하는 데 실질적인 노력을 기울이고 있다는 전제하에 실행될 수 있는 것이다. 만일 이러한 전제가 무너지게 된다면 분권의 실효성은 저하될 것이고 집권의 논리가 고려될 수밖에 없게 된다.

그러므로 분권을 주장하기 위해서는 지방정부의 책임성이 동시에 고려될 수 밖에 없게 된다. 그렇기에 다음과 같은 지방정부의 책임성 강화가 요청된다 (전영평, 2003; 최봉기, 2010).

첫째, 지방행정이 보다 투명해야 한다. 지방행정이 투명하지 않으면 비효율과 부패가 발생한다. 이에 대한 전제조건은 정보공개의 강화이다. 시민의 알 권리를 보다 충족시키고, 행정의 전 과정에 대해 접근하기 쉽도록 절차적인 측면이 강화되어야 한다. 현재 정보공개 운영과정은 다소 형식적이라는 평가가 많다. 미공개 정보가 너무 많고, 편의적으로 운영되는 측면도 많아 지방행정에 관여하기 힘들다는 의견들이다. 또한 전문적인 내용이 많아 주민들이 이해하기 힘들다는 평가도 있는바 알기 쉽게 전달하는 방법에 대한 고민도 필요하다. 주민의 신뢰를 얻는 행정이야말로 분권의 전제조건이다.

둘째, 행정과정의 혁신이 필요하다. 업무 프로세스를 지속적으로 개선하고 행정을 지속적으로 혁신하는 문화를 정착시켜야 한다. 기계적 관료제적 문화가 전문적 관료제 문화로 변화가 필요하며, 이를 통해 지방정부는 효율성을 높이고 문제 해결 능력을 향상시킬 수 있도록 부단히 애를 써야 한다. 주민들은 능력있는 지방정부를 희망한다.

셋째, 지방공무원의 역량을 강화해야 한다. 지방정부는 전문적이고 유능한 공무원을 양성하고 유지하여 책임 있는 업무 수행을 보장해야 한다. 이를 위해 공무원 교육 및 훈련 프로그램을 보다 강화하고, 공정한 인사 제도를 운영해야 한다. 분권과 관련하여 지방공무원 모두가 기본적인 지식을 습득할 수 있도록 하고, 각 지역의 특성과 필요에 맞는 맞춤형 정책을 수립하고, 지역민의 요구에 보다 적극적으로 대응할 수 있도록 한다.

넷째, 주민참여를 강화해야 한다. 지방정부는 주민들의 의견을 듣고 반영하는 참여적인 의사 결정 과정을 구축해야 한다. 이를 위해 공개 토론, 시민포럼, 여론조사 등 다양한 참여 방식을 도입하고, 주민들이 지방정부의 정책 및 프로그램에 직접적으로 참여할 수 있도록 해야 한다. 이를 위해 주민의 권리의식을 강화하기 위한 교육 프로그램을 보다 강화할 필요가 있다. 주민들이 능동적인 주체가 될 수 있도록 지원해야 한다.

또한 현재 운영중인 주민청원, 조례 제정·개폐 청구, 주민감사청구, 주민투표, 주민소송, 주민소환 제도 등의 실질적인 운영이 가능하도록 해야 한다. 주민의 직접참여를 통한 책임성 확보가 보다 강화되어야 한다.

다섯째, 지방정부는 재정 운용의 투명성과 효율성을 높여야 한다. 이를 위해 예산 편성 및 집행 과정을 공개하고, 재정 운용에 대한 외부 감사를 수시로 받아야 한다. 주민참여예산제도의 운영 내실화가 필수적으로 요청된다. 재정건전성은 피할 수 없는 과제이며, 재정운영의 합리성과 함께 지역사회문제의 해결을 위해 예산을 적정하게 배분할 필요가 있다.

여섯째, 성과평가 체계를 마련하고, 성과중심의 행정실행이 요청된다. 지자체가 계획한 정책 및 프로그램이 목표를 달성하고 있는지를 정량적 및 정성적으로 평가할 수 있어야 한다. 이를 위해 성과평가 체계를 도입·마련하고, 운영을 통해 성과 미달이나 문제점을 식별하고 개선해 나가야 한다.

일곱째, 지방의회의 기능이 보다 강화될 필요가 있다. 단체장을 비롯한 집행부의 실질적인 통제와 관여가 가능할 수 있도록 역량이 강화될 필요가 있다.

지자체 집행부는 중앙정부의 통제를 벗어나 자율성을 확보하는 것이 중요하지만 그렇다고 해서 무한정의 자율을 가지는 것은 아니다. 또한 단체장의 권한이 매우 크므로 쉽게 남용되거나 오용될 우려가 있으므로 이에 대한 권한을 감시하는 것은 반드시 필요하다. 의회를 통한 집행부를 실질적인 통제를 위해서는 지방의원의 역량강화가 필수적이다.

끝으로 분권은 중앙정부로부터 권한과 재원을 이양받은 지방정부가 지역주민의 삶의 질에 기여하고 지역발전에 기여할 때 비로소 분권의 실질적인 성과가 나타나게 된다. 또한 지방정부가 주어진 권한을 최대한 활용하고, 지방자치제도의 본래 취지에 부합하는 활동을 할 때 보다 많은 권한이 부여될 수 있다. 한마디로 지방정부가 바람직한 지방자치를 지속적으로 견인해 낼 때, 주민들이 분권을 더욱 더 요청하고 최종적인 분권의 지지세력이 될 것이며, 중앙정부와 집권지향세력도 설득해 낼 수 있을 것이다.

5 인구구조 변화 및 지방소멸 대응

1) 인구구조 변화에 대한 분권적 대응

한국은 인구구조 측면에서 저출생 심화와 고령인구의 증가가 진행중이다.

저출생의 원인은 주로 고용불안(소득불안), 경쟁압력(양질의 일자리를 향한 경쟁), 주거불안(주택마련비용에 대한 부담), 양육불안(양육환경 등에 대한 불안) 등이 제시된다(저출산고령사회위원회, 2020).

이러한 변화는 경제적 관점에서 본다면 생산연령인구 감소로 인한 노동인력부족, 이로 인한 재정수입 감소와 부양인구 증가로 인하여 재정지출이 증가될 것으로 예측된다. 인구구조 변화와 이에 따른 복지재정의 변화는 지역특성에 따라 다양한 양상을 보일 것으로 예상되며, 이러한 변화는 복지분권 운영에 복잡한 영향을 미칠 것으로 예측된다.

　　재정적 관점에서 지방은 수입과 지출로 구분할 수 있는데, 수입에는 지역 내 인구구조의 변화로 인한 수입과 함께 중앙정부로부터 지원받는 지방교부세의 경우 재정여건과 인구비율에 따라 지원받고 있다. 즉 지역 내부의 인구요인으로부터 그리고 외부인 중앙정부로부터 이중의 재정적 영향을 받게 된다. 지출의 경우, 수입 규모에 따라 지출될 수 있지만 인구감소, 노령인구 증가, 1인 가구 증가, 인구쏠림, 지역소멸, 지역사회 문제심화 등의 다양한 요인으로 지출규모는 증가할 수도 있다. 한마디로 인구구조 변화는 여러 가지 모습으로 재정부담 요인으로 작용할 것이다. 특히 지역소멸 현상은 고령화가 큰 도단위 군지역에서 심화될 것으로 예상되며, 이에 대한 다차원적인 개입이 요청되고 있다.

　　인구구조 변화는 국가재정의 변화와 함께 지방재정의 변화가 예상될 수 있다. 특히 복지재정이 중앙정부와 지방정부가 분담하는 구조로 되어 있어, 복지재정이 확대될 경우, 지자체의 인구와 경제여건에 따라 재정력 격차가 심화될 수 있다. 재정기반이 약하고 인구고령화가 심화되는 지역은 지역 간 불평등이 심화될 것으로 예상된다. 그러므로 이러한 조건에서는 지역 간 불평등이 심화되지 않도록 하는 조정기능이 강화될 필요가 있다. 이에 대한 대안으로는 재정력이 취약한 지역의 경우, 국고보조 지방매칭비를 경감하는 방안이 우선적으로 고려될 수 있다. 그렇게 되면 지방비 부담이 경감되어 지자체의 지역소멸 대응역량이 강화될 수 있다.

　　또한 앞서 맞춤형 재정분권 논의에서 언급하였다시피 지방세입체계가 취약한 지역은 '자립지향형 지방자치단체'로 구분하여 중앙이 보다 체계적인 재정지원이 가능할 수 있도록 조치가 필요하다. 이를 통해 지역소멸 속도의 완화와 중장기적으로 지역사회 기반을 강화할 수 있도록 다양한 방안을 강구할 필요가 있다.

　　또한 외국의 경우, 인구 고령화로 인해 가장 변화되는 특징은 공통적으로 노인돌봄 시스템을 지방자치단체가 총괄하면서 서비스의 공급주체를 다양화하고 있다는 점이다(이영숙 외, 2022). 8장에서 살펴보았듯이 향후 돌봄을 중심으로 하는 사회서비스는 지방정부의 역할이 핵심적이다. 지역단위 사회서비스가 효율적으로 운영되기 위해서는 결국 지방정부가 총괄 역할을 수행할 수밖에 없다. 그러므로 현행과 같이 책임성이 부족하고, 분절적이며, 폐쇄적인 운영체계는 개선이 요구된다. 결국 지방정부가 책임성 있게 사업을 추진할 수 있도록 분권에 기반하여 혁신이 요구된다고 볼 수 있다.

또한, 인구구조 변화에 대한 핵심적인 대응 주체는 지자체가 되어야 한다. 지자체는 공적권한을 가진 주체이기 때문에 지역내 이해관계자들을 조정하고 협력하는 기제가 되어야 한다.

예를 들어, 2024년 2월에 통과된 「의료·요양 등 지역 돌봄의 통합지원에 관한 법률안」에 따르면, 살던 곳에서 건강하고 자립적인 생활을 유지하기 위해서는 보건의료와 요양·돌봄 등의 지원이 빈틈없이 통합적으로 제공될 필요가 있고, 지방자치단체는 통합지원 대상자에 대한 정책 수립 시 욕구에 맞는 서비스의 통합적인 제공 및 선택권 보장, 가족 및 보호자에 대한 지원 및 보호, 주민들 참여 활성화 등에 대한 책무를 지고, 국가는 이에 대한 행정적·재정적 지원을 하도록 하고 있다(제4조).

또한 국가와 지방자치단체는 통합지원 대상자에게 필요한 보건의료·요양·돌봄 분야의 서비스 확충 및 관련 서비스 연계 강화를 위하여 노력하여야 하며(제15조부터 제19조까지), 의료등의 통합지원 기반 마련을 위한 통합지원협의체 운영, 전담조직의 설치·운영, 통합지원정보시스템 구축·운영, 전문인력의 양성, 전문기관의 지정 등에 관하여 규정하고 있다(제20조부터 제25조까지). 한마디로 지자체의 적극적인 역할이 요구된다.

또한 인구구조 조정에 따라 사회복지인프라 재조정, 관련 인력 양성과 유지에 대한 관리, 관련 시설의 다기능화, 핵심시설의 유지 및 강화, 생애주기별 대상자에 대한 섬세한 전략마련 등 다양한 과제들이 있다. 이 또한 지역여건에 맞도록 지자체가 주도적인 역할을 수행해야 한다.

결국 복지분권이 지향하는 것처럼 복지사무의 조정, 재정분권을 통한 안정적인 복지재정의 마련, 효율적이고 책임감 있는 복지전달체계 운영 그리고 지역주민들의 적극적인 참여가 바탕이 될 때 비로소 살만한 지역사회가 될 것이고, 인구의 양적인 변화뿐만이 아니라 질적인 변화까지도 가능하게 될 것이다.

저출산 혹은 저출생의 핵심적인 이유는 다양하지만 근본적으로 자녀를 출산하고 양육하는 과정에서 비인간적인 것을 경험하기 때문이다. 이는 개인이 교육, 일자리와 근로환경, 주거 등 다양한 환경에서 생활하기에 건전하지 못하다는 인식하에 내리는 합리적인 선택이다. 그러므로 단순히 저출산 예산지출로 해결할 수 없는 과제이다. 말 그대로 아이를 낳고 키울 수 있는 적절한 환경을 장기적으로 마련하는 것이 필수적이고, 이러한 목표를 이루는 데 있어 중앙정부와 함께 지방정부의 적극적인 노력이 필요할 것이다. 지방정부 차원에서 이러한 적극적인 노력을 가능하게 하는 것이 바로 분권이며, 지역의 변화를 가능하게 하는 것은 자치가 필수적인 요소이다.

2) 지방소멸에 대한 분권적 대응

지역소멸은 지역사회 인구가 감소하여 인프라 및 생활서비스 공급, 생활의 애로 등으로 인하여 공동체가 제대로 기능하기 어려운 상태를 말한다(김현호 외, 2021).

중앙정부는 지방소멸지역을 인구감소지역으로 정하고, 전국 89개 시군구를 지정하였다(2021.10). 지정 현황을 보면, 수도권을 제외하고, 광역자치단체를 제외한 광역도단위 시·군지역이 상당수 포함된 것을 확인할 수 있다. 도농복합지역이거나 농어촌지역이 많으며, 일부 도시지역도 포함되어 있다.

지역소멸은 크게 저출산, 고령화, 인구유출을 특징으로 하는데, 전국적인

그림 9-1 인구감소지역 지정 현황(지도)

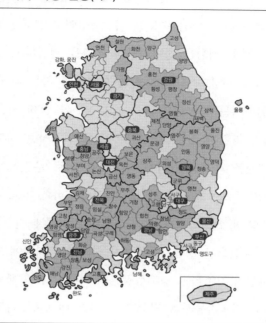

출처: 행정안전부(2021). 홈페이지

표 9-3 인구감소지역 지정 현황(시군구명)

부산(3)	동구 서구 영도구	인천(2)	강화군 옹진군
대구(3)	남구 서구 군위군	경기(2)	가평군 연천군
강원(12)	고성군 삼척시 양구군 양양군 영월군 정선군 철원군 태백시 평창군 홍천군 화천군 횡성군	전남(16)	강진군 고흥군 곡성군 구례군 담양군 보성군 신안군 영광군 영암군 완도군 장성군 장흥군 진도군 함평군 해남군 화순군
충북(6)	괴산군 단양군 보은군 영동군 옥천군 제천시	경북(15)	고령군 문경시 봉화군 상주시 성주군 안동시 영덕군 영양군 영주시 영천시 울릉군 울진군 의성군 청도군 청송군
충남(9)	공주시 금산군 논산시 보령시 부여군 서천군 예산군 청양군 태안군	경남(11)	거창군 고성군 남해군 밀양시 산청군 의령군 창녕군 하동군 함안군 함양군 합천군
전북(10)	고창군 김제시 남원시 무주군 부안군 순창군 임실군 장수군 정읍시 진안군		

출처: 행정안전부(2021). 보도자료(2021.10.18)

현상이긴 하지만 수도권은 낮은 출생율을 지방에서 인구흡수를 통해 보충하고 있다. 즉 지역소멸은 다름 아닌 수도권 집중현상이고 분산정책의 실패를 의미한다. 인구유출의 경우 핵심은 청년인구의 유출을 언급하고 있는데, 안정적인 정주여건(일자리, 주거, 여가, 교통, 의료 등)을 확보해야 하는 과제도 있다. 정주여건을 개선하기 위해서는 중앙정부의 포괄적 지원과 함께 이를 적절하게 운영 실행하는 지자체의 역할이 매우 중요하다. 이를 위해서는 지자체가 그에 대한 충분한 권한과 재원을 가지고 있어야 한다. 한마디로 분권이 요구되는 것이다.

지방소멸이 가져오는 문제는 여러 가지이다(차미숙, 2024; 구형수 외, 2018; 김현호 외, 2021; 이소영 외, 2023). 첫째, 지방소멸은 지역경제 및 산업·일자리 기반을 위축시킨다. 저출산으로 생산가능인구가 감소하면 시장에 노동 공급이 감소하여 경제의 생산성이 감소하고 경제성장률이 저하된다. 둘째, 지방소멸은 정주기반을 와해시키고 지속가능성을 저하한다. 지역 내 빈집, 폐교 등이 발생하면서 정주기반이 무너진다. 셋째, 지방소멸은 주민의 생활 불편과 삶의 질을 저하시킨다. 이른바 생활사막(Life desert)이 증가한다. 생활사막이란 '인프라 시설의 이용이 취약한 생활 취약 지역'을 말한다. 생활 사막이 증가하면 주민에게 일상생활 서비스 제공이 어려워 생활이 불편해지고 삶의 질을 저하시킨다. 넷째, 지방소멸은 지방재정을 취약하게 하고 자립 기반을 저해한다. 인구감소로 이용 수요가 낮은 인프라 건설과 운영에 따른 재정 소요 증대로 지방재정의 취약성을 심화시키며, 중앙정부의 공모사업이나 획일적인 사업추진 방식은 지자체가 보유하고 있던 개성, 즉 지역다움의 상실을 촉진한다. 지역다움의 상실이야말로 지방소멸을 초래하는 요인으로 작용한다. 다섯째, 지방소멸은 국가소멸과 경쟁력 저하를 초래한다.

지역소멸은 인구가 주요한 요인이지만 저출산·고령화로 인한 인구사회정책 대응만으로는 지방소멸 위기를 해결하는데 한계가 있다. 자연 감소보다는 사회적 이동(유출)이 지방 인구감소의 핵심 요인이므로 기존 저출산 위주의 정책

추진으로 성과를 체감하기에 한계가 있기 때문이다. 그러므로 지방소멸 문제에 대해서는 이른바 균형발전 측면과 분권적 측면이 조화롭게 운영되어야 한다.

우선, 균형발전 측면에서는 보육·교육·의료 등 생활 필수인프라의 지역 격차로 인한 유출 심화와 소멸을 예방하기 위해서는 어디에 살더라도 국가적정수준(national standard)을 누릴 수 있도록 해야 한다.

분권적 측면에서는 지방소멸을 가속화하는 요인으로 지적되는 중앙정부 주도의 공모사업 추진방식과 국고보조금 의존 행태를 최소화하는 한편, 포괄예산제도, 다부처 협업예산사업 확대를 통해 지방분권 역량을 강화해야 한다. 이를 위해 지역 주도의 분권형 정책 추진으로 지역 맞춤형으로 지방소멸에 대응하고, 중앙정부는 컨설팅과 중앙-지방 협약 체결을 통해 지역을 지원해야 한다.

분권은 기본적으로 지역 간 차별성이 있는 사업추진을 허용하는 자유주의적 지향성을 가지고 있으나 이러한 것 또한 기본적 복지수준은 필수적으로 제공하고, 그 격차 또한 지역적 특성에 한정하여 주창될 수 있는 것이기 때문이다. 그러므로 개별 지자체의 노력뿐만 아니라 광역단위 조정 기능이 강화될 필요성이 있다. 그러므로 기본적 복지에 대한 지역 간 불평등의 조정은 광역자치단체의 핵심적인 과제가 되어야 한다.

표 9-4 지방소멸 대응전략(예시)

1. 저출산·고령화 대응에서 지역인구감소 대응으로 전환
2. 지방소멸 위기 지역 대상의 정책개발
3. 인구 유입과 유출 방지의 토대가 되는 지역 매력 창출
4. 지자체가 중심이 되는 자율적인 시책의 기획 및 집행
5. 다양한 주체의 참여에 의한 협업적 시책 추진

출처: 김현호 외(2021). 국가위기 대응을 위한 지방소멸 방지전략의 개발

표 9-5 제1차 인구감소지역 대응 기본계획 내 전략과 과제

전략	지역 맞춤형 일자리 창출과 산업 진흥	매력적인 정주 여건 조성 지원	생활인구 유입 및 활성화 도모
추진 과제	지역특화 일자리 창출 ① 지역맞춤형 일자리 제공 ② 로컬콘텐츠 활용 ③ 지역고용정책 역량 제고	매력있는 공간 창출 ① 인구변화 반영 주거지원 ② 디지털·스마트 기술 활용 ③ 국토공간 공간 혁신	생활인구제도 확립 ① 생활인구 산정·분석 ② 생활인구 활성화 ③ 관계인구(가칭) 도입 및 연계
	기업 지방이전 촉진 ① 투자 유치 환경 개선 ② 지역중소기업 위기관리 ③ 지역기업 경쟁력 강화	낙후지역 인프라 확충 ① 빈집 등 생활인프라 정비 ② 농산어촌 교통편의 제고	지역 이주 및 체류 활성화 ① 청장년인구 유입 촉진 ② 농어촌 방문·체류 활성화 ③ 고향사랑기부제 활성화
	지역맞춤형 인재 양성 ① 지방대학 혁신 및 인력 유치 ② 지역 공교육 혁신 ③ 지역산업 맞춤형인재 양성	의료 및 돌봄사각 해소 ① 의료접근성 향상 도모 ② 빈틈없는 아이돌봄 확대 ③ 맞춤형 돌봄서비스 확충	지역문화·관광자원 개발 ① 자주 오래 머무는 지역 ② 지역특화 관광상품 개발
	미래·혁신 산업 지원 ① 농어촌 미래산업 육성 ② 지역혁신 생태계 구축 ③ 치유산업 활성화 지원	문화향유 및 참여기회 확대 ① 문화 접근성 확보 ② 고령층 여가활동 지원	지역 맞춤형 외국인정책 ① 지역특화 비자발급 유연화 ② 일손해결형 외국인력 유치

출처: 관계부처 합동(2023.12). 인구감소지역 대응 기본계획 수립 발표. 보도자료

또한 다양한 지방소멸 대응전략이 있지만, 가장 우선적으로 고려해야 할 것은 지자체가 중심이 되어 대응하는 것이다(하혜영 외, 2021).

소멸 위기 지역마다 인구구조, 소멸 위기의 특성과 양상, 원인이 다르고, 인구 유출을 방지하고 인구를 유입시킬 수 있는 지역의 매력, 즉 일자리, 교육여건, 주거, 생활 어메니티 등도 다르다. 그래서 지자체가 중심이 되어 시책을 개발하고 추진하는 방식이 필요하다. 지역문제를 가장 잘 아는 지자체가 중심이 되어 해당 지역의 지방소멸에 부합하고 최상의 효과를 창출할 수 있는 시책을 발굴, 기획, 집행할 수 있는 시스템을 구비하는 것이 중요하다(김현호 외, 2021).

참고문헌

Chapter 01

금창호·강영주·윤태섭. 2016. 지방분권 실태 진단분석: 서울특별시를 중심으로. 한국지방행정연구원

김순은. 2018. 자치분권과 지역균형발전의 상생적 추진전략. 지방행정연구. 32(1). 35-60

김익식. 2006. 지방분권: 기능적 효율성과 조정 메카니즘. 한국비영리연구 5(2). 3-23

김익식. 2008. 한국 지방자치의 위기구조(危機構造)와 미래구상. 한국행정학보 42(2). 5-30

김태일·좋은예산센터. 2014. 재정은 어떻게 내 삶을 바꾸는가. 코난북스

남찬섭. 2016. 지방자치와 복지국가 간의 관계와 복지분권에의 함의. 한국사회정책학회. 23(4). 3-33

박명흠. 2002. 의회주도형 지방분권운동의 전개방안 -부산광역시의 사례를 중심으로-. 부산발전연구원.

박응격·김상겸·이옥연·정재각·디트마되링. 2006. 서구연방주의와 한국. 인간사랑.

박호성·양기호·이동선. 2002. 한국정치와 지방자치. 인간사랑

소진광. 2019. 지방분권의 명분과 실익 : 민주주의와 지역발전. 한국사회와 행정연구, 30(2), 1-30

신인철. 2018. 서울과 지방의 격차. 복지이슈투데이(2018.5) 62.

안성호. 2016. 왜 분권국가인가. 박영사

여유진·김영순·강병구·김수정·김수완·이승윤·최준영. 2016. 한국형 복지모형 구축 - 복지레짐 비교를 통한 한국복지국가의 현 좌표. 한국보건사회연구원

윤이화. 2017. 전국시도의회의장협의회 지방분권운동의 성과와 과제: 정치적 분권과 주민참여를 중심으로. 국제정치연구. 20(1). 99－114

윤홍식·김승연·이주하·남찬섭. 2020a. '민주적 분권'을 위한 복지분권의 3층 모형: 사회복지 지방분권에 대한 비판적 검토. 한국사회복지교육 49. 107－138

윤홍식·김진석·신진욱·이충권·정창수. 2020b. 중앙－지방정부간 역할분담에 관한 연구. 보건복지부·인하대학교

이정인. 2003. 지방분권 정착을 위한 지방분권운동 활성화 방안. 대구경북개발연구원

임승빈. 2010. 지방자치론. 법문사

정병걸, 2004. 지방분권과 전자정부－교차점과 지향, 과제. 한국지역정보화학회지. 7(2), 27－45

좌승희, 2008. 지방분권개혁의 전략과 과제. 정책연구. 경기개발연구원

참여연대. 2021. 복지분권의 원칙과 방향. 참여연대 이슈리포트(2021.10.28.)

하세헌·정재요·허필윤. 2017. 지방차원의 실질적 지방분권 추진전략 연구. 대한정치학회

Douglas, H. P. 1921. The little town. NY: Macmillan Co

Esping－Andersen, G. 1990. The three worlds of welfare capitalism. Cambridge, Polity Press.

Litvak and Seddon. 1999. Decentralization Briefing Notes. World Bank Institute

Oates, W. E. 1972. Fiscal federalism. MY: Harcourt Brace Jovanovich

Sellers and Lidström, 2007. Decentralization, Local Government, and the Welfare State. Governance 20(4). 609－632

Chapter 02

감사원. 2008. 감사결과보고서: 사회복지분야 지방이양사업 운영 실태

감사원. 2021. 복지사업 협의·조정제도 운영실태 감사보고서(2021.5)

강혜규·강신욱·박세경·정경희·권소일·김용득·유태균·주무현·최영준·함영진. 2015. 사회보장사업 실태조사 및 유사·중복사업의 조정방안 연구. 한국보건사회연구원

고광용. 2015. 한국정부의 지방분권화 성과와 제약요인에 관한 연구 -김대중 정부부터 이명박 정부까지 사무, 인사, 재정분야를 중심으로-. 한국지방자치학회보. 27(1). 63-91.

고경훈·이병기. 2017. 선도권 자치분권 실현을 위한 분권촉진 방안 연구. 한국지방행정연구원. 경상남도 정책이슈 리포트.

고제이·하솔잎·최준욱·김승연·정일영·황안나. 2022. 중앙-지방 간 사회보장 역할 분담에 관한 기초연구. 보건복지부·한국보건사회연구원

곽채기·강혜규·초의수. 2008a. 사회복지분야 지방이양사업 평가 및 개선방안. 한국지방재정학회.

곽채기·김보현·이형우·강혜규·정종화. 2008b. 복지행정의 효율화를 위한 사회복지 지방이양사업의 개선 방안. 동국대학교 사회과학연구원

김보영. 2021. 복지분권을 위한 기초자치단체 역량의 과제: 인적자원관리를 중심으로. 한국사회정책. 28(1). 65-102

김보영. 2023. 분권과 돌봄에 기반한 지역사회보장계획 전환 모색. 보건복지포럼 (2023. 12).

김순은. 2004. 지방분권 개혁의 전략적 접근 : 지역의 관점에서. 지방정부연구. 8(1). 177-194

김순은. 2021. 문재인 정부의 자치분권 성과와 과제 : 자치분권 2.0 시대의 제도적 토대. 지방행정연구. 35(4). 003-036

김승연. 2014. 지방복지재정 위기, 분석과 해법. 지방복지재정의 위기, 분석과 해법 토론회 자료집(2014. 11. 24). 21-54.

김용익. 2024. 「돌봄법」의 제정에 따른 상황 변화와 예상 쟁점. 「의료·요양 등 지역 돌봄의 통합지원에 관한 법률」의 의미와 22대 국회의 입법 과제 토론회 자료집(24.6.24)

김영순. 2021. 한국 복지국가는 어떻게 만들어졌나?. 학고재

김용일. 2016. 누리과정 예산 갈등의 정치학. 교육정치학연구. 23(2). 101-126

김은정. 2020. 문재인 정부 사회복지분권의 방향과 과제. 입법과 정책. 12(3). 29-56

김주경. 2015. 지역자율형 사회서비스 투자사업의 현황 및 개선방안. 현안보고서. 286. 국회입법조사처

남찬섭. 2009. 최근 사회복지서비스 변화의 함의와 전망: 지방이양, 바우처, 노인장
　기요양보험으로 인한 변화를 중심으로 한 탐색적 고찰. 비판사회정책 28. 7－49

남찬섭. 2016. 유사·중복 복지사업정비 담론의 변천과 사회보장전략에의 함의. 비
　판사회정책. (50). 126－164.

남찬섭. 2019. 사회서비스 전달체계 개편의 전개과정과 함의 및 전망. 사회복지법
　연구. 경인문화사

대한민국시장군수구청장협의회, 2023. 제11차 복지분권포럼 자료집

대한민국정부. 2022. 윤석열정부 120대 국정과제

민효상·조해진. 2023. 현금성 복지, 경기도의 고민은. 복지이슈 FOCUS. 경기복지
　재단

박세경·안수란·어유경·이정은·이주민·권정현·김보영·김승연·김형용. 2020. 생
　애주기별 사회서비스 확충 전략. 보건복지부·한국보건사회연구원

박병현. 2006. 사회복지의 지방분권화에 대한 비판적 고찰. 한국사회복지행정학.
　8(2). 1－31.

박병현·박상미·최은미·고재수. 2015. 노무현 정부의 사회복지 재정분권: 옳은 정
　책이었는가 아니면 잘못된 정책이었는가?. 사회복지정책. 42(3). 347－376

박진도. 2012. 충청남도 지방분권특별위원회 설치 의의와 과제. 지방행정연구소 자
　치행정(2012. 07)

보건복지부. 2023. 주요업무 참고자료

복지대타협특별위원회. 2020a. 복지대타협 정책제안문

복지대타협특별위원회. 2020b. 사회서비스 분담방안 제안

사회보장위원회 사무국. 2015. 지방자치단체 유사·중복 사회보장사업 정비 추진
　방안

안성호. 2014. 참여정부 지방분권정책의 평가와 교훈. 한국사회와 행정연구. 25(3):
　1－33.

유욱·김경목. 2024. 의료·요양 등 지역 돌봄의 통합지원에 관한 법률(돌봄통합지
　원법)의 법률적 검토. 「의료·요양 등 지역 돌봄의 통합지원에 관한 법률」의 의
　미와 22대 국회의 입법 과제 토론회 자료집(24.6.24)

유태현. 2021. 문재인 정부 재정분권의 성과와 과제. 지방행정연구. 35(4). 037－072

이기우. 2007. 참여정부에서의 지방분권정책의 성과와 과제. 지방자치법연구. 7(4):

1-29.

이용환. 2008. 지방분권개혁의 전략과 과제. 경기개발연구원.

이재완. 2022. 사회복지분권화의 논거와 연구동향에 관한 고찰. 한국지역사회복지학 83. 205-233

이재원. 2020. 정부간 재정관계에서 분권혁신과 정책갈등. 2020 재정전문가네트워크 최종보고. 한국조세재정연구원

이재원. 2021. 재정분권과 정부간 복지재정관계 개편과제. 2021 한국사회복지행정학회 춘계학술대회 자료집

이재원·오영삼. 2018. 복지보조사업의 지방이양에 대한 지방공무원의 인식분석과 복지재정 분권을 위한 정책과제. GRI연구논총 20(4). 197-226.

이재은. 2018. 특집기사- 왜 지방분권개헌이 시급한가?. 수원시정연구원

이정만. 2012. 지방분권개혁의 부진 요인과 전략적 과제에 관한 연구 -지방분권에 대한 국민공감대 형성을 중심으로-. 한국지방자치연구, 14(3). 287-313.

이찬진. 2017. 지방사회보장사업 정비방안 - 박근혜 정부, 지방사회보장사업 정비하여 복지축소. 월간 복지동향. 220. 40-47

임현종·김남철. 2021. 국가와 지방자치단체 간 협력수단으로서의 사전협의제도 - 사회보장제도 신설·변경 협의제도를 중심으로-. 지방자치법연구. 21(3). 389-421

자치분권대학출판부. 2020. 자치분권학개론

자치분권위원회. 2018. 자치분권 종합계획(안)

장민선. 2024. 의료·요양 등 지역 돌봄의 통합지원법의 의의와 지자체의 역할. 2024년 의료·돌봄 통합지원 정책포럼 자료집(24.4.26)

정경배·이성기·권선진. 1993. 중앙과 지방의 사회복지행정 기능배분에 관한 연구. 한국보건사회연구원

정부혁신지방분권위원회. 2004. 국고보조금정비방안

정홍원·김보영·민효상·이정은. 2019. 사회복지사업 지방이양 추진의 쟁점과 제도적 보완. 한국보건사회연구원

주인석. 2022. 문재인 정부 자치분권정책의 성과와 한계: '분권' 영역에 대한 실적을 중심으로. 지역과 정치. 5(1). 223-267

최근열. 2022. 문재인 정부의 자치분권정책 평가와 향후 과제. 한국지방자치연구. 24(1). 97-122

하혜수. 2020. 우리나라의 지방분권 수준은 왜 낮은가－지방분권가설에 관한 탐색적 연구. 한국지방행정학회보. 17(2). 25－47

한국지방자치학회. 2018. 기능중심의 중앙권한 지방이양 추진방안 연구. 자치분권위원회.

행정자치부·한국지방행정연구원. 2015. 지방자치 20년 평가

허윤정. 2010. 노인장기요양보험정책 결정과정연구: 보험의 보장성을 중심으로. 고려대학교 박사학위논문

Chapter 03

고광용, 2015. 한국정부의 지방분권화 성과와 제약요인에 관한 연구, 한국지방자치학회보 27(1). 63－91

고제이·하솔잎·최준욱·김승연·정일영·황안나. 2022. 중앙－지방 간 사회보장역할 분담에 관한 기초연구. 보건복지부·한국보건사회연구원

금창호·강영주·윤태섭. 2016. 지방분권 실태 진단분석: 서울특별시를 중심으로. 한국지방행정연구원

금창호·강영주·고경훈·권오철·김건위·김성주·김정숙·김필두·김현호·박승규·박재희·박진경·박해육·박현욱·이병기·이소영·이재용·전대욱·전성만·조기현·조재복·최인수·최지민·홍근석. 2021. 지방자치 30년 평가와 자치분권 미래비전 및 추진전략. 한국지방행정연구원

김병준. 2012. 지방자치론. 법문사

내일신문 자치행정팀. 2023. 다산에게 길을 묻다

대한민국시도지사협의회·자치분권학개론 교재편찬위원회. 2019. 자치분권학개론

송상훈·신원득·김동성·오재호·김도균·최성환·이상미·김진덕·문현미·정성희·천영석·유보배·김수란. 2017. 사회변화에 따른 지방정부의 개념과 기능. 경기연구원

신용한. 2021. 지방자치론

예림출판사. 2022. 내 삶을 바꾸는 지방정부 좋은 정책 123

윤견수·김다은. 2020. 한국 국가관료제의 제도적 기반: 시행령과 당정협의. 한국행정학보. 54(2). 59－88

이신용. 2007. 민주주의가 사회복지정책에 미치는 영향: 한국의 결함 있는 민주주의를 중심으로. 한국사회복지학. 59(4). 137-162.

이재은. 2018. 특집기사- 왜 지방분권개헌이 시급한가?. 수원시정연구원

전영평. 2003. 자치의 오류와 지방정부혁신: 성찰과 과제. 행정논총. 41(3). 79-104

전영평. 2022. 자치의 오류를 보며 성찰적 자치를 기대한다(2022. 2. 23.). 월간 주민자치.

주재복·고경훈. 2019. 지방자치단체 조직관리제도의 발전적 개선방안 연구. 한국지방행정연구원

하혜수·전성만. 2019. 우리나라의 중앙-지방관계 분석 -제도·조정양식·자원의 관점에서-. 한국지방자치학회보 31(2). 263-292

행정안전부. 2020. 법령상 사무 총조사

행정안전부. 2021. 2021년도 지방공무원 인사실무

희망제작소, 2022. 지방자치가 우리 삶을 바꾼다

Deil Wright. 2007. Models of National, State, and Local Relationships, in Laurence O'toole Jr. ed., American Intergovernmental Realtions: Fojndations, Perspectives, and Issues, 4th ed.

Chapter 04

고제이·유태현·이재원·조성규·주만수·손지훈. 2014. 중앙-지방 사회복지 재정 책임 정립방안 연구. 한국보건사회연구원

국회예산정책처. 2018. 지방세제의 현황과 이해

국회예산정책처. 2023. 대한민국 지방재정

기획재정부. 2022.4. 2023년도 국가균형발전특별회계 예산안 편성 지침

김우림. 2021. 사회복지분야 지방자치단체 국고보조사업 분석. 국회예산정책처

김이배. 2021. 공공복지전달체계의 한 측면에 관한 연구. 신정

김정훈. 2015. 재정분권의 이론과 실제의 괴리: 비판적 평가 및 우리나라 재정분권에 대한 시사점. 재정학연구 8(3). 149-191

김필헌·박혜림. 2022. 지방자치단체 복지비 부담 변화 전망과 시사점. 한국지방세

연구원

라휘문. 2021. 지방재정론. 대영문화사

류영아. 2017. 지방교부세 인센티브 제도의 현황과 개선 방안. 국회입법조사처

민효상·신동길. 2021. 경기도 복지재정 특성분석 및 예산분류체계 개편안 연구. 경기복지재단

보건복지부. 2022. 보도자료: 2023년 보건복지부 예산 109조 1,830억원 확정 (2022.12.24.)

보건복지부. 2023. 보도자료: 2019년도 한국 공공사회복지지출 규모 235.9조 원 (2023.01.27.)

서동욱. 2023. 시행령 통치의 실효적 견제를 위한 추상적 규범통제 필요성 검토. 동아법학. 100. 173－203

손종필. 2022. 2023년도 균특회계 예산안 세부 분석. 나라살림보고서(2022.11.17.)

손희준. 2019. 새 지방재정학. 대영문화사

손희준·라휘문·정성호·김미나. 2017. 지방분권을 위한 지방교부세제도 개편방안 연구. 대한민국시도지사협의회

양재진·최영준·김진욱·이윤경. 2019. 지방자치단체 복지재정 산출. 보건복지부·연세대학교 복지국가연구센터

유훈·신희권·이재원. 2015. 지방재정론. 법문사

윤상호·한재명·구균철·유태현·이재원·정종필. 2021. 지방재정 개혁과제. 한국지방세연구원

이윤경. 2021. OECD 주요국의 공공사회복지지출 현황. 국회예산정책처

이재원. 2015. 사회복지분야 국고보조금제도 개편방안. 한국지방세연구원

이재원. 2019. 지방재정론. 윤성사

이재원·김혜영·홍근석·이상범·이광홍·조윤석·조영목·정윤호. 2015. 사회복지분야 국고보조금제도 개편방안. 지방세 네트워크 포럼 자료집. 한국지방세연구원

이현우·이용환·박충훈·우명동·남황우·유태현·신원득·김진덕·이채영·가선영. 2019. 정부의 재정분권 추진과 지방정부의 재정혁신 전략 연구. 경기연구원

최정은·최영준·김나리. 2020. 기초지방자치단체 현금복지 수준 차이는 왜 발생하는가?. 한국행정논집 32(2). 269－299

한재명. 2022. 국고보조사업의 재원분담 관리체계 개선방안 모색－ 해외제도 조사

중심으로. 한국지방세연구원

행정안전부. 2021. 지방자치단체 예산편성 운영기준

행정안전부. 2022. 지방자치단체 통합재정개요

행정안전부·한국지방재정공제회. 2022. 2021회계년도 지방재정연감

Arrow, K. 1970. "The Organization of Economic Activity: Issues Pertinent to the Choice of Market Versus Non−Market Allocation." In Joint Economic Committee, The Analysis and Evaluation of Public Expenditures: The PPB System, Vol. I. Washington, D.C.: U.S. GPO,

Besley, T. & Coate. 2003. "Centralization versus decentralized Provision of Local Public Goods: Political Economy Approach", Journal of Public Economics, 87, pp. 2611−2637.

Borge, L. E., & Rattsø, J. 2012. "Fiscal federalism, good governance, and eco−nomic growth in Mexico." Rodrik, d.(ed.), Search of Prosperity: Analytic Narratives on Economic Growth. Princeton University Press, Princeton.

Brennan, G. & J.M. Buchanan 1980. The Power to Tax −Analytical Foundations of a Fiscal Constitution. Cambridge: Cambridge University Press.

Lockwood. 2002. Distributive Politics and the Costs of Centralization. The Review of Economic Studies 69(2). 313−337

Lynch, J., Meunier, A., Pilkington, R., & Schurer, S. 2019. Baby Bonuses and Early−Life Health Outcomes: Using Regression Discontinuity to Evaluate the Causal Impact of an Unconditional Cash Transfer. IZA Discussion Paper No. 12230

Musgrave. 1959. The Theory of Public Finance. McGraw Hill, New York.

Oates, W.E. 1972. Fiscal Federalism, Harcourt Brace Jovanovich, New York.

Oates, W.E. 2005. Toward a Second−Generation Theory of Fiscal Federalism. International Tax and Public Finance. 12(4): 349−373.

Samuelson, P.A. 1954. "The Pure Theory of Public Expenditure". Review of Economics and Statistics. 36. pp. 387−389.

Samuelson, P.A. 1955. Economics. 10th Edition, McGraw−Hill, New York.

Seabright. 1996. Accountability and decentralisation in government: An in−

complete contracts model. European Economic Review 40(1). 61−89

Tiebout, C.M. 1956. "A Pure Theory of Local Expenditure", Journal of Political Economy, 64(2), pp. 416−424.

Vo, Duc Hong. 2010. "The Economic of Fiscal Decentralization" Jounal of Economic Sueveys. 24(4). 657−679

Weingast. 1995. The Economic Role of Political Institutions: Market−Preserving Federalism and Economic Development. Journal of Law, Economics, & Organization, 11, 1−31.

Chapter 05

국회예산정책처. 2022. 2022 대한민국 재정

권오성·탁현우. 2018. 지방분권 강화를 위한 지방재정체계의 개편에 관한 연구. 한국행정연구원

금창호·강영주·고경훈·권오철·김건위·김성주·김정숙·김필두·김현호·박승규·박재희·박진경·박해육·박현욱·이병기·이소영·이재용·전대욱·전성만·조기현·조재복·최인수·최지민·홍근석. 2021. 지방자치 30년 평가와 자치분권 미래비전 및 추진전략. 한국지방행정연구원

금창호·라휘문. 2016. 정치분권의 수준과 향후과제. 한국정책연구. 16(1). 37−51

김남철·임현·방동희·정주영·김희진·이은주·임현종·박정은. 2022. 국가−시도−시군구 간 사무배분 기준 정립 및 시군구 사무이양 확대방안 연구. 한국공법학회.

김석태. 2005. 지방분권의 근거로서 보충성 원칙의 한국적 적용. 지방정부연구 9(4). 95−110

김석태. 2016. 홈룰(Home Rule)의 발전과정 및 모형과 지방자치권 확대방안에 대한 시사점. 한국지방자치학회보, 28(4). 1−23

김순양. 2020. 지방공무원의 정치적 중립 저해요인에 관한 고찰. 국정관리연구. 15(4). 69−116

김승연·장동열. 2017. 지방분권시대 중앙·지방 간 복지사업 역할분담 재정립방안

김영주. 1995. 중앙과 지방정부간 사무배분에 관한 비판적 분석·평가. 지방자치연구. 7(2). 151－184.

김필두·김병국·금창호·이병기·주재복·강기홍·김지현. 2009. 법령상 사무총조사. 한국지방행정연구원

김홍환. 2018. 참여정부 재정분권 정책에 대한 평가: 문재인 정부 재정분권정책 추진에 대한 제언을 중심으로. 한국지방재정논집. 23(2). 001－038

라휘문. 2019. 재정분권에 대한 평가와 추진방향. 한국정책연구. 19(3). 1－23

변재연. 2023. 재정분권 정책 및 지방이양 사업 평가. 국회예산정책처

서정섭. 2020. 26장 재정분권화 확대: 찬성 vs반대. 이승종 편. 지방자치의 쟁점. 박영사

소준섭. 2023a. "관료들은 전문성 있다" 왜곡된 신화(2023.6.21.). 보도자료. 세상을 바꾸는 시민언론 민들레

소준섭. 2023b. "모든 관심은 오로지 승진, 승진뿐"(2023.7.20.) 보도자료. 세상을 바꾸는 시민언론 민들레

손진상·김창승. 2002. 국가와 지방자치단체간의 사무배분에 관한 연구. 지역발전연구. 2(2). 133－159.

손희준·구균철·유태현·임상수·조기현·이재원·이상범·서정섭·조임곤·윤성일·이희재. 2018. 자치분권 시대의 지방재정. 한국지방재정공제회

안영훈, 2009. 우리나라 사무구분 체계 개선방안 연구. 지방정부연구 13(1). 149－171

유태현. 2017. 지방재정 여건을 반영한 맞춤형 재정분권 추진 방향. 한국지방재정논집. 22(3). 1－36.

유태현. 2021. 문재인 정부 재정분권의 성과와 과제. 지방행정연구 35(4). 37－72.

육동일. 2016. 6·4 지방선거의 평가와 과제에 관한 연구: 정당공천제를 중심으로. 현대사회와 행정. 26(3). 35－58

윤이화. 2017. 전국시도의회의장협의회 지방분권운동의 성과와 과제: 정치적 분권과 주민참여를 중심으로. 국제정치연구. 20(1). 99－114

이기우. 1996. 지방자치발전을 위한 사무배분의 과제. 지방자치연구. 8(2). 9－36.

이병량·정재진·조광래. 2008. 재정분권 수단선택에 관한 연구. 지방행정연구. 22(2). 203－236.

이병량·김서용. 2019. 지방 관료제의 정치화에 관한 연구. 행정논총. 57(4). 1-30

이정만. 2012. 지방분권개혁의 부진 요인과 전략적 과제에 관한 연구 -지방분권에 대한 국민공감대 형성을 중심으로-. 한국지방자치연구, 14(3). 287-313.

이재원. 2019. 문재인 정부에서 추진하는 연방제 수준의 분권을 위한 정부간 재정 관계 개편과제. 한국지방재정논집 24(1). 33-64

이재은. 2002. 한국의 정부간 재정관계의 역사적 특질. 한국지방재정논집 7(2). 5-42

이재은. 2010. 분권화와 지방세제개혁. 도서출판 밝.

이재은. 2022. 재정분권 개혁의 착종: 이론과 현실의 간극. 한국지방재정논집 27(2). 1-66

이현우·이용환·박충훈·우명동·남황우·유태현·신원득·김진덕·이채영·가선영. 2019. 정부의 재정분권 추진과 지방정부의 재정혁신 전략 연구. 경기연구원

임동완·문광민·윤지경·윤성일·김주애. 2019. 재정분권 방안의 한계와 향후 재정 분권 방향에 대한 연구. 국회예산정책처

임성일. 2003. 우리나라의 재정분권 상태에 대한 분석과 중앙·지방간 재원배분체계 의 재구축. 한국지방재정논집. 8(2). 129-160

임승빈·이기우. 2008. 우리나라의 국가와 지방간의 사무구분 체계 개선방안. 한국 지방자치학회 2008년 하계학술대회 자료집

정창화·한부영. 2006. 지방분권화의 이론과 원칙 탐색: 독일과 한국의 지방자치단 체의 사무배분을 중심으로. 지방행정연구. 19(2). 35-64.

정홍원·김회성·이은솔·조보배·민효상·이신정·남찬섭. 2020. 중앙·지방, 광역· 기초자치단체 사회복지사무 분담체계 개선에 관한 연구. 한국보건사회연구원

조성호·신원득·조응래·이현우·최성환·오재호·최준규·이관형·이기우·정순관· 박상우·신용식·신원부·문영훈. 2018. 신정부의 지방분권 추진방향과 대응전략. 경기연구원

주만수. 2018. 재정분권의 원리와 우리나라 지방재정제도 평가: 문재인정부의 재정 분권개혁을 위한 기초. 지방행정연구. 32(1). 061-094

주민자치법제화전국네트워크. 2021. 주민자치 10문 10답

지방자치발전위원회. 2013. 내부자료

지방자치발전위원회. 2017. 지방자치백서

최봉석·조성규·최환용·박재윤·김도승·윤석진·구지선. 2015. 국가와 지방자치단체간의 사무구분 및 사무조사 연구. 동국대학교 산학협력단

최지민·강영주. 2020. 지역맞춤형 사회복지전달체계 구축을 위한 읍면동 사회복지기능 수행실태분석. 한국지방행정연구원

최진혁. 2018. 우리나라 지방선거의 과제: 정책선거 강화를 중심으로. 지방행정연구. 32(2). 3−32

최흥석·금창호·육동일·김태영·김익식. 2008. 국가−지방간 관계 정립을 통한 지방분권의 비전과 전략 수립」. 한국정책학회

하능식. 2017. 재정분권 수준의 평가와 정책적 시사점. 한국지방세연구원

하능식·김필헌·이선화. 2017. 중장기 지방세제 발전방안. 한국지방세연구원

하재룡. 1996. 중앙−지방간 행정사무의 배분방안. 지방행정연구. 11(2). 65−92.

하혜영. 2020. 주민자치회 설치·운영 현황 및 향후 개선과제. 현안분석 148호 (2020.6.16.). 국회입법조사처

한국지방자치학회. 2018. 기능중심의 중앙권한 지방이양 추진방안 연구. 자치분권위원회.

한부영·박재희. 2019. 국가와 지방자치단체 간 사무배분 원칙과 기준 재정립 방안 연구. 한국지방행정연구원

한양대학교 지방자치연구소. 2007. 사무조사를 통한 사무배분 및 지도·감독체계 개선방안 연구. 행정자치부

행정안전부. 2017. 보도자료. 자치단체 조직 자율성 확대로 자치분권 강화한다 (2017.12.27.)

행정안전부. 2020. 보도자료. 지방자치법 32년 만에 전부개정, 자치분권 확대 기틀 마련(2020.12.9.)

행정안전부. 2020. 법령상 사무 총조사.

홍범택. 2023. 신문사설−아직도 지방이 통제 대상인가(2023. 2.27). 내일신문

Alper Ozmen. 2014. notes to the concept of decentralization. European Scientific Journal. 10. 1857 – 7881

Brancati Dawn. 2006. —Decentralization: Fueling the Fire or Dampening the Flames of Ethnic Conflict and Secessionism?. International Organization, Vol. 60, Summer 2006, pp. 651−685.

Rondinelli Dennis. 1999. ―What Is Decentralization‖ Litvack, Jennie and Jessica Seddon (eds.)., Decentralization Briefing Notes, In World Bank Institute (WBI) Working Papers, The World Bank, Washington, D.C., pp. 2-5.

Topal, A. Kadir. 2005. ―Intergovernmental Fiscal Relations: A Comparative Analysis on Turkey and EU Countries‐İdarelerarası Mali İlişkiler: Türkiye ile AB Ülkelerine İlişkin Bir Karşılaştırma", Journal of Public Administration‐Amme İdaresi Dergisi, Vol. 38, No. 2, pp.25-50.

Weingast. 2007. Second Generation Fiscal Federalism: Implications for Decentralized Democratic Governance and Economic Development. working paper. Standford university

Chapter 06

강혜규·안수란·류진아·엄태영·진재문·홍재봉·유애정·권영빈. 2018. 공공서비스 이용의 최적화를 위한 복지전달체계 연구 (Ⅱ)‐ 지역 기반 거버넌스를 중심으로. 한국보건사회연구원

강혜규·함영진·이정은·하태정·이주민·김보영·김이배·최지선. 2017. 지자체 복지 인력 현황 분석 및 수급방안 연구. 보건복지부·한국보건사회연구원

강혜규·김회성·박세경·오욱찬·유재언·김지연·김진희·최요석. 2019. 정책 환경 변화를 고려한 지역 사회서비스 전달체계 개편방안 연구. 한국보건사회연구원

고영선. 2012. 중앙정부와 지방정부의 기능분담: 현황과 개선방향. 예산정책연구 1(2). 1-27

구인회·권혁주·양난주·이원진. 2009. 사회복지 지방분권 개선방안: 경기도 사례 연구. 서울대학교 사회복지연구소

김보영. 2021. 복지분권을 위한 기초자치단체 역량의 과제: 인적자원관리를 중심으로. 한국사회정책 28(1). 65-102

김성주. 2013. 사회복지분야 국고보조금의 개선방안. 한국지방행정연구원

김승연·장동열. 2017. 지방분권시대 중앙·지방 간 복지사업 역할분담 재정립 방안

김이배. 2017. 사회복지전담공무원 인사행정 현황과 개선방안 ‐ 부산광역시를 중심으로. 한국사회복지행정학 19(1). 63-99.

김이배. 2021. 공공복지전달체계의 한 측면에 관한 연구. 신정

김이배. 2022. 지방선거, 복지공약 그리고 정상화. 월간복지동향. 2022(5). 참여연대 사회복지위원회

김형용·김승연·남기철·박세경·이재원. 2020. 사회서비스분야 기초자치단체 분담방안 연구. 전국시장군수구청장협의회

김회성·강혜규·함영진·하태정·김정숙·황정윤. 2018. 지자체 사회복지공무원 직무분석 및 효율적 운영방안 연구. 보건복지부, 한국보건사회연구원.

김회성·류진아·오욱찬·채현탁·황정윤. 2020. 복지부문 민관협력 성과와 혁신 연구－지역사회보장협의체 운영을 중심으로. 한국보건사회연구원

김회성·김진희·오욱찬·채현탁·황정윤. 2021. 복지부문 읍면동 동네거버넌스 체계 분석과 정책 과제. 한국보건사회연구원

김회성·강혜규·김유휘·김이배·이승모·최지선·황정윤·이주민. 2022. 사회복지담당공무원 실태조사 및 행정환경 변화에 따른 복지전달체계 강화방안 연구. 보건복지부·한국보건사회연구원

민소영·김은하·김용득·김이배·성은미·신경주·이혜진·이현주·장숙랑·조미형. 2021. 복지전달체계 강화 시범사업 평가 및 컨설팅 연구. 보건복지부·한국사회보장정보원·경기대학교

박성준. 2021. 읍면동 주민주도 마을복지계획 수립과 개선방안－ 용인시 A동의 사례를 중심으로 －. 한국자치행정학보 35(3). 1－25

박지현. 2014. 중앙과 지방간 사회복지 재정분담에 관한 연구. 한국지방세연구원

보건복지부. 2022. 2022 주요업무 참고자료

복지국가소사이어티·지역정당네트워크·직접민주마을자치전국민회. 2023. 주민에게 허하라! 지역정당. 도서출판 쇠뜨기

신진욱·서준상. 2016. 복지국가, 지방분권, 지방정치 역사·비교론적 관점에서 본 한국의 복지 분권화의 특성. 한국사회정책 23(4). 61－89

유태현·이상호·신우진·이남형. 2017. 대규모 국고보조 복지사업 확대에 따른 지방재정 부담 분석. 국회예산정책처

이성근·박의식. 2010. 최신지방재정론. 한국행정DB센터

이영숙·김지민·황남희·박소은·김은경·박명호·이재원·김우철. 2022. 복지재정 진단과 정책현안 연구－ 인구구조 변화의 영향을 중심으로. 한국보건사회연구원

이영조. 1987. 지방자치의 가치에서 본 국고보조금 제도. 법대논총. 25. 149−179

이재원. 2021. 국고보조금제도와 국고보조사업 재정운영체계 개편. 윤상호 외, 2021. 지방재정 개혁과제. 한국지방세연구원 편

이재원·김혜영·홍근석·이상범·이광홍·조윤석·조영목·정윤호. 2015. 사회복지분야 국고보조금제도 개편방안. 한국지방세연구원

자치분권위원회. 2021. 지방자치 30년 평가와 자치분권 미래비전 및 추진전략 연구

정홍원·김회성·이은솔·조보배·민효상·이신정·남찬섭. 2020. 중앙·지방, 광역·기초자치단체 사회복지사무 분담체계 개선에 관한 연구. 한국보건사회연구원

조정찬·강현철. 2011. 지방자치단체에 대한 복지사무배분 및 복지재정배분에 관한 법제적 과제

차재권·옥진주·이영주. 2021. 지역정치 활성화를 위한 지역정당 설립 방안 연구: 해외 주요국 지역정당 사례의 비교분석. 한국지방정치학회보 11(1). 103−139

하솔잎·최혜진·박소은·고제이·이진이·최환용·윤선우. 2022. 중앙 지방 간 유사 사회보장사업의 효과성 평가

하혜수·김철회·심준섭·박경순·이정철. 2017. 사회보장분야 중앙−지방간 역할분담 및 연계성 확보방안. 보건복지부·한국지방자치학회

한국사회복지행정연구회(2023). 내부자료

한재명·신우진. 2017. 사회복지 국고보조사업 확대에 따른 지방재정 압박이 지방 예산편성 방식에 미친 영향 분석−기초자치단체의 사회기반시설 및 사회복지 분야 자체사업예산의 변화를 중심으로−. 경제학연구. 65(4). 47−83

한국재정정보원. 2018. 국고보조금 이해하기

행정안전부. 2022. 지방자치단체 통합재정개요(상)

행정안전부·보건복지부. 2022. 2022 주민자치형 공공서비스 구축사업−읍면동 찾아가는 보건복지서비스 매뉴얼

홍근석·김성주. 2018. 국고보조사업 대응지방비 광역−기초간 재원분담 현황 및 개선방향. 한국지방행정연구원

Bardhan. 1997. Corruption and Development: A Review of Issues. Journal of Economic Literature. 35. 1320−1346.

Oates, W. 1972. Fiscal Federalism. NewYork: Harcourt.

Oates, W. 1999. An Essay on Fiscal Federalism. Journal of Economic Literature.

37(3). 1120−1149.

Olsson, S.E. 1993. Social Policy and Welfare State in Sweden. Arkiv, Lund.

Tiebout, C.M. 1956. A Pure Theory of Local Expenditure. Journal of Political
    Economy. 64(2). 416−424.

Chapter 07

강혜규·최현수·엄기욱·안혜영·김보영. 2006. 지방화 시대의 중앙 지방간 사회복
    지 역할분담 방안. 한국보건사회연구원

고선규·이정진. 2018. 지역정당 활성화를 위한 제도개선 방안. 의정논총. 13(1).
    111−132

고제이·조성은·우해봉·박인화·유태현·김영종·남하균·고경표. 2018. 지방분권과
    복지재정 운영체계 연구. 한국보건사회연구원

구인회·권혁주·양난주·이원진. 2009. 사회복지 지방분권 개선방안: 경기도 사례
    연구. 서울대학교 사회복지연구소

국제신문. 2023. 7.1. 지자체 예산 분석 민간싱크탱크, '영도살림연구소' 출범

금창호. 2018. 기능중심 중앙권한 지방이양 추진방안 연구용역. 기능중심 지방이양
    방안 마련 TF 회의자료. 대통령소속 자치분권위원회

김남철·임현·방동희·정주영·김희진·이은주·임현종·박정은. 2022. 국가−시도
    −시군구 간 사무배분 기준 정립 및 시군구 사무이양 확대방안 연구. 한국공법
    학회.

김보영. 2021. 복지분권을 위한 기초자치단체 역량의 과제: 인적자원관리를 중심으
    로. 한국사회정책 28(1). 65−102

김승연·장동열. 2017. 지방분권시대 중앙·지방 간 복지사업 역할분담 재정립
    방안

김승연. 2019. 지방분권시대 중앙·지방 간 복지사업 역할분담 재정립 방안. 서울연
    구원 정책리포트 217.

김영순. 2012. 한국의 복지국가와 복지정치의 제도들: 문제점과 개혁과제. 한국사
    회 복지정치의 전망: 복지동맹의 조건과 발전 가능성 세미나 자료집. 국회입법조
    사처

김우림. 2021. 사회복지 분야 지방자치단체 국고보조사업 분석. 국회예산정책처

김은정. 2014. 사회서비스 재정의 지방화에 따른 지역의 대응방안. 지방정부연구. 18(1). 219－241

김이배. 2022. 지방선거, 복지공약 그리고 정상화. 월간복지동향. 2022(5).

김이배·홍재봉. 2015. 사회복지관 주민조직화 매뉴얼 연구. 부산복지개발원

김재일·김종호·김태일·이인원·장덕희. 2011. 중앙－지방의 사회복지 재정 분담 제도 개선방안 연구. 보건복지부

김종해. 1998. 지방자치와 지역사회복지의 쟁점. 비판사회정책 4. 13－32.

김종해. 2004. 지역복지와 주민참여－지방분권화의 과제. 한국사회복지학회 추계공동학술대회 자료집. 33－53

김필헌·박혜림. 2022. 지방자치단체 복지비 부담 변화 전망과 시사점. 한국지방세연구원

김홍환·이재원·하능식·이지은·최진섭·신영효. 2018. 국고보조금 기준보조율체계 개편방안 연구. 자치분권위원회.

김회성·강혜규·김유휘·김이배·이승모·최지선·황정윤·이주민. 2022. 사회복지담당공무원 실태조사 및 행정환경 변화에 따른 복지전달체계 강화방안 연구. 한국보건사회연구원

김회성·김진희·오욱찬·채현탁·황정윤. 2021. 복지 부문 읍면동 동네거버넌스 체계 분석과 정책 과제. 한국보건사회연구원

김회성·류진아·오욱찬·채현탁·황정윤. 2020. 복지 부문 민관협력 성과와 혁신 연구－지역사회보장협의체 운영을 중심으로. 한국보건사회연구원

남찬섭. 2009. 최근 사회복지서비스 변화의 함의와 전망: 지방이양, 바우처, 노인장기요양보험으로 인한 변화를 중심으로 한 탐색적 고찰. 비판사회정책 28. 7－49

류민정. 2020. 정부 간 복지재정의 현황 및 시사점. 감사원 감사연구원

박선영. 2023. 초고령화 시대에 대응한 국고보조금 개편 방향 －노인복지예산의 정부간 관계를 중심으로－. 2023 한국지방재정학회 춘계학술대회 자료집

보건복지부. 2023. 사회복지관 운영관련 업무처리 안내

부산일보. 2023. 3. 20. "아이 키우기 좋은 동네로" 주민 발의 조례 부산 첫 제정. 신문기사

서울특별시 시민참여예산학교. 2018. 2018년 제1기 예산학교 교재.

서정섭. 2013. 국고보조금제도의 개편 방안. 2013년 지방재정전략회의 발표 자료집 (2013.7)

엄태영. 2020. 지역사회복지론. 신정

윤상규. 2022. 주민참여예산제도의 정착 방안에 관한 연구. 지역과 정치 5(2). 5 – 26.

윤현식. 2023. 지역정당. 산지니

윤홍식·김진석·신진욱·이충권·정창수. 2020. 중앙 – 지방정부간 역할분담에 관한 연구. 보건복지부·인하대학교

이상용. 2006. 고령화에 대비한 정부간 재원분담구조 개편 및 지방자치단체의 대응 방안. 한국지방행정연구원

이상용. 2010. 고령화의 변화 전망과 지방재정 정책. 한국지방행정연구원

이선화·이재원·강성원·구균철. 2020. 분권형 재정관계 재정립을 위한 제도 개혁 방안. 국회미래연구원

이재원. 2018. 지방분권시대의 국고보조금 개편방안. 한국지방세연구원

이재원. 2019. 재정분권과 중앙 – 지방간 복지재정 관계. 복지대타협 특별위원회 전문가포럼 자료집(2019.09.30)

이재원. 2023. 국세-지방세 6:4의 재정분권을 위한 지방 세입제도 개편과제. 한국지방재정논집. 28(1). 1 – 36.

이재원·김진·김은정·오영삼·박혜경. 2017. 복지재정 운영체계 분석연구. 한국사회서비스연구원

이재원·박병희·이종하. 2021. 국고보조사업의 재정 특성별 맞춤형 재정관리체계 정립에 관한 연구: 복지보조사업을 중심으로. 한국지방재정논집 26(1). 117 – 151

이재원·신계균·허형조·김애진. 2022. 자치분권과 균형발전을 위한 재정분권 과제 연구. 부산연구원

임성일·서정섭. 1991. 국고보조사업의 기준보조율 조정방안에 관한 연구. 한국지방행정연구원

정홍원·김보영·민효상·이정은. 2019. 사회복지사업 지방이양 추진의 쟁점과 제도적 보완. 한국보건사회연구원

정홍원·김회성·이은솔·조보배·민효상·이신정·남찬섭. 2020. 중앙·지방, 광역·기초자치단체 사회복지사무 분담체계 개선에 관한 연구. 한국보건사회연구원

조성호. 2018. 기능중심 중앙권한의 포괄적 이양방안. 기능중심 지방이양 방안 마
  련 TF 회의자료. 대통령소속 자치분권위원회

주재복·고경훈. 2019. 지방자치단체 조직관리제도의 발전적 개선방안 연구. 한국
  지방행정연구원

지방이양추진위원회. 2004. 지방이양백서

지방이양추진위원회. 2000. 지방이양추진 기본계획

최봉석·조성규·최환용·박재윤·김도승·윤석진·구지선. 2015. 국가와 지방자치단
  체간의 사무구분 및 사무조사 연구. 동국대학교 산학협력단

최정호·남성진·이재모. 2015. 지방공무원의 노인 통합관리 주체에 관한 인식연구.
  노인복지연구. 69. 215－237.

하세헌·윤이화. 2012. 지방정치와 주민참여에 관한 이론적 고찰. 국제정치연구
  15(1), 157－182

하혜수. 2017. 한국 지방분권의 현황과 과제. 간담회 자료(2017.04.19.). 국회입법
  조사처

한부영·박재희. 2019. 국가와 지방자치단체 간 사무배분 원칙과 기준 재정립 방안
  연구. 한국지방행정연구원

한재명·김성수. 2016. 복지사업 확대에 따른 지방재정 현안과 개선과제. 국회예산
  정책처

홍근석. 2020. 사회복지 국고보조사업의 재원분담체계 개선방안－ 아동복지 분야
  를 중심으로. 한국지방행정연구원

Chapter 08

강혜규·김회성·안수란. 2019. 사회서비스 정책 전망과 과제. 보건복지포럼
  (2019.1)

강혜규. 2022. 복지분권의 지향과 사회서비스: 정책적 의미와 과제. 복지이슈
  Today(2022.8). 서울시복지재단

강혜규·김회성·박세경·오욱찬·유재언·김지연·김진희·최요석. 2019. 정책 환경
  변화를 고려한 지역사회서비스 전달체계 개편방안 연구. 한국보건사회연구원.

금창호. 2018. 기능중심 중앙권한 지방이양 추진방안 연구용역. 기능중심 지방이양

방안 마련 TF 회의자료. 대통령소속 자치분권위원회

김보영. 2023. 분권과 돌봄에 기반한 지역사회보장계획 전환 모색. 보건복지포럼 (2023. 12).

김영종. 2012. 한국 사회서비스 공급체계의 역사적 경로와 쟁점, 개선 방향. 보건사 회연구 32(2). 041-076

김영종. 2017. 우리나라 '사회복지' 전달체계와 담론적 작용- 역사적 형성과 경로, 쟁점 -. 한국사회복지학. 69(1). 175-197

김형용·김승연·남기철·박세경·이재원. 2020. 사회서비스분야 기초자치단체 분담 방안 연구. 전국시장군수구청장협의회

박세경·안수란·어유경·이정은·이주민·권정현·김보영·김승연·김형용. 2020. 생 애주기별 사회서비스 확충 전략. 보건복지부·한국보건사회연구원

박세경·김유휘·안수란·어유경·이한나·이정은·양난주·조남경·최영준·김보영· 박영란·전용호·김은하·김형용·김용득·박노욱·이인재·이재원. 2021a. 사회서 비스 의제 발굴 및 정책전략의 재구조화 연구. 보건복지부·한국보건사회연구원

박세경·이정은·하태정·김현경·이소영·이윤경·서주연·김형용·백선희·양난주. 2021b. 돌봄안전망 혁신·통합의 비전과 전략 연구. 한국보건사회연구원

박세경·이주연·류정희·김보영·김이배·김정현·김영하. 2021c. 사회서비스 복합· 다중 욕구의 현황과 대응 전략- 아동보호와 성인돌봄 서비스의 통합을 중심으 로. 한국보건사회연구원

보건복지부. 2018. 1단계 : 노인 커뮤니티케어 중심 -「지역사회 통합 돌봄 기본계 획(안). 관계부처 합동.

보건복지부. 2022. 사회복지시설 관리안내

보건복지부. 2023. 노인보건복지 사업안내

보건복지부. 2023. 아동분야 사업안내

보건복지부. 2023. 장애인복지 사업안내

복지대타협 특별위원회. 2020. 사회서비스 분담방안 제안

서왕진 외. 2017. 국가-지방자치단체 기능배분 체계 개선방안- 서울특별시를 중 심으로 -. 서울특별시

안수란·강혜규·전진아·유재언·하태정·김혜승·조현성·남재욱·송아영·송나경, 2018. 범부처 사회서비스 보장 체계 구축 방안 연구- 보장성 분석을 중심으로.

한국보건사회연구원

양영자. 2018. 노부모 돌봄 경험에 대한 자문화기술지. 한국사회복지질적연구. 12(2). 5-37

유동철·김미옥·김보영·김용진·김정하·박숙경·윤상용·이주언·이왕재·전근배·정진·조아라·홍인옥·조혜진. 2018. 탈시설 자립지원 및 주거지원 방안 연구 보건복지부·동의대학교 산학협력단

이용갑·정현진·유애정·박상희·이기주·최은희·강하렴·김재윤·이주향·이연주·장소현·박인태·노미소·전용호·이혜진·노혜진·이자호·조경희. 2020. 지역사회 통합돌봄 선도사업 모니터링 및 효과성 분석 연구(2차년도). 건강보험연구원

이재원. 2012. 사회서비스 정책의 전개과정과 정책과제. 지방정부연구. 15(4). 333-359.

이태수·남기철·김형용. 2019. 문재인 정부 사회서비스 전달체계 개편의 쟁점과 과제 – 공공성 강화와 분권화를 중심으로. 사회복지정책 46(3). 63-92

전용호. 2015. 노인돌봄서비스의 전달체계에 관한 연구: 공공부문 인력과 공급자의 관점을 중심으로. 보건사회연구. 35(2). 347-379

전형주. 2019. 지방자치는 우리의 삶을 어떻게 바꾸는가. 정한책방

조성은·이방현·고경환·김수진·김회성·안수란·오욱찬·유재언·이아영·임정미·이동석·길현종·김조설·안서연·양재진·윤홍식·이주영·최원규·최요한·김재현. 2019. 한국 사회보장제도의 역사적 변화 과정과 미래 발전 방향. 한국보건사회연구원

최지선·김보영·김이배. 2021. 공직생애주기를 고려한 사회복지전담공무원 직급별 교육체계수립 연구. 한국보건복지인력개발원

Chapter 09

강영주·최지민. 2019. 자치분권시대에 대비한 광역지자체 사회복지기능 개편 방안. 한국지방행정연구원

관계부처 합동. 2023. 인구감소지역 대응 기본계획 수립 발표(2023.12). 보도자료

구형수·배유진·윤세진·강동우·조성호. 2018. 지방소멸 위기에 대한 국가적 대응 전략. 경제인문사회연구회

권자경. 2019. 자치분권형 헌법개정(안) 제안 주체별 비교분석. 한국지방자치학회보 31(2). 325−351

김가희·김보영·김지민. 2022. 지역사회보장 기반 강화를 위한 시·도 사회보장위원회 운영현황 분석과 과제. 한국보건사회연구원

김영순. 2021. 한국 복지국가는 어떻게 만들어졌나?. 학고재

김철. 2022. 기획재정부 권력 해체, 어떻게 할 것인가? 이슈페이퍼 2022−02. 사회공공연구원

김현호·이제연·김도형. 2021. 국가위기 대응을 위한 지방소멸 방지전략의 개발. 한국지방행정연구원

문순영. 2008. 광역지방정부의 복지사무수행에 있어 역할 개선방안에 관한 연구. 한국지역사회복지학 26. 1−29

박세경·이주연·류정희·김보영·김이배·김정현·김영하. 2021b. 사회서비스 복합·다중 욕구의 현황과 대응 전략− 아동보호와 성인돌봄 서비스의 통합을 중심으로. 연구 워크숍 자료집. 한국보건사회연구원

신현호. 2023. "보수에 감세, 진보에 긴축 강요"…기재부 '엉터리 세수예측' 노림수. 한겨레신문 보도자료(2023.10.4)

이국운·이기우·한상희·오동석·유승익. 2015. 지방분권형 헌법개정안 연구. 전국시도지사협의회·전국시장군수구청장협의회·전국시도의회의장협의회·전국시군자치구의회의장협의회

이소영·이제연·김도형·양원탁·윤준호·최민정. 2023. 더 나은 미래를 위한 도전 − 지방소멸대응전략. 한국지방행정연구원

이재은(2018). 왜 지방분권개헌이 시급한가?. 수원시정연구원

이창곤. 2022. 선출되지 않은 '곳간지기 권력' 민주적 통제 어떻게. 한겨레 신문 보도자료(2022. 10. 24)

이현주·유진영. 2015. 공공 사회복지 전달체계의 변화와 정책적 함의. 한국보건사회연구원

저출산고령사회위원회. 2020. 제4차 저출산·고령사회 기본계획(2021~2025)

전영평. 2003. 자치의 오류와 지방정부혁신: 성찰과 과제. 행정논총. 41(3). 79−104

전형주. 2019. 지방자치는 우리의 삶을 어떻게 바꾸는가. 정한책방

정홍원·김회성·이은솔·조보배·민효상·이신정·남찬섭. 2020. 중앙·지방, 광역·
    기초자치단체 사회복지사무 분담체계 개선에 관한 연구. 한국보건사회연구원
차미숙. 2024. 지방소멸, 왜 문제인가? 어떻게 대응해야 하나? 월간복지동향
    2024(2)
최봉기. 2010. 한국지방자치발전을 위한 지방정부의 역할과제. 한국행정논집.
    22(2). 427－454
최현수·김지민·김진석·양난주·유만희·윤홍식·이창곤·최영준. 2021. 사회보ㄴ
    장위원회 중장기 발전전략 연구. 한국보건사회연구원
하혜영·김예성. 2021. 지방소멸 위기지역의 현황과 향후 과제. 국회입법조사처
한부영·김필두·공주. 2016. 생활자치 구현을 위한 시도－시군구－읍면동 기능조
    정방안 연구－보건, 복지, 여성, 가족분야를 중심으로. 한국지방행정연구원

찾아보기

김이배_unemploy@daum.net

저자는 기초자치단체를 대표하는 대한민국시장군수구청장협의회에서 사회복지분야 전문위원으로 재직중이며 복지분권 업무를 담당하고 있다. 대전대, 동아대, 서울대 등에서 수학하였으며 부산대에서 사회복지학 박사학위를 받았다. 다수의 논문 및 보고서 집필 경험이 있고, 저서로는 '공공복지전달체계의 한 측면에 관한 연구'가 있다. 한국보건복지인재원 등 다수의 기관에서 복지분권 강의를 수행하였고, 복지분권 관련 업무수행으로 국무총리상을 수상(2022)한 바 있다.

복지분권의 이해

초판발행   2024년 8월 20일

지은이   김이배
펴낸이   노 현

편 집   전채린
기획/마케팅   이선경
표지디자인   Ben Story
제 작   고철민·김원표

펴낸곳   ㈜ 피와이메이트
              서울특별시 금천구 가산디지털2로 53, 210호(가산동, 한라시그마밸리)
              등록   2014. 2. 12. 제2018-000080호
전 화   02)733-6771
f a x   02)736-4818
e-mail   pys@pybook.co.kr
homepage   www.pybook.co.kr
ISBN   979-11-7279-009-7   93330

정 가   26,000원

박영스토리는 박영사와 함께하는 브랜드입니다.